中華古籍保護計劃

ZHONG HUA GU JI BAO HU JI HUA CHENG GUO

·成果·

（漢）鄭玄　注

宋本禮記

上

國家圖書館出版社

圖書在版編目（CIP）數據

宋本禮記：典藏版·全三册／（漢）鄭玄注．—北京：國家圖書館出版社，2020.11
（國學基本典籍叢刊）
ISBN 978—7—5013—7035—1

Ⅰ．①宋…　Ⅱ．①鄭…　Ⅲ．①禮儀－中國－古代②《禮記》－注釋　Ⅳ．①K892.9

中國版本圖書館CIP數據核字（2020）第229157號

國家圖書館出版社
官方微信

書　　名　宋本禮記（典藏版·全三册）
著　　者　（漢）鄭玄　注
責任編輯　南江濤
封面設計　鄭伯象

出版發行　國家圖書館出版社（北京市西城區文津街7號　100034）
（原書目文獻出版社　北京圖書館出版社）
010—66114536　63802249　nlcpress@nlc.cn（郵購）
網　　址　www.nlcpress.com→投稿中心
印　　裝　北京金康利印刷有限公司
版次印次　2020年11月第1版　2020年11月第1次印刷

開　　本　十六開
印　　張　八十一
書　　號　ISBN 978—7—5013—7035—1
定　　價　四八〇圓

序言

《禮記》之宋元版本，可分爲經注本、注疏本兩大類。經注本有蜀大字本、撫州本、余仁仲本、婺州本、紹熙本等，注疏本有八行本、宋十行本、元刻明修十行本等。十多年以來，大多數《禮記》宋元版本掃描爲電子文件，或上傳網絡，或影印出版，極大方便了學術研究。學術界對於撫州本、余仁仲本、婺州本、紹熙本《禮記注》和八行本、十行本《禮記注疏》的研究，有很大推進，大致清楚了《禮記》諸本的刊刻時間、遞藏源流、版本優劣、淵源關係和學術價值。

遼寧省圖書館藏《禮記注》卷一至五，一函五册（索書號善〇〇〇三二一）；中國國家圖書館藏《禮記注》卷六至二十，三函十五册（索書號一二三四三）。兩館所藏合璧，即爲一部完整的宋蜀大字本《禮記注》二十卷（下簡稱『蜀大字本』）。對於蜀大字本，前人有哪些認識？蜀大字本刊刻於何時？與撫州本、余仁仲本等相比，蜀大字本刊刻質量如何？與諸本是什麼關係？對於研讀《禮記》和研究中國古籍版本學、出版史以及地域文化傳承，蜀大字本有何學術價值？就以上問題，我們談一些粗淺的看法。

一

《天禄琳琅書目後編》卷二『宋版經部』云：

《禮記》（四函二十册），鄭康成注，二十卷。末總注經九萬八千一百七十一言，注一十萬九千三百七十八言。

宋大字本。自孝宗以上諱皆闕筆，校正與余仁仲本同，惟『斂首足形』，『首』作『手』，爲小異耳。闕補卷十九（十三）。[一]

彭元瑞等認爲此書是『宋大字本』，『宋孝宗以上諱皆闕筆』與余仁仲本相同。然謂『斂首足形』，『首』作『手』，『爲小異耳』，不確。『斂首足形』見《檀弓》上，『斂手足形』見《檀弓》下，

[一] 清彭元瑞《天禄琳琅書目後編》，《清人書目題跋叢刊》十，中華書局 1995 年版，第 254 頁。

余仁仲本與此本同。『手』乃『首』誤[一]，蓋以《檀弓》下之『斂手足形』比對《檀弓》上『斂首足形』所致。

《中國版刻圖録》曰：

《禮記注》，漢鄭玄撰，宋刻本，成都。框高二三・四厘米，廣一六・一厘米。八行，行十六字。注文雙行，行二十一字。白口，左右雙邊。此本疑即《九經三傳沿革例》著録之蜀學大字本。存卷六至二十，凡十五卷。[二]

《中國版刻圖録》疑此本即《九經三傳沿革例》著録之宋『蜀學大字本』，刊刻於成都。另有上海圖書館藏《春秋經傳集解》二卷（卷九至十）、黄丕烈士禮居藏《周禮・秋官》二卷和《四

[一] 清張敦仁《撫本禮記鄭注考異》（顧廣圻代撰），《顧校叢刊・禮記》下册，福建人民出版社 2020 年版，第 1148 頁。
[二] 北京圖書館《中國版刻圖録》第 1 册，文物出版社 1961 年，第 43 頁。

部叢刊》影印之《孟子》，餘經俱佚。蜀大字本群經，『字大如錢，墨光似漆，蜀本之最精者』[一]。

《北京圖書館古籍善本書目》曰：『《禮記》二十卷，漢鄭玄注，宋刻本，十五册，八行十六字，黑口，左右雙邊。存十五卷（六至二十）。一二三四三。』[二]《中國古籍善本書目》經部記載宋刻本《禮記》二十卷，漢鄭玄注，北京圖書館、遼寧省圖書館藏殘本[三]。《中國古籍善本書目》認爲分藏遼寧省圖書館和北京圖書館之殘本，是宋刻本，當爲一書。

陳先行《古籍善本》謂上圖藏宋蜀刻大字本《春秋經傳集解》『字體爲顔真卿書體，與現幸存於世同屬大字群經本系統的《周禮·秋官》二卷、《禮記》殘卷及《孟子》，堪稱蜀刻本之代表作』[四]。陳先生又説：

[一] 北京圖書館《中國版刻圖録》第1册，第43頁。
[二] 北京圖書館《北京圖書館古籍善本書目》第1册，書目文獻出版社1988年版，第73頁。
[三] 中國古籍善本書目編輯委員會編《中國古籍善本書目》經部，上海古籍出版社1989年版，第189頁；王鍔《三禮研究論著提要》，甘肅教育出版社2001年，第241頁。
[四] 陳先行《古籍善本》，上海文藝出版社2003年版，第48頁。

其字體仿顔真卿《麻姑仙壇記》書體，大氣磅礴。避諱至『慎』字，當爲孝宗時四川官刻本，置於今存各類蜀刻本，允推白眉。岳氏《九經三傳沿革例》有『蜀大字本』『蜀學重刊大字本』之著録，此刻疑屬後者。

在孝宗時，尚有八行十六字經注本群經系統，該系統又有浙江、四川兩種刻本行世，則或爲人所忽略。浙江刻本今知者有晋郭璞注《爾雅》三卷（藏臺北故宫博物院），歐體字，刻工有李何、魏奇、嚴智。四川刻本除此本外，别有漢鄭玄注《周禮·秋官》二卷（藏日本静嘉堂文庫，歸安陸氏舊物），刻工有王廳、子言、子林等。漢鄭玄注《禮記》二十卷（遼寧省圖書館藏卷一至五，國家圖書館藏卷六至二十），刻工有王子和、才美、王良、先用、祖方、祖大、祖六、王忠、王木、田祖、祖七等。漢趙岐注《孟子》十四卷（《續古逸叢書》底本，梁蕉林舊藏），刻工有關西、王朝。三本版式、行款、字體與《春秋經傳集解》完全一致；《禮記》刻工之祖氏兄弟，見諸蜀刻小字本《嘉祐集》者有祖大、祖二。而無論浙本抑或蜀本，避諱皆至『慎』字，即幾乎同時刊刻，且都爲官刻大字本（當源出北宋監本），

惟彼此之淵源，因缺乏相關文獻，且無同書傳本比較，難窺究竟。[一]

陳先生認爲《禮記注》是『蜀學重刊大字本』，『字體仿顔真卿《麻姑仙壇記》書體』，南宋孝宗時期刻本，當源出北宋監本。

《第一批國家珍貴古籍名録圖録》第〇〇二六六號記載：

《禮記》二十卷，漢鄭玄注，宋刻本。框高二三・八厘米，廣一七・二厘米，半葉八行，行十六字，小字雙行二十一字，白口，左右雙邊。有『天禄繼鑑』『乾隆御覽之寶』等印。遼寧省圖書館藏，存五卷。[二]

《第一批國家珍貴古籍名録圖録》惟著録遼圖所藏前五卷，版框尺寸與《中國版刻圖録》記

[一] 陳先行《古籍善本》（修訂本），上海人民出版社2020年版，第77—80頁。

[二] 中國國家圖書館、中國國家古籍保護中心編《第一批國家珍貴古籍名録圖録》第2册，國家圖書館出版社2008年版，第16頁。

載略有差異，蓋丈量卷葉不同所致。

張麗娟先生《宋代經書注疏刊刻研究》曰：

> 《禮記》二十卷，漢鄭玄注，南宋蜀刻本。孝宗諱『慎』字闕筆，而卷八第37葉下『惇行孝弟』之『惇』、卷十五首葉『温柔敦厚』之『敦』皆不避諱。刻工有：王木、蘇三、趙壽、趙福、張長、王召、張召、王良、祖七、德成、袁永、鄭伯和、鄭和、伯和、王玘、朱順、張正、祖万、王子和、祖八等。[一]

張先生指出《禮記注》避宋孝宗諱『慎』字，但不避宋光宗趙惇諱，增補趙壽、趙福等刻工，且謂『今存世有數種南宋蜀刻大字本經書，一般認爲即《九經三傳沿革例》所説的「蜀學重刊大字本」』[二]。

[一] 張麗娟《宋代經書注疏刊刻研究》，北京大學出版社2017年版，第100—101頁。
[二] 張麗娟《宋代經書注疏刊刻研究》，第98頁。

劉薔先生《天禄琳琅知見書録》曰：

《禮記》二十卷，宋蜀刻大字本。框高二三·八厘米，廣一七·二厘米，每半葉八行，行十六字，小字雙行二十一字，綫黑口，左右雙邊。版心中記「禮記幾」及葉次，下有刻工姓名蘇三、王水、王良、先用、祖六、田祖、田千、王會四、王俊、王木、王忠、義、才美（美）、袁才（才）、趙壽、朱順、王子和、趙福、千六、順二等。宋諱「聃」「玄」「弦」「昡」「殷」「匡」「筐」「酳」「恒」「貞」「徵」「赬」「讓」「樹」「項」「桓」「縝」「慎」字闕筆。首卷卷端題「禮記卷第六」。清宫舊裝，織錦函套，織錦書衣，黄綾書籤，題「宋版禮記」。皮紙，略有蟲蛀。

此本墨如點漆，書品寬大，字大如錢，字體雍容，摹泐精良，蜀本之最精者。遼圖與國圖兩家所藏，原爲一帙散出，海内僅存一部。每册俱鈐「天禄繼鑑」諸璽，前後副葉是鈐爲「大三璽」，無其他私人藏印。《賞溥傑書畫目》著録，宣統十四年（1922）九月十四日賞溥傑。

國圖所藏十五册係出宫後輾轉自長春僞宫至瀋陽故宫，一九五九年由北京故宫撥交北京圖書館。《北京圖書館古籍善本書目》經部禮類著録，第七三葉。《第一批國家珍貴古籍名録圖録》第〇〇二六六號爲遼寧圖書館所藏五卷，未著録國家圖書館所藏同一部書的其餘十五卷。[一]

劉先生於《禮記注》，敘刻工，述諱字，明裝幀，辨聚散，讓我們得知《禮記注》由故宫流散之過程。

蜀大字本每卷前後副葉鈐蓋『五福五代堂古稀天子寶』『八徵耄念之寶』『太上皇帝之寶』，每卷首葉鈐蓋『天禄繼鑑』『乾隆御覽之寶』，末葉鈐蓋『天禄琳琅』『乾隆御覽之寶』。卷一至五首葉鈐蓋『東北圖書館所藏善本』『遼寧省圖書館善本』，卷六首葉、卷二十末葉鈐蓋『北京圖書館藏』。自卷七第十三葉開始，多葉鈐一長方形白文印，鈐蓋隨意，甚者鈐於葉邊，如卷八第三十五葉，部分被清宫重裝掩蓋，卷九多葉右上角有此印。此印模糊，鈐蓋當在清乾隆以前，

[一] 劉薔《天禄琳琅知見書録》，北京大學出版社 2017 年版，第 49—50 頁。

或者更早。

蜀大字本是南宋孝宗時刻本，學界傾向於『蜀學重刊大字本』，是蜀本之最精者。原爲清宫舊物，後因賞賜溥傑，流散宫外，分藏兩館。

二

四川地區刊刻的經書，據《九經三傳沿革例》記載，有『蜀大字舊本』『蜀學重刊大字本』『中字本』『中字有句讀附音本』和『蜀注疏』等[一]。『蜀注疏』是經注疏合刻本，『中字有句讀附音本』是經注附釋文本。那麽，蜀大字本究竟是『蜀大字舊本』『蜀學重刊大字本』？抑或是『中字本』？

我們認爲，蜀大字本《禮記注》可能是《九經三傳沿革例》記載之『蜀大字舊本』，刊刻於南宋孝宗時期（1163—1189），或早於撫州本《禮記注》刊刻時間爲淳熙四年（1177）。

[一]《九經三傳沿革例》，景印文淵閣《四庫全書》第183册，臺灣商務印書館1986年版，第561頁。

第一，蜀中字本《禮記注》圈點經注。《九經三傳沿革例》曰：『監、蜀諸本，皆無句讀。惟建本始仿館閣校書式，從旁加圈點，開卷瞭然，於學者爲便，然亦但句讀經文而已。惟蜀中字本、興國本并點注文，益爲周盡。』[一]蜀中字本圈點經注，蜀大字本無圈點，肯定不是蜀中字本。

第二，蜀大字本經注文與《九經三傳沿革例》記載相同。《九經三傳沿革例》曰：

《記·曲禮》『二名不偏諱』，『偏』合作『徧』。《疏》曰：『不偏諱者，謂兩字作名，不一一諱之也。』案：舊杭本柳文載子厚除監察御史，以祖名『察躬』辭，奉敕『二名不遍諱』，不合辭。據此作『遍』字，是舊禮作『徧』字明矣，若謂二字不獨諱一字亦通，但與鄭康成所注舊文意不合，可見傳寫之誤，然仍習日久，不敢如蜀大字本、興國本輕於改也。[二]

《曲禮》上所言『二名不偏諱』，意思是兩字名不一一避諱，『偏』當作『徧』。《禮記注》

[一]《九經三傳沿革例》，景印文淵閣《四庫全書》第183册，第571頁。
[二]《九經三傳沿革例》，景印文淵閣《四庫全書》第183册，第573頁。

經注文字傳習已久，《曲禮》上經注文皆作『偏』，不改爲『徧』。《檀弓》下：『二名不偏諱，夫子之母名徵在，言「在」不稱「徵」，言「徵」不稱「在」。』蜀大字本『偏』改爲『徧』[一]，與《九經三傳沿革例》所言相符合。

《九經三傳沿革例》曰：

《檀弓》孔子過泰山側，問婦人之哭於墓者，實使子貢，而興國及建諸本皆作子路。考之疏，亦不明言何人。及考石本、舊監本、蜀大字本、越本注疏本皆作子貢，未知孰是。以《家語》證之，則子貢也。[二]

檢覈諸本，《檀弓》下『孔子過泰山側』之『使子貢問之』，唐石經、撫州本、婺州本《禮記注》、

[一] 蜀大字本《禮記注》卷三 20 葉 A 面第七行。

[二] 《九經三傳沿革例》，景印文淵閣《四庫全書》第 183 册，第 573 頁。

八行本《禮記正義》皆作『子貢』，蜀大字本同〔一〕，余仁仲本《禮記注》作『子路』，與《九經三傳沿革例》所載一致。

《九經三傳沿革例》曰：

《祭義》『濟濟者容也』『容以遠』，諸本間以王肅音爲口白反，遂以『容』字作『客』字。及考石經、舊監本、蜀大字本及越本注疏，并作『容』。《疏》云容以遠，謂事容貌非所以接親親也。一字爲『容』，一字爲『客』，未之有也。今依疏義及石經等本并改作『容』。〔二〕

《祭義》曰：『濟濟者，容也遠也。漆漆者，容也自反也。容以遠，若容以自反也，夫何神明之及交？夫何濟濟漆漆之有乎？』『容也』『容以遠』，余仁仲本『容』作『客』，蜀大字本

〔一〕蜀大字本《禮記注》卷三20葉B面第六行。
〔二〕《九經三傳沿革例》，景印文淵閣《四庫全書》第183册，第574頁。

作『容』[一]，《九經三傳沿革例》所言是。

第三，今存蜀刻本經書字體略異。關於蜀刻本字體，黄永年先生説：

> 宋蜀本『字體，大字本和小字本不同。大字本基本上是顔字的架子，但不同於建本的横細直粗，而是撇捺都長而尖利，滲入了中唐書法家柳公權的柳字的成分，在浙本的歐體、建本的顔體之外倒還别有風味，小注也是如此，不像南宋中期的建本那樣正文、小注有明顯的區别。小字體則撇捺不太尖利而點劃比較古拙，筆道也不甚匀稱，實在不如浙本、建本來得美觀。』[二]

黄先生對蜀刻本字體的分析，細緻入微。《天禄琳琅書目後編》謂蜀大字本『闕補卷十九（十三）』，其意是説蜀大字本卷十九第十三葉原闕，是後補者，彭元瑞等已經注意到此葉與前

[一] 蜀大字本《禮記注》卷十四9葉A面第六行。

[二] 黄永年《古籍版本學》，江蘇教育出版社2005年版，第89頁。

後之差異。仔細比對，卷十九第十三葉、第十四葉與前後其他葉，版式行款一致，均爲半葉八行，行十六字，小字雙行二十一字，左右雙邊，然字體肥瘦不一。第十三、十四葉字體瘦勁，近柳公權，刻工是悳成；前後他葉字體略肥，近顔真卿。檢覈全書，卷十五第十五葉似抄配，字體與卷十九第十三、十四葉接近，刻工是袁求。蜀大字本全書二十卷，惟卷十五第十五葉、卷十九之第十三、十四葉等三葉，字體一致，與其他葉略異，顯然是闕三葉，用另一本抄配、刷印補足。

清黄丕烈《蕘圃藏書題識》、陸心源《儀顧堂續跋》、傅增湘《藏園群書經眼録》記載，黄丕烈藏《周禮注》二卷，僅存卷九、十《秋官》，今藏日本静嘉堂文庫，黄丕烈定爲『殘蜀大字本』，且曰：『此殘鱗片甲，獨見蜀本規模，勝似後來諸宋刻（余所見有纂圖互注本，有點校京本，有余氏萬卷堂本，有殘岳本）。』[一] 傅增湘曰：『此本字體古勁，近柳誠懸。與蜀大字本蘇文忠、蘇文定、秦淮海諸集極相近，黄氏定爲蜀大字本，洵然。』[二]

上海圖書館藏《春秋經傳集解》二卷，殘存卷九、十。《上海圖書館藏宋本圖録》曰：『此

[一] 清黄丕烈《蕘圃藏書題識》卷一，《清人書目題跋叢刊》六，中華書局1993年版，第16頁。
[二] 傅增湘《藏園群書經眼録》第1册，中華書局1983年版，第44頁。

本仿顔真卿《麻姑仙壇記》書體，大氣磅礴，寫刻精工，避諱至慎字，當爲孝宗時四川官刻本，置於今存各類蜀刻本，允推白眉。』[一]清內府舊藏《孟子》十四卷，原書存佚不詳，《續古逸叢書》《四部叢刊》據以影印，王國維先生謂《孟子》『字體作瘦金書，當亦南渡後所翻北宋末監本也』[二]。陳先行先生謂《周禮》《禮記》《孟子》『三本版式、行款、字體與《春秋經傳集解》完全一致』『字體仿顔真卿《麻姑仙壇記》書體』。張麗娟先生謂『以上圖中四本出現的相同字來比較，如「上」字第三筆向上挑，「以」字中間連筆等，寫法極其相似』[三]。

王國維先生謂《孟子》『字體作瘦金書』，傅增湘先生謂《周禮》字體『近柳誠懸』，陳先行先生謂《周禮》《禮記》《春秋經傳集解》《孟子》字體一致，仿顔真卿。結合蜀大字《禮記》本卷十九第十三至十四葉，發現諸書版式行款一致，皆爲大字，惟字體有異。

我們推測：《禮記》與《春秋經傳集解》字體近顔真卿，可能是《九經三傳沿革例》記載之『蜀

[一] 上海圖書館《上海圖書館藏宋本圖録》，上海古籍出版社 2010 年版，第 272 頁。
[二] 王國維《觀堂題跋選録（經史部分）》，《文獻》第九輯，1981 年。
[三] 張麗娟《宋代經書注疏刊刻研究》，第 103 頁。

大字舊本』；《周禮》以及蜀大字本禮記卷十九第十三至十四葉和《孟子》字體近柳公權，可能是《九經三傳沿革例》之『蜀學重刊大字本』，蜀大字舊本字體近顔，蜀學重刊大字本字體近柳。

第四，蜀大字本《禮記》所補三葉校對略粗，注文有異。將蜀大字本《禮記》卷十五第十五葉、卷十九第十三至十四葉與撫州本、余仁仲本《禮記注》比勘，經注文字有差異。

（一）經文不同。卷十九第十三至十四葉自《大學》經文『德至善民之不能忘也』至鄭注『非以其志行薄與反以』。經文『惟民所止』，撫州本、余仁仲本《禮記注》同，第十三葉『惟』作『維』。

（二）鄭注有異。蜀大字本《禮記》所補卷十五第十五葉自《仲尼燕居》『序則亂於位也』至《孔子閒居》『哀樂相生是』。經文『皆由此塗出也』下，撫州本、余仁仲本《禮記注》有注文：『服體，體服也，謂萬物之符長皆來爲瑞應也。衆之所治，衆之所以治也。衆之所亂，衆之所以亂也。目巧，謂但用巧目善意作室，不由法度，猶有奥阼賓主之處也。自目巧以下，古今常事，不可廢改也。』第十五葉無此七十五字注文。經文『昭然若發矇矣』下，撫州本、余仁仲本《禮記注》有注文：『乃曉禮樂不可廢改之意也。』第十五葉注文作：『此言禮之爲用，無所不在，失之則隨事致亂，爲政者可舍之而他求乎？貴賤以爵言，長幼以齒言，遠近以親疏言，男女以同異言，外内以位序言也。』

此五十六字，《禮記注》他本皆未見，且見於元陳澔《禮記集説·仲尼燕居》[一]。

《孔子閒居》『謂民之父母矣』下，撫州本、余仁仲本《禮記注》有注文：『原，猶本也。横，充也。敗，謂禍裁也。』第十五葉注文作：『《詩·大雅·洞酌》之篇。凱，樂也。弟，易也。横者，廣被之意，言三無五至之道廣被於天下也，四方將有禍敗之釁而必能先知者，以其切於憂民，是以能審治亂之幾也。』此六十一字，不見於《禮記注》他本，亦見於元陳澔《禮記集説·孔子閒居》[二]。兩段注文見於《禮記集説》，《禮記集説》『凡例』所列校讎經文使用版本中有『蜀大字本、宋舊監本』，説明陳澔《禮記集説》與蜀大字本有關[三]。

（三）有脱文。《孔子閒居》是《禮記》第二十九篇，所補第十五葉作『第二十』，脱『九』字。經文『何如斯可謂民之父母矣』下，撫州本、余仁仲本《禮記注》有注文：『凱弟，樂易也。』第十五葉脱此五字。經文『民之父母既得而聞之矣』，第十五葉脱『之』字。

[一] 元陳澔《禮記集説》卷十四，北京圖書館出版社2005年版，第22頁。
[二] 元陳澔《禮記集説》卷十四，第22頁。
[三] 元陳澔《禮記集説》卷首。

（四）有衍文。《孔子閒居》經文『志之所致』，第十五葉『志』上衍『夫』字。

蜀大字本所補三葉，卷十五第十五葉『此言禮之爲用也』之『用』、卷十九第十三葉之『無所不用其極』之『用』，『周雖舊邦』之『周』字，寫法特殊，右上角皆有闕口，中間一豎上面出頭，與蜀大字本他葉寫法一致。刻工悳成、袁求也參與了蜀大字本《禮記注》卷十四、十五、十八、十九其他葉之雕刻。所補卷十九二葉距離蜀大字舊本刊刻時間不遠。

第五，避諱和刻工。劉薔先生《天禄琳琅知見書録》謂蜀大字本有眴、玄、弦、眩、殷、匡、筐、酳、恒、貞、徵、赬、讓、樹、頊、桓、縝、慎等字闕筆避諱。仔細校覈，萑、弘、泫、縣、蜃、完、莞、畜、豎等字也闕末筆。宋人避諱甚嚴，玄、弦、眩、泫、縣避宋始祖趙玄朗諱，弘、殷避趙匡胤父親趙弘殷諱，匡、筐、酳避宋太祖趙匡胤諱，恒避宋真宗趙恒諱，貞、徵、赬、縝避宋仁宗趙禎諱，樹、豎避宋英宗趙曙諱，讓避宋英宗父親趙允讓諱，頊避宋神宗趙頊諱，畜避宋哲宗趙煦諱，桓、完、莞、萑避宋欽宗趙桓諱，慎、蜃避宋孝宗趙昚諱，全書避諱至『慎』字，其中縣、徵、酳、畜四字，有避有不避。

依據蜀大字本卷次先後，刻工有：王子和（卷一）、才美、美、才（卷二、卷三）、王良、良、朱順、先用、王、祖六、祖万、大、蘇三、王忠、會四、王木（卷四）、田祖、祖七（卷五）、蘇三、王木、卯卿（卷六）、才、義、袁才（卷七）、蘇三、卯卿（卷八）、王會四、郭了、田千、千、千六、王木（卷九）、趙寿、趙、王木（卷十）、趙福、順二、順、王俊、二、趙（卷十一）、王、良、張長、長四、王木、琛、王召、趙福、卯卿、蘇三、千六、朱（卷十二）、張召（卷十三）、王良、良、長四、祖七、悳成、琛（卷十四）、王木、木、袁求、長四、四、鄭伯和、伯和、鄭和、和、王、鄭、万（卷十五）、王玘（卷十六）、朱順（卷十七）、朱順、袁求、張召、悳成、鄭万八、王元、居保、張文見、張正（卷十八）、王木、王良、良、祖六、王子和、悳成、王俊、王召二、召二（卷十九）、王俊（卷二十）。

南宋初期，不附陸德明釋文的經注本，對於讀書人研讀經書非常不便。宋孝宗淳熙四年（1177），撫州公使庫刊刻《禮記注》，將《禮記釋文》四卷附刻於《禮記注》二十卷之後，這是釋文附經注本之最早形式[一]。就避諱而言，蜀大字本刊刻於南宋孝宗時期，然其不附釋文，保留半葉八行

[一]王鍔《禮記版本研究》，中華書局 2018 年版。王鍔《再論撫州本鄭玄〈禮記注〉》，《中國經學》第 27 輯，廣西師範大學出版社 2020 年版。

之版式，或早於撫州本刊刻時間淳熙四年。

三

近年來，學術界一致認爲，撫州本、余仁仲本《禮記注》、八行本《禮記正義》是《禮記》宋本中之上駟，十行本《禮記注疏》是閩本、監本、毛本和阮刻本之源，和珅本《禮記注疏》翻刻自宋十行本。那麼，蜀大字本與撫州本、余仁仲本、八行本、十行本、和珅本相比，刊刻質量究竟如何？我們以蜀大字本爲底本，對校《中華再造善本》影印之撫州本、余仁仲本《禮記注》、八行本、十行本與山東省圖書館藏和珅本《禮記注疏》，就蜀大字本優勝者舉要如下：

（一）《曲禮》上『昏定而晨省』鄭注：『定，安其牀衽也。省，問其安否何如？』（1/4/A/8[一]）

[一] 1/4/A/8 指蜀大字本卷一第四葉 A 面第八行，下同。

案：『定安』，撫州本、余仁仲本、八行本、十行本、和珅本倒爲『安定』。《撫本禮記鄭注考異》（下簡稱『《考異》』）曰：『讀「定」字逗，「安」字下屬。』[一]阮元《校勘記》（下簡稱『阮《校》』）曰：『安定其牀衽也：岳本「安定」作「定安」，嘉靖本同，《考文》引宋版同，《通典》六十八同。案：以「安其牀衽」訓「定」字，與以「問其安否何如」訓「省」字，文法同。岳本爲是。《正義》亦云「定，安也」。』[二]張敦仁、阮元所言是。

（二）《檀弓》上『飾棺牆，置翣』鄭注：『牆，柳衣。翣，以布衣木，如攝與。』（2/15/B/2）

案：『飾棺牆』下，撫州本、余仁仲本、八行本、十行本、和珅本有『牆之障柩猶垣牆障家』九字注文。《考異》曰：『撫本初刻并無此九字，最是。修版時，誤於他本，剜擠入之，故其添補痕跡，今猶宛然。』[三]阮《校》曰：『牆之障柩猶垣牆障家：閩、監、毛本同，岳本、嘉靖本同，

[一] 清張敦仁《撫本禮記鄭注考異》，《顧校叢刊·禮記》下册，第 1138 頁。
[二] 清阮元校刻《十三經注疏》上册，中華書局 1980 年版，第 1236 頁下欄。
[三] 清張敦仁《撫本禮記鄭注考異》，《顧校叢刊·禮記》下册，第 1144 頁。

衛氏《集説》亦有，《考文》古本無此九字。盧文弨云：「牆下注九字，古本無，乃疏中語也。」山井鼎云：「下注『牆，柳衣』，此注爲衍文，明矣。」』[一]張敦仁、阮元所言是，蜀大字本無此九字注文。

（三）《月令》『乃擇元辰，天子親載耒耜』鄭注：『元辰，蓋郊後吉亥也。』（5/3/B/3）

案：『吉亥』，八行本同，撫州本、余仁仲本、十行本、和珅本作『吉辰』，非。阮《校》曰：『蓋郊後吉辰也：閩、監、毛本同，嘉靖本同，衛氏《集説》同。惠棟校宋本「辰」作「亥」，岳本同，《考文》引古本同，岳本《禮記考證》云：「吉亥，猶《詩》云『吉日維戊』。《疏》以《陰陽式法》，亥爲天，故耕用亥日。皇氏云：『正月建寅，日月會辰在亥，故耕用亥。』其明證也。本改作『吉辰』，反失其義。」』[二]阮元説是。

（四）《月令》『其祀竈，祭先肺』鄭注：『祭肺、心、肝各一，祭醴三。』（5/11/B/8）

案：『三』，八行本同，撫州本、余仁仲本、十行本、和珅本作『二』，非。阮《校》曰：『祭

[一] 清阮元校刻《十三經注疏》上册，第1287頁下欄。
[二] 清阮元校刻《十三經注疏》上册，第1360頁上欄。

醴三：惠棟校宋本作「三」，岳本同，《考文》引足利本同。此本「三」誤「二」，閩、監本、毛本同，嘉靖本同，衛氏《集説》同。』[一]阮元説是。

（五）《月令》『土潤辱暑』鄭注：『潤辱，謂塗濕也。』（5/18/B/1）

案：『濕』，八行本作『溼』，撫州本、余仁仲本、十行本、和珅本作『溫』，非。阮《校》曰：『謂塗溼也：監、毛本作「溼」。岳本作「濕」，嘉靖本同，衛氏《集説》同。此本「溼」誤「溫」，閩本同。○按：溼，正字；濕，假借字。』[二]阮元説是。

（六）《月令》『穿竇窖』鄭注：『穿竇窖者，入地隋曰竇，方曰窖。』（5/24/A/2）

案：『隋』，八行本同，撫州本、余仁仲本、十行本、和珅本作『圓』，非。阮《校》曰：『入地隋曰竇：毛本作「隋」，岳本同。衛氏《集説》「隋」誤「惰」。《釋文》出「隋曰」云：「他果反，謂狹而長。」此本「隋」誤「圓」，閩、監本同，嘉靖本同。』[三]阮元説是。

[一] 清阮元校刻《十三經注疏》上册，第1368頁上欄。
[二] 清阮元校刻《十三經注疏》上册，第1376頁下欄。
[三] 清阮元校刻《十三經注疏》上册，第1378頁中欄。

（七）《曾子問》：『夏后氏三年之喪，既殯而致事；殷人既葬而致事。』鄭注：『致事，還其職位於君。周卒哭而致事。』（6/19/A/1—2）

案：經文『殷人既葬而致事』下，撫州本有『周人卒哭而致事』七字。《考異》曰：『撫本此下有"周人卒哭而致事"七字，以行字計數，剜改添入也，初刻無之。唐石本及各本皆與初刻同。岳氏《沿革例》云：「注中『周卒哭而致事』一句，獨興國本大書而爲經文，曰『周人卒哭而致事』，視注復添一『人』字。」然則岳所見撫本未剜添也。今案《正義》云：「注『致事』至『致事』。」可見其本「周卒哭而致事」一句在注也，其下云「知周卒哭而致事者」，又云「以此推之，故知周卒哭也」，説皆出於皇侃疏，可見經文自來無此一句也，興國本改注爲經，而撫本乃依之剜添，失之矣。又案興國本經有「周人卒哭而致事」七字，注無「周卒哭而致事」六字。他本則皆注有而經無，故岳氏云云，剜添乃兩有，亦不可通。山井鼎曰：「古本經有七字，足利本同。」彼非剜添而亦兩有，尤誤。其《正義》下又云「孔子既前含周人卒哭而致事，則無從金革之理」者，以子夏再問，仍是據周，故取注義合和説之。今《正義》「含」作「荅」者，誤字耳。或因此謂《正義》本有者，誤。唯今何休《公羊》宣元年注乃有之，本非一家，難以爲據者矣。」[一]經文惟撫州本有『周人卒哭而致事』七字，余仁仲本、八行本、十行本、和珅本無，蜀大字本亦無，張敦仁所言甚是。

注文『周卒哭而致事』，八行本同，撫州本、余仁仲本、十行本、和珅本『周』作『則』，非。《考異》曰：『注則卒哭而致事：嘉靖本、十行以來本皆同。《沿革例》曰：「及考舊監本注『周』字乃作『則』。」是其誤久矣，岳本及山井鼎所據宋版作「周」，以《正義》證之，是也。』[二]阮《校》曰：『周卒哭而致事：惠棟校宋本作「周」，岳本同，《考文》引足利本同。此本「周」誤「則」，閩、監、毛本同，嘉靖本同，衛氏《集説》同。浦鏜校云：「按皇氏疏，則『周卒哭而致事』，是鄭君從夏、殷推而知之，當是注文。而孔氏云『孔子既前荅周人卒哭而致事』，則又似屬經文而誤入注耳。」』[三]張敦仁、阮元所言是。

[一]清張敦仁《撫本禮記鄭注考異》，《顧校叢刊·禮記》下册，第1162—1163頁。
[二]清張敦仁《撫本禮記鄭注考異》，《顧校叢刊·禮記》下册，第1163頁。
[三]清阮元校刻《十三經注疏》下册，第1403頁下欄。

（八）《内則》『左右佩用』鄭注：『目佩也。』（8/18/B/2）

案：『目』，撫州本、余仁仲本、八行本、十行本、和珅本作『自』，非。《考異》：『自佩也：山井鼎曰：「足利本『自』作『目』。」今案：詳鄭意，謂此經佩用之用目下諸物，作「目」蓋是也。』[一]張敦仁所言是，蜀大字本正作『目』，一字千金。

（九）《樂記》『此古樂之發也』鄭注：『《周禮·大師》職曰：「大祭祀，帥瞽登歌，合奏擊拊，下管播樂器，令奏鼓朄。」』（11/24/A/8）

案：『合奏』，撫州本、余仁仲本、八行本、十行本、和珅本同，《周禮·春官·大師》作『令奏』，是。『令奏』，撫州本、余仁仲本、八行本、十行本、和珅本作『合奏』，非。《考異》曰：『山井鼎曰：謹案《周禮》「合」作「令」，下「合奏」同。今案此注中二「合」字皆「令」字之誤。鄭《周禮注》云：「擊拊，瞽乃歌也。」「鼓朄，管乃作也。」是令奏之義。而此注引彼經者，正以「令奏」證「會守」，上云「言衆皆待擊鼓乃作」，謂待令奏乃作也，誤爲「合」字，

[一] 清張敦仁《撫本禮記鄭注考異》，《顧校叢刊·禮記》下册，第1171頁。

失鄭意矣。又《正義》中諸「合」字今本皆同，但義多不可通，蓋本皆是「令」字，孔本此注，其未誤與？』[一]張敦仁所言甚是，蜀大字本上『令奏』誤『合奏』，下正作『令奏』，與《周禮》合，可證張説。

（十）《祭法》『非此族也，不在祀典』下鄭注：『賞，賞善，謂禪舜封禹、稷等也。義終，謂既禪二十八載，乃死也。』（14/6/B/1）

案：『義終』上，撫州本、余仁仲本、十行本、和珅本有『能刑謂去四凶』六字。《考異》曰：『注能刑謂去四凶：各本與此同。唯山井鼎所據宋版無此六字，足利本亦然。今案無者是也。以《正義》證之，其解經云：「五刑有宅，是能刑有法也。」使有此注，必不違之而別爲説，是其本無此六字也。以《釋文》證之，其音經「去民」云「起呂反」。使有此注，即當附出於下，是其本亦無此六字也，但未知各本皆有者之所出。』[二]張敦仁所言是，蜀大字本無此六字可證。

（十一）《問喪》：『緦者其免也，當室則免而杖矣。』鄭注：『免，冠之細。』（18/10/A/4）

[一] 清張敦仁《撫本禮記鄭注考異》，《顧校叢刊・禮記》下册，第1184頁。
[二] 清張敦仁《撫本禮記鄭注考異》，《顧校叢刊・禮記》下册，第1194頁。

案：『冠之細』，撫州本同，余仁仲本、八行本、十行本、和珅本『細』下衍『别』字。《考異》曰：『注免冠之細：各本「細」下有「别」字。案《釋文》云：「冠之，古亂反。」「别」字無明文。《正義》復舉有「别」字，又云：「言免是冠之流别也。童子當室，亞次成人，故得著免也。」據此讀於「别」句絶，下云「以次成人也」五字一句，蓋其本當云「免，冠之别」，而無「細」字。今本《正義》復舉有「細」字，又「流」下「别」作「例」，皆非也。其異本「别」作「細」，亦讀於「細」句絶。云「免，冠之細」者，如《玉藻》注云「黨，鄉之細也」，《投壺》注云「投壺，射之細也」之例。校者記作「别」之本於旁，因而誤入，故他本皆「細」「别」兩有，撫本猶存異本之舊，故有「細」無「别」，而不與《正義》本合。』[一]張敦仁所説是，蜀大字本有『細』無『别』字。

（十二）《鄉飲酒義》『尊有玄酒，貴其質也』鄭注：『共尊者，人臣卑，不敢專大惠。』（20/7/A/3—4）

案：『不敢專大惠』，撫州本同。余仁仲本、十行本、和珅本『惠』下有：『鄉人、士、君子，

[一] 清張敦仁《撫本禮記鄭注考異》，《顧校叢刊·禮記》下册，第1209頁。

《周禮》：「天子六鄉。」鄭司農云：「百里内爲六鄉，外爲六遂。」《司徒》職云：「五家爲比，五比爲閭，四閭爲族，五族爲黨，五黨爲州，五州爲鄉。」鄉大夫，每鄉卿一人；州長，每州中大夫一人；黨正，每黨下大夫一人；族師，每族上士一人；閭胥，每閭中士一人；比長，五家下士一人。諸侯則三鄉。』且於『鄉人士』上有『〇』號，作釋文。八行本將此一百〇八字連爲注文，於『周禮』下有『云』字，非。阮《校》曰：『不敢專大惠：此本注止此句，閩、監、毛本、岳本、嘉靖本、衛氏《集説》同。山井鼎云：「釋文『鄉人士君子』至『諸侯則三鄉』百八字，宋版與注『不敢專大惠』連接爲注，古本無，但後人依宋版誤補入之。」案山井鼎所據宋版，即惠棟所校宋本，惠棟於此處無明言，但於釋文「周禮」下添注一「云」字，似亦從宋本校者。此宋本在未附釋音之前，何有羼入釋文，疑百八字爲鄭氏注文所本有。自「周禮天子六鄉」至「諸侯則三鄉」百三字，統承上「鄭云」之下，未見「謂卿大夫士也」以上爲鄭云，「周禮天子」以下，必不爲鄭云。』[一]《考異》曰：『山井鼎此論甚是。宋版注疏附此釋文，誤連注末，既釋文元書及經注

[一] 清阮元校刻《十三經注疏》下册，第 1685 頁下欄。

各本具存，即十行以來本注疏，亦不接連，便非難辨，古本補入注中，最爲巨謬。試思此百八字，首五字乃釋文標題，其不得越之而下取「周禮」云云入注，明矣。陸自引《周禮》，解鄭此注之鄉州黨，如其上在於「庠」之下，先引鄭注，後自引《學記》，以解庠序，同是一例，無煩遠舉，何至認作鄭注，生此轇轕乎？校古本者，亦可謂不善讀書矣。或謂山井鼎所據不附釋音，故此當作注，不知不附釋音而又間載一二條，在宋刻書中，最多如此者，今山井鼎所據，既無由驗果不附以否，而况用此又不足決其必注乎？凡書必博稽而後知其例，知其例而後是非無惑，否則，隨所見而懸揣之，正難免於因誤立説也。』[一]阮元説非，山井鼎、張敦仁所言甚是，蜀大字本可證。

蜀大字本或糾諸本之謬，或證撫州本、八行本之是，足見其可貴。

四

蜀大字本質量上乘，其與撫州本、余仁仲本有何關係？在《禮記》版本譜系中，與諸本有何

[一] 清張敦仁《撫本禮記鄭注考異》，《顧校叢刊·禮記》下册，第1218頁。

淵源關係？我們以蜀大字本卷十六《中庸》篇爲例，羅列蜀大字本與撫州本、余仁仲本、八行本、十行本與和珅本之異文，比勘説明。

（一）注文『是謂道』。（16/1/A/5）案：撫州本、余仁仲本、十行本、和珅本同，八行本『是』作『之』，非。

（二）注文『是其反中庸也』。（16/2/A/3）案：撫州本、余仁仲本、八行本、和珅本同，十行本『中』作『小』，非。

（三）注文『亦不能久行』。（16/2/B/7）案：撫州本、余仁仲本、八行本、和珅本同，十行本『能』作『徒』，非。

（四）經文『北方之强與』。（16/3/A/4）案：撫州本、余仁仲本、八行本、和珅本同，十行本『北』作『比』，非。

（五）注文『衽猶席也』。（16/3/A/8）案：撫州本、余仁仲本、八行本、和珅本同，十行本『席』作『廟』，非。

（六）注文『塞猶實也』。（16/3/B/3）案：撫州本、余仁仲本、八行本、和珅本同，十行本『實』作墨釘。

（七）注文『素讀如攻城攻其所傃之傃傃』。（16/3/B/4）案：撫州本、余仁仲本、八行本、和珅本同，十行本闕『素讀如攻城攻』六字。

（八）注文『隱身而行佹譎』。（16/3/B/5）案：撫州本、八行本同，余仁仲本、十行本、和珅本『佹』作『詭』。

（九）注文『恥之也』。（16/3/B/5）案：撫州本、余仁仲本、八行本、和珅本同，十行本『恥』作『取』，非。

（十）注文『廢猶罷止也』。（16/3/B/6）案：撫州本、余仁仲本、八行本、和珅本同，十行本『止』作墨釘。

（十一）經文『遯世不見知而不悔』。（16/3/B/7）案：撫州本、余仁仲本、八行本、和珅本同，十行本『遯』作『遇』，非。

（十二）注文『與讀爲贊者皆與之與』。（16/4/A/4）案：撫州本、余仁仲本、八行本、和珅本同，十行本『贊』作墨釘。

（十三）注文『由此故與』。（16/4/A/5）案：余仁仲本、八行本、十行本、和珅本同，撫州本『與』作『歟』。

（十四）注文『則魚躍於淵』。（16/4/B/2）案：撫州本同，余仁仲本、八行本、十行本、和珅本『於』作『于』，非。《考異》曰：『案「於」字是也，此蓋注用今字。』[一]

（十五）注文『此法不遠人尚遠之』。（16/4/B/7）案：撫州本、八行本同，余仁仲本、十行本、和珅本重『人』字，非。

（十六）注文『素讀皆爲傃』。（16/5/B/4）案：撫州本、八行本同，余仁仲本、十行本作『傃皆讀爲素』，和珅本作『讀素素爲讀』，皆非。

（十七）注文『畫曰正』。（16/6/A/2）案：撫州本、余仁仲本、八行本、十行本同，和珅本『曰』上衍『布』字。

（十八）注文『始以漸致之高遠』。（16/6/A/3）案：撫州本、八行本、和珅本同，余仁仲本、

[一] 清張敦仁《撫本禮記鄭注考異》，《顧校叢刊・禮記》下册，第1201頁。

十行本『漸』作『斬』，非。

（十九）注文『瑟琴聲相應和也』。（16/6/A/5）案：撫州本、八行本、和珅本同，余仁仲本、十行本『瑟琴』倒作『琴瑟』。

（二十）注文『明猶絜也』。（16/6/B/3）案：撫州本、八行本同，余仁仲本、十行本、和珅本『絜』作『潔』。

（二十一）經文『故栽者培之』。（16/7/A/3）案：撫州本、余仁仲本、八行本、和珅本同，十行本『栽』作『裁』，非。

（二十二）注文『栽或爲滋』。（16/7/A/4）案：撫州本、八行本同，余仁仲本、十行本、和珅本『滋』作『兹』。

（二十三）注文『殷之冑與』。（16/7/B/5）案：余仁仲本、八行本、十行本、和珅本同，撫州本『冑』作『賢』，非。

（二十四）注文『斯禮達於諸侯大夫士庶人者』。（16/8/A/4）案：撫州本、余仁仲本、八行本、和珅本同，十行本『士』作『卜』，非。

（二十五）經文『五者天下之達道也』。（16/10/A/5）案：撫州本、余仁仲本、八行本、和珅本同，十行本『道』作『德』，非。

（二十六）注文『雖恩不同』。（16/11/B/5）案：撫州本、余仁仲本、十行本、和珅本同，八行本『恩』作『惡』，非。

（二十七）注文『天官不可私也』。（16/11/B/6）案：余仁仲本、八行本、十行本、和珅本同，撫州本『天』作『夫』，非。

（二十八）注文『考校其成功也』。（16/11/B/7）案：撫州本、余仁仲本、八行本、和珅本同，十行本『成』作墨釘。

（二十九）注文『一謂當豫也』。（16/12/A/3）案：撫州本、余仁仲本、八行本、和珅本同，十行本『一』作『二』，非。

（三十）注文『疚病也』。（16/12/A/3）案：撫州本、余仁仲本、八行本、和珅本同，十行本『疚』作『疾』，非。

（三十一）注文『由至誠而有明得』。（16/13/A/3）案：撫州本、余仁仲本、八行本、十行本、和珅本『得』作『德』，是。

（三十二）注文『是賢人學以成之也』。（16/13/A/4）案：撫州本、余仁仲本、八行本、和珅本同，十行本『成』作『知』，非。

（三十三）注文『皆爲至誠能知者出也』。（16/14/A/1）案：撫州本、余仁仲本、八行本、和珅本同，十行本『出』作『巳』，非。

（三十四）注文『要在至誠』。（16/14/B/7）案：撫州本、余仁仲本、八行本、和珅本同，十行本『至』作『全』，非。

（三十五）經文『及其廣厚』。（16/15/A/4）案：撫州本、余仁仲本、八行本、和珅本同，十行本『厚』作『大』，非。

（三十六）經文『鮫龍』。（16/15/A/7）案：撫州本、余仁仲本、八行本、和珅本同，十行本『鮫』作『蛟』。

（三十七）注文『本由撮土』。（16/15/A/8）案：撫州本、余仁仲本、八行本、和珅本同，十行本『由』作『起』，非。

（三十八）注文『亦如此乎』。（16/15/B/1）案：撫州本、余仁仲本、八行本、和珅本同，十行本『亦』作『以』，非。

（三十九）注文『耿耿小明也振猶收也』。（16/15/B/1）案：撫州本、余仁仲本、八行本、和珅本同，十行本作墨釘。

（四十）注文『天所以爲天』。（16/15/B/4）案：撫州本、余仁仲本、八行本、和珅本同，十行本作墨釘。

（四十一）注文『地山川之云也』。（16/15/B/4）案：撫州本、余仁仲本、八行本、和珅本同，十行本作墨釘。

（四十二）注文『易曰君子以順德積小以高大是與』。（16/15/B/5）案：撫州本同，八行本『順』作『慎』；余仁仲本、十行本、和珅本『高』上衍『成』字。

（四十三）注文『也峻高大也』。（16/15/B/6）案：撫州本、余仁仲本、八行本、和珅本同，十行本作墨釘。

（四十四）經文『然後』。（16/15/B/7）案：撫州本、余仁仲本、八行本同，十行本、和珅本『然』

作『而』，非。

（四十五）注文『政在人政由禮也凝猶』。（16/15/B/8）案：撫州本、余仁仲本、八行本、和珅本同，十行本作墨釘。

（四十六）注文『也廣大猶博厚也温讀如燖』『學之孰矣後時習之謂之温』。（16/16/A/3）案：撫州本、余仁仲本、八行本、和珅本同，十行本作墨釘。

（四十七）注文『徵或爲登』。（16/17/A/4）案：撫州本、余仁仲本、八行本、十行本同，和珅本『登』作『證』，非。

（四十八）注文『孔子祖述堯舜之道而制春秋』。（16/17/B/7）案：撫州本、余仁仲本、八行本、和珅本同，十行本『祖』作『所』，非。

（四十九）注文『不亦樂乎』。（16/18/A/1）案：撫州本、余仁仲本、八行本同，十行本、和珅本『亦』作『以』，非。

（五十）注文『浸潤萌芽』。（16/18/A/8）案：十行本、和珅本同，撫州本、余仁仲本、八行本『芽』作『牙』，是。

（五十一）經文『爲能聰明叡知』。（16/18/B/1）案：撫州本、余仁仲本、八行本、和珅本同，十行本『叡』作『睿』。

（五十二）經文『霜露所墜』。（16/19/A/1）案：撫州本同，余仁仲本、八行本、十行本、和珅本『墜』作『隊』。

（五十三）注文『安有所倚』。（16/19/A/5）案：撫州本、余仁仲本、八行本、和珅本同，十行本『有』作『無』，非。

（五十四）注文『人人自以被德尤厚』。（16/19/A/6）案：撫州本、八行本同，余仁仲本、十行本、和珅本『人人』上衍『故』字。

（五十五）注文『肫肫讀如誨爾忳忳之忳忳懇誠貌也』。（16/19/A/6）案：撫州本、八行本同，余仁仲本、十行本、和珅本『之』下有三『忳』字。阮《校》曰：『讀如誨爾忳忳之忳忳懇誠貌也：閩、監、毛本同，岳本、嘉靖本同，衛氏《集説》同。《考文》引宋版、古本「忳」字不重。段玉裁云：

「『如』當作『爲』，宋監本少一『忳』字，非也。」』[一]段玉裁所謂『宋監本』，即指撫州本。

（五十六）注文『言聖人雖隱遁』。（16/19/B/8）案：撫州本、八行本同，余仁仲本、十行本、和珅本『遁』作『居』，非。

（五十七）注文『視女在室獨居耳』。（16/20/A/3）案：撫州本、余仁仲本、八行本、和珅本同，十行本『耳』作『者』。

（五十八）注文『言奏大樂於宗廟之中』。（16/20/A/5）案：撫州本、余仁仲本、八行本、和珅本同，十行本『樂』作『假』，非。

（五十九）注文『此頌也』。（16/20/A/8）案：余仁仲本、和珅本、十行本同，撫州本、八行本『頌』作『顯』，非。

（六十）經文『詩云』。（16/20/B/1）案：撫州本、八行本同，余仁仲本、十行本、和珅本『云』作『曰』，非。

[一]清阮元校刻《十三經注疏》下册，第1637頁下欄。

（六十一）注文『言化民當以德』。（16/20/B/4）案：撫州本、余仁仲本、八行本、和珅本同，十行本『當』作『常』，非。

（六十二）注文『人無聞其聲音者無知其臭氣者』。（16/20/B/6）案：撫州本、八行本同，余仁仲本、十行本、和珅本『音者』作『音亦』，非。

就《中庸》篇經注文字異同看，蜀大字本與撫州本相同者有五十六條，不同者有六條；蜀大字本與余仁仲本相同者有四十五條，不同者有十七條；蜀大字本與八行本相同者有五十四條，不同者有八條；蜀大字本與十行本相同者有九條，不同者有五十三條；蜀大字本與和珅本相同者有四十四條，不同者有十八條。蜀大字本經注文與撫州本、八行本相同者很高，尤其是第八條、第二十條、第五十五條、第五十六條、第六十條、第六十二條等，從其他篇卷來看，基本一致，説明撫州本、八行本經注與蜀大字本同源。蜀大字本與余仁仲本相同者較低，他卷也是如此。余仁仲本是十行本、和珅本經注釋文之源，十行本經元明多次修版，産生很多錯誤和墨釘，和珅本在翻刻宋十行本時，用毛本校改，增加一些錯誤，故差異較大。

由《中庸》篇經注文字正誤言，蜀大字本正確者有五十九條（包括兩通者，下同），錯誤者有三條；撫州本正確者有五十八條，錯誤者有四條；余仁仲本正確者有五十三條，錯誤者九條；八行本正確者五十八條，錯誤者有四條；十行本正確者十六條，錯誤者四十六條；和珅本正確者五十條，錯誤者十二條。就《中庸》篇經注文比較而言，蜀大字本優於撫州本、余仁仲本和八行本等。

將蜀大字本與諸本對校，也發現一些錯誤，舉例如下：（一）《檀弓》下『則素服哭於庫門之外』鄭注：『素服曰，縞冠也。』（3/20/B/2）案：『曰』，撫州本、余仁仲本、八行本、十行本、和珅本作『者』，是。（二）《月令》『取之不詰』鄭注：『此收斂尤急時。』（5/32/B/5）案：『時』上，撫州本、余仁仲本、八行本、十行本、和珅本有『之』字，是。（三）《禮運》『故人皆愛其死，而患其生』鄭注：『則不苟死苟生也。』（7/9/A/1）案：撫州本、余仁仲本、八行本、十行本、和珅本無『苟死』二字，是。（四）《緇衣》『刑不試而民咸服』鄭注：『言此緇衣者。』（17/15/B/1）案：『此』下，余仁仲本、八行本、十行本、和珅本有『衣』字，是。

然就全書而言，經注文之訛脱衍倒要明顯少於諸本。

五

蜀大字本是南宋孝宗時期刊刻的《禮記》經注本，從經學文獻學、古籍雕版印刷史等方面，我們應該如何評價其學術價值及其在經書文獻版本中的地位呢？將蜀大字本置於經學文獻學和宋代古籍雕版印刷史視域下，其學術價值和地位主要體現在以下幾個方面。

第一，蜀大字本具有重要的版本學和校勘學價值。在《禮記》版本中，有經注本、注疏本之别，經注本有蜀大字本、婺州本、撫州本、余仁仲本、紹熙本、岳本、嘉靖本等，注疏本有八行本、十行本、閩本、監本、毛本、武英殿本、《四庫》本、和珅本、阮刻本等，經注本、注疏本皆有附釋文與不附釋文之異。婺州本、撫州本經注與八行本接近，余仁仲本是十行本、和珅本和阮刻本等附釋文注疏本經注釋文之祖。婺州本《禮記注》殘存五卷，難窺全貌。清初以來，撫州本、余仁仲本遞藏於藏書家之間，備受學者稱贊，顧廣圻謂撫州本『於今日爲最古矣』，『古香馠馝，原本獨絶』，王欣夫謂余仁仲本『此萬卷堂本，尤爲寶中之寶』。今得蜀大字本，與撫州本、余仁仲本對校，或可糾謬，或爲旁證，前舉諸例，足以説明蜀大字本在版本學與校勘學之學術價值。

第二，蜀大字本爲研究宋代經書經注本提供佐證。五代國子監刊刻《九經》之舉，是首次利用雕版印刷技術傳播《禮記》等經典，對後世影響深遠。北宋、南宋國子監以及諸州郡縣官府、府學刊刻儒家經注本，皆是五代監本之流別。北宋國子監翻刻《九經》經注本，經常賞賜給王公大臣和府州學校，成爲國家標準經書讀本。南宋紹興年間，朝廷收取江南諸州書版入國子監，或重新刊刻舊監本圖籍，國子監經書逐漸齊備。時至今日，五代、北宋監本經書，難睹真容。

臺北故宫博物院收藏南宋孝宗時刻本《爾雅》三卷，半葉八行，行十六字，注雙行小字，行二十一字，白口，左右雙邊，避諱至『慎』字。日本南北朝時期（相當於中國元代）翻刻本《爾雅》，行款版式、避諱字與中國臺北故宫博物院所藏相同，惟卷末有『經凡一萬八百九言，注凡一萬七千六百二十八言』二行及『將仕郎守國子四門博士臣李鶚書』一行，是現存文獻中唯一反映五代監本經書版本面貌的實物資料[一]。

關於五代兩宋監本版式，王國維先生《五代兩宋監本考》曰：

[一] 張麗娟《宋代經書注疏刊刻研究》，第42—56頁。

（《爾雅》）其書每半葉八行，行大十六字，小二十一字，與唐人卷子本大小行款一一相近，竊意此乃五代南北宋監中經注本舊式。他經行款固不免稍有出入，然大體當與之同（如北宋刊諸經疏，雖每行字數各經不同，然皆半葉十五行）。如吴中黄氏所藏《周禮·秋官》二卷、昭文張氏所藏《禮記》殘卷、内府所藏《孟子章句》十四卷，皆與李鶚本《爾雅》同一行款，疑亦宋時監本、若翻監中之本。又後來公私刊本，若建大字本、興國軍本、盱江廖氏及相臺岳氏本，凡八行十七字之本，殆皆淵源於此。[一]

可見，半葉八行，行十六字，小字雙行，行二十一字，書末記録經注字數，是五代兩宋監本經注之版式特徵。撫州本《禮記注》於每卷末標注經注字數，於書尾記『凡二十萬一千九百九十二字，經九萬七千七百五十九字，注一十萬四千二百三十三字』。余仁仲本惟於每卷末標注經注釋文字數，於書尾不記經注釋文總字數。蜀大字本每卷末不記經注字數，於書尾記『經

[一] 王國維《五代兩宋監本考》，《宋元版書目題跋輯刊》第3册，北京圖書館出版社2003年版，第528頁。

凡九万八千一百七十一言，注凡一十万九千三百七十八言』，其版式行款、書尾記經注字數方式，與《爾雅》一致，但與撫州本、余仁仲本有别，説明蜀大字本是早於撫州本、余仁仲本且接近於五代北宋監本之《禮記注》版本，有可能是依據北宋監本之翻刻本。五代、北宋國子監刻經注八行本及其翻刻本，顯然對南宋高宗以來提舉兩浙東路茶鹽司雕刻八行注疏本有啓迪作用。結合他經經注本，蜀大字本對於我們認識宋代經書經注本之行款版式、字體特徵、刊刻源流以及經注疏本合刻等，提供了重要信息。

第三，蜀大字本是宋代四川地區經書刊刻之代表。四川地區極其重視經學文獻的傳承，自後蜀廣政元年（938）開始，至北宋宣和五年（1123），前後歷時兩百年，在成都府學刊刻完成蜀石經，經注俱刻，有石千數。四川也是我國雕版印刷術發達的地區之一，至今尚存一些兩宋時期的印刷實物。蜀石經與五代、北宋監本《九經》并行，成爲宋人校勘經書的重要版本。時至今日，學術界對於四川地區刊刻經書的情况，所知有限。就經書而言，《九經三傳沿革例》記載有蜀大字舊本、蜀學重刊大字本、中字本和中字有句讀附音本及注疏本，注疏本僅見日本宫内廳書陵部的《論語注疏》十卷[一]。就經注本而言，中字本和中字有句讀附音本已不存，大字本有《周禮》《禮記》《春秋經傳集解》《孟子》四經，《周禮》《春秋經傳集解》殘存二卷，《孟子》十四卷，原本不知下落，惟見《續古逸叢書》《四部叢刊》影印本，所以，《禮記》二十卷就顯得十分重要。蜀大字本不僅讓我們看到了四川地區經書經注本之面貌，其寫、刻、印俱佳，又保留數葉不同字體者，對於我們識別、考辨蜀大字舊本與蜀學重刊大字本，提供了旁證，堪稱宋代四川地區經書刊刻之代表性精品。

結語：今分藏於遼寧省圖書館《禮記注》卷一至五和中國國家圖書館《禮記注》卷六至二十，四函二十册，二者合璧，即是一部完整的南宋孝宗時期刊刻的蜀大字本《禮記注》二十卷。蜀大字本框高二十三點八厘米，廣十七點二厘米，半葉八行，行十六字，小字雙行二十一字，白口，版心中題書名卷次，如『禮記一』，下題葉碼、刻工，左右雙邊，部分葉面略有蟲蛀。《九

[一] 張麗娟《宋代經書注疏刊刻研究》，第389—393頁。

經三傳沿革例》記載蜀刻經書有蜀大字舊本、蜀學重刊大字本、中字本、中字有句讀附音本，蜀大字本可能是蜀大字舊本，卷十五第十五葉似抄配，卷十九第十三至十四葉，可能是用蜀學重刊大字本補闕。蜀大字舊本字體雍容，近顔真卿；蜀學重刊大字本字體古勁，近柳公權。與《禮記》撫州本、余仁仲本、八行本、十行本、和珅本等比勘，蜀大字本優於諸本，訛脱衍倒最少。就經注文字異同而言，蜀大字本與撫州本、八行本接近，應該同源，與余仁仲本、十行本、和珅本差距較大。結合宋代經書經注本刊刻流傳之實際，蜀大字本應該源自五代、北宋監本，在版式行款、書尾記經注字數等方面，與臺北故宫博物院收藏南宋孝宗時刻本《爾雅》三卷，高度一致。這些特徵，不僅讓我們看到了最爲接近五代、北宋監本的宋本《禮記注》，更爲可貴者，蜀大字本爲學術界認識宋代經書刊刻流傳、版本特徵以及四川地區經書雕版，提供了可以研究的實物例證。蜀大字本字大如錢，墨如點漆，其寫刻之精、錯訛之少、印刷之美、品相之佳，在宋版乃至中國雕版印刷史上，堪稱白眉！在《禮記》版本中，蜀大字本、撫州本、余仁仲本，三足鼎立，代表了南宋不同地域刊刻的不同形式的《禮記》經注本面貌，對此後的《禮記注疏》八行本、十行本等注疏合刻本，影響巨大。自唐石經、蜀石經，由蜀大字本、撫州本、余仁仲本，至八行本、十行本、閩本、監本、毛本、武英殿本、阮刻本及今日之各種整理本，讓我們清晰瞭解到唐宋以來《禮記》雕版印刷傳承的歷史。蜀大字本介於石經與撫州本以來諸本之間，上溯石經、五代與北宋監本，下啓八行注疏合刻本，更突顯出其重要與地位。

王　鍔

二〇二〇年十月八日初稿

二〇二〇年十月廿三日定稿

總目録

上册

中册

下册

上册

據遼寧省圖書館、國家圖書館藏宋蜀刻大字本影印原書版框高二十三點八厘米寬十七點二厘米

宋板禮記

1321

禮記卷第一

曲禮上第一　禮記　鄭氏注

曲禮曰毋不敬禮主於敬儼若思儼矜莊貌人之坐思貌必儼然安定辭審言語也易曰言語者君子之樞機安民哉此上三句可以安民說曲禮者美之云耳敖不可長欲不可從志不可滿樂不可極四者慢遊之道桀紂所以自禍賢者狎而敬之狎習也近也謂附而近之習其所行也月令曰雖有貴戚近習畏而愛之心服曰畏曾子曰吾先子之所畏愛而知其惡憎而知其善謂凡與人交不可以

己心之愛憎誣人之善惡**積而能散**謂己有蓄積見貧窮者則當能散以賙救之若宋樂氏**安安而能遷**謂己今安此之安圖後有害則當能遷晉舅犯與姜氏醉重耳而行近之**臨財毋苟得**爲傷廉也**臨難毋苟免**爲傷義也**很毋求勝分毋求多**爲傷平也很鬩也謂爭訟也詩云兄弟鬩於牆**疑事毋質**質成也彼己俱疑而己成言之終不然則傷知**直而勿有**直正也己若不疑則當稱師友而正之謙也**若夫**言若欲爲丈夫也春秋傳曰是謂我非夫**坐如尸**視貌正**立如齊**磬且聽也齊謂祭祀時**禮從宜**事不可常也晉士匄帥師侵齊聞齊侯卒乃還春秋善之**使從俗**亦事不可常也牲幣之屬則當從俗所出禮器

曰天不生地不養君子不以爲禮鬼神不饗夫禮者所以定親疏決嫌疑別同異明是非也禮不妄説人爲近佞媚也君子説之不以其道則不説也不辭費爲傷信君子先行其言而後從之禮不踰節不侵侮不好狎爲傷敬也人則習近爲好狎脩身踐言謂之善行踐履也言履而行之行脩言道禮之質也言道言合於道質猶本也禮爲之文飾耳禮聞取於人不聞取人謂君人者取於人謂高尚其道取人謂制服其身禮聞來學不聞往教尊道藝道德仁義非禮不成教訓正俗非禮

不備分爭辯訟非禮不決君臣上下父子兄弟非禮不定宦學事師非禮不親班朝治軍涖官行法非禮威嚴不行禱祠祭祀供給鬼神非禮不誠不莊（分辨皆別也宦仕也班次也涖臨也莊敬也學或爲御）是以君子恭敬撙節退讓以明禮（撙猶趨也）鸚鵡能言不離飛鳥猩猩能言不離禽獸今人而無禮雖能言不亦禽獸之心乎夫唯禽獸無禮故父子聚麀（聚猶共也鹿牝曰麀）

是故聖人作爲禮以教人使人以有禮知自別於禽獸大上貴德（大上帝皇之世其民施而不惟報）其次務施報（三王之世禮始興焉）禮尚往來往而不來非禮也來而不往亦非禮也人有禮則安無禮則危故曰禮者不可不學也夫禮者自卑而尊人雖負販者必有尊也而況富貴乎（負販者尤輕恌志利宜若無禮然）富貴而知好禮則不驕不淫貧賤而知好禮則志不懾（懾猶怯惑）人生十

年曰幼學（名曰幼時始可學也內則曰十年出就外傅居宿於外學書計）二十曰弱冠三十曰壯有室（有室有妻也妻稱室）四十曰強而仕五十曰艾服官政（艾老也）六十曰耆指使（指事使人也六十不與服戎不親學）七十曰老而傳（傳家事任子孫是謂宗子之父）八十九十曰耄（耄惛忘也春秋傳曰謂老將知耄又及之）七年曰悼（悼憐愛也）悼與耄雖有罪不加刑焉（愛幼而尊老）百年曰期頤（期猶要也頤養也不知衣服食味孝子要盡養道而已）大夫七十而致事（致其所掌之事於君而告老）若不得謝（謝猶聽也君必

有命勞苦辭謝之其有德尚壯則不聽耳則必賜之几杖行役以婦人適四方乘安車自稱曰老夫凡杖婦人安車所以養其身體也安車坐乘若今小車也老夫老人稱也亦明君貪賢春秋傳曰老夫耄矣於其國則稱名君雖尊異之自稱猶若臣越國而問焉必告之以其制鄰國來問必問於老者以荅之制法度謀於長者必操几杖以從之從猶就也長者問不辭讓而對非禮也當謝不敏若曾子之爲凡爲人子之禮冬溫而夏凊昏定而晨省定安其牀衽也省問其安否何如在醜夷不爭醜衆也夷猶儕

也四皓曰陛下之等夷　夫爲人子者三賜不及車馬三賜

三命也凡仕者一命而受爵再命而受衣服三命而受車馬車馬而身所以尊者備矣卿大夫士之子不受不敢以成尊比踰於父天子諸侯之子不受自卑遠於君

故州閭鄉黨稱其孝也兄弟親戚稱其慈也僚友稱其弟也執友稱其仁也交遊稱其信也不敢受重賜者心也

如此而五者備有焉周禮二十五家爲閭四閭爲族五族爲黨五黨爲州五州爲鄉僚友官同者執友志同者

見父之執不謂之進不敢進不謂之退不敢退不問不敢對敬父同志如事父　此孝子之行

也夫爲人子者出必告反必面告面同耳反言面者從外來宜知親之顔色安否所遊必有常所習必有業緣親之意欲知之恒言不稱老廣敬年長以倍則父事之謂年二十於四十者人年二十弱冠成人有爲人父之端今四十於二十者有子道內則曰年二十惇行孝弟十年以長則兄事之五年以長則肩隨之肩隨者與之竝行差退羣居五人則長者必異席席以四人爲節因宜有所尊爲人子者居不主奧坐不中席行不中道立不中門謂與父同宮者也不敢當其尊處室中西南隅謂之

奥道有左右中門謂棖闑之中央內則曰由命士以上父子皆異宮 食饗不爲槩 槩量也不制待賓客饌具之所有 祭祀不爲尸 尊者之處爲其失子道然則尸卜筮無父者 聽於無聲視於無形 恒若親之將有教使然 不登高不臨深不苟訾不苟笑 爲其近危辱也人之性不欲見毀訾不欲見笑 君子樂然後笑 孝子不服闇不登危懼辱親也 服事也闇冥也不於闇冥之中從事爲卒有非常且嫌失禮也男女夜行以燭 父母存不許友以死 爲忘親也死爲報仇讎 不有私財爲人子者父母存冠衣不純素 爲其有喪象也純緣也玉藻曰縞冠玄武子姓之冠也縞

冠素紕既祥之冠也深衣曰具父母衣純以青孤子當室冠衣不純采早喪親雖除喪不忘哀也謂年未三十者三十壯有室有代親之端不爲孤也當室適子也深衣曰孤子衣純以素幼子常視毋誑視今之示字小未有所知常示以正物以正教之無誑欺童子不衣裘裳裘大溫消陰氣使不堪苦不衣裘裳便易立必正方不傾聽習其自端正長者與之提攜則兩手奉長者之手習其扶持尊者提攜謂牽將行負劒辟咡詔之負謂置之於背劒謂挾之於旁辟咡詔之謂傾頭與語口旁曰咡則掩口而對習其鄉尊者屏氣也從於先生不越路而與人言尊不二也先生

老人教學者遭先生於道趨而進正立拱手爲有教使先生與之言則對不與之言則趨而退爲其不欲與已並行從長者而上丘陵則必鄉長者所視爲遠視不察有所問登城不指城上不呼爲惑人將適舍求毋固謂行而就人館固猶常也求主人物不可以舊常或時乏無周禮土訓辨地物原其生以詔地求其類將上堂聲必揚警內人也戶外有二屨言聞則入言不聞則不入將入戶視必下入戶奉扃視瞻毋回不干掩人之私也奉扃敬也戶開亦

開戶闔亦闔不以後來變先有後入者闔而勿遂示不拒人毋踐屨毋踖席摳衣趨隅必慎唯諾趨隅升席必由下也慎唯諾者不先舉見問乃應大夫士出入君門由闑右臣統於君闑門橛不踐閾閾門限也凡與客入者每門讓於客下賓也敵者迎於大門外聘禮曰君迎賓於大門內客至於寢門則主人請入為席為猶敷也雖君亦然然後出迎客客固辭又讓先入主人肅客而入肅進也進客謂道之主人入門而右客入門而左右就其右左就其左主人就東

階客就西階客若降等則就主人之階降下也謂大夫於君士於大夫也不敢輙由其階卑統於尊不敢自專主人固辭然後客復就西階復其正主人與客讓登主人先登客從之拾級聚足拾當爲涉聲之誤也級等也涉等聚足謂前足躡一等後足從之併連步以上重蹉跌也連步謂足相隨不相過也上於東階則先右足上於西階則先左足近於相鄉敬帷薄之外不趨不見尊者行自由不爲容也入則容行而張足曰趨堂上不趨爲其迫也堂下則趨執玉不趨志重玉也聘禮曰上介授賓玉於廟門外堂上

接武武迹也迹相接謂每移足半躡之中人之迹尺二寸堂下布武武謂每移足各自成迹不相躡室中不翔又爲其迫也行而張拱曰翔並坐不橫肱爲害旁人授立不跪授坐不立爲煩尊者俛仰受之凡爲長者糞之禮必加帚於箕上如是得兩手奉箕恭也謂初執而往時也弟子職曰執箕膺擖厥中有帚以袂拘而退其塵不及長者謂掃時也以袂擁帚之前掃而郤行之以箕自鄉而扱之扱讀曰吸謂收糞時也箕去弃物以鄉尊者則不恭奉席如橋衡橫奉之令左昂右低如有首尾然橋井上㮶槔衡上低昂請席何鄉請衽何趾順尊者所安也衽臥

席也坐問鄉臥問趾因於陰陽席南鄉北鄉以西方爲上東鄉西鄉以南方爲上布席無常此其順之也上謂席端也坐在陽則上左坐在陰則上右若非飲食之客則布席席閒函丈謂講問之客也函猶容也講問宜相對容丈足以指畫也飲食之客布席於牖前丈或爲杖主人跪正席雖來講問猶以客禮待之異於弟子客跪撫席而辭撫之者荅主人之親正客徹重席主人固辭徹去也去重席謙也再辭曰固客踐席乃坐客安主人乃敢安也講問宜坐主人不問客不先舉客自外來宜問其安否無恙及所爲來故將即席容毋怍怍顏色變也

兩手摳衣去齊尺（齊謂裳下緝也）衣毋撥（撥發揚貌）足毋蹶（蹶行遽貌）先生書策琴瑟在前坐而遷之戒勿越（廣敬也在前謂當行之前）虛坐盡後（謙也）食坐盡前（爲汙席）坐必安執爾顏（執猶守也）長者不及毋儳言（儳猶暫也非類雜）正爾容聽必恭（聽先生之言既說又敬）毋勦說（勦猶擥也謂取人之說以爲己說）毋雷同（雷之發聲物無不同時應者人之言當各由己不當然也孟子曰人無是非之心非人也）必則古昔稱先王（言必有依據）

侍坐於先生先生問焉終則對（不敢錯亂尊者之言）請

業則起請益則起（尊師重道也起若今摳衣前請也業則篇卷也益謂受說不了欲師更明說之子路問政子曰先之勞之請益曰無倦）父召無諾先生召無諾唯而起（應辭唯恭於諾）侍坐於所尊敬毋餘席（必盡其所近尊者之端爲有後來者）見同等不起（不爲私敬）燭至起（異晝夜）食至起（爲饌變）上客起（敬尊者）燭不見跋（跋本也燭盡則去之嫌若燼多有厭倦）尊客之前不叱狗（主人於尊客之前不敢倦嫌若風去之）讓食不唾（嫌有穢惡）侍坐於君子君子欠伸撰杖屨視日蚤莫侍坐者請出矣

以君子有倦意也撰猶持也侍坐於君子君子問更端則起而對離席對敬異事也君子必令復坐侍坐於君子若有告者曰少閒願有復也則左右屏而待復白也言欲須少空閒有所白也屏猶退也隱也毋側聽嫌探人之私也側聽耳屬於垣毋噭應毋淫視毋怠荒遊毋倨立毋跛坐毋箕寢毋伏斂髮毋髢冠毋免勞毋袒暑毋褰裳皆為其不敬噭號呼之聲也淫視睇眄也怠荒放散身體也跛偏任也伏覆也髢髲也毋垂餘如髲也免去也褰袪也髢或為肆侍坐於長者屨不上於堂

屨賤空則不陳於尊者之側解屨不敢當階爲妨後升者就屨跪而舉之屏於側謂獨退也就猶著也屏亦不當階鄉長者而屨跪而遷屨俯而納屨謂長者送之也不得屏遷之而已俯俛也納內也遷或爲還離坐離立毋往參焉離立者不出中閒爲干人私也離兩也男女不雜坐不同椸枷不同巾櫛不親授嫂叔不通問諸母不漱裳外言不入於梱內言不出於梱女子許嫁纓非有大故不入其門姑姊妹女子子已

嫁而反兄弟弗與同席而坐弗與同器而食皆爲重別防淫亂不雜坐謂男子在堂女子在房也椸可以枷衣者通問謂相稱謝也諸母庶母也漱澣也庶母賤可使漱衣不可使漱裳裳賤尊之者亦所以遠別外言内言男女之職也不出入者不以相問也梱門限也女子許嫁繫纓有從人之端也大故宮中有災變若疾病乃後入也女子有宮者亦謂由命士以上也春秋傳曰羣公子之舍則已卑矣女子十年而不出嫁及成人可以出矣猶不與男子共席而坐亦遠別也

父子不同席異尊卑也男女非有行媒不相知名見媒往來傳昏姻之言乃相知姓名非受幣不交不親重別有禮乃相纏固故日月以告君周禮凡取判妻入子者媒氏書之以告君謂此也齊戒

以告鬼神（昏禮凡受女之禮皆於廟為神席以告鬼神謂此也）為酒食以召鄉黨僚友（會賓客也）以厚其別也（厚重慎也）取妻不取同姓故買妾不知其姓則卜之（為其近禽獸也妾賤或時非媵取之於賤者世無本繫）寡婦之子非有見焉弗與為友（辟嫌也有見謂有奇才卓然衆人所知）賀取妻者曰某子使某聞子有客使某羞（謂不在賓客之中使人往者羞進也言進於客古者謂候為進其禮蓋壺酒束脩若犬也不斥主人昏禮不賀）貧者不以貨財為禮老者不以筋力為禮（禮許儉不非無也年五十始杖八十拜君命一坐再至）名子

者不以國不以日月不以隱疾不以山川此在常語之中爲後難諱也春秋傳曰名終將諱之隱疾衣中之疾也謂若黑臀黑肱矣疾在外者雖不得言尚可指擿此則無時可辟俗語云隱疾難爲醫男女異長各自爲伯季也男子二十冠而字成人矣敬其名父前子名君前臣名對至尊無大小皆相名女子許嫁笄而字以許嫁爲成人凡進食之禮左殽右胾食居人之左羹居人之右皆便食也殽骨體也胾切肉也食飯屬也居人左右明其近也殽在俎胾在豆膾炙處外醯醬處內殽胾之外內也近醯醬者食之主膾炙皆在豆葱渫處末渫烝

葱渫處末者殊加也渫在豆**酒漿處右**處羹之右此言若酒若漿耳兩有之則左酒右漿此大夫士與賓客燕食之禮其禮食則宜放公食大夫禮云**以脯脩置者左朐右末**亦便食也屈中曰朐**客若降等執食興辭**辭者辭主人之臨己食若欲食於堂下然**主人興辭於客然後客坐**復坐**主人延客祭**延道也祭祭先也君子有事不忘本也客不降等則先祭**祭食祭所先進**主人所先進先祭之所後進後祭之如其次**殽之序徧祭之**謂胾炙膾也以其本出於牲體也公食大夫禮魚腊湆醬不祭也**三飯主人延客食胾然後辯殽**先食胾後食殽殽尊也凡食殽辯於肩食肩則飽也**主人未**

辯客不虚口俟主人也虚口謂酳也客自敵以上其酳不待主人飽主人不先飽也侍
食於長者主人親饋則拜而食勸長者食耳雖賤不得執
食興辭拜而已示敬也主人不親饋則不拜而食以其禮於
己不隆共食不飽謙也謂共羹飯之大器也共飯不澤手爲汗
生不絜也澤謂捼莎也禮飯以手澤或爲擇毋摶飯爲欲致飽不謙毋放飯
去手餘飯於器中人所穢毋流歠大歠嫌欲疾毋咤食嫌薄之毋
齧骨爲有聲響不敬毋反魚肉爲已歷口人所穢毋投與狗
骨爲其賤飲食之物毋固獲爲其不廉也欲專之曰固爭取曰獲毋揚飯

飯黍毋以箸毋嚃羹亦嫌欲疾也嚃爲不嚼菜毋絮羹爲其
詳於味也絮猶調也毋刺齒爲其弄口也口容止毋歠醢亦嫌詳於味也
歠者爲其淡故客絮羹主人辭不能亨客歠醢主
人辭以窶優賓濡肉齒決決猶斷也乾肉不齒決
堅宜用手毋嘬炙爲其貪食甚也嘬謂一舉盡臠特牲少牢嚌之加于俎卒食
客自前跪徹飯齊以授相者謙也自從也齊醬屬也相者主
人贊饌者公食大夫禮賓卒食北面取粱與醬以降也主人興辭於客然
後客坐不聽親徹侍飲於長者酒進則起拜受

於尊所降席拜受敬也燕飲之禮鄉尊長者辭少者反席而飲長者舉未釂少者不敢飲不敢先尊者盡爵曰釂燕禮曰公卒爵而後飲也長者賜少者賤者不敢辭不敢亢禮也賤者僮僕之屬賜果於君前其有核者懷其核嫌弃尊者物也木實曰果御食於君君賜餘器之溉者不寫其餘皆寫重汙辱君之器也溉謂陶梓之器不溉謂萑竹之器也寫者傳己器中乃食之也勸侑曰御餕餘不祭父不祭子夫不祭妻食人之餘曰餕餕而不祭唯此類也食尊者之餘則祭盛之御同於長者雖貳不

辭〔謂侍食於長者饌具與之同也貳謂重殽膳也辭之爲長者嫌〕偶坐不辭〔盛饌不爲己〕羹之有菜者用梜其無菜者不用梜〔梜猶箸也今人或謂箸爲梜提〕爲天子削瓜者副之巾以絺〔副析也既削又四析之乃横斷之而巾覆焉〕爲國君者華之巾以綌〔華中裂之不四析也〕爲大夫累之〔累倮也謂不巾覆也〕士疐之〔不中裂横斷去疐而已〕庶人齕之〔不横斷〕父母有疾冠者不櫛行不翔〔憂不爲容也〕言不惰〔憂不在私好〕琴瑟不御〔憂不在樂〕食肉不至變味飲酒不至變貌〔憂不

在味笑不至矧怒不至詈憂在心難變也齒本曰矧大笑則見疾止復故自若常也有憂者側席而坐側猶特也憂不在接人不布他面席有喪者專席而坐降居處也專猶單也水潦降不獻魚鼈不饒多也獻鳥者佛其首爲其喙害人也佛戾也蓋爲小竹籠以冒之畜鳥者則勿佛也畜養也養則馴獻車馬者執策綏獻甲者執冑獻杖者執末獻民虜者操右袂獻粟者執右契獻米者操量鼓獻孰食者操醬齊獻田宅者操書致凡操執者謂手

所舉以告者也設其大者與其小者便也甲鎧也胄兜鍪也民虜軍所獲也操其右袂制之契券要也右爲尊量鼓量器名凡遺人弓者張弓尚筋弛弓尚角弓有往來體皆欲令其下曲隤然順也遺人無時巳定體則張之未定體則弛之右手執簫左手承弣簫弭頭也謂之簫簫邪也弣把中尊卑垂帨帨佩巾也磬折則佩垂授受之儀尊卑一若主人拜拜受也則客還辟辟拜辟拜謙不敢當主人自受由客之左接下承弣由從也從客之左右客尊之接下接客手下也承弣卻手則簫覆手與鄉與客竝然後受於堂上則俱南面禮敵者竝授進劒者左首左首尊也進戈者前

其鐏後其刃進矛戟者前其鐓後刃敬也三兵鐏鐓雖在下猶爲首銳底曰鐏取其鐏地平底曰鐓取其鐓地進几杖者拂之尊者所馮依拂去塵敬效馬效羊者右牽之用右手便效犬者左牽之效猶呈見犬齧人右手當禁備之執禽者左首左首尊飾羔鴈者以繢繢畫也諸侯大夫以布天子大夫以畫受珠玉者以掬慎也掬手中受弓劍者以袂敬也飲玉爵者弗揮爲其寶而肥凡以弓劍苞苴簞笥問人者問猶遺也苞苴裹魚肉或以葦或以茅簞笥盛飯食者圓曰簞方曰笥操以受命如使之

容謂使者凡爲君使者已受命君言不宿於家急君使也言謂有故所問也聘禮曰君有言則以束帛如享禮君言至則主人出拜君言之辱使者歸則必拜送于門外敬君命也此謂國君問事於其臣若使人於君所則必朝服而命之使者反則必下堂而受命此臣有所告請於其君博聞強識而讓敦善行而不怠謂之君子敦厚君子不盡人之歡不竭人之忠以全交也歡謂飲食忠謂衣服之物禮曰君子抱孫不抱子

此言孫可以爲王父尸子不可以爲父尸以孫與祖昭穆同爲君尸者大夫士見之則下之君知所以爲尸者則自下之尊尸也下下車也國君或時幼少不能盡識羣臣有以告者乃下之尸必式禮之乘必以几尊者愼也齊者不樂不弔爲哀樂則失正散其思也居喪之禮毀瘠不形視聽不衰爲其廢喪事形謂骨見升降不由阼階出入不當門隧常若親存隧道也居喪之禮頭有創則沐身有瘍則浴有疾則飲酒食肉疾止復初

不勝喪乃比於不慈不孝勝任也五十不致毀六十不毀七十唯衰麻在身飲酒食肉處於內所以養衰老人五十始衰也生與來日死與往日與猶數也生數來日謂成服杖以死明日數也死數往日謂殯斂以死日數也此士禮貶於大夫者大夫以上皆以來日數士喪禮曰死日而襲厥明而小斂又厥明大斂而殯則死三日而更言三日成服杖似異日矣喪大記曰士之喪二日而殯三日之朝主人杖二者相推其然明矣與或爲予知生者弔知死者傷知生而不知死弔而不傷知死而不知生傷而不弔人恩各施於所知也弔傷皆謂致命辭也雜記曰諸侯使人弔

（辭曰寡君聞君之喪寡君使某如何不淑此施於生者傷辭未聞也說者有弔辭云皇天降災子遭罹之如何不淑此施於死者蓋本傷辭辭畢退皆哭）弔喪弗能賻不問其所費問疾弗能遺不問其所欲見人弗能館不問其所舍賜人者不曰來取與人者不問其所欲（皆謂傷恩也見人見行人館舍也與人不問其所欲己物或時非其所欲將不與也）適墓不登壟（為其不敬壟冢也墓塋域）助葬必執紼（葬喪之大事紼引車索）臨喪不笑（臨喪宜有哀色）揖人必違其位（禮以變為敬）望柩不歌入臨不翔（哀傷之無容樂）當食

不歎食或以樂非歎所鄰有喪舂不相里有殯不巷歌助哀也相謂送杵聲適墓不歌非樂所哭日不歌哀未忘也送喪不由徑送葬不辟塗潦所哀在此臨喪則必有哀色執紼不笑臨樂不歎介冑則有不可犯之色貌與事宜相配介甲也故君子戒慎不失色於人色厲而內荏貌恭心很非情者也國君撫式大夫下之大夫撫式士下之撫猶據也據式小俛崇敬也乘車必正立禮不下庶人為其遽於事且不能備物刑不上大夫不與賢者犯法其犯法則在八議輕重不

在刑書刑人不在君側爲怨恨爲害也春秋傳曰近刑人則輕死之道兵車不式尚威武不崇敬武車綏旌盡飾也綏謂垂舒之也武車亦兵車德車結旌不盡飾也結謂收斂之也德車乘車史載筆士載言謂從於會同各持其職以待事也筆謂書具之屬言謂會同盟要之辭前有水則載青旌前有塵埃則載鳴鳶前有車騎則載飛鴻前有士師則載虎皮前有摯獸則載貔貅載謂舉於旌首以警衆也禮君行師從卿行旅從前驅舉此則士衆知所有所舉各以其類象青青雀水鳥鳶鳴則將風鴻取飛有行列也士師謂兵衆虎取其有威勇也貔貅亦摯獸也書曰如虎如貔士或爲仕

行前朱鳥而後玄武左青龍而右白虎招搖在上急繕其怒（以此四獸爲軍陳象天也急猶堅也繕讀曰勁又畫招搖星於旌旗上以起居堅勁軍之威怒象天帝也招搖星在北斗杓端主指者）進退有度（度謂伐與步數）左右有局各司其局（局部分也）父之讎弗與共戴天（父者子之天殺己之天與共戴天非孝子也行求殺之乃止）兄弟之讎不反兵（恒執殺之備）交遊之讎不同國（讎不吾辟則殺之交遊或爲朋友）四郊多壘此卿大夫之辱也（辱其謀人之國不能安也壘軍壁也數見侵伐則多壘）地廣大荒而不治此

亦士之辱也辱其親民不能安荒穢也臨祭不惰爲無神也祭服敝則焚之祭器敝則埋之龜筴敝則埋之牲死則埋之此皆不欲人褻之也焚之必己不用埋之不知鬼神之所爲凡祭於公者必自徹其俎臣不敢煩君使也大夫以下或使人歸之祭於公助祭於君也卒哭乃諱敬鬼神之名也諱辟也生者不相辟名衛侯名惡大夫有石惡君臣同名春秋不非禮不諱嫌名二名不偏諱爲其難辟也嫌名謂音聲相近若禹與雨丘與區也偏謂二名不一一諱也孔子之母名徵在言在不稱徵言徵不稱在逮事父母則諱王父母不逮事父母則不諱

王父母逮及也謂幼孤不及識父母恩不至於祖名孝子聞名心瞿諱之由心此謂庶人適士以上廟事祖雖不逮事父母猶諱祖君所無私諱謂臣言於君前不辟家諱尊無二大夫之所有公諱辟君諱也詩書不諱臨文不諱爲其失事正廟中不諱爲有事於高祖則不諱曾祖以下尊無二也於下則諱上夫人之諱雖質君之前臣不諱也臣於夫人之家恩遠也質猶對也婦諱不出門婦親遠於宮中言辟之大功小功不諱入竟而問禁入國而問俗入門而問諱皆爲敬主人也禁謂政教俗謂常所行與所惡也國城中也外事以剛日

順其出爲陽也出郊爲外事春秋傳曰甲午祠兵内事以柔日順其居内爲陰凡卜筮日旬之外曰遠某日旬之内曰近某日旬十日也喪事先遠日吉事先近日孝子之心喪事葬與練祥也吉事祭祀冠取之屬也曰爲日假爾泰龜有常假爾泰筮有常命龜筮辭龜筮於吉凶有常大事卜小事筮卜筮不過三求吉不過三魯四卜郊春秋譏之卜筮不相襲卜不吉則又筮筮不吉則又卜是瀆龜筴也晉獻公卜取驪姬不吉公曰筮之是也龜爲卜筴爲筮卜筮者先聖王之所以使民信時日敬鬼神畏

法令也所以使民決嫌疑定猶與也故曰疑而筮之則弗非也日而行事則必踐之弗非無非之者日所卜筮之吉日也踐讀曰善聲之誤也筴或爲蓍君車將駕則僕執策立於馬前監駕且爲馬行已駕僕展軨展軨具視效駕白巳駕奮衣由右上取貳綏奮振去塵也貳副也跪乘未敢立敬也執策分轡驅之五步而立調試之君出就車則僕并轡授綏車上僕所主左右攘辟謂羣臣陪位侍駕者攘卻也或者攘古讓字車驅而騶至于大門君

撫僕之手而顧命車右就車門閭溝渠必步車右勇力之士備制非常者君行則陪乘君式則下步行凡僕人之禮必授人綏若僕者降等則受不然則否若僕者降等則撫僕之手不然則自下拘之撫小止之謙也自下拘之由僕手下取之也僕與己同爵則不受客車不入大門謙也婦人不立乘異於男子犬馬不上於堂非摯幣也故君子式黃髮敬老也發句言故明此衆篇雜辭也下卿位尊賢也卿位卿之朝位也君出過之而上車入未至而下車入國不馳愛人也馳善藺人也入里

必式不誣十室君命召雖賤人大夫士必自御之御當爲訝訝迎也君雖使賤人來必自出迎之尊君命也春秋傳曰跛者御跛者眇者御眇者皆訝也世人亂之介者不拜爲其拜而蓌拜蓌則失容節蓌猶詐也祥車曠左空神位也祥車葬之乘車乘君之乘車不敢曠左左必式君存惡空其位僕御婦人則進左手後右手遠嫌御國君則進右手後左手而俯敬也國君不乘奇車出入必正也奇車獵衣之屬車上不廣欬爲若自矜廣猶弘也不妄指爲惑衆立視五巂立平視也巂猶

(規也謂輪轉之度舊或爲槷)式視馬尾(小俛)顧不過轂(爲揜在後)

國中以策彗卹勿驅塵不出軌(入國不馳彗竹帚卹勿搔摩也)國君下齊牛式宗廟大夫士下公門式路馬乘路馬必朝服載鞭策不敢授綏左必式步路馬必中道以足蹙路馬芻有誅齒路馬有誅(皆廣敬也路馬君之馬載鞭策不敢執也齒欲年也誅罰也)

曲禮下第二

鄭氏注

凡奉者當心提者當帶(高下之節)執天子之器

則上衡謂高於心彌敬也此衡謂與心平國君則平衡大夫則綏之士則提之綏讀曰妥妥之謂下於心凡執主器執輕如不克重慎之也主君也克勝也執主器操幣圭璧則尚左手行不舉足車輪曳踵重慎也尚左手尊左也車輪謂行不絕地立則磬折垂佩主佩倚則臣佩垂主佩垂則臣佩委君臣俛仰之節倚謂附於身小俛則垂大俛則委於地執玉其有藉者則裼無藉者則襲藉藻也裼襲文質相變耳有藻爲文裼見美亦文無藻爲質襲充美亦質圭璋特而襲璧琮加束帛而裼亦是也國君不名

卿老世婦大夫不名世臣姪娣士不名家相長妾雖貴於其國家猶有所尊也卿老上卿也世臣父時老臣君大夫之子不敢自稱曰余小子辟天子之子未除喪之名君大夫天子大夫有土地者大夫士之子不敢自稱曰嗣子某亦辟其君之子未除喪之名不敢與世子同名辟僭傚也其先之生則亦不改世或爲大君使士射不能則辭以疾言曰某有負薪之憂射者所以觀德唯有疾可以辭也使士射謂以備耦也憂或爲疾侍於君子不顧望而對非禮也禮尚謙也不顧望若子路帥爾而對君子

行禮不求變俗求猶務也不務變其故俗重本也謂去先祖之國居他國祭祀之禮居喪之服哭泣之位皆如其國之故謹脩其法而審行之其法謂其先祖之制度若夏殷去國三世爵祿有列於朝出入有詔於國三世自祖至孫踰久可以忘故俗而猶不變者爵祿有列於朝謂君不絕其祖祀復立其族若臧紇奔邾立臧爲矣詔告也謂與卿大夫吉凶往來相赴告若兄弟宗族猶存則反告於宗後謂無列無詔者反告亦謂吉凶也宗後宗子也去國三世爵祿無列於朝出入無詔於國唯興之日從新國

之法以故國與己無恩興謂起爲卿大夫君子已孤不更名亦重本已孤暴貴不爲父作謚子事父無貴賤居喪未葬讀喪禮既葬讀祭禮喪復常讀樂章爲禮各於其時居喪不言樂祭事不言凶公庭不言婦女非其時也振書端書於君前有誅倒筴側龜於君前有誅臣不豫事不敬也振去塵也端正也倒顛倒也側反側也皆謂甪省視之龜筴几杖席蓋重素袗絺綌不入公門龜筴嫌問國家吉凶几杖嫌自長老席蓋載喪車也雜記曰士輤葦席以爲屋蒲席以爲裳帷重素衣裳皆素喪服

也袗單也孔子曰當暑袗絺綌必表而出之爲其形褻苞屨扱衽厭冠不入公門此皆凶服也苞藨也齊衰藨蒯之菲也問喪曰親始死扱上衽厭猶伏也喪冠厭伏苞或爲菲書方衰凶器不以告不入公門此謂喪在內不得不入當先告君耳方板也士喪禮下篇曰書賵於方若九若七若五凶器明器也公事不私議嫌若姦也君子將營宮室宗廟爲先廄庫爲次居室爲後重先祖及國之用凡家造祭器爲先犧賦爲次養器爲後大夫稱家謂家始造事犧賦以稅出牲無田祿者不設祭器有田祿者先爲祭服祭器可假

祭服宜自有　君子雖貧不粥祭器雖寒不衣祭服爲宫室不斬於丘木廣敬鬼神也粥賣也丘壟也　大夫士去國祭器不踰竟此用君禄所作取以出竟恐辱親也　大夫寓祭器於大夫士寓祭器於士寓寄也與得用者言寄覲己後還　大夫士去國踰竟爲壇位鄉國而哭素衣素裳素冠徹緣鞮屨素簚乘髦馬不蚤鬋不祭食不説人以無罪婦人不當御三月而復服言以喪禮自處也臣無君猶無天也壇位除地爲位也徹猶去也鞮屨無絇之菲也

簑覆苓也髯馬不鬄落也蚤讀爲爪鬄鬄鬋也不自説於人以無罪嫌惡其君也御接見也三月一時天氣變可以遂去也簑或爲幕 大夫士見於國君君若勞之則還辟再拜稽首 謂見君既拜矣而後見勞也聘禮曰君勞使者及介君皆荅拜 君若迎拜則還辟不敢荅拜 嫌與君亢賓主之禮迎拜謂君迎而先拜之聘禮曰大夫入門再拜君拜其辱 大夫士相見雖貴賤不敵主人敬客則先拜客客敬主人則先拜主人 尊賢 凡非弔喪非見國君無不荅拜者 禮尚往來喪賓不荅拜不自賓客也國君見士不荅其拜士賤 大夫見於國君國君

拜其辱士見於大夫大夫拜其辱同國始相見主人拜其辱〔自外來而拜拜見也自內來而拜拜辱也〕君於士不荅拜也非其臣則荅拜之〔不臣人之臣〕大夫於其臣雖賤必荅拜之〔辟正君〕男女相荅拜也〔嫌遠別不相荅拜以明之〕國君春田不圍澤大夫不掩羣士不取麛卵〔生乳之時重傷其類〕歲凶年穀不登〔登成也〕君膳不祭肺馬不食穀馳道不除祭事不縣大夫不食粱士飲酒不樂〔皆爲自貶損憂民也禮食殺牲

則祭先有虞氏以首夏后氏以心殷人以肝周人以肺不祭肺則不殺也天子食日少牢朔月大牢諸侯食日特牲朔月少牢除治也不治道爲妨民取蔬食也縣樂器鍾磬之屬也粱加食也不樂去琴瑟君無故玉不去身大夫無故不徹縣士無故不徹琴瑟憂樂不相干也故謂災患喪病士有獻於國君他日君問之曰安取彼再拜稽首而后對起敬也大夫私行出疆必請反必有獻士私行出疆必請反必告臣不敢自專也私行謂以已專也士言告者不必有其獻也告反而已君勞之則拜問其行拜而后對亦起敬也問行謂道中無

恙及所經過國君去其國止之曰奈何去社稷也大夫曰奈何去宗廟也士曰奈何去墳墓也皆民臣愍勤之言國君死社稷死其所受於天子也謂見侵伐也春秋傳曰國滅君死之正也大夫死衆士死制死其所受於君衆謂軍師制謂君教令所使爲之君天下曰天子朝諸侯分職授政任功曰予一人皆擯者辭也天下謂外及四海也今漢於蠻夷稱天子於王侯稱皇帝覲禮曰伯父寔來余一人嘉之余予古今字踐阼臨祭祀內事曰孝王某外事曰嗣王某皆祝辭也唯宗廟稱孝天地社稷祭之郊內而曰嗣

王不敢同外內臨諸侯畛於鬼神曰有天王某甫畛致也祝告致于鬼神辭也曰有天王某甫某甫且字也不名者不親往也周禮大會同過山川則大祝用事焉鬼神謂百辟卿士也畛或爲祗崩曰天王崩史書策辭復曰天子復矣始死時呼魄辭也不呼名臣不名君也諸侯呼字告喪曰天王登假告赴也登上也假已也上已者若僊去云耳措之廟立之主曰帝同之天神春秋傳曰凡君卒哭而祔祔而作主天子未除喪曰予小子謙未敢稱一人春秋傳曰以諸侯之踰年即位亦知天子之踰年即位以天子三年然後稱王亦知諸侯於其封內三年稱子生名之死亦名之生名之曰小子王死亦曰小子王也晉有

小子侯是僭取於天子號也　天子有后有夫人有世婦有嬪有妻有妾　妻八十一御妻周禮謂之女御以其御序於王之燕寢妾賤者　天子建天官先六大曰大宰大宗大史大祝大士大卜典司六典　典法也此蓋殷時制也周則大宰爲天官大宗曰宗伯宗伯爲春官大史以下屬焉大士以神仕者　天子之五官曰司徒司馬司空司士司寇典司五衆　衆謂羣臣也此亦殷時制也周則司士屬司馬大宰司徒宗伯司馬司寇司空爲六官　天子之六府曰司土司木司水司草司器司貨典司六職　府主藏六物之稅者此亦

殷時制也周則皆屬司徒司土土均也司木山虞也司水川衡也司草稻人也司器角人也司貨卝人也**天子之六工曰土工金工石工木工獸工草工典制六材**此亦殷時制也周則皆屬司空土工陶旊也金工築冶鳧栗鍛桃也石工玉人磬人也木工輪輿弓廬匠車梓也獸工函鮑韗韋裘也唯草工職亡蓋謂作萑葦之器**五官致貢曰享**貢功也享獻也致其歲終之功於王謂之獻也周禮大宰歲終則令百官府各正其治受其會聽其致事而詔王廢置**五官之長曰伯**謂為三公者周禮九命作伯**是職方**職主也是伯分主東西者春秋傳曰自陝以東周公主之自陝以西召公主之一相處乎內是或為氏**其擯於天子也曰天子之吏**擯者辭也春秋

傳曰王命委之三吏謂三公也天子同姓謂之伯父異姓謂
之伯舅自稱於諸侯曰天子之老於外曰
公於其國曰君稱之以父與舅親親之辭也外自其私土之外天子畿內九州
之長入天子之國曰牧每一州之中天子選諸侯之賢者以為之牧也
周禮曰乃施典於邦國而建其牧天子同姓謂之叔父異姓謂
之叔舅於外曰侯於其國曰君牧尊於大國之君而謂之
叔父辟二伯也亦以此為尊禮或損之而益謂此類也外自其國之外九州之中曰侯若本爵也二王之後不
為牧其在東夷北狄西戎南蠻雖大曰子謂九

州之外長也天子亦選其諸侯之賢者以爲之子子猶牧也入天子之國曰子天子亦謂之子雖有侯伯之地本爵亦無過子是以同名曰子**於內自稱曰不穀**與民言之謙稱穀善也**於外自稱曰王老**威遠國也外亦其戎狄之中**庶方小侯入天子之國曰某人於外曰子自稱曰孤**謂戎狄子男君也男者於外亦曰男擧尊言之**天子當依而立諸侯北面而見天子曰覲天子當宁而立諸公東面諸侯西面曰朝**諸侯春見曰朝受摯於朝受享於廟生氣文也秋見曰覲一受之於廟殺氣質也朝者位於內朝而序進覲者位於廟門外而序入王南面立於依宁而受焉夏宗依春冬遇依秋

春秋時齊侯唁魯昭公以遇禮相見取易略也覲禮今存朝宗遇禮今亡諸侯未及期相見曰遇相見於郤地曰會諸侯使大夫問於諸侯曰聘約信曰誓涖牲曰盟及至也郤閒也涖臨也坎用牲臨而讀其盟書聘禮今存遇會誓盟禮亡誓之辭尚書見有六篇諸侯見天子曰臣某侯某謂畜夫承命告天子辭也其爲州牧則曰天子之老臣某侯某奉圭請覲其與民言自稱曰寡人謙也於臣亦然其在凶服曰適子孤凶服亦謂未除喪臨祭祀內事曰孝子某侯某外事曰曾孫某侯某稱國者遠辟天子

死曰薨亦史書策辭復曰某甫復矣某甫且字旣葬見天子曰類見代父受國類猶象也執皮帛象諸侯之禮見也其禮亡言謚曰類使大夫行象聘問之禮也言謚者序其行及謚所宜其禮亡諸侯使人使於諸侯使者自稱曰寡君之老繫於君以爲尊也此謂諸侯之卿上大夫天子穆穆諸侯皇皇大夫濟濟士蹌蹌庶人僬僬皆行容止之貌也聘禮曰賓入門皇又曰皇且行又曰衆介北面鏘鏘焉凡行容尊者體盤卑者體蹙天子之妃曰后后之言後也諸侯曰夫人夫之言扶大夫曰孺人孺之言屬士曰婦人婦之

言服庶人曰妻妻之言齊公侯有夫人有世婦有
妻有妾貶於天子也無后與嬪去上中夫人自稱於天子曰
老婦自稱於天子謂畿內諸侯之夫人助祭若時事見自稱於諸侯曰
寡小君謂饗來朝諸侯之時自稱於其君曰小童自世
婦以下自稱曰婢子小童若云未成人也婢之言卑也於其君稱此以接
見體敵嫌其當子於父母則自名也名父母所爲也言子者通男女列
國之大夫入天子之國曰某士亦謂諸侯之卿也三命以
下於天子爲士曰某士者若晉韓起聘於周擯者曰晉士起自稱曰陪臣某陪重

也於外曰子子有德之稱魯春秋曰齊高子來盟於其國曰寡君之老使者自稱曰某使謂使人於諸侯也某名也天子不言出諸侯不生名君子不親惡天子之言出諸侯之生名皆有大惡君子所遠出名以絕之春秋傳曰天王出居於鄭衛侯朔入於衛是也諸侯失地名滅同姓名絕之爲人臣之禮不顯諫爲奪美也顯明也謂明言其君惡不幾微三諫而不聽則逃之逃去也君臣有義則合無義則離子之事親也三諫而不聽則號泣而隨之至親無去志在感動之君有疾飲藥臣先嘗之親

有疾飲藥子先嘗之（嘗度其所堪）醫不三世不服其藥（慎物齊也）儗人必於其倫（儗猶比也倫猶類也比大夫當於大夫比士當於士不以其類則有所褻）問天子之年對曰聞之始服衣若干尺矣（既不敢言年又不敢斥至尊所能）問國君之年長曰能從宗廟社稷之事矣幼曰未能從宗廟社稷之事也問大夫之子長曰能御矣幼曰未能御也問士之子長曰能典謁矣幼曰未能典謁也問庶人之子長曰能

負薪矣幼曰未能負薪也皆言其能則長幼可知御猶主也書曰越乃御事謂主事者謁請也謂能擯贊出入以事請告也禮四十強而仕五十命爲大夫問國君之富數地以對山澤之所出問大夫之富曰有宰食力祭器衣服不假問士之富以車數對問庶人之富數畜以對皆在其所制以多少對宰邑士也食力謂民之賦稅天子祭天地祭四方祭山川祭五祀歲徧諸侯方祀祭山川祭五祀歲徧大夫祭五祀歲徧士祭其先祭四方謂祭五官之神於四郊也句

芒在東，祝融后土在南，蓐收在西，玄冥在北。詩云來方禋祀。方祀者，各祭其方之官而已。五祀，戶、竈、中霤、門、行也。此蓋殷時制也。祭法曰：天子立七祀，諸侯立五祀，大夫立三祀，士立二祀，謂周制也。

凡祭，有其廢之，莫敢舉也；有其舉之，莫敢廢也。爲其瀆神也。廢舉，謂若殷廢農祀，棄後不可復廢棄，祀農也。後有德者繼之，不嫌也。非其所祭而祭之，名曰淫祀。淫祀無福。妄祭，神不饗。

天子以犧牛，諸侯以肥牛，大夫以索牛，士以羊豕。犧，純毛也。肥，養於滌也。索，求得而用之。

支子不祭，祭必告于宗子。不敢自專，謂宗子有故，支子當攝而祭者也。五宗皆然。

凡祭宗廟之禮，牛曰

一元大武豕曰剛鬣豚曰腯肥羊曰柔毛雞曰翰音犬曰羹獻雉曰疏趾兔曰明視脯曰尹祭槀魚曰商祭鮮魚曰脡祭水曰清滌酒曰清酌黍曰薌合粱曰薌萁稷曰明粢稻曰嘉蔬韭曰豐本鹽曰鹹鹾玉曰嘉玉幣曰量幣號牲物者異於人用也元頭也武迹也腯亦肥也春秋傳作腯腯充貌也翰猶長也羹獻食人之餘也尹正也商猶量也脡直也其辭也嘉善也稻菰蔬之屬也豐茂也大鹹曰鹾今河東云幣帛也

天子死曰崩諸侯曰薨大夫曰卒

士曰不祿庶人曰死異死名者爲人褻其無知若猶不同然也自上顛壞曰崩薨顛壞之聲卒終也不祿不終其祿死之言澌也精神澌盡也在牀曰尸尸陳也言在形體在棺曰柩柩之言究也羽鳥曰降四足曰漬異於人也降落也漬謂相瀸汙而死也春秋傳曰大災者何大漬也死寇曰兵異於凡人當饗祭王父曰皇祖考王母曰皇祖妣祿其後父曰皇考母曰皇妣夫曰皇辟更設稱號尊神異於人也皇君也考成也言其德行之成也妣之言媲也媲於考也辟法也妻所取法也生曰父曰母曰妻死曰考曰妣曰嬪嬪婦人有法度者之稱也周禮九嬪掌婦學之

法教九御婦德婦言婦容婦功壽考曰卒短折曰不祿祿謂有德行任爲大夫士而不爲者老而死從大夫之稱少而死從士之稱天子視不上於袷不下於帶袷交領也天子至尊臣視之目不過此國君綏視視國君彌高綏讀爲妥妥視謂視上於袷大夫衡視視大夫又彌高也衡平也平視謂視面也士視五步士視得旁遊目五步之中也視大夫以上上下遊目不得旁凡視上於面則敖敖則仰下於帶則憂憂則低傾則姦辟頭旁視心不正也傾或爲側君命大夫與士肄肄習也君有命大夫則與士展習其事謂欲有所發爲也在官言官在府言府在庫言庫

在朝言朝唯君命所在就展習之也官謂板圖文書之處府謂寶藏貨賄之處也庫謂車馬兵甲之處也朝謂君臣謀政事之處也朝言不及犬馬非公議也輟朝而顧不有異事必有異慮心不正志不在君輟猶止也故輟朝而顧君子謂之固固謂不達於禮也在朝言禮問禮對以禮於朝廷言無所不用禮大饗不問卜祭五帝於明堂莫適卜也郊特牲曰郊血大饗腥不饒富富之言備也備而已勿多於禮也凡摯天子鬯諸侯圭卿羔大夫鴈士雉庶人之摯匹童子委摯而退摯之言至也天子無客禮以鬯爲摯者所以唯用告

神爲至也童子委摯而退不與成人爲禮也說者以匹爲鶩野外軍中無摯以纓拾矢可也非爲禮之處用時物相禮而已纓馬繁纓也拾謂射韝婦人之摯椇榛脯脩棗栗婦人無外事見以羞物也椇榛木名椇枳也有實今邳郯之東食之榛實似栗而小納女於天子曰備百姓於國君曰備酒漿於大夫曰備埽灑納女猶致女也壻不親迎則女之家遣人致之此其辭也姓之言生也天子皇后以下百二十人廣子姓也酒漿埽灑婦人之職

禮記卷第一

宋板禮記

五福五代堂古稀天子寶

八徵耄念之寶

太上皇帝之寶

禮記卷第二

檀弓上第三　鄭氏注

公儀仲子之喪檀弓免焉故爲非禮以非仲子也禮朋友皆在他邦乃袒免仲子舍其孫而立其子此其所立非也公儀蓋魯同姓周禮適子死立適孫爲後檀弓曰何居我未之前聞也居讀爲姬姓之姬齊魯之閒語助也前猶故也趨而就子服伯子於門右曰仲子舍其孫而立其子何也去賓位就主人兄弟之賢者而問之子服伯子蓋仲孫蔑之玄孫子服景伯蔑魯大夫伯子曰仲子

亦猶行古之道也昔者文王舍伯邑考而立武王微子舍其孫腯而立衍也夫仲子亦猶行古之道也伯子爲親者隱耳立子非也文王之立武王權也微子適子死立其弟衍殷禮也子游問諸孔子孔子曰否立孫據周禮

事親有隱而無犯隱謂不稱揚其過失也無犯不犯顏而諫論語曰事父母幾諫左右就養無方左右謂扶持之方猶常也子則然無常人服勤至死致喪三年勤勞辱之事也致謂戚容稱其服也凡此以恩爲制事君有犯而無隱既諫人有問其國政者可以語其得失若齊晏子爲晉叔向言之左

右就養有方不可侵官服勤至死方喪三年方喪資於事父凡此以義爲制事師無犯無隱左右就養無方服勤至死心喪三年心喪戚容如父而無服也凡此以恩義之間爲制

季武子成寢武子魯公子季友之曾孫季孫夙杜氏之葬在西階之下請合葬焉許之入宫而不敢哭武子曰合葬非古也自周公以來未之有改也自見夷人冢墓以爲宅欲文過吾許其大而不許其細何居命之哭記此者善其不奪人之恩子上之母死而不喪

子上孔子曾孫子思伋之子名白其母出門人問諸子思曰昔者子之先君子喪出母乎曰然禮爲出母期父卒爲父後者不服耳子之不使白也喪之何也子思曰昔者吾先君子無所失道道隆則從而隆道汙則從而汙汙猶殺也有隆有殺進退如禮伋則安能自予不能及爲伋也妻者是爲白也母不爲伋也妻者是不爲白也母故孔氏之不喪出母自子思始也記禮所由廢非之孔子曰拜而后稽顙頽乎其順

也此殷之喪拜也頹順也先拜賓順於事也稽顙而后拜頎乎其至也此周之喪拜也頎至也先觸地無容哀之至三年之喪吾從其至者重者尚哀戚自期如殷可孔子既得合葬於防言既得者少孤不知其墓曰吾聞之古也墓而不墳墓謂兆域今之封塋也古謂殷時也土之高者曰墳今丘也東西南北之人也不可以弗識也於是封之崇四尺東西南北言居無常也聚土曰封封之周禮也周禮曰以爵等爲丘封之度崇高也高四尺蓋周之土制孔子先反當脩虞事門人後雨甚至後待封也孔子問焉曰爾來

何遲也曰防墓崩言所以遲者脩之而來孔子不應以其非禮三三言之以孔子不聞孔子泫然流涕曰吾聞之古不脩墓脩猶治也孔子哭子路於中庭寢中庭也與哭師同親之有人弔者而夫子拜之爲之主也既哭進使者而問故使者自衛來赴者故謂死之意狀使者曰醢之矣時衛世子蒯聵篡輒而立子路死之醢之者示欲啗食以怖衆遂命覆醢覆棄之不忍食曾子曰朋友之墓有宿草而不哭焉宿草謂陳根也爲師心喪三年於朋友期可子思曰喪三日而殯凡附

於身者必誠必信勿之有悔焉耳矣三月而葬凡附於棺者必誠必信勿之有悔焉耳矣言其日月欲以盡心脩備之附於身謂衣衾附於棺謂明器之屬喪三年以爲極亡去己久遠而除其喪則弗之忘矣則之言曾故君子有終身之憂念其親而無一朝之患毁不滅性故忌日不樂謂死日言忌日不用舉吉事孔子少孤不知其墓孔子之父郰叔梁紇與顔氏之女徵在野合而生孔子徵在恥焉不告殯於五父之衢欲有所就而問之孔子亦爲隱焉殯於家則知之者無由怪己欲發問端五父衢名蓋郰曼父之鄰人之見

之者皆以爲葬也見柩行於路其慎也蓋殯也慎當爲引禮家讀然聲之誤也殯引飾棺以輴葬引飾棺以柳翣孔子是時以殯引不以葬引時人見者謂不知禮問於郰曼父之母然後得合葬於防曼父之母與徵在爲鄰相善鄰有喪舂不相里有殯不巷歌皆所以助哀也相謂以音聲相勸喪冠不緌去飾有虞氏瓦棺始不用薪也有虞氏上陶夏后氏堲周火孰曰堲燒土治以周於棺也或謂之土周由是也殷人棺槨槨大也以木爲之言槨大於棺也殷人上梓周人弟子職曰右手折堲牆置翣牆柳衣也凡此言後王之制文周人以殷人之棺槨

葬長殤以夏后氏之堲周葬中殤下殤以有虞氏之瓦棺葬無服之殤略未成人夏后氏尚黑以建寅之月爲正物生色黑大事斂用昏昏時亦黑此大事謂喪事也戎事乘驪戎兵也馬黑色曰驪爾雅曰騋牝驪牡玄牲用玄玄黑類也殷人尚白以建丑之月爲正物牙色白大事斂用日中日中時亦白戎事乘翰翰白色馬也易曰白馬翰如牲用白周人尚赤以建子之月爲正物萌色赤大事斂用日出日出時亦赤戎事乘騵騵騂馬白腹牲用騂騂赤類穆公之母

卒穆公魯哀公之曾孫使人問於曾子曰如之何問居喪之禮曾子曾參之子名申對曰申也聞諸申之父曰哭泣之哀齊斬之情饘粥之食自天子達子喪父母尊卑同布幕衛也縿幕魯也幕所以覆棺上也縿縑也縿讀如綃衛諸侯禮魯天子禮兩言之者僭已久矣幕或爲帟

晉獻公將殺其世子申生信驪姬之譖公子重耳謂之曰子蓋言子之志於公乎蓋皆當爲盍盍何不也志意也重耳欲使言見譖之意重耳申生異母弟後立爲文公世子曰不可君安驪姬是我傷公之心

也言其意則驪姬必誅也驪姬獻公伐驪戎所獲女也申生之母蚤卒驪姬嬖焉曰然則蓋行乎行猶去也世子曰不可君謂我欲弒君也天下豈有無父之國哉吾何行如之言人有父則皆惡欲弒父者使人辭於狐突曰申生有罪不念伯氏之言也以至于死申生不敢愛其死辭猶告也狐突申生之傅舅犯之父也前此者獻公使申生伐東山皐落氏狐突謂申生欲使之行今言此者謝之伯氏狐突別氏雖然吾君老矣子少國家多難子驪姬之子奚齊伯氏不出而圖吾君圖猶謀也不出爲君謀國

家之政然則自皐落氏反後狐突懼乃稱疾伯氏苟出而圖吾君申生受賜而死賜猶惠也再拜稽首乃卒既告狐突乃雉經是以爲恭世子也言行如此可以爲恭於孝則未之有魯人有朝祥而莫歌者子路笑之笑其爲樂速夫子曰由爾責於人終無已夫三年之喪亦已久矣夫爲時如此人行三年喪者希抑子路以善彼子路出夫子曰又多乎哉踰月則其善也又復也魯莊公及宋人戰于乘丘十年夏縣賁父御卜國爲右

縣卜皆氏也凡車右勇力者爲之馬驚敗績驚奔失列公隊佐車授綏戎車之貳曰佐授綏乘公公曰末之卜也末之猶微哉言卜國無勇縣賁父曰他日不敗績而今敗績是無勇也他日戰其御馬未甞驚奔遂死之二人赴敵而死圉人浴馬有流矢在白肉圉人掌養馬者白肉股裏肉公曰非其罪也流矢中馬非御與右之罪遂誄之誄其赴敵之功以爲謚士之有誄自此始也記禮失所由來也周雖以士爲爵猶無謚也殷大夫以上爲爵曾子寢疾病病謂疾困樂正子春坐於牀下子春曾參弟子曾元曾申

坐於足元申曾參之子童子隅坐而執燭隅坐不與成人並

童子曰華而睆大夫之簀與華畫也簀謂牀第也說者以睆爲刮節目字或爲刮子春曰止以病困不可動曾子聞之瞿然

曰呼呼虛憊之聲曰華而睆大夫之簀與曾子曰

然斯季孫之賜也我未之能易也元起易

簀未之能易己病故也曾元曰夫子之病革矣不可以

變幸而至於旦請敬易之言夫子者曾子親沒之後齊嘗聘以爲卿而不爲也革急也變動也幸覬也曾子曰爾之愛我也不如

彼（彼童子也）君子之愛人也以德（成己之德）細人之愛人也以姑息（息猶安也言苟容取安也）吾何求哉吾得正而斃焉斯已矣（斃仆也）舉扶而易之反席未安而沒（言病雖困猶勤於禮）始死充充如有窮既殯瞿瞿如有求而弗得既葬皇皇如有望而弗至練而慨然祥而廓然（皆憂悼在心之貌也求猶索物）邾婁復之以矢蓋自戰於升陘始也（戰於升陘魯僖二十二年秋也時師雖勝死傷亦甚無衣可以招魂）魯婦人之髽而弔也自敗

於臺鮐始也敗於臺鮐魯襄四年秋也臺當爲壺字之誤也春秋傳作狐鮐時家家有喪髽而相弔去纚而紒曰髽禮婦人弔服大夫之妻錫衰士之妻則疑衰與皆吉笄無首素總南宮縚之妻之姑之喪南宮縚孟僖子之子南宮閱也字子容其妻孔子兄女夫子誨之髽曰爾毋從從爾爾毋扈扈爾誨教也爾女也從從謂大高扈扈謂大廣爾語助蓋榛以爲笄長尺而總八寸總束髮垂爲飾齊衰之總八寸孟獻子禫縣而不樂比御而不入可以御婦人矣尚不復寢孟獻子魯大夫仲孫蔑夫子曰獻子加於人一等矣加猶踰也孔子既祥五日

彈琴而不成聲哀未忘十日而成笙歌踰月且異旬也祥亦凶事用遠日五日彈琴十日笙歌除由外也琴以手笙歌以氣有子蓋既祥而絲屨組纓譏其早也禮既祥白屨無絇縞冠素紕有子孔子弟子有若死而不弔者三謂輕身忘孝也畏人或時以非罪攻己不能有以說之死之者孔子畏於匡厭行止危險之下溺不乘橋舡子路有姊之喪可以除之矣而弗除也孔子曰何弗除也子路曰吾寡兄弟而弗忍也孔子曰先王制禮行道之人皆弗忍也行道猶行仁義子路聞之遂除之大

公封於營丘比及五世皆反葬於周齊大公受封留爲大師死葬於周子孫生焉不忍離也五世之後乃葬於齊齊曰營丘君子曰樂樂其所自生禮不忘其本言其似禮樂之義古之人有言曰狐死正丘首仁也正丘首正首丘也仁恩也伯魚之母死期而猶哭伯魚孔子子也名鯉猶尚也夫子聞之曰誰與哭者門人曰鯉也夫子曰嘻其甚也嘻悲恨之聲伯魚聞之遂除之舜葬於蒼梧之野舜征有苗而死因留葬焉書說舜曰陟方乃死蒼梧於周南越之地今爲郡蓋三妃未

之從也古者不合葬帝嚳而立四妃矣象后妃四星其一明者爲正妃餘三小者爲次妃帝堯因焉至舜不告而取不立正妃但三妃而已謂之三夫人離騷所歌湘夫人舜妃也夏后氏增以三三而九合十二人春秋說云天子取十二即夏制也以虞夏及周制差之則殷人又增以三九二十七合三十九人周人上法帝嚳立正妃又三二十七爲八十一人以增之合百二十一人其位后也夫人也嬪也世婦也女御也五者相三以定尊卑季武子曰周公蓋附附謂合葬合葬自周公以來曾子之喪浴於爨室見曾元之辭易簀矯之以謙儉也禮死浴於適室大功廢業或曰大功誦可也許其口習故也子張病召申祥而語之曰君子曰終小人曰死申祥

子張子欲使執喪成己志也死之言澌也事卒爲終消盡爲澌大史公傳曰子張姓顓孫今曰申祥周秦之聲二者相近未聞孰是吾今日其庶幾乎言易成也曾子曰始死之奠其餘閣也與不容改新閣庋藏食物曾子曰小功不爲位也者是委巷之禮也譏之也位謂以親踈敘列哭也委巷猶街里委曲所爲也子思之哭嫂也爲位善之也禮嫂叔無服婦人倡踊有服者娣姒婦小功倡先也申祥之哭言思也亦然説者云言思子游之子申祥妻之昆弟亦無服過此以往獨哭不爲位古者冠縮縫今也衡縫縮從也今禮制衡讀爲横今冠横縫以其辟積多故喪

冠之反吉非古也解時人之惑喪冠縮縫古冠耳曾子謂子思曰伋吾執親之喪也水漿不入於口者七日言己以疾時禮而不如子思曰先王之制禮也過之者俯而就之不至焉者跂而及之故君子之執親之喪也水漿不入於口者三日杖而后能起爲曾子言難繼以禮抑之曾子曰小功不稅據禮而言也日月已過乃聞喪而服曰稅大功以上然小功輕不服則是遠兄弟終無服也言相離遠者聞之恒晚而可乎以己恩怪之伯高之喪伯高

死時在衛未聞何國人孔氏之使者未至謂賻賵者冉子攝束帛乘馬而將之冉子孔子弟子冉有攝猶貸也孔子曰異哉徒使我不誠於伯高徒猶空也禮所以副忠信也忠信而無禮何傳乎伯高死於衛赴於孔子赴告也凡有舊恩者則使人告之孔子曰吾惡乎哭諸以其交會尚新兄弟吾哭諸廟父之友吾哭諸廟門之外別親疏也師吾哭諸寢朋友吾哭諸寢門之外所知吾哭諸野別輕重也於野則已疏於寢則已重已猶大也夫由

賜也見我吾哭諸賜氏（本於恩哭於子貢寢門之外）遂命子貢爲之主（明恩所由）曰爲爾哭也來者拜之知伯高而來者勿拜也（異於正主）曾子曰喪有疾食肉飲酒必有草木之滋焉（增以香味爲其疾不嗜食）以爲薑桂之謂也（爲記者正曾子所云草木滋者謂薑桂）子夏喪其子而喪其明（明目精）曾子弔之曰吾聞之也朋友喪明則哭之（痛之）曾子哭子夏亦哭曰天乎予之無罪也（怨天罰無罪）曾子怒曰商女何

無罪也吾與女事夫子於洙泗之間言其有師也洙泗魯水名退而老於西河之上西河龍門至華陰之地使西河之民疑女於夫子爾罪一也言其不稱師也喪爾親使民未有聞焉爾罪二也言居親喪無異稱喪爾子喪爾明爾罪三也言隆於妻子而曰女何無罪與子夏投其杖而拜曰吾過矣吾過矣謝之且服罪也吾離羣而索居亦已久矣羣謂同門朋友也索猶散也夫晝居於內問其疾可也似有疾夜居於

外弔之可也（似有喪）是故君子非有大故不宿於外（大故謂喪憂）非致齊也非疾也不晝夜居於內（內正寢之中）高子皐之執親之喪也（子皐孔子弟子名柴）泣血三年（言泣無聲如血出）未嘗見齒（言笑之微）君子以爲難（言人不能然）衰與其不當物也寧無衰（惡其亂禮不當物謂精麤廣狹不應法制）齊衰不以邊坐大功不以服勤（爲褻喪服邊偏倚也）孔子之衛遇舊館人之喪（前日君所使舍己）入而哭之哀出使子貢說驂而賻之

賻助喪用也騑馬曰驂子貢曰於門人之喪未有所說驂說驂於舊館無乃已重乎〔言說驂大重比於門人恩爲偏頗〕夫子曰予鄉者入而哭之遇於一哀而出涕〔遇見也舊館人恩雖輕我入哭見主人爲我盡一哀是以厚恩待我我爲出涕恩重宜有施惠〕予惡夫涕之無從也小子行之〔客行無他物可以易之者使遂以往〕孔子在衛有送葬者而夫子觀之曰善哉爲喪乎足以爲法矣小子識之子貢曰夫子何善爾也曰其往也如慕其反也如

疑慕謂小兒隨父母啼呼疑者哀親之在彼如不欲還然子貢曰莫若速反而虞乎速疾子曰小子識之我未之能行也哀戚本也祭祀末也顏淵之喪饋祥肉饋遺也孔子出受之入彈琴而后食之彈琴以散哀也孔子與門人立拱而尚右二三子亦皆尚右效孔子也孔子曰二三子之嗜學也嗜貪我則有姊之喪故也二三子皆尚左復正也喪尚右右陰也吉尚左左陽也孔子蚤作作起負手曳杖消搖於門欲人之怪己歌曰泰山其

積乎泰山衆山所仰梁木其壞乎梁木衆木所放哲人其萎乎哲人亦衆人所仰放也以上三句喻之萎病也詩云無木不萎旣歌而入當戶而坐蚤坐急見人也子貢聞之曰泰山其積則吾將安仰梁木其壞哲人其萎則吾將安放夫子殆將病也覺孔子歌意殆幾也遂趨而入夫子曰賜爾來何遲也坐則望之夏后氏殯於東階之上則猶在阼也殷人殯於兩楹之閒則與賓主夾之也周人殯於西階之上則猶

賓之也【以三王之禮占己夢】而丘也殷人也予疇昔之夜夢坐奠於兩楹之間【是夢坐兩楹之間而見饋食也言奠者以爲凶象疇發聲也昔猶前也】夫明王不興而天下其孰能宗予予殆將死也【孰誰也宗尊也兩楹之間南面鄉明人君聽治正坐之處今無明王誰能尊我以爲人君乎是我殷家奠殯之象以此自知將死】蓋寢疾七日而沒【明聖人知命】

孔子之喪門人疑所服【無喪師之禮】子貢曰昔者夫子之喪顏淵若喪子而無服喪子路亦然請喪夫子若喪父而無服【無服不爲】

衰弔服而加麻心喪三年孔子之喪公西赤爲志焉公西赤孔子弟子字子華志謂章識飾棺牆置翣牆柳衣翣以布衣木如攝與設披周也設崇殷也綢練設旐夏也夫子雖殷人兼用三王之禮尊之披柩行夾引棺者崇崇牙旌旗飾也綢練以練綢旌之杠此旌葬乘車所建也旌之旒緇布廣充幅長尋曰旐爾雅說旌旗曰素錦綢杠子張之喪公明儀爲志焉志亦謂章識褚幕丹質以丹布幕爲褚葬覆棺不牆不翣蟻結于四隅畫褚之四角其文如蟻行往來相交錯蟻蚍蜉也殷之蟻結似今蚍文畫殷士也學於孔子傚殷禮子夏問於孔子曰居父母之仇如之

何夫子曰寢苫枕干不仕雖除喪居處猶若喪也干盾也弗與共天下也不可以並生遇諸市朝不反兵而鬭言雖適市朝不釋兵曰請問居昆弟之仇如之何曰仕弗與共國銜君命而使雖遇之不鬭爲負而廢君命曰請問居從父昆弟之仇如之何曰不爲魁魁猶首也天文北斗魁爲首杓爲末主人能則執兵而陪其後爲其負當成之

孔子之喪二三子皆絰而出尊師也出謂有所之適然則凡弔服加麻者出則變服羣居則絰出則否羣謂七十二弟子相爲朋友服

（子夏曰吾離羣而索居）易墓非古也（易謂芟治草木不易者丘陵也）子路曰吾聞諸夫子喪禮與其哀不足而禮有餘也不若禮不足而哀有餘也（喪主哀）祭禮與其敬不足而禮有餘也不若禮不足而敬有餘也（祭主敬）曾子弔於負夏（負夏衛地）主人既祖塡池（祖謂移柩車去載處爲行始也塡池當爲奠徹聲之誤也奠徹謂徹遣奠設祖奠）推柩而反之（反於載處榮曾子弔欲更始）降婦人而后行禮（禮既祖而婦人降今反柩婦人辟之復升堂矣柩無反而反之而又降婦人蓋欲矜賓於此婦人皆非）從者曰

禮與（怪之）曾子曰夫祖者且也（且未定之辭）且胡爲其不可以反宿也（給說）從者又問諸子游曰禮與（疑曾子言非）子游曰飯於牖下小斂於戶內大斂於阼殯於客位祖於庭葬於墓所以即遠也故喪事有進而無退（明反柩非）曾子聞之曰多矣乎予出祖者（善子游言且服）曾子襲裘而弔子游裼裘而弔曾子指子游而示人曰夫夫也爲習於禮者如之何其裼

裘而弔也曾子蓋知臨喪無飾夫夫猶言此丈夫也子游於時名爲習禮主人既小斂袒括髮子游趨而出襲裘帶絰而入於主人變乃變也所弔者朋友曾子曰我過矣我過矣夫夫是也服且善子游子夏既除喪而見見於孔子予之琴和之而不和彈之而不成聲樂由人心作而曰哀未忘也先王制禮而弗敢過也作起子張既除喪而見予之琴和之而和彈之而成聲作而曰先王制禮不敢不至焉雖情異善其俱

順禮司寇惠子之喪惠子衛將軍文子彌牟之弟惠叔蘭也生虎者子游爲之麻衰牡麻絰惠子廢適立庶爲之重服以譏之麻衰以吉服之布爲衰文子辭曰子辱與彌牟之弟游謝其存時又辱爲之服敢辭止之服也子游曰禮也文子退反哭子游名習禮文子亦以爲當然未覺其所譏子游趨而就諸臣之位深譏之大夫之家臣位在賓後文子又辭曰子辱與彌牟之弟游又辱爲之服又辱臨其喪敢辭止之在臣位子游曰固以請再不從命文子退扶適子

南面而立曰子辱與彌牟之弟游又辱焉之服又辱臨其喪虎也敢不復位覺所譏也虎適子名文子親扶而辭敬子游也南面而立則諸臣位在門内北面明矣子游趨而就客位所譏行將軍文子之喪既除喪而后越人來弔主人深衣練冠待于廟垂涕洟主人文子之子簡子瑕也深衣練冠凶服變也待于廟受弔不迎賓也子游觀之曰將軍文氏之子其庶幾乎亡於禮者之禮也其動也中中禮之變幼名冠字五十以伯仲死

謚周道也經也者實也所以表哀戚掘中霤而浴毀竈以綴足及葬毀宗躐行出于大門殷道也明不復有事於此周人浴不掘中霤葬不毀宗躐行毀宗毀廟門之西而出行神之位在廟門之外學者行之學於孔子者行之傚殷禮

子柳之母死子碩請具具葬之器用子柳魯叔仲皮之子子碩兄子柳曰何以哉言無其財子碩曰請粥庶弟之母粥謂嫁之也妾賤取之曰買子柳曰如之何其粥人之母以葬其母也不可忠恕既葬子碩欲以賻布之餘具祭器古者謂錢爲泉布所以通布貨

財）子柳曰不可吾聞之也君子不家於喪（惡因死者以爲利）請班諸兄弟之貧者（以分死者所矜也祿多則與鄰里鄉黨）君子曰謀人之軍師敗則死之謀人之邦邑危則亡之（利己亡衆非忠也言亡之者雖辟賢非義退）公叔文子升於瑕丘蘧伯玉從（二子衛大夫文子獻公之孫名拔）文子曰樂哉斯丘也死則我欲葬焉蘧伯玉曰吾子樂之則瑗請前（刺其欲害人良田瑗伯玉名）弁人有其母死而孺子泣者（言聲無節）孔子曰

哀則哀矣（此誠哀）而難爲繼也（失禮中）夫禮爲可傳也爲可繼也故哭踊有節叔孫武叔之母死（武叔公子牙之六世孫名州仇毀孔子者）既小斂舉者出戶出戶袒且投其冠括髮（戶出戶乃變服失哀節冠素委貌）子游曰知禮（嗤之）扶君卜人師扶右射人師扶左（君謂疾時也卜當爲僕聲之誤也僕人射人皆平生時贊正君服位者）君薨以是舉（不忍變也周禮射人大喪與僕人遷尸）從母之夫舅之妻二夫人相爲服君子未之言也（二夫人猶言此二人也時有此二人同居死相

爲服者甥居外家而非之或曰同爨緦以同居生緦之親可喪事欲其縱縱爾趨事貌縱讀如揔領之揔吉事欲其折折爾安舒貌詩云好人提提故喪事雖遽不陵節吉事雖止不怠陵躐也止立俟事時也怠惰也故騷騷爾則野謂大疾鼎鼎爾則小人謂大舒君子蓋猶猶爾疾舒之中喪具君子恥具辟不懷也喪具棺衣之屬一日二日而可爲也者君子弗爲也謂絞紟衾冒喪服兄弟之子猶子也蓋引而進之也嫂叔之無服也蓋

推而遠之也（或引或推重親遠別）姑姊妹之薄也蓋有受我而厚之者也（欲其一心於厚之者姑姊妹嫁大功夫爲妻期）食於有喪者之側未嘗飽也（助哀戚也）曾子與客立於門側其徒趨而出（徒謂客之旅）曾子曰爾將何之曰吾父死將出哭於巷（以爲不可發凶於人館）曰反哭於爾次（次舍也禮館人使專之若其自有然）曾子北面而弔焉孔子曰之死而致死之不仁而不可爲也之死而致生之不知而不可爲也（之往）

（也死之生之謂無知與有知也爲猶行也）是故竹不成用瓦不成味木不成斲（成猶善也竹不可善用謂邊無縢味當作沬沬靧也）琴瑟張而不平竽笙備而不和（無宮商之調）有鐘磬而無簨虡（不縣之也橫曰簨植曰虡）其曰明器神明之也（言神明死者也神明者非人所知故其器如此）有子問於曾子曰問喪於夫子乎（有子孔子弟子有若也夫子卒後問此庶有異聞也喪謂仕失位也魯昭公孫於齊曰喪人其何稱）曰聞之矣喪欲速貧死欲速朽有子曰是非君子之言也（貧朽非人所欲）曾子曰參也聞諸夫子也

有子又曰是非君子之言也曾子曰參也與子游聞之有子曰然然則夫子有為言之也曾子以斯言告於子游子游曰甚哉有子之言似夫子也昔者夫子居於宋見桓司馬自為石槨三年而不成（桓司馬宋向戌之孫名魋）夫子曰若是其靡也死不如速朽之愈也死之欲速朽為桓司馬言之也（靡侈）南宮敬叔反必載寶而朝（敬叔魯孟僖子之子仲孫閱蓋嘗失位去魯得反載其寶來朝於君）

夫子曰若是其貨也喪不如速貧之愈也
喪之欲速貧爲敬叔言之也曾子以子游
之言告於有子有子曰然吾固曰非夫子
之言也曾子曰子何以知之有子曰夫子
制於中都四寸之棺五寸之椁以斯知不
欲速朽也中都魯邑名也孔子嘗爲之宰爲民作制孔子由中都宰爲司空由司空爲司寇
昔者夫子失魯司寇將之荆將應聘於楚蓋先
之以子夏又申之以冉有以斯知不欲速

貧也（言汲汲於仕得禄）陳莊子死赴於魯魯人欲勿哭（君無哭鄰國大夫之禮陳莊子齊大夫陳恒之孫名伯）繆公召縣子而問焉縣子曰古之大夫束脩之問不出竟雖欲哭之安得而哭之（以其不外交）今之大夫交政於中國雖欲勿哭焉得而弗哭（言時君弱臣强政在大夫專盟會以交接）且臣聞之哭有二道有愛而哭之有畏而哭之（以權微勸之）公曰然然則如之何而可縣子曰請哭諸異姓之廟（明不當哭）於是與

哭諸縣氏仲憲言於曾子曰夏后氏用明器示民無知也所謂致死之仲憲孔子弟子原憲殷人用祭器示民有知也所謂致生之周人兼用之示民疑也言使民疑於無知與有知曾子曰其不然乎其不然乎非其說之非也夫明器鬼器也祭器人器也夫古之人胡爲而死其親乎言仲憲之言三者皆非此或用鬼器或用人器

公叔木有同母異父之昆弟死問於子游木當爲朱春秋作戍衛公叔文子之子定公十四年奔魯子游曰其大功乎疑所

服也親者屬大功是狄儀有同母異父之昆弟死問於子夏子夏曰我未之前聞也魯人則爲之齊衰狄儀行齊衰今之齊衰狄儀之問也子思之母死於衛子思孔子孫伯魚之子伯魚卒其妻嫁於衛柳若謂子思曰子聖人之後也四方於子乎觀禮子蓋愼諸柳若衛人也見子思欲爲嫁母服恐其失禮戒之嫁母齊衰期子思曰吾何愼哉吾聞之有其禮無其財君子弗行也謂時可行而財不足以備禮有其禮有其財無其

時君子弗行也謂財足以備禮而時不得行者吾何慎哉時所止則止時所行則行無所疑也喪之禮如子贈襚之屬不踰主人縣子瑣曰吾聞之古者不降上下各以其親古謂殷時也上不降遠下不降卑滕伯文爲孟虎齊衰其叔父也爲孟皮齊衰其叔父也伯文殷時滕君也爵爲伯名文后木曰喪吾聞諸縣子曰夫喪不可不深長思也后木魯孝公子惠伯鞏之後買棺外內易我死則亦然此孝子之事非所託曾子曰尸未設飾故帷堂小斂而徹帷仲梁

子曰夫婦方亂故帷堂小斂而徹帷（斂者動搖尸帷堂爲人褻之言方亂非也仲梁子魯人也）小斂之奠子游曰於東方曾子曰於西方斂斯席矣（曾子以俗說非又大斂奠於堂乃有席）小斂之奠在西方魯禮之末失也（末世失禮之爲）縣子曰綌衰繐裳非古也（非時尚輕涼慢禮）子蒲卒哭者呼滅（滅蓋子蒲名）子皐曰若是野哉（非之也唯復呼名子皐孔子弟子高柴）哭者改之杜橋之母之喪宮中無相以爲沽也（沽猶略也）夫子曰始死羔裘玄

冠者易之而已羔裘玄冠夫子不以弔不以吉服弔喪子游問喪具夫子曰稱家之有亡子游曰有無惡乎齊惡乎齊問豐省之比夫子曰有毋過禮苟亡矣斂首足形形體還葬還之言便也言已斂即葬不待三月縣棺而封不設碑綍不備禮封當為窆窆下棺也春秋傳作塴人豈有非之者哉不責於人所不能司士賁告於子游曰請襲於牀時失之也禮唯始死廢牀子游曰諾縣子聞之曰汰哉叔氏專以禮許人當言禮然言諾非也叔氏子游字宋襄公葬其夫人醯醢

百甕曾子曰既曰明器矣而又實之言名之為明器而與祭器皆實之是亂鬼器與人器孟獻子之喪獻子魯大夫仲孫蔑司徒旅歸四布旅下士也司徒使下士歸四方之賻布夫子曰可也時人皆貪善其能廉讀賵曾子曰非古也是再告也曾子言非禮祖而讀賵賓致命將行主人之吏又讀賵所以存錄之成子高寢疾成子高齊大夫國成伯高父也慶遺入請曰子之病革矣如至乎大病則如之何觀其意革急也遺慶封之族子高曰吾聞之也生有益於人死不害於人吾縱生無

益於人吾可以死害於人乎哉我死則擇不食之地而葬我焉不食謂不墾耕子夏問諸夫子曰居君之母與妻之喪居處言語飲食衎爾衎爾自得貌爲小君惻隱不能至賓客至無所館夫子曰生於我乎館死於我乎殯仁者不厄人國子高曰葬也者藏也藏也者欲人之弗得見也是故衣足以飾身棺周於衣椁周於棺土周於椁言皆所以爲深邃難人發見之也國子高成子高也成謚也反壤樹之哉

反覆也恠不如大古也而反封樹之意在於儉非周禮孔子之喪有自燕來觀者舍於子夏氏子夏曰聖人之葬人與人之葬聖人也子何觀焉與及昔者夫子言之曰吾見封之若堂者矣封築土爲壟堂形四方而高見若坊者矣坊形旁殺平上而長見若覆夏屋者矣覆謂茨瓦也夏屋今之門廡也其形旁廣而卑見若斧者矣斧形旁殺刃上而長從若斧者焉孔子以爲刃上難登狹又易爲功馬鬣封之謂也俗間名今一日而三斬板而已封板蓋廣二尺長六尺斬板

謂斷其縮也三斷止之旁殺蓋高四尺其廣袤未聞也詩云縮板以載

尚行夫子之志乎哉尚庶幾也婦人不葛帶婦人質不變重者至期除之卒哭變絰而已有薦新如朔奠重新物爲之殷奠既葬各以其服除卒哭當變衰麻者變之或有除者不視主人池視重霤如堂之有承霤也承霤以木爲之用行水亦宮之飾也柳宮象也以竹爲池衣以青布縣銅魚焉今宮中有承霤云以銅爲之君即位而爲椑椑謂杝棺親尸者椑堅著之言也言天子椑內又有水兕革棺歲壹漆之若未成然藏焉虛之不合復楔齒綴足飯設飾帷堂竝作設飾謂遷尸又加新衣父兄命赴者謂大夫以上也士主人親

命之君復於小寢大寢小祖大祖庫門四郊尊者求之備也亦他日所嘗有事喪不剥奠也與祭肉也與剥猶倮也有牲肉則巾之為其久設塵埃加也脯醢之奠不巾既殯旬而布材與明器木工宜乾腊且豫成材椁材也朝奠日出夕奠逮日陰陽交接庶幾遇之父母之喪哭無時使必知其反也謂既練或時為君服金革之事反必有祭練練衣黃裏縓緣小祥練冠練中衣以黃為内縓為飾黃之色卑於纁縓纁之類明外除葛要絰繩屨無絇角瑱瑱充耳也吉時以玉人君有瑱鹿裘衡長袪衡當為横字之誤也

祛謂褎緣袂口也練而爲裘橫廣之又長之又爲祛則先時狹短無祛可知吉時麛裘祛裼之

可也裼表裘也有祛而裼之備飾也玉藻曰麛裘青豻褎絞衣以裼之鹿裘亦用絞乎有殯

聞遠兄弟之喪雖緦必往親骨肉也非兄弟雖

鄰不往䟽無親也所識其兄弟不同居者皆弔

就其家弔之成恩舊也天子之棺四重尚深邃也諸公三重諸侯再重大夫一重

士不重水兕革棺被之其厚三寸以水牛兕牛之革以爲棺

被革各厚三寸合六寸也此爲一重杝棺一所謂椑棺也爾雅曰椵杝梓棺二所謂

屬與大棺四者皆周周帀也凡棺用能濕之物棺束縮二衡三

衽每束一衡亦當爲橫衽今小要衽或作漆或作緣柏椁以端長六尺以端題湊也其方蓋一尺天子之哭諸侯也爵弁絰紂衣服士之祭服以哭之明爲變也天子至尊不見尸柩不弔服麻不加於采此言絰衍字也時人聞有弁絰因云之耳周禮王弔諸侯弁絰緦衰也或曰使有司哭之非也哀慼之事不可虛爲之不以樂食蓋謂殯斂之間天子之殯也菆塗龍輴以椁菆木以周龍輴如椁而塗之天子殯以輴車畫轅爲龍加斧于椁上畢塗屋斧謂之黼白黑文也以刺繡於縿幕加椁以覆棺已乃屋其上盡塗之天子之禮也唯天子之喪有別姓而哭

（使諸侯同姓異姓庶姓相從而爲位別於朝覲來時朝覲爵同同位）魯哀公誄孔丘

曰天不遺耆老莫相予位焉嗚呼哀哉尼

父（誄其行以爲謚也莫無也相佐也言孔子死無佐助我處位者尼父因且字以爲之謚）國亡

大縣邑公卿大夫士皆厭冠哭於大廟三

日君不舉（軍敗失地以喪歸也厭冠今喪冠其服未聞）或曰君舉而

哭於后土（后土社也）孔子惡野哭者（爲其變衆周禮銜枚氏掌

禁野叫呼歎鳴於國中者行歌哭於國中之道者）未仕者不敢稅人如

稅人則以父兄之命（不專家財也稅謂遺予人）士備入而后

朝夕踊（備猶盡也國君之喪嫌主人哭入則踊）祥而縞（縞冠素紕也）是月禫徙月樂（言禫明月可以用樂）君於士有賜帟（帟幕之小者所以承塵賜之則張於殯上大夫以上幕人職供焉）

禮記卷第二

宋板禮記

五福五代堂古稀天子寶

八徵耄念之寶

太上皇帝之寶

禮記卷第三

檀弓下第四　　鄭氏注

君之適長殤車三乘公之庶長殤車一乘大夫之適長殤車一乘皆下成人也自上而下降殺以兩成人遣車五乘長殤三乘下殤一乘尊卑以此差之庶子言公卑遠之傳曰大功之殤中從上

公之喪諸達官之長杖謂君所命雖有官職不達於君則不服斬

君於大夫將葬弔於宮及出命引之三步則止以義奪孝子宮殯宮出謂柩已在路如是者三君退退去也三命引之凡移九步朝亦

如之哀次亦如之君弔不以於宮朝喪朝廟也次他日賓客所受大門外舍也孝子至此而哀君或於是弔焉五十無車者不越疆而弔人氣力始衰季武子寢疾蟜固不說齊衰而入見曰斯道也將亡矣士唯公門說齊衰季武子魯大夫季孫夙也世爲上卿強且專政國人事之如君蟜固能守禮不畏之矯失俗也道猶禮也武子曰不亦善乎君子表微時無如之何佯若善之表猶明也及其喪也曾點倚其門而歌明己不與也點字晳曾參父大夫弔當事而至則辭焉辭猶告也擯者以主人有事告也主人無事則爲大

夫出弔於人是日不樂君子哀樂不同日子於是日哭則不歌婦人不越疆而弔人不通於外行弔之日不飲酒食肉焉以全哀也弔於葬者必執引若從柩及壙皆執紼示助之以力車曰引棺曰紼從柩贏者喪公弔之必有拜者往謝之雖朋友州里舍人可也謂無主後弔曰寡君承事示亦爲執事來主人曰臨君辱臨其臣之喪君遇柩於路必使人弔之君於民臣有父母之恩大夫之喪庶子不受弔不以賤者爲有爵者主妻之昆弟爲父後

者死哭之適室以其正也子爲主袒免哭踊親者
主之夫入門右北面辟正主使人立于門外告來者
狎則入哭狎相習知者父在哭於妻之室不以私喪干尊
非爲父後者哭諸異室有殯聞遠兄弟之
喪哭于側室嫌哭殯無側室哭于門內之右
近南者爲之變位同國則往哭之喪無外事子張死曾子
有母之喪齊衰而往哭之或曰齊衰不以
弔以其無服非之曾子曰我弔也與哉於朋友哀痛甚而往哭之

非若凡弔有若之喪悼公弔焉悼公魯哀公之子子游擯由左擯相侑喪禮者喪禮廢亡時人以爲此儀當如詔辭而皆由右相是善子游正之孝經說曰以身擯侑齊穀王姬之喪穀當爲告聲之誤也王姬周女齊襄公之夫人魯莊公爲之大功或曰由魯嫁故爲之服姊妹之服或曰外祖母也故爲之服春秋周女由魯嫁卒服之如內女服姊妹是也天子爲之無服嫁於王者之後乃服之莊公齊襄公女弟文姜之子當爲舅之妻非外祖母也外祖母又小功也晉獻公之喪秦穆公使人弔公子重耳獻公殺其世子申生重耳辟難出奔是時在翟就弔之且曰

寡人聞之亡國恒於斯得國恒於斯言在喪代之際雖吾子儼然在憂服之中喪亦不可久也時亦不可失也孺子其圖之勸其反國意欲納之喪謂亡失位孺穉也以告舅犯舅犯重耳之舅狐偃也字子犯舅犯曰孺子其辭焉喪人無寶仁親以爲寶寶謂善道可守者仁親親行仁義父死之謂何又因以爲利欲反國求爲後是利父死而天下其孰能說之孺子其辭焉說猶解也公子重耳對客曰君惠弔亡臣重耳身

喪父死不得與於哭泣之哀以爲君憂之謝父死之謂何或敢有他志以辱君義稽顙而不拜哭而起起而不私他志謂利心子顯以致命於穆公使者公子縶也盧氏云古者名字相配顯當作韅穆公曰仁夫公子重耳夫稽顙而不拜則未爲後也故不成拜哭而起則愛父也起而不私則遠利也

帷殯非古也自敬姜之哭穆伯始也穆伯魯大夫季悼子之子公甫靖也敬姜穆伯之妻文伯歜之母也禮朝夕哭不帷

喪禮哀戚

之至也節哀順變也君子念始之者也（始猶生也念父母生己不欲傷其性）復盡愛之道也有禱祠之心焉（復謂招魂且分禱五祀庶幾其精氣之反）望反諸幽求諸鬼神之道也（鬼神處幽暗望其從鬼神所來）北面求諸幽之義也（鄉其所從來也）（禮復者升屋北面）拜稽顙哀戚之至隱也稽顙隱之甚也（隱痛也稽顙者觸地無容）飯用米貝弗忍虛也不以食道用美焉爾（尊之也食道褻米貝美）銘明旌也（神明之旌）以死者為不可別已故以其旗識之（不可）

別形貌不見愛之斯錄之矣敬之斯盡其道焉耳謂重與奠重主道也始死未作主以重主其神也重既虞而埋之乃後作主春秋傳曰虞主用桑練主用栗殷主綴重焉綴猶聯也殷人作主而聯其重縣諸廟也去顯考乃埋之周主重徹焉周人作主徹重埋之奠以素器以生者有哀素之心也哀素言哀痛無飾也凡物無飾曰素唯祭祀之禮主人自盡焉爾豈知神之所饗亦以主人有齊敬之心也哀則以素敬則以飾禮由人心而已辟踊哀之至也有筭爲之節文也筭數也袒括髮變也

慍哀之變也去飾去美也袒括髮去飾之甚也有所袒有所襲哀之節也弁絰葛而葬與神交之道也接神之道不可以純凶天子諸侯變服而葬冠素弁以葛爲環絰既虞卒哭乃服受服也雜記曰凡弁絰其衰侈袂有敬心焉踰時哀衰而敬生敬則服有飾大夫士三月而葬未踰時周人弁而葬殷人冔而葬周弁殷冔俱象祭冠而素禮同也歠主人主婦室老爲其病也君命食之也尊者奪人易也歠歠粥也反哭升堂反諸其所作也親所行禮之處主婦入于室反諸其所養

也親所饋食之處反哭之弔也哀之至也反而亡焉失之矣於是爲甚哀痛甚殷既封而弔周反哭而弔封當爲窆窆下棺也孔子曰殷已慤吾從周慤者得哀之始未見其甚葬於北方北首三代之達禮也之幽之故也北方國北也既封主人贈而祝宿虞尸贈以幣送死者於壙也於主人贈祝先歸既反哭主人與有司視虞牲日中將虞省其牲有司以几筵舍奠於墓左反日中而虞所使奠墓有司來歸乃虞也舍奠墓左爲父母形體在此禮其神也周禮冢人凡祭墓爲

尸葬日虞弗忍一日離也弗忍其無所歸是日也以虞易奠虞喪祭也卒哭曰成事既虞之後卒哭而祭其辭蓋曰哀薦成事成祭事也祭以吉爲成是日也以吉祭易喪祭卒哭吉祭明日祔于祖父祭告於其祖之廟其變而之吉祭也比至於祔必於是日也接不忍一日末有所歸也末無也日有所用接之虞禮所謂他用剛日者其祭祝曰哀薦曰成事殷練而祔周卒哭而祔孔子善殷期而神之人情君臨臣喪以巫祝桃茢執戈惡之也爲有凶邪之氣在側君聞

大夫之喪去樂卒事而往未襲也其已襲則止巫去桃茢桃鬼所惡茢萑苕可埽不祥所以異於生也生人無凶邪喪有死之道焉言人之死有如鳥獸死之狀鳥獸之死人賤之先王之所難言也聖人不明說爲人甚惡之喪之朝也順死者之孝心也朝謂遷柩於廟其哀離其室也故至於祖考之廟而后行殷朝而殯於祖周朝而遂葬孔子謂爲明器者知喪道矣備物而不可用也神與人異道則不相傷哀哉死者而用生者之器也不殆於用殉乎哉殆幾也殺人以

衛死者曰殉用其器者漸幾於用人其曰明器神明之也神明死者異於生人塗車芻靈自古有之芻靈束茅爲人馬謂之靈者神之類明器之道也言與明器同孔子謂爲芻靈者善謂爲俑者不仁不殆於用人乎哉俑偶人也有面目機發有似於生人孔子善古而非周穆公問於子思曰爲舊君反服古與仕焉而已者穆公魯哀公之曾孫子思曰古之君子進人以禮退人以禮故有舊君反服之禮也今之君子進人若將加諸膝退人若將隊諸

淵毋爲戎首不亦善乎又何反服之禮之有言放逐之臣不服舊君也爲兵主來攻伐曰戎首悼公之喪季昭子問於孟敬子曰爲君何食悼公魯哀公之子昭子康子之曾孫名強敬子武伯之子名捷敬子曰食粥天下之達禮也吾三臣者之不能居公室也四方莫不聞矣言鄰國皆知吾等不能居公室以臣禮事君也三臣仲孫叔孫季孫氏勉而爲瘠則吾能毋乃使人疑夫不以情居瘠者乎哉我則食食存時不盡忠喪又不盡禮非也孔子曰喪事不敢不勉衞司徒敬

子死司徒官氏公子許之後子夏弔焉主人未小斂絰而往子游弔焉主人既小斂子游出絰反哭皆以朋友之禮往而二人異子夏曰聞之也與曰聞諸夫子主人未改服則不絰曾子曰晏子可謂知禮也已恭敬之有焉言禮者敬而已矣有若曰晏子一狐裘三十年遣車一乘及墓而反國君七个遣車七乘大夫五个遣車五乘晏子焉知禮言其大儉偪下非之及墓而反言其既窆則歸不留賓客有事也人

臣賜車馬者乃得有遣車遣車之差大夫五諸侯七則天子九諸侯不以命數喪數略也个謂所包遣奠牲體之數也雜記曰遣車視牢具

曾子曰國無道君子恥盈禮焉國奢則示之以儉國儉則示之以禮時齊方奢矯之是也

國昭子之母死問於子張曰葬及墓男子婦人安位國昭子齊大夫子張曰司徒敬子之喪夫子相男子西鄉婦人東鄉夾羨道爲位夫子孔子也曰噫毋噫不寤之聲毋禁止之辭曰我喪也斯沾斯盡也沾讀曰覘覘視也國昭子自謂齊之大家有事人盡視之欲人觀之法其所爲爾專之賓

爲賓焉爲主焉專猶同也時子張相婦人從男子皆西鄉非也穆伯之喪敬姜晝哭文伯之喪晝夜哭孔子曰知禮矣喪夫不夜哭嫌思情性也文伯之喪敬姜據其牀而不哭曰昔者吾有斯子也吾以將爲賢人也蓋見其有才藝吾未嘗以就公室未嘗與到公室觀其行也季氏魯之宗卿敬姜有會見之禮今及其死也朋友諸臣未有出涕者而內人皆行哭失聲斯子也必多曠於禮矣夫內人妻妾季康子

之母死陳褻衣（褻衣非上服陳之將以斂）敬姜曰婦人不飾不敢見舅姑將有四方之賓來褻衣何爲陳於斯命徹之（言四方之賓嚴於舅姑敬姜者康子從祖母）有子與子游立見孺子慕者有子謂子游曰予壹不知夫喪之踊也予欲去之久矣情在於斯其是也夫（喪之踊猶孺子之號慕）子游曰禮有微情者（節哭踊）有以故興物者（衰絰之制）有直情而徑行者戎狄之道也（哭踊無節衣服無制）禮道則不

然（與戎狄異）人喜則斯陶（陶鬱陶也）陶斯咏（咏謳也）咏斯猶（猶當爲搖聲之誤也搖謂身動搖也秦人猶搖聲相近）猶斯舞（手舞之）舞斯慍（慍猶怒也）慍斯戚（戚憤恚）戚斯歎（歎吟息）歎斯辟（辟拊心）辟斯踊矣（踊躍）品節斯斯之謂禮（舞踊皆有節乃成禮）人死斯惡之矣無能也斯倍之矣（無能謂無所復能）是故制絞衾設蔞翣爲使人勿惡也（絞衾尸之飾蔞翣棺之牆飾周禮蔞作柳）始死脯醢之奠將行遣而行之既葬而食之（將行將葬也葬有遣奠食反虞之祭）未有見其

饗之者也自上世以來未之有舍也爲使人勿倍也（舍猶廢也）故子之所刺於禮者亦非禮之訾也（訾病也）吳侵陳斬祀殺厲（祀神位有屋樹者厲疫病吳侵陳以魯哀元年秋）師還出竟陳大宰嚭使於師夫差謂行人儀曰是夫也多言盍嘗問焉師必有名人之稱斯師也者則謂之何（大宰行人官名也夫差吳子光之子盍何不也嘗猶試也夫差脩舊怨庶幾其師有善名）大宰嚭曰古之侵伐者不斬祀不殺厲不獲二毛（獲謂

係虜之二毛鬒髮斑白今斯師也殺厲與其不謂之殺厲之師與欲微切之故其言似若不審然正言殺厲重人曰反爾地歸爾子則謂之何子謂所獲民臣曰君王討敝邑之罪又矜而赦之師與有無名乎又微勸之終其意吴楚僭號稱王顏丁善居喪顏丁魯人始死皇皇焉如有求而弗得及殯望望焉如有從而弗及既葬慨焉如不及其反而息從隨也慨憊貌子張問曰書云高宗三年不言言乃讙有諸時人君無行三年之喪禮者問有此

與怪之也讙喜說也言乃喜說則民臣望其言久 仲尼曰胡爲其不然也古者天子崩王世子聽於冢宰三年冢宰天官卿貳王事者三年之喪使之聽朝 知悼子卒未葬悼子晉大夫荀盈魯昭九年卒 平公飲酒與羣臣燕平公晉侯彪 師曠李調侍侍與君飲也燕禮記曰請旅侍臣 鼓鐘樂作也燕禮賓入門奏肆夏既獻而樂闋獻君亦如之 杜蕢自外來聞鐘聲曰安在怪之也杜蕢或作屠蒯 曰在寢燕於寢 杜蕢入寢歷階而升酌曰曠飲斯又酌曰調飲斯又酌堂上北面坐飲之降

趨而出三酌皆罰平公呼而進之曰蕢曩者爾心或開予是以不與爾言曩曏也謂始來入時開謂諫爭有所發起爾飲曠何也曰子卯不樂紂以甲子死桀以乙卯亡王者謂之疾日不以舉樂爲吉事所以自戒懼知悼子在堂斯其爲子卯也大矣言大臣喪重於疾日也雜記曰君於卿大夫比葬不食肉比卒哭不舉樂曠也大師也不以詔是以飲之也詔告也大師典奏樂爾飲調何也曰調也君之褻臣也爲一飲一食忘君之疾是以飲之也言調貪酒食褻嬖也近臣亦當規君疾憂爾

飲何也曰蕢也宰夫也非刀匕是共又敢
與知防是以飲之也防禁放溢平公曰寡人亦
有過焉酌而飲寡人聞義則服杜蕢洗而揚觶
舉爵於君也禮揚作騰揚舉也騰送也揚近得之公謂侍者曰如我死
則必毋廢斯爵也欲後世以爲戒至于今既畢獻
斯揚觶謂之杜舉此爵遂因杜蕢爲名畢獻獻賓與君公叔文
子卒文子衛獻公之孫名拔或作發其子戍請謚於君曰日月
有時將葬矣請所以易其名者謚者行之迹有時猶

言有數也大夫士三月而葬君曰昔者衛國凶饑夫子爲粥與國之餓者是不亦惠乎君靈公也昔者衛國有難夫子以其死衛寡人不亦貞乎難謂魯昭公二十年盜殺衛侯之兄縶也時齊豹作亂公如死鳥夫子聽衛國之政脩其班制以與四鄰交衛國之社稷不辱不亦文乎班制謂尊卑之差故謂夫子貞惠文子後不言貞惠者文足以兼之石駘仲卒駘仲衛大夫石碏之族無適子有庶子六人卜所以爲後者莫適立也曰沐浴佩玉

則兆言齊絜則得吉兆五人者皆沐浴佩玉石祁子不沐
浴佩玉心正且知禮石祁子兆衛人以龜爲有知
也陳子車死於衛其妻與其家大夫謀以
殉葬子車齊大夫定而后陳子亢至以告曰夫
子疾莫養於下請以殉葬子亢子車弟孔子弟子下地下子
亢曰以殉葬非禮也雖然則彼疾當養者
孰若妻與宰得已則吾欲已不得已則吾

欲以二子者之爲之也度諫之不能止以斯言拒之已猶止也於是弗果用果決子路曰傷哉貧也生無以爲養死無以爲禮也孔子曰啜菽飲水盡其歡斯之謂孝斂手足形還葬而無椁稱其財斯之謂禮還猶疾也謂不及其日月衛獻公出奔反於衛及郊將班邑於從者而后入欲賞從者以懼居者獻公以魯襄十四年出奔齊二十六年復歸於衛柳莊曰如皆守社稷則孰執羈靮而從如皆從則孰守社稷言從若守

（一靮紲也）君反其國而有私也毋乃不可乎（言有私則生怨）弗果班衛有大史曰柳莊寢疾公曰若疾革雖當祭必告（革急也）公再拜稽首請於尸曰有臣柳莊也者非寡人之臣社稷之臣也聞之死請往（急弔賢者）不釋服而往遂以襚之（脫君祭服以襚臣親賢也所以此襚之者以其不用襲也凡襚以斂）與之邑裘氏與縣潘氏書而納諸棺曰世世萬子孫毋變也（所以厚賢也裘縣潘邑名）陳乾昔寢疾屬其兄

弟而命其子尊己曰如我死則必大爲我棺使吾二婢子夾我（婢子妾也）陳乾昔死其子曰以殉葬非禮也況又同棺乎弗果殺（善尊己不陷父於不義）仲遂卒于垂壬午猶繹萬入去籥（春秋經在宣八年仲遂魯莊公之子東門襄仲先日辛已有事於大廟而仲遂卒明日而繹非也萬干舞也籥籥舞也傳曰去其有聲者廢其無聲者）仲尼曰非禮也卿卒不繹季康子之母死公輸若方小（公輸若匠師方小言年尚幼未知禮也）斂般請以機封（斂下棺於椁般若之族多技巧者見若掌

斂事而年尚幼請代之而欲嘗其技巧將從之時人服般之巧公肩假曰不可夫魯有初初謂故事公室視豐碑言視者時僭天子也豐碑斲大木爲之形如石碑於椁前後四角樹之穿中於間爲鹿盧下棺以綍繞天子六綍四碑前後各重鹿盧也三家視桓楹時僭諸侯諸侯下天子也斲之形如大楹耳四植謂之桓諸侯四綍二碑碑如桓矣大夫二綍二碑士二綍無碑般爾以人之母嘗巧則豈不得以以巳字言寧有強使女者與僭於禮有似作機巧非也以與巳字本同其毋以嘗巧者乎則病者乎毋無也於女寧有病苦與止之噫不寤之聲弗果從戰于郎郎魯近邑也哀十一年齊國書師師伐我是也公叔

禺人遇負杖入保者息遇見也見走辟齊師將入保罷倦加其杖頸上兩手掖之休息者保縣邑小城禺人昭公之子春秋傳曰公叔務人曰使之雖病也謂時繇役任之雖重也謂時賦稅君子不能爲謀也士弗能死也不可君子謂卿大夫也魯政既惡復無謀臣士又不能死難禺人恥之我則既言矣欲敵齊師踐其言與其鄰重汪踦往皆死焉奔敵死齊寇鄰鄰里也重皆當爲童童未冠者之稱姓汪名踦鄰或爲談春秋傳曰童汪踦魯人欲勿殤重汪踦見其死君事有士行欲以成人之喪治之言魯人者死君事國爲斂葬問於仲尼仲尼曰能執干戈以

衛社稷雖欲勿殤也不亦可乎善之子路去魯謂顏淵曰何以贈我贈送曰吾聞之也去國則哭于墓而后行反其國不哭展墓而入無君事主於孝哭哀去也展省視之謂子路曰何以處我處猶安也子路曰吾聞之也過墓則式過祀則下居者主於敬工尹商陽與陳弃疾追吳師及之工尹楚官名弃疾楚公子弃疾也以魯昭八年帥師滅陳縣之楚人善之因號焉至十二年楚子狩於州來使蕩侯潘子司馬督囂尹午陵尹喜圍徐以懼吳於時有吳師陳或作陵楚人聲陳弃疾謂

工尹商陽曰王事也子手弓而可手弓子射諸商陽仁不忍傷人以王事勸之射之斃一人韔弓不忍復射斃仆也韔韜也又及謂之又斃二人每斃一人揜其目揜其目不忍視之止其御曰朝不坐燕不與殺三人亦足以反命矣朝燕於寢大夫坐於上士立於下然則商陽與御者皆士也兵車參乘射者在左戈盾在右御在中央孔子曰殺人之中又有禮焉善之諸侯伐秦曹桓公卒于會魯成十三年曹伯廬卒於師是也廬盧謚宣言桓聲之誤也諸侯請含以朋友有相啖食之道使之

襚非也襚賤者之事襄公朝于荊康王卒在魯襄二十八年康王楚子昭也楚言荊者州言之荊人曰必請襚欲使襄公衣之魯人曰非禮也荊人強之欲尊康王巫先拂柩荊人悔之巫祝桃茢君臨臣喪之禮滕成公之喪魯昭三年使子叔敬叔弔進書子叔敬叔魯宣公弟叔肹之曾孫叔弓也進書奉君弔書子服惠伯爲介惠伯慶父玄孫之子名椒介副也及郊爲懿伯之忌不入郊滕之近郊也懿伯惠伯之叔父忌怨也敬叔有怨於懿伯難惠伯也春秋傳曰敬叔不入惠伯曰政也不可以叔父之私不將公事政君命所

爲敬叔於昭穆以懿伯爲叔父遂入惠伯強之乃入哀公使人弔蕢尚

遇諸道辟於路畫宮而受弔焉哀公魯君也畫宮畫地爲宮象曾子曰蕢尚不如杞梁之妻之知禮也行弔禮於野非齊莊公襲莒于奪杞梁死焉魯襄二十三年齊侯襲莒是也春秋傳曰杞殖華還載甲夜入且于之隧隧奪聲相近或爲兌梁即殖也其妻迎其柩於路而哭之哀莊公使人弔之對曰君之臣不免於罪則將肆諸市朝而妻妾執肆陳尸也大夫以上於朝士以下於市執拘也君之臣免於罪則有

先人之敝廬在君無所辱命無所辱命辭不受也春秋傳曰齊侯弔諸其室孺子䵩之喪魯哀公之少子哀公欲設撥撥可撥引輴車所謂紼問於有若有若曰其可也君之三臣猶設之猶尚也以臣況子也三臣仲孫叔孫季孫氏顔柳曰天子龍輴而椁幬輴殯車也畫轅爲龍幬覆也殯以椁覆棺而塗之所謂菆塗龍輴以椁諸侯輴而設幬輴不畫龍爲榆沈故設撥以水澆榆白皮之汁有急以播地於引輴車滑三臣者廢輴而設撥竊禮之不中者也而君何學焉止其學非禮也廢去也紼繫於輴三

臣於禮去輴今有紼是用輴僭禮也殯禮大夫菆置西序士掘肂見衽悼公之母死母哀公之妾哀公爲之齊衰有若曰爲妾齊衰禮與譏而問之妾之貴者爲之緦耳公曰吾得已乎哉魯人以妻我言國人皆名之爲我妻重服嬖妾文過非也季子皋葬其妻犯人之禾季子皋孔子弟子高柴孟氏之邑成宰或氏季犯躐也申祥以告曰請庚之申祥子張子庚償也子皋曰孟氏不以是罪予時僭後朋友不以是弃予言非大故以吾爲邑長於斯也買道而葬後難繼也恃寵虐民非也仕而未

有祿者君有饋焉曰獻使焉曰寡君見在臣位與有祿同也君有饋有饋於君違而君薨弗為服也以其恩輕也違去也虞而立尸有几筵卒哭而諱生事諱辟其名畢而鬼事始已謂不復饋食於下室而鬼神祭之已辭也既卒哭宰夫執木鐸以命于宮曰舍故而諱新故謂高祖之父當遷者也易說帝乙曰易之帝乙為成湯書之帝乙六世王天之錫命疏可同名自寢門至于庫門百官所在庫門宮外門明堂位曰庫門天子皐門二名不偏諱夫子之母名徵在言在不稱徵言徵不稱

在稱舉也雜記曰妻之諱不舉諸其側軍有憂則素服哭於庫門之外憂謂爲敵所敗也素服曰縞冠也赴車不載橐韔兵不戢示當報也以告喪之辭言之謂還告於國橐甲衣韔弓衣有焚其先人之室則三日哭謂人燒其宗廟哭者哀精神之有虧傷故曰新宮火亦三日哭火人火也新宮火在魯成三年孔子過泰山側有婦人哭於墓者而哀夫子式而聽之怪其哀甚使子貢問之曰子之哭也壹似重有憂者而曰然昔者吾舅死於虎吾夫又死焉今吾子又

死焉（而猶乃也夫之父曰舅）夫子曰何爲不去也曰無苛政夫子曰小子識之苛政猛於虎也魯人有周豐也者哀公執摯請見之（下賢也摯禽摯也諸侯而用禽摯降尊就卑之義）而曰不可（辭君以尊見卑士禮先生異爵者請見之則辭）公曰我其已夫（已止也重強變賢）使人問焉曰有虞氏未施信於民而民信之夏后氏未施敬於民而民敬之何施而得斯於民也（時公與三桓始有惡懼將不安）對曰墟墓之閒未施哀於民而

民哀社稷宗廟之中未施敬於民而民敬言民見悲哀之處則悲哀見莊敬之處則莊敬非必有使之者墟毁滅無後之地殷人作誓而民始畔周人作會而民始疑會謂盟也盟誓所以結衆以信其後外恃衆而信不由中則民畔疑之孔子曰其身正不令而行其身不正雖令不從苟無禮義忠信誠慤之心以涖之雖固結之民其不解乎涖臨喪不慮居謂賣舍宅以奉喪毁不危身謂憔悴將滅性喪不慮居爲無廟也毁不危身爲無後也延陵季子適齊於其反也其長子

死葬於嬴博之間（季子名扎魯昭二十七年吳公子扎聘於上國是也季子讓國居延陵因號焉春秋傳謂延陵延州來嬴博齊地今泰山縣是也）孔子曰延陵季子吳之習於禮者也往而觀其葬焉（往弔之）其坎深不至於泉（以生恕死）其斂以時服（以行時之服不改制節）既葬而封廣輪揜坎其高可隱也（封亦節也輪從也隱據也封可手據謂高四尺所）既封左袒右還其封且號者三曰骨肉歸復于土命也若魂氣則無不之也無不之也（還圍也號哭且言也命猶性也）而遂行（行去）

也
孔子曰延陵季子之於禮也其合矣乎
邾婁考公之喪[考公隱公益之曾孫考或爲定]徐君使容居
來弔含[弔且含]曰寡君使容居坐含進侯玉
其使容居以含[欲親含非也含不使賤者君行則親含大夫歸含耳言侯玉者時徐
僭稱王自比天子]有司曰諸侯之來辱敝邑者易則
易于則于易于雜者未之有也[易謂臣禮于謂君禮雜者
容居以臣欲行君禮徐自比天子使大夫敵諸侯有司拒之]容居對曰容居聞
之事君不敢忘其君亦不敢遺其祖昔我

先君駒王西討濟於河無所不用斯言也

容居魯人也不敢忘其祖言我祖與今君於諸侯初如是不聞義則服駒王徐先君僭號容居其子孫也濟渡也言西討渡於河賁大其國魯魯鈍也言魯鈍者欲自明不安

子思之母死於衛嫁母也姓庶氏赴於子思子思哭於廟門人至曰庶氏之母死何爲哭於孔氏之廟乎門人弟子也嫁母與廟絕族子思曰吾過矣吾過矣遂哭於他室

天子崩三日祝先服祝佐含斂先病五日官長服官長大夫士七日國中男女

服庶人三月天下服諸侯之大夫虞人致百祀之木可以爲棺椁者斬之虞人掌山澤之官百祀畿內百縣之祀也以爲棺椁作棺椁也不至者廢其祀刎其人齊大饑黔敖爲食於路以待餓者而食之有餓者蒙袂輯屨貿貿然來蒙袂不欲見人也輯斂也斂屨力憊不能屨也貿貿目不明之貌黔敖左奉食右執飲曰嗟來食揚其目而視之曰予唯不食嗟來之食以至於斯也嗟來食雖閔而呼之非敬辭從而謝焉終不食而死

從猶就也曾子聞之曰微與其嗟也可去其謝也可食微猶無也無與止其狂狷之辭邾婁定公之時有弒其父者定公貜且也魯文十四年即位有司以告公瞿然失席曰是寡人之罪也民之無禮教之罪曰寡人嘗學斷斯獄矣臣弒君凡在官者殺無赦子弒父凡在宮者殺無赦言諸臣子孫無尊卑皆得殺之其罪無赦殺其人壞其室洿其宮而豬焉明其大逆不欲人復處之豬都也南方謂都爲豬蓋君踰月而后舉爵自貶損晉獻文

子成室晉大夫發焉文子趙武也作室成晉君獻之謂賀也諸大夫亦發禮以往張老曰美哉輪焉美哉奐焉心譏其奢也輪輪囷言高大奐言衆多歌於斯哭於斯聚國族於斯祭祀死喪燕會於此足矣言此者欲防其後復爲文子曰武也得歌於斯哭於斯聚國族於斯是全要領以從先大夫於九京也北面再拜稽首全要領者免於刑誅也晉卿大夫之墓地在九原京蓋字之誤當爲原君子謂之善頌善禱善頌謂張老之言善禱謂文子之言禱求也仲尼之畜狗死畜狗馴守使子

貢埋之曰吾聞之也敝帷不弃爲埋馬也敝蓋不弃爲埋狗也丘也貧無蓋於其封也亦予之席毋使其首陷焉封當爲窆之陷謂沒於土路馬死埋之以帷路馬君所乘者其他狗馬不能以帷蓋季孫之母死哀公弔焉曾子與子貢弔焉閽人爲君在弗內也閽人守門者曾子與子貢入於其廄而脩容焉更莊飾子貢先入閽人曰鄉者已告矣既不敢止以言下之曾子後入閽人辟之見兩賢相隨彌益恭也

涉內霤卿大夫皆辟位公降一等而揖之

禮之 君子言之曰善飾之道斯其行也遂矣

陽門之介夫死 陽門宋國門名 介夫甲衛士 司城子罕入而

哭之哀 宋以武公諱司空爲司城子罕 戴公子樂甫術之後樂喜也 晉人之覘

宋者反報於晉侯曰陽門之介夫死而子

罕哭之哀而民說殆不可伐也 覘闚視也 孔子

聞之曰善哉覘國乎 善其知微 詩云凡民有喪

扶服救之 救猶助也 雖微晉而已天下其孰能當之

之微猶非也魯莊公之喪既葬而絰不入庫門時子般弑慶父作亂閔公不敢居喪葬已吉服而反正君臣欲以防過之微弱之至士大夫既卒哭麻不入麻猶絰也羣臣畢虞卒哭亦除喪也閔公既吉服不與虞卒哭孔子之故人曰原壤其母死夫子助之沐槨沐治也原壤登木曰久矣予之不託於音也木槨材也託寄也謂叩木以作音歌曰貍首之斑然執女手之卷然說人辭也夫子爲弗聞也者而過之佯不知從者曰子未可以已乎已猶止也夫子曰丘聞之

親者毋失其爲親也故者毋失其爲故也

趙文子與叔譽觀乎九原[叔譽叔向也晉羊舌大夫之孫名肸]

文子曰死者如可作也吾誰與歸[作起也]叔

譽曰其陽處父乎[陽處父襄公之大傅]文子曰行并

植於晉國不沒其身其知不足稱也[并猶專也]

[謂剛而專己爲狐射姑所殺沒終也植或爲特]其舅犯乎文子曰見利

不顧其君其仁不足稱也[謂久與文公辟難至將反國無安君之心]

[及河授璧詐謂亡要君以利是]我則隨武子乎利其君不忘

其身謀其身不遺其友晉人武子士會也食邑於隨范字季謂文子知人見其所善於前則知其來所舉文子其中退然如不勝衣中身也退柔和貌鄉射記曰弓二寸以爲侯中退或爲妥其言吶吶然吶吶舒小貌如不出諸其口所舉於晉國管庫管庫之士府史以下官長所置也舉之於君以爲大夫士之士七十有餘家生不交利廉絜也死不屬其子焉管鍵也庫物所藏也叔仲皮學子柳叔仲皮魯叔孫氏之族學教也子柳仲皮之子叔仲皮死其妻魯人也衣衰而繆絰衣當爲齊壞字也繆

讀爲木欙垂之欙士妻爲舅姑之服也言雖魯鈍其於禮勝學叔仲衍以告告子柳言此非也衍蓋皮之弟衍或爲皮請繐衰而環絰繐衰小功之縷而四升半之衰環絰弔服之絰時婦人好輕細而多服此者衍既不知禮之本子柳亦以爲然而請於衍使其妻爲舅服之曰昔者吾喪姑姊妹亦如斯末吾禁也衍荅子柳也姑姊妹在室齊衰與婦爲舅姑同末無也言無禁我欲其言行退使其妻繐衰而環絰婦以諸侯之大夫爲天子之衰弔服之絰服其舅非成人有其兄死而不爲衰者聞子皋將爲成宰遂爲衰成人曰蠶則績而蟹有匡范則冠而蟬有

緌兄則死而子皐爲之衰（蚩兄死者言其衰之不爲兄死如蟹有匡蟬有緌不爲蠶之績范之冠也范蜂也蟬蜩也緌謂蜩喙長在腹下）樂正子春之母死五日而不食曰吾悔之（勉強過禮春曾子弟子）自吾母而不得吾情吾惡乎用吾情（惡乎猶於何也）歲旱穆公召縣子而問然（然之言焉也凡穆或作繆）曰天久不雨吾欲暴尫而奚若（奚若何如也尫者面鄉天覬天哀而雨之）曰天則不雨而暴人之疾子虐毋乃不可與（錮疾人之所哀暴之是虐）然則吾欲暴巫而奚若

曰天則不雨而望之愚婦人於以求之毋乃已踈乎（已猶甚也巫主接神亦覬天哀而雨之春秋傳說巫曰在女曰巫在男曰覡周禮女巫旱暵則舞雩）徙市則奚若曰天子崩巷市七日諸侯薨巷市三日爲之徙市不亦可乎（徙市者庶人之喪禮今徙市是憂戚於旱若喪）孔子曰衛人之祔也離之（祔謂合葬也離之有以閒其椁中）魯人之祔也合之善夫（善夫善魯人也祔葬當合也）

禮記卷第三

宋板禮記

1321
五福五代堂古稀天子寶
八徵耄念之寶
太上皇帝之寶

禮記卷第四

王制第五　　鄭氏注

王者之制祿爵公侯伯子男凡五等諸侯之上大夫卿下大夫上士中士下士凡五等（二五象五行剛柔十日祿所受食爵秩次也上大夫曰卿）天子之田方千里公侯田方百里伯七十里子男五十里不能五十里者不合於天子附於諸侯曰附庸（象日月之大亦取晷同也此謂縣內以祿公卿大夫元士）天子之三公之田

視公侯天子之卿視伯天子之大夫視子男天子之元士視附庸皆象星辰之大小也不合謂不朝會也小城曰附庸附庸者以國事附於大國未能以其名通也視猶比也元善也善士謂命士也此地殷所因夏爵三等之制也殷有鬼侯梅伯春秋變周之文從殷之質合伯子男以為一則殷爵三等者公侯伯也異畿內謂之子周武王初定天下更立五等之爵增以子男而猶因殷之地以九州之界尚狹也周公攝政致太平斥大九州之界制禮成武王之意封王者之後為公及有功之諸侯大者地方五百里其次侯四百里其次伯三百里其次子二百里其次男百里所因殷之諸侯亦以功黜陟之其不合者皆益之地為百里焉是以周世有爵尊而國小爵卑而國大者唯天子畿內千里不增以祿羣臣不主為治民

制農田百畝百

畝之分上農夫食九人其次食八人其次食七人其次食六人下農夫食五人庶人在官者其禄以是爲差也（農夫皆受田於公田肥墽有五等收入不同也庶人在官謂府史之屬官長所除不命於天子國君者分或爲糞）諸侯之下士視上農夫禄足以代其耕也中士倍下士上士倍中士下大夫倍上士卿四大夫禄君十卿禄次國之卿三大夫禄君十卿禄小國之卿倍大夫禄君十卿禄（此班禄尊卑之差）次

國之上卿位當大國之中中當其下下當其上大夫小國之上卿位當大國之下卿中當其上大夫下當其下大夫此諸侯使卿大夫覜聘竝會之序也其位爵同小國在下爵異固在上耳其有中士下士者數各居其上之三分謂其爲介若特行而竝會也居猶當也此據大國而言大國之士爲上次國之士爲中小國之士爲下士之數國皆二十七人各三分之上九中九下九以位相當則次國之上士當大國之中中當其下小國之上士當大國之下凡非命士亦無出會之事春秋傳謂士爲微凡四海之內九州州方千里州建百里之國三十

七十里之國六十五十里之國百有二十凡二百一十國名山大澤不以封其餘以爲附庸閒田八州州二百一十國建立也立大國三十十三公也立次國六十十六卿也立小國百二十十二小卿也名山大澤不以封者與民同財不得障管亦賦稅之而已此大界方三千里三三而九方千里者九也其一爲縣內餘八各立一州此殷制也周公制禮九州大界方七千里七七四十九方千里者四十有九也其一爲畿內餘四十八八州各有方千里者六設法一州封地方五百里者不過四謂之大國又封方四百里者不過六又封方三百里者不過十一謂之次國又封方二百里者不過二十五及餘方百里者謂之小國盈上四等之數并四十六一州二百一十國則餘方百里者百六十四也凡處地方千里者五方百里者五

十九其餘方百里者四十一附庸地也天子之縣內方百里之國九七十里之國二十有一五十里之國六十有三凡九十三國名山大澤不以朌其餘以祿士以爲閒田縣內夏時天子所居州界名也殷曰畿詩殷頌曰邦畿千里維民所止周亦曰畿畿內大國九者三公之田三爲有致仕者副之爲六也其餘三待封王之子弟次國二十一者卿之田六亦爲有致仕者副之爲十二又三爲三孤之田其餘六亦待封王之子弟小國六十三大夫之田二十七亦爲有致仕者副之爲五十四其餘九亦以待封王之子弟三孤之田不副者以其無職佐公論道耳雖其致仕猶可卽而謀焉朌讀爲班凡九州千七百七十三國天

子之元士諸侯之附庸不與不與不在數中也春秋傳曰禹會諸侯於塗山執玉帛者萬國言執玉帛則是唯謂中國耳中國而言萬國則是諸侯之地有方百里有方七十里有方五十里者禹承堯舜而然矣要服之內地方七千里乃能容之夏末旣衰夷狄內侵諸侯相并土地減國數少殷湯承之更制中國方三千里之界亦分爲九州而建此千七百七十三國焉周公復唐虞之舊域分其五服爲九其要服之內亦方七千里而因殷諸侯之數廣其土增其爵耳孝經說曰周千八百諸侯布列五千里內此文改周之法關盛衰之中三七之閒以爲說也終此說之意五五二十五方千里者二十五也其一爲畿內餘二十四州各有方千里者三其餘諸侯之地大小則未得而聞天子百里之內以共官千里之內以爲御謂此地之田稅所給也官謂其

文書財用也御謂衣食千里之外設方伯五國以爲屬屬有長十國以爲連連有帥三十國以爲卒卒有正二百一十國以爲州州有伯屬連卒州猶聚也伯帥正亦長也凡長皆因賢侯爲之殷之州長曰伯虞夏及周皆曰牧八州八伯五十六正百六十八帥三百三十六長八伯各以其屬屬於天子之老二人分天下以爲左右曰二伯老謂上公周禮曰九命作伯春秋傳曰自陝以東周公主之自陝以西召公主之千里之內曰甸服治田出穀稅千里之外曰

采九州之內地取其美物以當穀稅曰流謂九州之外也夷狄流移或貢或不禹貢荒服之外
三百里蠻二百里流天子三公九卿二十七大夫八十
一元士此夏制也明堂位曰夏后氏之官百舉成數也大國三卿皆命
於天子下大夫五人上士二十七人次國
三卿二卿命於天子一卿命於其君下大
夫五人上士二十七人小國二卿皆命於
其君下大夫五人上士二十七人命於天子者天子選
用之如今詔書除吏矣小國亦三卿一卿命於天子二卿命於其君此文似誤脫耳或者欲見畿內之國二卿

與天子使其大夫爲三監監於方伯之國國三人使佐方伯領諸侯天子之縣內諸侯祿也選賢置之於位其國之祿如諸侯不得世外諸侯嗣也有功乃封之使之世也冠禮記曰繼世以立諸侯象賢也制三公一命卷若有加則賜也不過九命次國之君不過七命小國之君不過五命卷俗讀也其通則曰袞三公八命矣復加一命則服龍袞與王者之後同多於此則賜非命服也虞夏之制天子服有日月星辰周禮曰諸公之服自袞冕而下如王之服大國之卿不過三命下卿再命小國之卿與下大夫

一命不著次國之卿者以大國之下互明之此卿命則異大夫皆同周禮公侯伯之卿三命其大夫再命子男之卿再命其大夫一命凡官民材必先論之論謂考其德行道藝論辨然後使之辨謂考問得其定也易曰問以辨之任事然後爵之爵謂正其秩次位定然後祿之與之以常食爵人於朝與士共之刑人於市與衆弃之必共之者所以審慎之也書曰克明德慎罰是故公家不畜刑人大夫弗養士遇之塗弗與言也屏之四方唯其所之不及以政亦弗故生也屏猶放去也已施刑則放之弃

之役賦不與亦不授之以田困乏又無賙餼也虞書曰五流有宅五宅三居是也周則墨者使守門劓者使守關宮者使守內刖者使守囿髡者使守積 諸侯之於天子也比年一小聘三年一大聘五年一朝 比年每歲也小聘使大夫大聘使卿朝則君自行然此大聘與朝晉文霸時所制也虞夏之制諸侯歲朝周之制侯甸男采衛要服六者各以其服數來朝 天子五年一巡守 天子以海內為家時一巡省之五年者虞夏之制也周則十二歲一巡守 歲二月東巡守至于岱宗 岱宗東嶽 柴而望祀山川 柴祭天告至也 覲諸侯 覲見也 問百年者就見之 就見老人 命大師陳詩以觀民風

陳詩謂采其詩而視之命市納賈以觀民之所好惡志淫好辟市典市者賈謂物貴賤厚薄也質則用物貴淫則侈物貴民之志淫邪則其所好者不正命典禮考時月定日同律禮樂制度衣服正之同陰律也山川神祇有不舉者爲不敬不敬者君削以地舉猶祭也宗廟有不順者爲不孝不孝者君絀以爵不順者謂若逆昭穆變禮易樂者爲不從不從者君流流放也革制度衣服者爲畔畔者君討討誅也有功德於民者加地進

律（律法也）五月南巡守至于南嶽如東巡守之禮八月西巡守至于西嶽如南巡守之禮十有一月北巡守至于北嶽如西巡守之禮歸假于祖禰用特（假至也特特牛也祖下及禰皆一牛）天子將出類乎上帝宜乎社造乎禰（帝謂五德之帝所祭於南郊者類宜造皆祭名其禮亡）天子將出類乎上帝宜乎社造乎禰諸侯將出宜乎社造乎禰天子無事與諸侯相見曰朝（事謂征伐）考禮正刑一德以尊于天子天子賜諸侯樂則以柷將

之賜伯子男樂則以鼗將之將謂執以致命柷鼗皆所以節樂諸侯賜弓矢然後征賜鈇鉞然後殺賜圭瓚然後爲鬯未賜圭瓚則資鬯於天子得其器乃敢爲其事圭瓚鬯爵也鬯秬酒也天子命之教然後爲學小學在公宮南之左大學在郊學所以學士之宮尚書傳曰百里之國二十里之郊七十里之國九里之郊五十里之國三里之郊此小學大學殷之制天子曰辟廱諸侯曰頖宮尊卑學異名辟明也廱和也所以明和天下頖之言班也所以班政教也天子將出征類乎上帝宜乎社造

乎禰禡於所征之地禡師祭也爲兵禱其禮亦亡受命於祖告祖也受成於學定兵謀也出征執有罪反釋奠于學以訊馘告釋菜奠幣禮先師也訊馘所生獲斷耳者詩曰執訊獲醜又曰在頖獻馘馘或爲國天子諸侯無事則歲三田一爲乾豆二爲賓客三爲充君之庖三田者夏不田蓋夏時也周禮春曰蒐夏曰苗秋曰獮冬曰狩乾豆謂腊之以爲祭祀豆實也庖今之廚也無事而不田曰不敬田不以禮曰暴天物不敬者簡祭祀略賓客天子不合圍諸侯不掩羣爲盡物也天子殺則

下大綏諸侯殺則下小綏綏當爲緌緌有虞氏之旌旗也下謂弊之大夫殺則止佐車佐車止則百姓田獵佐車驅逆之車獺祭魚然後虞人入澤梁豺祭獸然後田獵鳩化爲鷹然後設罻羅草木零落然後入山林昆蟲未蟄不以火田取物必順時候也梁絶水取魚者罻小網也昆明也明蟲者得陽而生得陰而藏不麛不卵不殺胎不殀夭重傷未成物殀斷殺少長曰夭不覆巢覆敗也

冢宰制國用必於歲之杪五穀皆入然後

制國用制國用如今度支經用抄末也用地小大視年之豐耗小國大國豐凶之年各以歲之收入制其用多少多不過禮少有所殺以三十年之通制國用量入以爲出通三十年之率當有九年之蓄出謂所當給爲祭用數之仂筭今年一歲經用之數用其什一喪三年不祭唯祭天地社稷爲越紼而行事不敢以卑廢尊越猶躐也紼輴車索喪用三年之仂喪大事用三歲之什一喪祭用不足曰暴有餘曰浩暴猶耗也浩猶饒也祭豐年不奢凶年不儉常用數之仂國無九年之蓄曰不

足無六年之蓄曰急無三年之蓄曰國非其國也三年耕必有一年之食九年耕必有三年之食以三十年之通雖有凶旱水溢民無菜色然後天子食日舉以樂菜色食菜之色民無食菜之飢色天子乃日舉樂以食天子七日而殯七月而葬諸侯五日而殯五月而葬大夫士庶人三日而殯三月而葬尊者舒卑者速春秋傳曰天子七月而葬同軌畢至諸侯五月同盟至大夫三月同位至士踰月外姻至三年之喪自天子達

下通庶人於父母同天子諸侯降期庶人縣封葬不爲雨止不封不樹喪不貳事縣封當爲縣窆縣窆者至卑不得引紼下棺雖雨猶葬以其禮儀少封謂聚土爲墳不封之不樹之又爲至卑無飾也周禮曰以爵等爲丘封之度與其樹數則士以上乃皆封樹貳之言二也庶人終喪無二事不使從政也喪大記曰大夫士旣葬公政入於家旣卒哭弁絰帶金革之事無辟也自天子達於庶人喪從死者祭從生者支子不祭從死者謂衣衾棺椁從生者謂奠祭之牲器天子七廟三昭三穆與大祖之廟而七此周制七者大祖及文王武王之祧與親廟四大祖后稷殷則六廟契及湯與二昭二穆夏則五廟無大祖禹與二昭二穆而已諸

侯五廟二昭二穆與大祖之廟而五〔大祖始封之君王者之後不爲始封之君廟〕大夫三廟一昭一穆與大祖之廟而三〔大祖別子始爵者大傳曰別子爲祖謂此雖非別子始爵者亦然〕士一廟〔謂諸侯之中士下士名曰官師者上士二廟〕庶人祭於寢〔寢適寢也〕天子諸侯宗廟之祭春曰礿夏曰禘秋曰嘗冬曰烝〔此蓋夏殷之祭名周則改之春曰祠夏曰礿以禘爲殷祭詩小雅曰礿祠烝嘗于公先王此周四時祭宗廟之名〕天子祭天地諸侯祭社稷大夫祭五祀〔五祀謂司命也中霤也門也行也厲也此祭謂大夫有地者其無地祭三耳〕天子祭

天下名山大川五嶽視三公四瀆視諸侯視視其牲器之數諸侯祭名山大川之在其地者魯人祭泰山晉人祭河是也天子諸侯祭因國之在其地而無主後者謂所因之國先王先公有功德宜享世祀今絕無後爲之祭主者昔夏后氏郊鯀至杞爲夏後而更郊禹晉侯夢黃熊入國而祀夏郊此其禮也天子犆礿祫禘祫嘗祫烝犆猶一也祫合也天子諸侯之喪畢合先君之主於祖廟而祭之謂之祫後因以爲常天子先祫而後時祭諸侯先時祭而後祫凡祫之歲春一礿而已不祫以物無成者不殷祭周改夏祭曰礿以禘爲殷祭也魯禮三年喪畢而祫於大祖明年春禘於羣廟自爾之後五年而再殷祭一祫一禘諸侯

礿則不禘禘則不嘗嘗則不烝烝則不礿虞夏之制諸侯歲朝廢一時祭諸侯礿犆互明犆礿文禘一犆一祫下天子也祫歲不禘嘗祫烝祫天子社稷皆大牢諸侯社稷皆少牢大夫士宗廟之祭有田則祭無田則薦有田者既祭又薦新祭以首時薦以仲月士薦牲用特豚大夫以上用羔所謂羔豚而祭百官皆足詩曰四之日其早獻羔祭韭庶人春薦韭夏薦麥秋薦黍冬薦稻韭以卵麥以魚黍以豚稻以鴈庶人無常牲取與新物相宜而已祭天地之牛角繭栗宗

廟之牛角握賓客之牛角尺握謂長不出膚諸侯無故不殺牛大夫無故不殺羊士無故不殺犬豕庶人無故不食珍故謂祭饗庶羞不踰牲祭以羊則不以牛肉爲羞燕衣不踰祭服寢不踰廟古者公田藉而不稅藉之言借也借民力治公田美惡取於此不稅民之所自治也孟子曰夏后氏五十而貢殷人七十而助周人百畝而徹則所云古者謂殷時市廛而不稅廛市物邸舍稅其舍不稅其物關譏而不征譏譏異服識異言征亦稅也周禮國凶札則無門關之征猶譏也林麓川澤以時入而不禁麓山足也

夫圭田無征（夫猶治也征稅也孟子曰卿以下必有圭田治圭田者不稅所以厚賢也此則周禮之士田以任近郊之地稅什一）用民之力歲不過三日（治宮室城郭道渠也）田里不粥墓地不請（皆受於公民不得私也粥賣也請求也）司空執度度地（司空冬官卿掌邦事者度丈尺也）居民山川沮澤時四時（觀寒煖燥濕沮謂萊沛）量地遠近（制邑井之處）興事任力（事謂築邑廬宿市也）凡使民任老者之事食壯者之食（寬其力饒其食）凡居民材必因天地寒煖燥濕（使其材藝堪地氣也）廣谷大川異制（謂其形象）民生其

間者異俗（謂其所好惡）剛柔輕重遲速異齊（謂其
情性緩急）五味異和（謂香臭與鹹苦）器械異制（謂作務之用）衣
服異宜（謂旃裘與絺綌）脩其教不易其俗齊其政
不易其宜（教謂禮義政謂刑禁）中國戎夷五方之民皆
有性也不可推移（地氣使之然）東方曰夷被髮文
身有不火食者矣南方曰蠻雕題交趾有
不火食者矣（雕文謂刻其肌以丹青涅之交趾足相鄉然浴則同川臥則僢不火食地
氣煖不爲病）西方曰戎被髮衣皮有不粒食者

食北方曰狄衣羽毛穴居有不粒食者矣
不粒食地氣寒少五穀中國夷蠻戎狄皆有安居和味
宜服利用備器其事雖異各自足五方之民言語不
通嗜欲不同達其志通其欲東方曰寄南
方曰象西方曰狄鞮北方曰譯皆俗間之名依其事類耳
鞮之言知也今冀部有言狄鞮者凡居民量地以制邑度地
以居民地邑民居必參相得也得猶足也無曠
土無游民食節事時民咸安其居樂事勸

功尊君親上然後興學立小學大學司徒脩六禮以節民性明七教以興民德齊八政以防淫一道德以同俗養耆老以致孝恤孤獨以逮不足上賢以崇德簡不肖以絀惡司徒地官卿掌邦教者逮及也簡差擇也命鄉簡不帥教者以告帥循也不循教謂敖很不孝弟者司徒使鄉簡擇以告者鄉屬司徒耆老皆朝于庠元日習射上功習鄉上齒大司徒帥國之俊士與執事焉將習禮以化之使之觀焉耆老致仕及鄉中老賢者朝猶會也此庠謂鄉

學也鄉謂飲酒也鄉禮春秋射國蜡而飲酒養老不變命國之右鄉簡不帥教者移之左命國之左鄉簡不帥教者移之右如初禮中年考校而又不變使轉徙其居覲其見新人有所化也亦復習禮於鄉學使之觀焉不變移之郊如初禮郊鄉界之外者也稍出遠之後中年又爲之習禮於郊學不變移之遂如初禮遠郊之外曰遂遂大夫掌之又中年復移之使居遂又爲習禮於遂之學不變屛之遠方終身不齒遠方九州之外齒猶錄也命鄉論秀士升之司徒曰選士移名於司徒也秀士鄉大夫所考有德行道藝者司徒論選士

之秀者而升之學曰俊士可使習禮者學大學升於司徒者不征於鄉升於學者不征於司徒曰造士不征不給其繇役造成也能習禮則爲成士樂正崇四術立四教樂正樂官之長掌國子之教虞書曰夔命汝典樂教胄子崇高也高尚其術以作教也幼者教之於小學長者教之於大學尚書傳曰年十五始入小學十八入大學順先王詩書禮樂以造士順此四術而教以成是士也春秋教以禮樂冬夏教以詩書春夏陽也詩樂者聲聲亦陽也秋冬陰也書禮者事事亦陰也互言之者皆以其術相成王大子王子羣后之大子卿大夫

元士之適子國之俊選皆造焉皆以四術成之王子王之庶子也羣后公及諸侯凡入學以齒皆以長幼受學不用尊卑將出學小胥大胥小樂正簡不帥教者以告于大樂正大樂正以告于王此所簡者謂王大子王子羣后之大子卿大夫元士之適子大胥小胥皆樂官屬也出學謂九年大成學止也王命三公九卿大夫元士皆入學不變王親視學亦謂使習禮以化之不變王又親爲之臨視重棄賢者子孫此習禮皆於大學也不變王三日不舉去食樂重棄人屛之遠方西方曰棘東方曰

寄終身不齒棘當爲僰僰之言偪使之偪寄於夷戎不屏於南北爲其大遠大樂正論造士之秀者以告于王而升諸司馬曰進士移名於司馬司馬夏官卿主邦政者進士可進受爵祿也司馬辨論官材辨其論官其材觀其所長論進士之賢者以告於王而定其論各署其所長論定然後官之使之試守任官然後爵之命之位定然後祿之大夫廢其事終身不仕死以士禮葬之以不任大夫也有發則命大司徒教士以車甲乘兵車衣甲之儀有發謂有軍師發卒凡執

技論力適四方贏股肱決射御謂擐衣出其臂脛使之射御決勝負見勇力凡執技以事上者祝史射御醫卜及百工言技謂此七者凡執技以事上者不貳事不移官欲專其事亦爲不德出鄉不與士齒賤也於其鄉中則齒親親也仕於家者出鄉不與士齒亦賤司寇正刑明辟以聽獄訟司寇秋官卿掌刑者辟罪也必三刺以求民情斷其獄訟之中一曰訊羣臣二曰訊羣吏三曰訊萬民有旨無簡不聽簡誠也有其意無其誠者不論以爲罪附從輕附施刑也求出之使從輕赦從重

雖是罪可重猶赦也凡制五刑必即天論制斷也即就也必即天論言與
天意合閔子曰古之道不即人心即或爲則論或爲倫郵罰麗於事郵過也麗
附也過人罰人當各附於其事不可假他以喜怒凡聽五刑之訟必原
父子之親立君臣之義以權之權平也意論
輕重之序慎測淺深之量以别之意思念也淺深
謂俱有罪本心有善惡悉其聰明致其忠愛以盡之
盡其情疑獄氾與衆共之衆疑赦之必察小
大之比以成之小大猶輕重已行故事曰比成獄辭史以

獄成告於正正聽之史司寇吏也正於周鄉師之屬今漢有正平丞秦所置正以獄成告于大司寇大司寇聽之棘木之下周禮鄉師之屬辨其獄訟異其死刑之罪而要之職聽於朝司寇聽之朝王之外朝也左九棘孤卿大夫位焉右九棘公侯伯子男位焉面三槐三公位焉大司寇以獄之成告於王王命三公參聽之王使三公復與司寇及正共平之重刑也周禮王欲免之乃命公會其期三公以獄之成告於王王三又然後制刑又當作宥宥寬也一宥曰不識再宥曰過失三宥曰遺忘凡作刑罰輕無赦法雖輕不赦之為人易犯刑者侀也侀者成也一成而

不可變故君子盡心焉變更也析言破律亂名改作執左道以亂政殺析言破律巧賣法令者也亂名改作謂變易官與物之名更造法度左道若巫蠱及俗禁作淫聲異服奇技奇器以疑衆殺淫聲鄭衛之屬也異服若聚鷸冠瓊弁也奇技奇器若公輸般請以機窆之行僞而堅言僞而辯學非而博順非而澤以疑衆殺皆謂虛華捷給無誠者也假於鬼神時日卜筮以疑衆殺今時持喪葬築蓋嫁取卜數文書使民倍禮違制此四誅者不以聽爲其爲害大而辭不可明凡執禁以齊衆不赦過亦爲

人將易犯有圭璧金璋不粥於市命服命車不粥於市宗廟之器不粥於市犧牲不粥於市戎器不粥於市尊物非民所宜有戎器軍器也粥賣也用器不中度不粥於市兵車不中度不粥於市布帛精麤不中數幅廣狹不中量不粥於市姦色亂正色不粥於市凡以其不可用也用器弓矢耒耜飲食器也度丈尺也數升縷多少錦文珠玉成器不粥於市衣服飲食不粥於市不示民以奢與貪也成成猶善也五穀不時果

實未孰不粥於市物未成不利人木不中伐不粥於市伐之非時不中用周禮仲冬斬陽木仲夏斬陰木禽獸魚鼈不中殺不粥於市殺之非時不中用月令季冬始漁周禮春獻鼈蜃關執禁以譏禁異服識異言關境上門譏呵察大史典禮執簡記奉諱惡簡記策書也諱先王名惡忌日若子卯天子齊戒受諫歲終羣臣奏歲事諫王當所改爲也司會以歲之成質於天子司會冢宰之屬掌計要者成計要也質猶平也平其計要冢宰齊戒受質贊王受之大樂正大司寇市三官以其成從質於

天子（大樂正於周宗伯之屬市司市也於周司徒之屬從從於司會也）大司徒大司馬大司空齊戒受質百官各以其成質於三官大司徒大司馬大司空以百官之成質於天子（百官此三官之屬）百官齊戒受質（受平報也）然後休老勞農（饗養之）成歲事（斷計要也）制國用凡養老有虞氏以燕禮夏后氏以饗禮殷人以食禮周人脩而兼用之（兼用之備陰陽也凡飲養陽氣凡食養陰氣陽用春夏陰用秋冬）五十養於鄉六十養於國七

十養於學達於諸侯天子諸侯養老同也國國中小學在王宮之左學大學也在郊小學在國中大學在郊此殷制明矣八十拜君命一坐再至瞽亦如之九十使人受命謂君不親饗食必以其禮致之五十異粻六十宿肉七十貳膳八十常珍九十飲食不離寢膳飲從於遊可也粻糧也貳副也遊謂出入止觀六十歲制七十時制八十月制九十日脩唯絞紟衾冒死而后制絞紟衾冒一日二日而可爲者五十始衰六十非肉不飽七十非帛不煖八十非人

不煖九十雖得人不煖矣（煖温）五十杖於家六十杖於鄉七十杖於國八十杖於朝九十者天子欲有問焉則就其室以珍從（尊養之）七十不俟朝（大夫士之老者揖君則退）八十月告存（每月致膳）九十日有秩（秩常也有常膳）五十不從力政六十不與服戎七十不與賓客之事八十齊喪之事弗及也（力稍衰也力政城道之役也與及也八十不齊則不祭也子代之祭是謂宗子不孤）五十而爵（賢者命爲大夫）六十不親學（不能備弟子禮）

七十致政唯衰麻為喪致政還君事有虞氏養國老於上庠養庶老於下庠夏后氏養國老於東序養庶老於西序殷人養國老於右學養庶老於左學周人養國老於東膠養庶老於虞庠虞庠在國之西郊皆學名也異者四代相變耳或上西或上東或貴在國或貴在郊上庠右學大學也在西郊下庠左學小學也在國中王宮之東東序東膠亦大學在國中王宮之東西序虞庠亦小學也西序在西郊周立小學於西郊膠之言糾也庠之言養也周之小學為有虞氏之庠制是以名庠云其立鄉學亦如之膠或作絿有虞氏皇

而祭深衣而養老夏后氏收而祭燕衣而養老殷人冔而祭縞衣而養老周人冕而祭玄衣而養老皇冕屬也畫羽飾焉凡冕屬其服皆玄上纁下有虞氏十二章周九章夏殷未聞凡養老之服皆其時與羣臣燕之服有虞氏質深衣而巳夏而改之尚黑而黑衣裳殷尚白而縞衣裳周則兼用之玄衣素裳其冠則牟追章甫委貌也諸侯以天子之燕服爲朝服燕禮曰燕朝服服是服也王者之後亦以燕服爲之魯季康子朝服以縞僭宋之禮也天子皮弁以日視朝也凡三王養老皆引年巳而引戸校年當行復除也老人衆多非賢者不可皆養八十者一子不從政九十者其家不從政癈疾非人

不養者一人不從政癈癈於人事父母之喪三
年不從政齊衰大功之喪三月不從政將
從於諸侯三月不從政自諸侯來從家期
不從政自從也少而無父者謂之孤老而無
子者謂之獨老而無妻者謂之矜老而無
夫者謂之寡此四者天民之窮而無告者
也皆有常餼餼廩也瘖聾跛躃斷者侏儒百
工各以其器食之斷謂支節絕也侏儒短人也器能也道路男子

由右婦人由左車從中央（道有三塗遠別也）父之齒隨行兄之齒鴈行朋友不相踰（廣敬也謂於塗中）輕任并重任分斑白者不提挈（皆謂以與少者雜色曰斑）君子耆老不徒行庶人耆老不徒食（徒猶空也）大夫祭器不假祭器未成不造燕器（造爲也）方一里者爲田九百畝（一里方三百步）方十里者爲方一里者百爲田九萬畝方百里者爲方十里者百爲田九十億畝（億今十萬）方

千里者爲方百里者百爲田九萬億畝（萬億）今萬萬也）自恒山至於南河千里而近（冀州域）自南河至於江千里而近（豫州域）自江至於衡山千里而遥（荆州域）自東河至於東海千里而遥（徐州域）自東河至於西河千里而近（亦冀州域）自西河至於流沙千里而遥（雍州域）西不盡流沙南不盡衡山東不盡東海北不盡恒山凡四海之内斷長補短方三千里爲田

八十萬億一萬億畝九州之大計方百里者為田九十億畝山陵林麓川澤溝瀆城郭宮室塗巷三分去一其餘六十億畝以一大國為率其餘所以授民也山足曰麓古者以周尺八尺為步今以周尺六尺四寸為步古者百畝當今東田百四十六畝三十步古者百里當今百二十一里六十步四尺二寸二分周尺之數未詳聞也案禮制周猶以十寸為尺蓋六國時多變亂法度或言周尺八寸則步更為八八六十四寸以此計之古者百畝當

今百五十六畝二十五步古者百里當今百二十五里方千里者爲方百里者百封方百里者三十國其餘方百里者七十又封方七十里者六十爲方百里者二十九方十里者四十其餘方百里者四十方十里者六十又封方五十里者百二十爲方百里者三十其餘方百里者十方十里者六十名山大澤不以封其餘以爲附庸閒田諸侯之有功者取於閒田以禄

之其有削地者歸之閒田天子之縣內方千里者爲方百里者百封方百里者九其餘方百里者九十一又封方七十里者二十一爲方百里者十方十里者二十九其餘方百里者八十方十里者七十一又封方五十里者六十三爲方百里者十五方十里者七十五其餘方百里者六十四方十里者九十六諸侯之下士祿食九人中

士食十八人上士食三十六人下大夫食
七十二人卿食二百八十八人君食二
千八百八十人次國之卿食二百一十六
人君食二千一百六十人小國之卿食百
四十四人君食千四百四十人次國之卿
命於其君者如小國之卿天子之大夫爲
三監監於諸侯之國者其禄視諸侯之卿
其爵視次國之君其禄取之於方伯之地

方伯爲朝天子皆有湯沐之邑於天子之縣內視元士給齊戒自絜清之用浴用湯沐用潘諸侯世子世國象賢也大夫不世爵使以德爵以功謂縣內及列國諸侯爲天子大夫者不世爵而世祿辟賢也未賜爵視天子之元士以君其國列國及縣內之國也諸侯之大夫不世爵祿

六禮冠昏喪祭鄉相見鄉飲酒鄉射七教父子兄弟夫婦君臣長幼朋友賓客八政飲食衣服事爲異別度量數制飲食爲上衣服次之事爲謂百工技藝也

異别五方用器不同也度丈尺也量斗斛也數百十也制布帛幅廣狹也

禮記卷第四

五福五代堂古稀天子寶

八徵耄念之寶

太上皇帝之寶

宋版禮記

1321
五福五代堂古稀天子寶
八徵耄念之寶
太上皇帝之寶

禮記卷第五

月令第六　鄭氏注

孟春之月日在營室昏參中旦尾中孟長也日月之行一歲十二會聖王因其會而分之以爲大數焉觀斗所建命其四時此云孟春者日月會於諏訾而斗建寅之辰也凡記昏明中星者爲人君南面而聽天下視時候以授民事其日甲乙乙之言軋也日之行春東從青道發生萬物月爲之佐時萬物皆解孚甲自抽軋而出因以爲日名焉乙不爲月名者君統臣功也其帝大皞其神句芒此倉精之君木官之臣自古以來著德立功者也大皞宓戲氏句芒少皞氏之子曰重爲木官其蟲鱗象物孚甲將解鱗龍

蚳之屬 其音角 謂樂器之聲也三分羽益一以生角角數六十四屬木者以其清濁中民
象也春氣和則角聲調樂記曰角亂則憂其民怨凡聲
尊卑取象五行數多者濁數少者清大不過宮細不過
羽 律中大蔟 律候氣之管以銅爲之中猶應也孟春氣至則大蔟之律應應謂吹灰也
大蔟者林鍾之所生三分益一律長八寸凡律空圍九分周語曰大蔟所以金奏贊陽出滯 其數
八 數者五行佐天地生物成物之次也易曰天一地二天三地四天五地六天七地八天九地十而五行自
水始火次之木次之金次之土爲後木
生數三成數八但言八者舉其成數 其味酸其臭
羶 木之臭味也凡酸羶者皆屬焉 其祀戶祭先脾 春陽氣出祀之於戶內陽
也祀之先祭脾者春爲陽中於藏直脾脾爲尊凡祭五
祀於廟用特牲有主有尸皆先設席于奥祀戶之禮南

面設主于戶內之西乃制脾及腎爲俎奠于主北又設盛于俎西祭黍稷祭肉祭醴皆三祭肉脾一腎再既祭徹之更陳鼎俎設饌于筵前迎尸略如祭宗廟之儀

東風解凍蟄蟲始振魚上冰獺祭魚鴻鴈來

皆記時候也振動也夏小正正月啓蟄魚陟負冰漢始亦以驚蟄爲正月中此時魚肥美獺將食之先以祭也鴈自南方來將北反其居今月令鴻皆爲候

天子居青陽左个乘鸞路駕倉龍載青旂衣青衣服倉玉食麥與羊其器疏以達

皆所以順時氣也青陽左个大寢東堂北偏鸞路有虞氏之車有鸞和之節而飾之以青取其名耳春言鸞冬夏言色互文馬八尺以上爲龍凡所服玉謂冠飾及所佩者之衡璜也麥實有孚甲屬木羊火畜也時尚寒食

之以安性也器疏者刻鏤之象物當貫土而出也凡此車馬衣服皆所取於殷時而有變焉非周制也周禮朝祀戎獵車服各以其事不以四時爲異又玉藻曰天子龍袞以祭玄端而朝日皮弁以日視朝與此皆殊是月也以立春先立春三日大史謁之天子曰某日立春盛德在木天子乃齊大史禮官之屬掌正歲年以序事謁告也立春之日天子親帥三公九卿諸侯大夫以迎春於東郊還反賞公卿諸侯大夫於朝迎春祭倉帝靈威仰於東郊之兆也王居明堂禮曰出十五里迎歲蓋殷禮也周近郊五十里賞謂有功德者有以顯賜之也朝大寢門外命相布德和令行慶

施惠下及兆民相謂三公相王之事也德謂善教也令謂時禁也慶謂休其善也惠謂恤其不足也天子曰兆民慶賜遂行毋有不當遂猶達也言使當得者皆得得者無非其人乃命大史守典奉法司天日月星辰之行宿離不貸毋失經紀以初爲常典六典法八法也離讀如儷偶之儷宿儷謂其屬馮相氏保章氏掌天文者相與宿偶當審候伺不得過差也經紀謂天文進退度數是月也天子乃以元日祈穀于上帝謂以上辛郊祭天也春秋傳曰夫郊祀后稷以祈農事是故啓蟄而郊郊而後耕上帝大微之帝也乃擇元辰天子親載耒耜措之于參

保介之御間帥三公九卿諸侯大夫躬耕帝藉天子三推三公五推卿諸侯九推元辰蓋郊後吉亥也耒耜之上曲也保介車右也置耒於車右與御者之間明己勸農非農者也人君之車必使勇士衣甲居右而參乘備非常也保猶衣也介甲也帝藉爲天神借民力所治之田也反執爵于大寢三公九卿諸侯大夫皆御命曰勞酒既耕而宴飲以勞羣臣也大寢路寢御侍也是月也天氣下降地氣上騰天地和同草木萌動此陽氣蒸達可耕之候也農書曰土長冒橛陳根可拔耕者急發王命布農事命田舍東郊皆

脩封疆審端徑術田謂田畯主農之官也舍東郊順時氣而居以命其事也封疆田首之分職術周禮作遂夫間有遂遂上有徑遂小溝也步道曰徑今尚書曰分命羲仲宅嵎夷也善相丘陵阪險原隰土地所宜五穀所殖以教道民必躬親之相視也田事既飭先定準直農乃不惑說所以命田舍東郊之意也準直謂封疆徑遂也夏小正曰農率均田

是月也命樂正入學習舞為仲春將釋菜乃脩祭典重祭禮歲始省録也命祀山林川澤犧牲毋用牝為傷妊生之類禁止伐木盛德所在毋覆巢毋殺孩蟲胎

夭飛鳥毋麛毋卵（爲傷萌幼之類）毋聚大衆毋置城郭（爲妨農之始）掩骼埋胔（爲死氣逆生也骨枯曰骼肉腐曰胔）是月也不可以稱兵稱兵必天殃（逆生氣）兵戎不起不可從我始（爲客不利主人則可）毋變天之道（以陰政犯陽）毋絶地之理（易剛柔之宜）毋亂人之紀（仁之時而舉義事）孟春行夏令則雨水不時（巳之氣乘之也四月於消息爲乾）草木蚤落（生日促）國時有恐（以火訛相驚）行秋令則其民大疫（申之氣乘之也七月始殺）猋風暴雨總至

正月宿直尾箕箕好風其氣逆也回風爲猋藜莠蓬蒿並興生氣亂惡物茂行冬令則水潦爲敗雪霜大摯首種不入亥之氣乘之也舊說首種謂稷

仲春之月日在奎昏弧中旦建星中仲中也仲春者日月會於降婁而斗建卯之辰也弧在輿鬼南建星在斗上其日甲乙其帝大皡其神句芒其蟲鱗其音角律中夾鍾其數八其味酸其臭羶其祀戶祭先脾夾鍾者夷則之所生三分益一律長七寸二千一百八十七分寸之千七十五仲春氣至則夾鍾之律應周語曰夾

鐘出四隙之細始雨水桃始華倉庚鳴鷹化爲鳩皆記時候也倉庚驪黃也鳩搏穀也漢始以雨水爲二月節天子居青陽大廟乘鸞路駕倉龍載青旂衣青衣服倉玉食麥與羊其器疏以達青陽大廟東堂當大室是月也安萌牙養幼少存諸孤助生氣也擇元日命民社社后土也使民祀焉神其農業也祀社日用甲命有司省囹圄去桎梏毋肆掠止獄訟順陽寬也省減也囹圄所以禁守繫者若今別獄矣桎梏今械也在手曰梏在足曰桎肆謂死刑暴尸也周禮曰肆之三日掠謂捶治人是月也玄鳥至

至之日以大牢祠于高禖天子親往玄鳥燕也燕以施生時來巢人堂宇而孚乳嫁娶之象也媒氏之官以爲候高辛氏之世玄鳥遺卵娀簡吞之而生契後王以爲媒官嘉祥而立其祠焉變媒言禖神之也后妃帥九嬪御御謂從往侍祠周禮天子有夫人有嬪有世婦有女御獨云帥九嬪舉中言也乃禮天子所御帶以弓韣授以弓矢于高禖之前天子所御謂今有娠者於祠大祝酌酒飲於高禖之庭以神惠顯之也帶以弓韣授以弓矢求男之祥也王居明堂禮曰帶以弓韣禮之禖下其子必得天材是月也日夜分雷乃發聲始電蟄蟲咸動啓戶始出又記時候發猶出也先雷三日

奮木鐸以令兆民曰雷將發聲有不戒其容止者生子不備必有凶災主戒婦人有娠者也容止猶動靜

日夜分則同度量鈞衡石角斗甬正權概因晝夜等而平當平也同角正皆謂平之也丈尺曰度斗斛曰量三十斤曰鈞稱上曰衡百二十斤曰石甬今斛也稱錘曰權概平斗斛者

是月也耕者少舍乃脩闔扇寢廟畢備舍猶止也因蟄蟲啓戶耕事少閒而治門戶也用木曰闔用竹葦曰扇畢猶皆也凡廟前曰廟後曰寢

毋作大事以妨農之事大事兵役之屬

是月也毋竭川澤毋漉陂池毋焚山林

順陽養物也畜水曰陂穿地通水曰池　天子乃鮮羔開冰先薦寢廟　鮮當爲獻聲之誤也獻羔謂祭司寒也祭司寒而出冰薦於宗廟乃後賦之春秋傳曰古者日在北陸而藏冰西陸朝覿而出之其藏冰也深山窮谷固陰沍寒於是乎取之其出之也朝之祿位賓食喪祭於是乎用之其藏之也黑牡秬黍以享司寒其出之也桃弧棘矢以除其災其出入也時食肉之祿冰皆與焉大夫命婦喪浴用冰祭寒而藏之獻羔而啓之公始用之火出而畢賦自命夫命婦至于老疾無不受冰　上丁命樂正習舞釋菜　樂正樂官之長也命習舞者順萬物始出地鼓舞也將舞必釋菜於先師以禮之夏小正曰丁亥萬用入學　天子乃帥三公九卿諸侯大夫親往視之　順時達物也　仲丁又命樂正入

學習樂爲季春將合樂也習樂者習歌與八音是月也祀不用犧牲用圭璧更皮幣爲季春將選而合騰之也更猶易也當祀者古以玉帛而已仲春行秋令則其國大水寒氣揔至酉之氣乘之也八月宿直昴畢畢好雨寇戎來征金氣動也畢又爲邊兵行冬令則陽氣不勝麥乃不孰子之氣乘之也十一月爲大陰民多相掠陰姦衆也行夏令則國乃大旱煖氣早來午之氣乘之也蟲螟爲害暑氣所生爲災害也

季春之月日在胃昏七星中旦牽牛中季少

也季春者日月會於大梁而斗建辰之辰其日甲乙其帝大皞其神句芒其蟲鱗其音角律中姑洗其數八其味酸其臭羶其祀户祭先脾姑洗者南呂之所生也三分益一律長七寸九分寸之一季春氣至則姑洗之律應周語曰姑洗所以脩絜百物考神納賓桐始華田鼠化爲鴽虹始見萍始生皆記時候也鴽毋無螮蝀謂之虹蓱萍也其大者曰蘋天子居青陽右个乘鸞路駕倉龍載青旂衣青衣服倉玉食麥與羊其器疏以達青陽右个東堂南偏是月也天子乃薦鞠衣

于先帝[爲將蠶求福祥之助也鞠衣黄桑之服先帝大皞之屬]命舟牧覆舟五覆五反乃告舟備具于天子焉[舟牧主舟之官也覆反舟者備傾漏也]天子始乘舟薦鮪于寢廟[進時美物]乃爲麥祈實[於含秀求其成也不言所祈承寢廟可知]是月也生氣方盛陽氣發泄句者畢出萌者盡達不可以内[時可宣出不可收斂也句屈生者芒而直曰萌]天子布德行惠命有司發倉廩賜貧窮振乏絶[振猶救也]開府庫出幣帛周天下勉諸侯聘名士禮賢者

周謂給不足也勉猶勸也聘問也名士不仕者是月也命司空曰時雨將降下水上騰循行國邑周視原野脩利隄防道達溝瀆開通道路毋有障塞廣平曰原國也邑也平野也溝瀆與道路皆不得不通所以除水潦便民事也古者溝上有路田獵罝罘羅罔畢翳餧獸之藥毋出九門爲鳥獸方孚乳傷之逆天時也獸罟曰罝罘鳥罟曰羅罔小而柄長謂之畢翳射者所以自隱也凡諸罟及毒藥禁其出九門明其常有時不得用耳天子九門者路門也應門也雉門也庫門也皐門也城門也近郊門也遠郊門也關門也今月令無罘翳爲弋是月也命野虞無伐桑柘愛蠶食也野虞

謂主田及山林之官鳴鳩拂其羽戴勝降于桑蠶將生之
候也鳴鳩飛且翼相擊趨農急也戴勝織紝之鳥是時恒在桑言降者若時始自天來重之也具曲
植籧筐時所以養蠶器也曲簿也植槌也后妃齊戒親東鄉躬
桑禁婦女毋觀省婦使以勸蠶事后妃親採桑示
帥先天下也東鄉者鄉時氣也是明其不常留養蠶也留養者所卜夫人與世婦婦謂世婦及諸臣之妻也內
宰職曰仲春詔后帥外內命婦始蠶于北郊女外內子女也夏小正曰妾子始蠶執養宮事毋觀去容飾也婦
使縫線組紃之事蠶事既登分繭稱絲效功以共
郊廟之服無有敢惰登成也敕往蠶者蠶畢將課功以勸戒之是月

也命工師令百工審五庫之量金鐵皮革筋角齒羽箭幹脂膠丹漆毋或不良工師司空之屬官也五庫藏此諸物之舍也量謂物善惡之舊法也幹器之木也凡輮幹有當用脂良善也百工咸理監工日號毋悖于時毋或作為淫巧以蕩上心咸皆也於百工皆理治其事之時工師則監之日號令之戒之以此二事也悖猶逆也百工作器物各有時逆之則不善時者若弓人春液角夏治筋秋合三材冬定體之屬也淫巧謂僞飾不如法也蕩謂動之使生奢泰也今月令無于時作爲爲詐僞是月之末擇吉日大合樂天子乃率三公九卿諸侯大夫親往

視之大合樂者所以助陽達物風化天下也其禮亡今天子以大射郡國以鄉射禮代之是月也乃合累牛騰馬遊牝于牧累騰皆乘匹之名是月所合牛馬謂繫在廄者其牝欲遊則就牧之牡而合之犧牲駒犢舉書其數以在牧而校數書之明出時無他故至秋當録內且以知生息之多少也命國難九門磔攘以畢春氣此難難陰氣也陰寒至此不止害將及人所以及人者陰氣右行此月之中日行歷昴昴有大陵積尸之氣氣佚則厲鬼隨而出行命方相氏帥百隸索室毆疫以逐之又磔牲以攘於四方之神所以畢止其災也王居明堂禮曰季春出疫于郊以攘春氣季春行冬令則寒氣時發草木皆肅丑之氣乘之也肅謂枝葉縮栗國有

大恐（以水訛相驚）行夏令則民多疾疫時雨不降（未之氣乘之也六月宿直鬼鬼爲天尸時又有暑也）山陵不收（高者暵於熱也）行秋令則天多沈陰淫雨蚤降（戌之氣乘之也九月多陰淫霖也雨三日以上爲霖今月令曰衆雨）兵革並起（陰氣勝也）

孟夏之月日在畢昏翼中旦婺女中（孟夏者日月會於實沈而斗建巳之辰）其日丙丁（丙之言炳也日之行夏南從赤道長育萬物月爲之佐時萬物皆炳然著見而強大又因以爲日名焉易曰齊乎巽相見乎離）其帝炎帝其神祝融（此赤精之君火官之臣自古以來著德立功者也炎帝大庭氏也祝融顓頊氏之子曰黎

爲火官**其蟲羽**象物從風鼓葉飛鳥之屬**其音徵**三分宮去一以生徵徵數五十四屬火者以其微清事之象也夏氣和則徵聲調樂記曰徵亂則哀其事勤**律中中呂**孟夏氣至則中呂之律應中呂者無射之所生三分益一律長六寸萬九千六百八十三分寸之萬二千九百七十四周語曰中呂宣中氣**其數七**火生數二成數七但言七者亦舉其成數**其味苦其臭焦**火之臭味也凡苦焦者皆屬焉**其祀竈祭先肺**夏陽氣盛熱於外祀之於竈從熱類也祀之先祭肺者陽位在上肺亦在上肺爲尊也竈在廟門外之東祀竈之禮先席於門之奥東面設主于竈陘乃制肺及心肝爲俎奠于主西又設盛于俎南亦祭黍三祭肺心肝各一祭醴三亦既祭徹之更陳鼎俎設饌于筵前迎尸如祀尸之禮**螻蟈鳴丘蚓出王**

瓜生苦菜秀皆記時候也螻蟈蛙也王瓜萆挈也今月令云王萯生夏小正云王萯秀未聞孰是天子居明堂左个乘朱路駕赤騮載赤旂衣朱衣服赤玉食菽與雞其器高以粗明堂左个大寢南堂東偏也菽實孚甲堅合屬水雞木畜時熱食之亦以安性也粗猶大也器高大者象物盛長是月也以立夏先立夏三日大史謁之天子曰某日立夏盛德在火天子乃齊謁告立夏之日天子親帥三公九卿大夫也以迎夏於南郊還反行賞封諸侯慶賜遂

行無不欣說迎夏祭赤帝赤熛怒於南郊之兆也不言帥諸侯而云封諸侯諸侯時或無在京師者空其文也祭統曰古者於禘也發爵賜服順陽義也於嘗也出田邑發秋政順陰義也今此行賞可也而封諸侯則違於古封諸侯出土地之事於時未可似失之乃命樂師習合禮樂爲將飲酎命大尉贊桀俊遂賢良舉長大助長氣也贊猶出也桀俊能者也遂猶進也三王之官有司馬無大尉秦官則有大尉今俗人皆云周公作月令未通於古行爵出祿必當其位使順之也是月也繼長增高謂草木盛蕃廡毋有壞墮亦爲逆時氣毋起土功毋發大衆爲妨蠶農之事毋伐大樹亦爲逆時氣是月也天

子始絺初服暑服命野虞出行田原爲天子勞農勸民毋或失時重敕之命司徒巡行縣鄙命農勉作毋休于都急趨於農也縣鄙鄉遂之屬主民者也王居明堂禮曰毋宿于國今月令休爲伏是月也驅獸毋害五穀毋大田獵爲傷蕃廡之氣農乃登麥天子乃以彘嘗麥先薦寢廟登進也麥之新氣尤盛以彘食之散其熱也彘水畜是月也聚畜百藥蕃廡之時毒氣盛靡草死麥秋至斷薄刑決小罪舊說云靡草薺亭藶之屬祭統曰草艾則墨謂立秋後也刑無輕於墨者今以純陽之月斷刑決罪與毋

有壞墮自相違似非出輕繫崇寬蠶事畢后妃獻繭乃收繭稅以桑爲均貴賤長幼如一以給郊廟之服后妃獻繭者内命婦獻繭於后妃收繭稅者收於外命婦外命婦雖就公桑蠶室而蠶其夫亦當有祭服以助祭收以近郊之稅耳貴賤長幼如一國服同是月也天子飲酎用禮樂酎之言醇也謂重釀之酒也春酒至此始成與羣臣以禮樂飲之於朝正尊卑也孟冬云大飲蒸此言用禮樂互其文孟夏行秋令則苦雨數來五穀不滋申之氣乘之也苦雨白露之類時物得雨傷四鄙入保金氣爲害也鄙界上邑小城曰保行冬令則草木蚤枯長日促後

乃大水敗其城郭亥之氣乘之也行春令則蝗蟲為災暴風來格寅之氣乘之也必以蝗蟲為災者寅有啓蟄之氣行於初暑則當蟄者大出矣格至也秀草不實氣更生之不得成也

仲夏之月日在東井昏亢中旦危中仲夏者日月會於鶉首而斗建午之辰也其日丙丁其帝炎帝其神祝融其蟲羽其音徵律中蕤賓其數七其味苦其臭焦其祀竈祭先肺蕤賓者應鍾之所生三分益一律長六寸八十一分寸之二十六仲夏氣至則蕤賓之律應周語曰蕤賓所以安靜神人獻酬交酢小暑

至螳蜋生鵙始鳴反舌無聲皆記時候也螳蜋螵蛸母也鵙搏勞也反舌百舌鳥天子居明堂大廟乘朱路駕赤駵載赤旂衣朱衣服赤玉食菽與雞其器高以粗明堂太廟南堂當大室也養壯佼助長氣也是月也命樂師脩鞀鞞鼓均琴瑟管簫執干戚戈羽調竽笙竾簧飭鐘磬柷敔爲將大雩帝習樂也脩均執調飭者治其器物習其事之言命有司爲民祈祀山川百源大雩帝用盛樂乃命百縣雩祀百辟卿士有益

於民者以祈穀實陽氣盛而常旱山川百源能興雲雨者也衆水始所出爲百源必先祭其本乃雩雩吁嗟求雨之祭也雩帝謂爲壇南郊之旁雩五精之帝配以先帝也自鞀鞞至柷敔皆作曰盛樂凡他雩用歌舞而已百辟卿士古者上公若句龍后稷之類也春秋傳曰龍見而雩雩之正當以四月凡周之秋三月之中而旱亦脩雩禮以求雨因著正雩此月失之矣天子雩上帝諸侯以下雩上公周冬及春夏雖旱禮有禱無雩農乃登黍登進也是月也天子乃以雛嘗黍羞以含桃先薦寢廟此嘗雛也而云以嘗黍不以牲主穀也必以黍者黍火穀氣之主也含桃櫻桃也令民毋艾藍以染爲傷長氣也此月藍始可別夏小正曰五月啓灌藍蓼毋燒灰爲傷火氣也火之氣於是

爲盛火之滅者爲灰毋暴布不以陰功干大陽之事門閭毋閉關市毋索順陽敷縱不難物挺重囚益其食挺猶寬也游牝別羣孕妊之欲止也則縶騰駒爲其牡氣有餘相蹄齧也班馬政馬政謂養馬之政教也度人職曰掌十有二閑之政教以阜馬佚特教駣攻駒此之謂也是月也日長至陰陽爭死生分爭者陽方盛陰欲起也分猶半也君子齊戒處必掩身毋躁掩猶隱翳也躁猶動也今月令毋躁爲欲靜止聲色毋或進進猶御見也聲謂樂也易及樂春秋說夏至人主與羣臣從八能之士作樂五日今止之非其道也薄滋味毋致和爲其氣異此時傷人節耆

欲定心氣微陰扶精不可散也百官靜事毋刑罪罰之事不可
以聞令月以令刑爲徑以定晏陰之所成晏安也陰稱安鹿角解
蟬始鳴半夏生木堇榮又記時候也半夏藥草木堇王蒸也是月
也毋用火南方陽氣盛又用火於其方害微陰也可以居高明
可以遠眺望可以升山陵可以處臺榭順陽
在上也高明謂樓觀也闍者謂之臺有木者謂之榭仲夏行冬令則雹凍
傷穀子之氣乘之也陽爲雨陰起脅之凝爲雹道路不通暴兵來
至盜賊攻劫亦雹之類行春令則五穀晚孰卯之氣乘之也生日長

百螣時起其國乃饑螣蝗之屬言百者明衆類竝爲害行秋令則草木零落酉之氣乘之也八月宿直昴畢爲天獄主殺果實早成生日短民殃於疫大陵之氣來爲害也

季夏之月日在柳昏火中旦奎中季夏者日月會於鶉火而斗建未之辰也其日丙丁其帝炎帝其神祝融其蟲羽其音徵律中林鍾其數七其味苦其臭焦其祀竈祭先肺林鍾者黃鍾之所生三分去一律長六寸季夏氣至則林鍾之律應周語曰林鍾和展百物俾莫不任肅純恪溫風始至蟋蟀居

壁鷹乃學習腐草爲螢皆記時候也鷹學習謂攫搏也夏小正曰六月鷹始摯螢飛蟲螢火也天子居明堂右个乘朱路駕赤駵載赤旂衣朱衣服赤玉食菽與雞其器高以粗明堂右个南堂西偏也命漁師伐蛟取鼉登龜取黿四者甲類秋乃堅成周禮曰秋獻龜魚又曰凡取龜用秋時是夏之秋也作月令者以爲此秋據周之時也周之八月夏之六月因書於此似誤也蛟言伐者以其有兵衛也龜言登者尊之也鼉黿言取羞物賤也鼉皮又可以冒鼓今月令漁師爲榜人命澤人納材葦蒲葦之屬此時柔刃可取作器物也是月也命四監大合百縣之秩

芻以養犧牲令民無不咸出其力四監主山林川
澤之官百縣鄉遂之屬地有山林川澤者也秩常也百縣給國養犧牲之芻多少有常民皆當出力爲艾之今
月令四爲田以共皇天上帝名山大川四方之神
以祠宗廟社稷之靈以爲民祈福牲以供祠神靈
爲民求福明使民艾芻是不盡取也皇天北辰耀魄寶冬至所祭於圜丘也上帝太微五帝是月
也命婦官染采黼黻文章必以法故無或
差貸婦官染人也采五色黒黄倉赤莫不質良毋
敢詐僞質正也良善也所用染者當得眞采正善也以給郊廟祭祀

之服以爲旗章以別貴賤等給之度旗章旌旗及章識也是月也樹木方盛乃命虞人入山行木毋有斬伐爲其未堅刃也不可以興土功不可以合諸侯不可以起兵動衆土將用事氣欲靜毋舉大事以搖養氣大事興繇役以有爲毋發令而待以妨神農之事也發令而待謂出繇役之令以預驚民也民驚則心動是害土神之氣土神稱曰神農者以其主於稼穡水潦盛昌神農將持功舉大事則有天殃言土以受天雨澤安靜養物爲功動之則致害也孝經說曰地順受澤謙

虛開張含泉任萌滋物歸中是月也土潤辱暑潤辱謂塗濕也大雨時行燒薙行水利以殺草如以熱湯薙謂迫地芟草也此謂欲稼萊地先薙其草草乾燒之至此月大雨流水潦畜於其中則草死不復生而地美可稼也薙人掌殺草職曰夏日至而薙之又曰如欲其化也則以水火變之可以糞田疇可以美土疆土潤辱膏澤易行也糞美互文耳土疆強檃之地季夏行春令則穀實鮮落國多風欬辰之氣乘之也未屬巽辰又在巽位二氣相亂爲害民乃遷徙象風轉移物也行秋令則丘隰水潦戌之氣乘之也九月宿直奎奎爲溝瀆溝瀆與此月大雨并而高下皆水禾稼不孰

傷於水也乃多女災含任之類敗也行冬令則風寒不時丑之氣乘之也鷹隼蚤鷙得疾厲之氣也四鄙入保象鳥雀之走竄也都邑之城曰保

中央土火休而盛德在土也其日戊己戊之言茂也己之言起也日之行四時之間從黃道月爲之佐至此萬物皆枝葉茂盛其含秀者抑屈而起故因以爲日名焉其帝黃帝其神后土此黃精之君土官之神自古以來著德立功者也黃帝軒轅氏也后土亦顓頊氏之子曰黎兼爲土官其蟲倮象物露見不隱藏虎豹之屬恒淺毛其音宮聲始於宮宮數八十一屬土者以其最濁君之象也季夏之氣和則宮聲調樂記曰宮亂則荒其君驕

律中黃鍾之宮黃鍾之宮最長也十二律轉相生五聲具終於六十焉季夏之氣至則黃鍾之宮應禮運曰五聲六律十二管還相爲宮其數五土生數五成數十但言五者土以生爲本其味甘其臭香土之臭味也凡甘香者皆屬之其祀中霤祭先心中霤猶中室也土主中央而神在室古者複穴是以名室爲霤云祀之先祭心者五藏之次心次肺至此心爲尊也祀中霤之禮設主於牖下乃制心及肺肝爲俎其祭肉心肺肝各一他皆如祀戶之禮天子居大廟大室乘大路駕黃駵載黃旂衣黃衣服黃玉食稷與牛其器圜以閎大廟大室中央室也大路殷路也車如殷路之制而飾之以黃稷五穀之長牛土畜也器圜者象土周帀於四時閎讀如

紘紘謂中寬象土含物

孟秋之月日在翼昏建星中旦畢中孟秋者日月會於鶉尾而斗建申之辰也其日庚辛庚之言更也辛之言新也日之行秋西從白道成孰萬物月爲之佐萬物皆肅然改更秀實新成又因以爲日名焉其帝少皡其神蓐收此白精之君金官之臣自古以來著德立功者也少皡金天氏蓐收少皡氏之子曰該爲金官其蟲毛象物應涼氣而備寒狐貉之屬生旃毛也其音商三分徵益一以生商商數七十二屬金者以其濁次宮臣之象也秋氣和則商聲調樂記曰商亂則陂其官壞律中夷則孟秋氣至則夷則之律應夷則者大吕之所生也三分去一律長五寸七百二十九分寸之四百五十一

周語曰夷則所以詠歌九則平民無貳其數九金生數四成數九但言九者亦舉其成數其味辛其臭腥金之臭味也凡辛腥者皆屬焉其祀門祭先肝秋陰氣出祀之於門外陰也祀之先祭肝者秋爲陰中於藏直肝肝爲尊也祀門之禮北面設主于門左樞乃制肝及肺心爲俎奠于主南又設盛于俎東其他皆如祭竈之禮涼風至白露降寒蟬鳴鷹乃祭鳥用始行戮皆記時候也寒蟬寒蜩謂蜺也鷹祭鳥者將食之示有先也既祭之後不必盡食若人君行刑戮之而已天子居總章左个乘戎路駕白駱載白旂衣白衣服白玉食麻與犬其器廉以深總章左个大寢西堂南偏戎路兵車

也制如周革路而飾之以白白馬黒鬛曰駱麻實有文理屬金犬金畜也器廉以深象金傷害物入藏是月也以立秋先立秋三日大史謁之天子曰某日立秋盛德在金謁告天子乃齊立秋之日天子親帥三公九卿諸侯大夫以迎秋於西郊迎秋者祭白帝白招拒於西郊之兆也還反賞軍帥武人於朝軍帥諸將也武人謂環人之屬有勇力者天子乃命將帥選士厲兵簡練桀俊專任有功以征不義征之言正也伐也詰誅暴慢以明好惡順彼遠方詰謂

問其罪窮治之也順猶服也是月也命有司脩法制繕囹

圄具桎梏禁止姦慎罪邪務搏執順秋氣政尚嚴

命理瞻傷察創視折理治獄官也有虞氏曰士夏曰大理周曰大司寇創

之淺者曰傷審斷決獄訟必端平端猶正也戮有罪

嚴斷刑天地始肅不可以贏肅嚴急之言也贏猶解也是

月也農乃登穀天子嘗新先薦寢廟黍稷

之屬於是始執命百官始收斂順秋氣收斂物完隄坊謹壅

塞以備水潦備者備八月也八月宿直畢畢好雨脩宮室坏牆

坏補城郭〔象秋收斂物當藏也〕是月也毋以封諸侯立大官毋以割地行大使出大幣〔古者於嘗出田邑此其月也而禁封諸侯割地失其義〕

孟秋行冬令則陰氣大勝〔亥之氣乘之也〕介蟲敗穀〔介甲也甲蟲屬冬敗穀者稻蟹之屬〕戎兵乃來〔十月宿直營室營室之氣爲害也營室主武士〕行春令則其國乃旱〔寅之氣乘之也雲雨以風除也〕陽氣復還五穀無實〔陽氣能生而不能成〕行夏令則國多火災〔巳之氣乘之也〕寒熱不節民多瘧疾〔瘧疾寒熱所爲也今月令瘧疾爲疾疫〕

仲秋之月日在角昏牽牛中旦觜觿中仲秋者日月會於壽星而斗建酉之辰也其日庚辛其帝少皞其神蓐收其蟲毛其音商律中南呂其數九其味辛其臭腥其祀門祭先肝南呂者大蔟之所生三分去一律長五寸三分寸之一仲秋氣至則南呂之律應周語曰南呂者贊陽秀物盲風至鴻鴈來玄鳥歸羣鳥養羞皆記時候也盲風疾風也玄鳥燕也歸謂去蟄也凡鳥隨陰陽者不以中國爲居羞謂所食也夏小正曰九月丹鳥羞白鳥說曰丹鳥也者謂丹良也白鳥也者謂閩蚋也其謂之鳥者重其養者也有翼爲鳥養也者不盡食也二者文異羣鳥丹良未聞孰是天子

居總章大廟，乘戎路，駕白駱，載白旂，衣白衣，服白玉，食麻與犬，其器廉以深。（總章大廟西堂當大室也）是月也，養衰老，授几杖，行糜粥飲食。（助老氣也行猶賜也）乃命司服具飭衣裳，文繡有恒，制有小大，度有短長，（此謂祭服也文謂畫也祭服之制畫衣而繡裳）衣服有量，必循其故，（此謂朝燕及他服凡此爲寒益至也詩云七月流火九月授衣於是作之可也）冠帶有常。（因制衣服而作之也）乃命有司申嚴百刑，斬殺必當，毋或枉橈，枉橈不當，反受其殃申重也當謂值其罪是月也乃命宰祝循行犧牲視全具案芻豢瞻肥瘠察物色必比類量小大視長短皆中度五者備當上帝其饗於鳥獸肥充之時宜省羣牲也宰祝大宰大祝主祭祝之官也養牛羊曰芻犬豕曰豢五者謂所視也所案也所瞻也所察也所量也此皆得其正則上帝饗之上帝饗之而無神不饗也天子乃難以達秋氣此難難陽氣也陽暑至此不衰害亦將及人所以及人者陽氣左行此月宿直昴畢昴畢亦得大陵積尸之氣氣佚則厲鬼亦隨而出行於是亦命方相氏帥百隸而難之王居明堂禮曰仲秋九門磔攘以發陳氣禦止疾疫以犬嘗麻先薦寢廟麻始孰也是月

也可以築城郭建都邑穿竇窖脩囷倉爲民將入物當藏也穿竇窖者入地隋曰竇方曰窖王居明堂禮曰仲秋命庶民畢入于室曰時殺將至毋罹其災乃命有司趣民收斂務畜菜多積聚始爲禦冬之備乃勸種麥毋或失時其有失時行罪無疑麥者接絕續乏之穀尤重之是月也日夜分雷始收聲蟄蟲坏戶殺氣浸盛陽氣日衰水始涸又記時候也雷始收聲在地中動內物也坏益也蟄蟲益戶謂稍小之也涸竭也此甫八月中雨氣未止而云水竭非也周語曰辰角見而雨畢天根見而水涸又曰雨畢而除道水涸而成梁辰角見九月本也天根見九月末

也王居明堂禮曰季秋除道致梁以利農也日夜分則同度量平權衡正鈞石角斗甬是月也易關市來商旅納貨賄以便民事四方來集遠鄉皆至則財不匱上無乏用百事乃遂易關市謂輕其稅使民利之商旅賈客也匱亦乏也遂猶成也凡舉大事毋逆大數必順其時愼因其類事謂興土功合諸侯舉兵衆也季夏禁之孟秋始征伐此月築城郭季秋教田獵是以於中爲之戒焉仲秋行春令則秋雨不降卯之氣乘之也卯宿直房心心爲大火草木生榮應陽動也國乃有恐

以火訛相驚行夏令則其國乃旱蟄蟲不藏五穀復生午之氣乘之也行冬令則風災數起子之氣乘之也北風殺物收雷先行先猶蚤也冬主閉藏草木蚤死寒氣盛也

季秋之月日在房昏虛中旦柳中季秋者日月會於大火而斗建戌之辰也其日庚辛其帝少皞其神蓐收其蟲毛其音商律中無射其數九其味辛其臭腥其祀門祭先肝無射者夾鍾之所生三分去一律長四寸六千五百六十一分寸之六千五百二十四季秋氣至則無射之律應周語曰無射所以宣布喆人之令德示民軌

儀

鴻鴈來賓爵入大水爲蛤鞠有黃華豺

乃祭獸戮禽皆記時候也來賓言其客止未去也大水海也戮猶殺也天子

居總章右个乘戎路駕白駱載白旂衣白

衣服白玉食麻與犬其器廉以深總章右个西堂

北偏

是月也申嚴號令申重命百官貴賤無不

務內以會天地之藏無有宣出內謂收斂入之也會猶聚

也

乃命冢宰農事備收備猶盡也舉五穀之要

定其租稅之簿藏帝藉之收於神倉祗敬必飭重粢

盛之委也帝藉所耕千畝也藏祭祀之穀爲神倉祗亦敬也是月也霜始降則百工休寒而膠漆之作不堅好也乃命有司曰寒氣總至民力不堪其皆入室總猶偎卒上丁命樂正入學習吹爲將饗帝也春夏重舞秋冬重吹也是月也大饗帝言大饗者偏祭五帝也曲禮曰大饗不問卜謂此也嘗犧牲告備于天子嘗者謂嘗羣神也天子親嘗帝使有司祭于羣神禮畢而告焉合諸侯制百縣爲來歲受朔日與諸侯所稅於民輕重之法貢職之數以遠近土地所宜爲度以給郊

廟之事無有所私秦以建亥之月爲歲首於是歲焉合諸侯制者定其國家宮室車旗衣服禮儀也諸侯言合制百縣言受朔日互文也貢職謂所入天子几周之法以正月和之正歲而縣於象魏是月也天子乃教於田獵以習五戎班馬政教於田獵因田獵之禮教民以戰法也五戎謂五兵弓矢殳矛戈戟也馬政謂齊其色度其力使同乘也校人職曰凡軍事物馬而頒之命僕及七騶咸駕載旌旐授車以級整設于屏外僕戎僕及御夫也七騶謂趣馬主爲諸官駕說者也既駕之又爲之載旌旐司馬職曰仲秋教治兵如振旅之陳辨旗物之用王載大常諸侯載旂軍吏載旗師都載旜鄉遂載物郊野載旐百官載旟是也級等次也整正列也設陳也屏

所田之地門外之蔽司徒搢扑北面誓之誓衆以軍法也天子乃厲飾執弓挾矢以獵厲飾謂戎服尚威武也今月令獵爲射命主祠祭禽于四方以所獲禽祀四方之神也司馬職曰羅弊致禽以祀祊是月也草木黄落乃伐薪爲炭伐木必因殺氣蟄蟲咸俯在内皆墐其戶墐謂塗閉之辟殺氣乃趣獄刑毋留有罪殺氣已至有罪者即決也收禄秩之不當供養之不宜者天氣殺而万物咸藏可以去之也禄秩之不當恩所增加也供養之不宜欲所貪耆熊蹯之屬非常食是月也天子乃以犬嘗稻先薦

寢廟稻始孰也季秋行夏令則其國大水冬藏殃敗民多鼽嚏未之氣乘之也六月宿直東井氣多暑雨行冬令則國多盜賊邊竟不寧土地分裂丑之氣乘之也極陰爲外邊竟之象也大寒之時地隆坼也行春令則煖風來至民氣解惰辰之氣乘之也巽爲風師興不居辰宿直角角主兵不居象風行不休上也

孟冬之月日在尾昏危中旦七星中孟冬者日月會於析木之津而斗建亥之辰也其日壬癸壬之言任也癸之言揆也日之行冬北從

黒道閉藏万物月爲之佐時万物懷
任於下揆然萌牙又因以爲日名焉
其帝顓頊其神玄冥
此黒精之君水官之臣自古以來著德立功
者也顓頊高陽氏也玄冥少皥氏之子曰脩
曰熙爲
水官
其蟲介
介甲也象物閉藏
地中龜鼈之屬
其音羽
三
分
商去一生羽羽數四十八屬水者以爲最清物之
象也冬氣和則羽聲調樂記曰羽亂則危其財匱
律中應鍾
孟冬氣至則應鍾之律應應鍾者姑洗之所生
三分去一律長四寸二十七分寸之二十周語
曰應鍾均利
器用俾應復
其數六
水生數一成數六但
言六者亦舉其成數
其味鹹其臭朽
水之臭味也凡鹹朽者皆
屬焉氣若有若無爲朽
其祀行祭先腎
冬陰盛寒於水祀之於行從辟除之類也祀之先祭
腎者陰位在下腎亦在下腎爲尊也行在廟門外之

西爲軷壤厚二寸廣五尺輪四尺祀行之禮北面設主于軷上乃制腎及脾爲俎奠于主南又設盛于俎東祭肉腎一脾再其他皆如祀門之禮　水始冰地始凍雉入大水爲蜃虹藏不見皆記時候也大水淮也大蛤曰蜃　天子居玄堂左个乘玄路駕鐵驪載玄旂衣黑衣服玄玉食黍與彘其器閎以奄玄堂左个北堂西偏也鐵驪色如鐵黍秀舒散屬火寒時食之亦以安性也彘水畜也器閎而奄象物閉藏也今月令曰乘軫路似當爲袗字之誤也　是月也以立冬先立冬三日大史謁之天子曰某日立冬盛德在水天子乃齊謁告　立冬

之日天子親帥三公九卿大夫以迎冬於北郊還反賞死事恤孤寡迎冬者祭黑帝叶光紀於北郊之兆也死事謂以國事死者若公叔禺人顚涿聚者也孤寡其妻子也有以惠賜之大功加賞是月也命大史釁龜筴占兆審卦吉凶筴蓍也占龜之繇文也周禮龜人上春釁龜謂建寅之月也秦以其歲首使大史釁龜筴與周異矣卦吉凶謂易也審省錄之而不釁筮筮短賊於兆也今月令曰釁祠祠衍字是察阿黨則罪無有掩蔽阿黨謂治獄吏以私恩曲撓相爲也是月也天子始裘九月授衣至此可以加裘命有司曰天氣上騰地氣下降天地不

通閉塞而成冬〔使有司助閉藏之氣門戶可閉閉之窻牖可塞塞之〕命百官謹蓋藏〔謂府庫囷倉有藏物〕命司徒循行積聚無有不斂〔謂芻禾薪蒸之屬〕坏城郭戒門閭脩鍵閉慎管籥固封疆備邊竟完要塞謹關梁塞徯徑〔坏益也鍵牡閉牝也管籥搏鍵器也固封疆謂使有司循其溝樹及其衆庶之守法也要塞邊城要害處也梁橋橫也徯徑禽獸之道也今月令疆或爲壃〕飭喪紀辨衣裳審棺椁之薄厚塋丘壟之大小高卑薄厚之度貴賤之等級〔此亦閉藏之具順時飭正之也辨衣裳謂襲斂尊卑所用也所用又有多少〕是月

也命工師效功陳祭器案度程毋或作爲淫巧以蕩上心必功致爲上霜降而百工休至此物皆成也工師工官之長也效功錄見百工所作器物也主於祭器祭器尊也度謂制大小也程謂器所容也淫巧謂奢僞怪好也蕩謂搖動生其奢淫物勒工名以考其誠勒刻也刻工姓名於其器以察其信知其不功致功有不當必行其罪以窮其情功不當者取材美而器不堅也是月也大飲烝十月農功畢天子諸侯與其羣臣飲酒於大學以正齒位謂之大飲別之於他其禮亡今天子以燕禮郡國以鄉飲酒禮代之燕謂有牲體爲俎也黨正職曰國索鬼神而祭祀則以禮屬民而飲酒于序以正齒位亦謂此時也詩云十月

滌場朋酒斯饗曰殺羔羊躋彼公堂稱彼兕觥受福無疆是須大飲之詩天子乃祈來年于天宗大割祠于公社及門閭臘先祖五祀此周禮所謂蜡祭也天宗謂日月星辰也大割大殺羣牲割之也臘謂以田獵所得禽祭也五祀門戶中霤竈行也或言祈年或言大割或言臘互文勞農以休息之黨正屬民飲酒正齒位是也天子乃命將帥講武習射御角力爲仲冬將大閱簡習之亦因營室主武士也凡田之禮唯狩最備夏小正十一月王狩是月也乃命水虞漁師收水泉池澤之賦毋或敢侵削衆庶兆民以爲天子取怨于下其有

若此者行罪無赦（因盛德在水收其稅）孟冬行春令則凍閉不密地氣上泄（寅之氣乘之也）民多流亡（象蟄蟲動）行夏令則國多暴風方冬不寒蟄蟲復出（巳之氣乘之也立夏巽用事巽爲風）行秋令則雪霜不時（申之氣乘之也）小兵時起土地侵削（申陰氣尚微申宿直參伐參伐爲兵）

仲冬之月日在斗昏東辟中旦軫中（仲冬者日月會於星紀而斗建子之辰也）其日壬癸其帝顓頊其神玄冥其蟲介其音羽律中黃鍾其數六其味

鹹其臭朽其祀行祭先腎黄鍾者律之始也九寸仲冬氣至則黄鍾之律應周語曰黄鍾所以宣養六氣九德冰益壯地始坼鶡旦不鳴虎始交皆記時候也鶡旦求旦之鳥也交猶合也天子居玄堂大廟乘玄路駕鐵驪載玄旂衣黑衣服玄玉食黍與彘其器閎以奄玄堂大廟北堂當大室飭死事飭軍士戰必有死志命有司曰土事毋作慎毋發蓋毋發室屋及起大衆以固而閉地氣沮泄是謂發天地之房諸蟄則死民必疾疫又隨

以喪命之曰暢月而猶女也暢猶充也大陰用事尤重閉藏是月也命奄尹申宮令審門閭謹房室必重閉奄尹主領奄豎之官也於周則爲内宰掌治王之内政宮令譏出入及開閉之屬重閉外内閉也省婦事毋得淫雖有貴戚近習毋有不禁省婦事所以靜陰類也淫謂女功奢僞怪好物也貴戚謂姑姊妹之屬近習天子所親幸者乃命大酋秫稻必齊麴蘖必時湛熾必絜水泉必香陶器必良火齊必得兼用六物大酋監之毋有差貸酒孰曰酋大酋者酒官之長也於周則爲酒人秫稻必齊謂孰成也湛漬也熾

（炊也火齊腥孰之調也物猶事也差貸謂失誤有善有惡也古者穫稻而漬米麴至春而爲酒詩云十月穫稻爲此春酒以介眉壽）天子命有司祈祀四海大川名源淵澤井泉（順其德盛之時祭之也今月令淵爲深）是月也農有不收藏積聚者馬牛畜獸有放佚者取之不詰（此收斂尤急時人有取者不罪所以警懼其主也王居明堂禮曰孟冬之月命農畢積聚繫收牛馬）山林藪澤有能取蔬食田獵禽獸者野虞教道之其有相侵奪者罪之不赦（務收斂野物也大澤曰藪草木之實爲蔬食）是月也日短至陰陽爭諸生蕩

爭者陰方盛陽欲起也蕩謂物動將萌牙也君子齊戒處必掩身欲寧去聲色禁耆慾安形性事欲靜以待陰陽之所定寧安也聲謂樂也易及樂春秋說云冬至人主與羣臣從八能之士作樂五日此言去聲色又相反芸始生荔挺出蚯蚓結麋角解水泉動又記時候也芸香草也荔挺馬薤也水泉動潤上行日短至則伐木取竹箭此其堅成之極時是月也可以罷官之無事去器之無用者謂先時權所建作者也天地閉藏而萬物休可以去之塗闕廷門閭築囹圄此所以助天地之閉藏也

順時氣也仲冬行夏令則其國乃旱午之氣乘之也氛霧冥冥霜露之氣散相亂也雷乃發聲震氣動也午屬震行秋令則天時雨汁瓜瓠不成酉之氣乘之也酉宿直昴畢畢好雨雨汁者水雪雜下也子宿直虛危虛危內有瓜瓠國有大兵兵亦軍之氣行春令則蝗蟲爲敗當蟄者出卯之氣乘之也水泉咸竭大火爲旱民多疥癘疥癘之病孚甲象也

季冬之月日在婺女昏婁中旦氐中季冬者日月會於玄枵而斗建丑之辰也其日壬癸其帝顓頊其神玄

冥其蟲介其音羽律中大呂其數六其味鹹其臭朽其祀行祭先腎大呂者蕤賓之所生也三分益一律長八寸二百四十三分寸之百四季冬氣至則大呂之律應周語曰大呂助陽宣物鴈北鄉鵲始巢雉雊雞乳皆記時候也雊雉鳴也詩云雉之朝雊尚求其雌天子居玄堂右个乘玄路駕鐵驪載玄旂衣黑衣服玄玉食黍與彘其器閎以奄玄堂右个北堂東偏命有司大難旁磔出土牛以送寒氣此難難陰氣也難陰始於此者陰氣右行此月之中日歷虛危虛危有墳墓四司之氣爲厲鬼將隨強陰出害人也

旁磔於四方之門磔攘也出猶作也作土牛者丑爲牛牛可牽止也送猶畢也征鳥厲疾殺氣當極也征鳥題肩也齊人謂之擊征或名曰鷹仲春化爲鳩乃畢山川之祀及帝之大臣天之神祇四時之功成於冬孟月祭其宗至此可以祭其佐也帝之大臣句芒之屬天之神祇司中司命風師雨師是月也命漁師始漁天子親往乃嘗魚先薦寢廟天子必親往視漁明漁非常事重之也此時魚絜美冰方盛水澤腹堅命取冰腹厚也此月日在北陸冰堅厚之時也北陸謂虛也今月令無堅冰以入令告民出五種冰既入而令田官告民出五種明大寒氣過農事將起也命農計耦耕事

脩耒耜具田器 耜者耒之金也廣五寸田器鎡錤之屬 命樂師大合吹而罷 歲將終與族人大飲作樂於大寢以綴恩也言罷者此用禮樂於族人最盛後年若時乃復然也凡用樂必有禮用禮則有不用樂者王 乃居明堂禮季冬命國爲酒以合三族君子說小人樂 命四監收秩薪柴以共郊廟及百祀之薪燎 四監主山林川澤之官也大者可析謂之薪小者合束謂之柴薪施炊爨柴以給燎春秋傳曰其父析薪今月令無及百祀之薪燎 是月也日窮于次月窮于紀星回于天數將幾終 言日月星辰運行于此月皆周帀於故處也次舍也紀會也 歲且更始專而農民毋有所使 而猶女也言專一女

農民之心令之豫有志於耕稼之事不可徭役徭役之則志散失業也　天子乃與公卿大夫共飭國典論時令以待來歲之宜　飭國典者和六典之法也周禮以正月爲之建寅而縣之今用此月則所因於夏殷也　乃命大史次諸侯之列賦之犧牲以共皇天上帝社稷之饗　此所與諸侯共者也列國有大小也賦之犧牲大者出多小者出少饗獻也　乃命同姓之邦共寢廟之芻豢　此所以與同姓共也芻豢猶犧牲　命宰歷卿大夫至于庶民土田之數而賦犧牲以共山林名川之祀　此所與卿大夫庶民共者也歷

猶次也卿大夫采地亦有大小其非采地以其邑之民多少賦之凡在天下九州之民者無不咸獻其力以共皇天上帝社稷寢廟山林名川之祀民非神之福不生雖有其邦國采地此賦要由民出季冬行秋令則白露蚤降介蟲為妖戌之氣乘之也九月初尚有白露月中乃為霜丑為鼈蟹四鄙入保畏兵辟寒象行春令則胎夭多傷辰之氣乘之也夭少長也此月物甫萌牙季春乃句者畢出萌者盡達胎夭多傷者生氣早至不充其性國多固疾生不充性有久疾也命之曰逆衆害莫大於此行夏令則水潦敗國時雪不降

冰凍消釋未之氣乘之也季夏大雨時行

禮記卷第五

五福五代堂古稀天子寶
八徵耄念之寶
太上皇帝之寶

五福五代堂古稀天子寶
八徵耄念之寶
太上皇帝之寶

禮記卷第六

曾子問第七　　鄭氏注

曾子問曰君薨而世子生如之何孔子曰卿大夫士從攝主北面於西階南（夕哭位）（變於朝也攝主上卿代君聽國政）大祝裨冕執束帛升自西階盡等不升堂命毋哭（將有事宜清靜也裨冕者接神則祭服也諸侯之卿大夫所服裨冕絺冕也玄冕也士服爵弁服大祝裨冕則大夫）祝聲三告曰某之子生敢告（聲噫歆警神也某夫人之氏也）升奠幣于殯東几上

哭降[几筵於殯東明繼體也]衆主人卿大夫士房中皆哭不踊[衆主人君之親也房中婦人]盡一哀反位遂朝奠[反朝夕哭位]小宰升舉幣[所主也舉而下埋之階閒]三日衆主人卿大夫士如初位北面[三日負子日也初告生時]大宰大宗大祝皆裨冕少師奉子以衰祝先子從宰宗人從入門哭者止[宰宗人詔贊君事者]子升自西階殯前北面祝立于殯東南隅祝聲三曰某之子某從執事敢見子拜稽顙哭[子奉

者拜哭祝宰宗人衆主人卿大夫士哭踊三者三降東反位皆袒子踊房中亦踊三者三襲衰杖（踊襲衰杖成子禮也）奠出（亦謂朝奠）大宰命祝史以名徧告于五祀山川（因負子名之喪於禮略也）曾子問曰如已葬而世子生則如之何孔子曰大宰大宗從大祝而告于禰（告生也）三月乃名于禰以名徧告及社稷宗廟山川孔子曰諸侯適天子必告于祖奠于禰（皆奠幣以告之互文也）

冕而出視朝聽國事也諸侯朝天子必裨冕爲將廟受也裨冕者公衮侯伯鷩子男毳命祝史告于社稷宗廟山川臨行又徧告宗廟孝敬之心也乃命國家五官而后行五官五大夫典事者命者勑之以其職道而出祖道也聘禮曰出祖釋軷祭酒脯也告者五日而徧過是非禮也既告不敢久留凡告用牲幣反亦如之牲當爲制字之誤也制幣一丈八尺諸侯相見必告于禰道近或可以不親告祖朝服而出視朝朝服爲事故也命祝史告于五廟所過山川山川所不過則不告聚於適天子也亦命國家五官道

而出反必親告于祖禰乃命祝史告至于前所告者而后聽朝而入（反必親告祖禰同出入禮）曾子問曰竝有喪如之何何先何後（竝謂父母若親同者）（同月死）孔子曰葬先輕而後重其奠也先重而後輕禮也自啓及葬不奠（不奠務於當葬者）行葬不哀次（不哀次輕於在殯者）反葬奠而后辭於殯遂脩葬事（殯當爲賓聲之誤也辭於賓謂告將葬啓期也）其虞也先重而後輕禮也孔子曰宗子雖七十無無主婦（族人）

之婦不可無統非宗子雖無主婦可也曾子問曰將冠子冠者至揖讓而入聞齊衰大功之喪如之何冠者賓及贊者孔子曰內喪則廢外喪則冠而不醴徹饌而埽即位而哭如冠者未至則廢內喪同門也不醴不醴子也其廢者喪成服因喪而冠如將冠子而未及期日而有齊衰大功小功之喪則因喪服而冠廢吉禮而因喪冠俱成人之服及至也除喪不改冠乎孔子曰天子賜諸侯大夫冕弁服於大廟

歸設奠服賜服於斯乎有冠醮無冠醴酒爲醮冠禮醴重而醮輕此復賜服酌用酒尊賜也不醴明不爲改冠改冠當醴之父沒而冠則已冠埽地而祭於禰已祭而見伯父叔父而后饗冠者饗謂禮之曾子問曰祭如之何則不行旅酬之事矣孔子曰聞之小祥者主人練祭而不旅奠酬於賓賓弗舉禮也奠無尸虞不致爵小祥不旅酬大祥無無筭爵彌吉昔者魯昭公練而舉酬行旅非禮也孝公大祥奠酬弗舉亦非禮

也孝公隱公之祖父曾子問曰大功之喪可以與於饋奠之事乎饋奠在殯時也孔子曰豈大功耳自斬衰以下皆可禮也曾子曰不以輕服而重相爲乎怪以重服而爲人執事孔子曰非此之謂也非謂爲人謂於其所爲服也天子諸侯之喪斬衰者奠爲君服者皆斬衰唯主人不奠大夫齊衰者奠服斬衰者不奠辟正君也齊衰者其兄弟士則朋友奠不足則取於大功以下者不足則反之服齊衰者不奠辟大夫也言不足者謂殷奠時曾子問曰小

功可以與於祭乎祭謂虞卒哭時孔子曰何必小功耳自斬衰以下與祭禮也曾子曰不以輕喪而重祭乎怪使重者執事孔子曰天子諸侯之喪祭也不斬衰者不與祭大夫齊衰者與祭士祭不足則取於兄弟大功以下者曾子問曰相識有喪服可以與於祭乎問已有喪服可以助所識者祭否孔子曰緦不祭又何助於人曾子問曰廢喪服可以與於饋奠之事乎

謂新除喪服也孔子曰說衰與奠非禮也執事於人之神爲其忘哀疾也以擯相可也曾子問曰昏禮既納幣有吉日女之父母死則如之何吉日取女之吉日孔子曰壻使人弔如壻之父母死則女之家亦使人弔必使人弔者未成兄弟父喪稱父母喪稱母禮宜各以其敵者也父使人弔之辭云某子聞某之喪某子使某如何不淑母則若云宋蕩伯姬聞姜氏之喪伯姬使某如何不淑凡弔辭一耳父母不在則稱伯父世母弔禮不可廢也伯父母又不在則稱叔父母壻已葬壻之伯父致命

女氏曰某之子有父母之喪不得嗣爲兄弟使某致命女氏許諾而弗敢嫁禮也（必致命者不敢以累年之喪使人失嘉會之時）壻免喪女之父母使人請壻弗取而后嫁之禮也（請請成昏）女之父母死壻亦如之（女免喪壻之父母亦使人請其已葬時亦致命）曾子問曰親迎女在塗而壻之父母死如之何孔子曰女改服布深衣縞總以趨喪（布深衣縞總婦人始喪未成服之服）女在塗而女之父母死則女反（奔喪服期）如

壻親迎女未至而有齊衰大功之喪則如之何孔子曰男不入改服於外次女入改服於內次然後即位而哭不聞喪即改服者昏禮重於齊衰以下曾子問曰除喪則不復昏禮乎復猶償也孔子曰祭過時不祭禮也又何反於初重喻輕也同牢及饋饗相飲食之道孔子曰嫁女之家三夜不息燭思相離也親骨肉也取婦之家三日不舉樂思嗣親也重世變也三月而廟見稱來婦也擇日

而祭於禰成婦之義也謂舅姑沒者也必祭成婦義者婦有共養之禮猶舅姑存時盥饋特豚於室曾子問曰女未廟見而死則如之何孔子曰不遷於祖不祔於皇姑壻不杖不菲不次歸葬于女氏之黨示未成婦也遷朝廟也壻雖不備喪禮猶爲之服齊衰也曾子問曰取女有吉日而女死如之何孔子曰壻齊衰而弔既葬而除之夫死亦如之未有期三年之恩也女服斬衰曾子問曰喪有二孤廟有二主禮與怪時有之孔子

曰天無二日土無二王嘗禘郊社尊無二上未知其爲禮也尊喩卑也神雖多猶一一祭之昔者齊桓公亟舉兵作僞主以行及反藏諸祖廟廟有二主自桓公始也僞猶假也舉兵以遷廟主行無則主命爲假主非也喪之二孤則昔者衛靈公適魯遭季桓子之喪衛君請弔哀公辭不得命公爲主客入弔康子立於門右北面公揖讓升自東階西鄉客升自西階弔公拜興哭康子拜稽

顙於位有司弗辯也今之二孤自季康子之過也辯猶正也若康子者君弔其臣之禮也鄰國之君弔君爲之主主人拜稽顙非也當哭踊而已靈公先桓子以魯哀公二年夏卒桓子以三年秋卒是出公也曾子問曰古者師行必以遷廟主行乎孔子曰天子巡守以遷廟主行載于齊車言必有尊也今也取七廟之主以行則失之矣齊車金路當七廟五廟無虛主虛主者唯天子崩諸侯薨與去其國與祫祭於祖爲無主耳吾聞諸老

聃曰天子崩國君薨則祝取羣廟之主而藏諸祖廟禮也卒哭成事而后主各反其廟老聃古壽考者之號也與孔子同時藏諸主於祖廟象有凶事者聚也卒哭成事先祔之祭名也君去其國大宰取羣廟之主以從禮也祫祭於祖則祝迎四廟之主主出廟入廟必蹕蹕止行者老聃云曾子問曰古者師行無遷主則何主孔子曰主命問曰何謂也孔子曰天子諸侯將出必以幣帛皮

鬼神依人者也

祝接神者也

圭告于祖禰遂奉以出載于齊車以行每舍奠焉而后就舍以脯醢禮神乃敢即安也所告而不以出即埋之反必告設奠卒斂幣玉藏諸兩階之間乃出蓋貴命也子游問曰喪慈母如母禮與如母謂父卒三年也子游意以爲國君亦當然禮所云者乃大夫以下父所使妾養妾子孔子曰非禮也古者男子外有傅內有慈母君命所使教子也何服之有言無服也此指謂國君之子也大夫士之子爲庶母慈己者服小功父卒乃不服昔者魯昭公少喪其母有慈

母良及其死也公弗忍也欲喪之有司以聞曰古之禮慈母無服據國君也良善也謂之慈母固爲其善國君之妾子於禮不服也昭公年三十乃喪齊歸猶無慼容是不少又安能不忍於慈母此非昭公明矣未知何公也今也君爲之服是逆古之禮而亂國法也若終行之則有司將書之以遺後世無乃不可乎公曰古者天子練冠以燕居公弗忍也遂練冠以喪慈母喪慈母自魯昭公始也公之言又非也天子練冠以燕居蓋謂庶子王爲其母

曾子問曰諸侯

旅見天子入門不得終禮廢者幾旅衆孔子曰四請問之曰大廟火日食后之喪雨霑服失容則廢大廟始祖廟宗廟皆然主於始祖耳如諸侯皆在而日食則從天子救日各以其方色與其兵示奉時事有所討也方色者東方衣青南方衣赤西方衣白北方衣黑兵未聞也大廟火則從天子救火不以方色與兵曾子問曰諸侯相見揖讓入門不得終禮廢者幾孔子曰六請問之曰天子崩大廟火日食后夫

人之喪雨霑服失容則廢［夫人君之夫人］曾子問曰天子嘗禘郊社五祀之祭簠簋既陳天子崩后之喪如之何孔子曰廢［既陳謂夙興陳饌牲器時也天子七祀言五者關中言之］曾子問曰當祭而日食大廟火其祭也如之何孔子曰接祭而已矣如牲至未殺則廢［接祭而已不迎尸也］天子崩未殯五祀之祭不行既殯而祭其祭也尸入三飯不侑酳不酢而已矣自啓至于反哭五祀之

祭不行已葬而祭祝畢獻而已既葬彌吉畢獻祝而後止郊社亦然唯嘗禘宗廟俟吉也曾子問曰諸侯之祭社稷俎豆既陳聞天子崩后之喪君薨夫人之喪如之何孔子曰廢亦謂夙興陳饌牲器時也自薨比至于殯自啓至于反哭奉帥天子帥循也所奉循如天子者謂五祀之祭也社稷亦然曾子問曰大夫之祭鼎俎既陳籩豆既設不得成禮廢者幾孔子曰九請問之曰天子崩后之喪君薨夫人之喪君之大

廟火日食三年之喪齊衰大功皆廢外喪
自齊衰以下行也齊衰異門則祭其齊衰之祭也尸
入三飯不侑酳不酢而已矣大功酢而已
矣小功緦室中之事而已矣室中之事謂賔長獻士之
所以異者緦不祭然則士不得成禮者十一所祭於死
者無服則祭謂若舅舅之子從母昆弟曾子問曰三年之
喪弔乎孔子曰三年之喪練不羣立不旅
行為其苟語忘哀也君子禮以飾情三年之喪而弔

哭不亦虚乎為彼哀則不專於親也為親哀則是妄弔曾子問曰大夫士有私喪可以除之矣而有君服焉其除之也如之何孔子曰有君喪服於身不敢私服又何除焉重喻輕也私喪家之喪也喪服四制曰門外之治義斷恩於是乎有過時而弗除也君之喪服除而后殷祭禮也謂主人也支子則否曾子問曰父母之喪弗除可乎以其有終身之憂孔子曰先王制禮過時弗舉禮也非弗能勿除也患其過於制

也故君子過時不祭禮也言制禮以爲民中過其時則不成禮曾子問曰君薨既殯而臣有父母之喪則如之何孔子曰歸居于家有殷事則之君所朝夕否居家者因其哀後隆於父母殷事朔月月半薦新之奠也曰君既啓而臣有父母之喪則如之何孔子曰歸哭而反送君言送君則既葬而歸也歸哭者服君服而歸不敢私服也曰君未殯而臣有父母之喪則如之何孔子曰歸殯反于君所有殷事則歸朝夕否其哀雜主於君大夫

室老行事士則子孫行事大夫士其在君所之時則攝其事大夫內子有殷事亦之君所朝夕否謂夫之君既殯而有舅姑之喪者內子大夫適妻也妻爲夫之君如婦爲舅姑服齊衰賤不誄貴幼不誄長禮也誄累也累列生時行迹讀之以作謚謚當由尊者成唯天子稱天以誄之以其無尊焉春秋公羊說以爲讀誄制謚於南郊若云受之於天然諸侯相誄非禮也禮當言誄於天子也天子乃使大史賜之謚曾子問曰君出疆以三年之戒以椑從君薨其入如之何其出有喪備疑喪入必異也戒猶備也謂衣衾也親身棺曰椑其餘可死乃具也孔

子曰共殯服此謂君已大斂殯服謂布深衣苴絰散帶垂殯時主人所服共之以待其來也其餘殯事亦皆具焉則子麻弁絰疏衰菲杖棺柩未安不忍成服於外也麻弁絰者布弁而加環絰也布弁如爵弁而用布杖者爲已病入自闕升自西階闕謂毀宗也柩毀宗而入異於生也升自西階亦異生也所毀宗殯宮門西也於此正棺而服殯服既塗而成服朝柩出毀宗周柩入毀宗禮相變也如小斂則子免而從柩謂君已小斂也主人布深衣不括髮者行遠不可無飾入自門升自阼階親未在棺不忍異入使如生來反君大夫士一節也曾子問曰君之喪既引聞父母之喪如之何

孔子曰遂既封而歸不俟子遂遂送君也封當爲窆子嗣君也

曾子問曰父母之喪既引及塗聞君薨如之何孔子曰遂既封改服而往封亦當爲窆改服括髮徒跣布深衣扱上衽不以私喪包至尊

曾子問曰宗子爲士庶子爲大夫其祭也如之何孔子曰以上牲祭於宗子之家貴祿重宗也上牲大夫少牢祝曰孝子某爲介子某薦其常事介副也不言庶使若可以祭然若宗子有罪居于他國庶子爲大夫其祭也祝曰

孝子某使介子某執其常事此之謂宗子攝大夫攝主不厭祭不旅不假不綏祭不配皆辟正主厭厭飫神也厭有陰有陽迎尸之前祝酌奠奠之且饗是陰厭也尸謖之後徹薦俎敦設於西北隅是陽厭也此不厭者不陽厭也不旅不旅酬也假讀爲嘏不嘏不嘏主人也不綏祭謂今主人也綏周禮作墮不配者祝辭不言以某妃配某氏布奠於賓賓奠而不舉布奠謂主人酬賓奠觶於薦北賓奠謂取觶奠於薦南也此酬之始也奠之不舉止旅不歸肉肉俎也謂與祭者留之共燕其辭於賓曰宗兄宗弟宗子在他國使某辭辭猶告也宿賓之辭與宗子爲列則曰宗兄若宗弟昭穆異者曰宗子而已其辭若云宗兄某在他國使

某執其常事使某告曾子問曰宗子去在他國庶子無爵而居者可以祭乎孔子曰祭哉有子孫存不可以乏先祖之祀請問其祭如之何孔子曰望墓而爲壇以時祭不祭于廟無爵者賤遠辟正主若宗子死告於墓而后祭於家言祭於家容無廟也宗子死稱名不言孝孝宗子之稱不敢與之同其辭但言子某薦其常事身沒而已至子可以稱孝子游之徒有庶子祭者以此以用也用此禮祭也若義也若順今之祭者不首其義故誣

於祭也首本也謚猶妥也曾子問曰祭必有尸乎言無益無用爲若厭祭亦可乎厭時無尸孔子曰祭成喪者必有尸必以孫孫幼則使人抱之無孫則取於同姓可也人以有子孫爲成人子不殤父義由此也祭殤必厭蓋弗成也厭飫而已不成其爲人祭成喪而無尸是殤之也與不成人同孔子曰有陰厭有陽厭言祭殤之禮有於陰厭之者有於陽厭之者曾子問曰殤不祔祭何謂陰厭陽厭祔當爲備聲之誤也言殤乃不成人祭之不備禮而云陰厭陽厭乎此失孔子指也

祭成人始設奠於奧迎尸之前謂之陰厭尸謖之後改饌於西北隅謂之陽厭殤則不備孔子曰宗子為殤而死庶子弗為後也族人以其倫代之明其不序昭穆立之廟其祭之就其祖而已代之者主其禮其吉祭特牲尊宗子從成人也凡殤則特豚自卒哭成事之後為吉祭祭殤不舉無肵俎無玄酒不告利成此其無尸及所降也其他如成人舉肺脊肵俎利成禮之施於尸者是謂陰厭是宗子而殤祭之於奧之禮小宗為殤其祭禮亦如之凡殤與無後者祭於宗子之家當室之白尊于東房是謂陽厭凡殤謂庶子之適也或昆弟之子或從父昆弟無後者如有昆弟及諸父此則今死者皆

宗子大功之內親共祖禰者言祭於宗子之家者爲有異居之道也無廟者爲墠祭之親者共其牲物宗子皆主其禮當室之白尊於東房異於宗子之爲殤當室之白謂西北隅得戶明者也明者曰陽凡祖廟在小宗之家小宗祭之亦然宗子之適亦爲凡殤過此以往則不祭也祭適者天子下祭五諸侯下祭三大夫下祭二士以下祭子而止

曾子問曰葬引至于堩日有食之則有變乎且不乎堩道也變謂異禮

孔子曰昔者吾從老聃助葬於巷黨及堩日有食之老聃曰丘止柩就道右止哭以聽變既明反而后行曰禮也巷黨黨名也就道右者行相左也變日食也反復也

反葬

而丘聞之曰夫柩不可以反者也日有食之不知其已之遲數則豈如行哉（已止也數讀爲速）老聃曰諸侯朝天子見日而行逮日而舍奠大夫使見日而行逮日而舍（舍奠每將舍奠行主）夫柩不蚤出不莫宿（侵晨夜則近姦寇）見星而行者唯罪人與奔父母之喪者乎日有食之安知其不見星也（爲無日而懸作豫止也）且君子行禮不以人之親痁患（痁病也以人之父母行禮而恐懼其有患害不爲也）吾聞

諸老聃云曾子問曰爲君使而卒於舍禮曰公館復私館不復凡所使之國有司所授舍則公館已何謂私館不復也復始死招魂孔子曰善乎問之也善其問難明也自卿大夫士之家曰私館公館與公所爲曰公館公館復此之謂也公館若今縣官宮也公所爲君所命使舍己者曾子問曰下殤土周葬于園遂輿機而往塗邇故也土周堲周也周人以夏后氏之堲周葬下殤於園中以其去成人遠不就墓也機輿尸之牀也以繩絙其中央又以

緪從兩旁鉤之禮以機輿尸輿之以就園而斂葬焉塗近故耳輿機或爲餘機今墓遠則其葬也如之何今人斂下殤於宮中而葬於墓與成人同墓塗乃遠其葬當輿其棺乎載之也問禮之變也孔子曰吾聞諸老聃曰昔者史佚有子而死下殤也墓遠蓋欲葬墓如長殤從成人也長殤有送葬車者則棺載之矣史佚武王時賢史也賢猶有所不知召公謂之曰何以不棺斂於宮中欲其斂於宮中如成人也斂於宮中則葬當載之史佚曰吾敢乎哉畏知禮也召公言於周公爲史佚問周公曰豈不可言是豈於禮不可不許也史佚行之失指以爲許也

遂用召公之言下殤用棺衣棺自史佚始也棺謂斂於棺

曾子問曰卿大夫將爲尸於公受宿矣而有齊衰內喪則如之何孔子曰出舍於公館以待事禮也吉凶不可以同處孔子曰尸弁冕而出爲君尸或弁者先祖或有爲大夫士者卿大夫士皆下之見而下車尸必式小俛禮之必有前驅爲辟道

子夏問曰三年之喪卒哭金革之事無辟也者禮與初有司與疑有司初使之然孔子曰夏后氏三年之

喪既殯而致事殷人既葬而致事致事還其職位於君周卒哭而致事記曰君子不奪人之親亦不可奪親也此之謂乎仁者恕也孝也子夏曰金革之事無辟也者非與疑禮當有然孔子曰吾聞諸老聃曰昔者魯公伯禽有爲爲之也伯禽周公子封於魯有徐戎作難喪卒哭而征之急王事也征之作費誓今以三年之喪從其利者吾弗知也時多攻取之兵言非禮也

文王世子第八　鄭氏注

文王之爲世子朝於王季日三三皆曰朝以其禮同雞初鳴而衣服至於寢門外問內豎之御者曰今日安否何如內豎小臣之屬掌外內之通命者御如今小史直日矣內豎曰安文王乃喜孝子恒兢兢及日中又至亦如之又復也及莫又至亦如之莫夕也其有不安節則內豎以告文王文王色憂行不能正履節謂居處故事履蹈地也王季復膳飲食安也然後亦復初憂解食上必在視寒煖之節在察也食下問所膳

問所食者命膳宰曰末有原應曰諾然後退末猶勿也原再也勿有所再進爲其失飪臭味惡也退反其寢武王帥而行之不敢有加焉庶幾程式之帥循也文王有疾武王不說冠帶而養言常在側文王一飯亦一飯文王再飯亦再飯欲知氣力箴藥所勝旬有二日乃閒閒猶瘳也文王謂武王曰女何夢矣閒後容臥武王對曰夢帝與我九齡帝天也文王曰女以爲何也武王曰西方有九國焉君王其終撫諸撫猶有也言君王則

此受命之後也文王曰非也古者謂年齡齒亦齡也我百爾九十吾與爾三焉年天氣也齒人壽之數也九齡九十年之祥也文王以勤憂損壽武王以安樂延年言與爾三者明傳業於女女受而成之文王九十七乃終武王九十三而終君子曰終終其成功成王幼不能涖阼涖視也不能視阼階行人君之事周公相踐阼而治踐履也代成王履阼階攝王位治天下也抗世子法於伯禽欲令成王之知父子君臣長幼之道也抗猶舉也謂舉以世子之法使與成王居而學之成王有過則撻伯禽所以

示成王世子之道也以成王之過撻伯禽則足以感喻焉文王之爲世子也題上事凡學世子及學士必時四時各有宜學士謂司徒論俊選所升於學者春夏學干戈秋冬學羽籥皆於東序干盾也戈句子戟也干戈萬舞象武也用動作之時學之羽籥籥舞象文也用安靜之時學之詩云左手執籥右手秉翟小樂正學干大胥贊之籥師學戈籥師丞贊之四人皆樂官之屬也通職秋冬亦學以羽籥小樂正樂師也周禮樂師掌國學之政教國子小舞大胥掌學士之版以待致諸子春入學舍菜合舞秋頒學合聲籥師掌教國子舞羽吹籥胥鼓南南南夷之樂也胥掌以六樂之會正舞位旄人教夷

樂則以鼓節之詩云
以雅以南以籥不僭春誦夏弦大師詔之瞽宗秋學禮執禮者詔之冬讀書典書者詔之禮在瞽宗書在上庠誦謂歌樂也弦謂以絲播
詩陽用事則學之以聲陰用事則學之以事因時順氣於功易成也周立三代之
學學書於有虞氏之學典謨之教所興也學舞於夏后氏之學文武中也學禮樂於
殷之學功成治定與已同也凡祭與養老乞言合語之禮皆小樂正詔之於東序學以三
者之威儀也養老乞言養老人之賢者因從乞善言可行者也
合語謂鄉射鄉飲酒大射燕射之屬也鄉射記曰古者於旅
也語大樂正學舞干戚語說命乞言皆大

樂正授數（學以三者之義也戚斧也語說合語之說也數篇數）大司成論說在東序（論說課其義之深淺才能優劣此云樂正司業父師司成則大司成司徒之屬師氏也師氏掌以美詔王教國子以三德三行及國中失之事也）凡侍坐於大司成者遠近間三席可以問（間猶容也容三席則得指畫相分別也席之制廣三尺三寸三分則是所謂函丈也）終則負牆（卻就後席相辟）列事未盡不問（錯尊者之語不敬也）凡學春官釋奠于其先師秋冬亦如之（官謂禮樂詩書之官周禮曰凡有道者有德者使教焉死則以為樂祖祭於瞽宗此之謂先師之類也若漢禮有高堂生樂有制氏詩有毛公書有伏生億可以為之也不言夏夏從春可知也釋奠者

設薦饌酌奠而已無迎尸以下之事凡始立學者必釋奠于先聖先師及行事必以幣謂天子命之教始立學官者也先聖周公若孔子凡釋奠者必有合也國無先聖先師則所釋奠者當與鄰國合也有國故則否若唐虞有夔伯夷周有周公魯有孔子則各自奠之不合也凡大合樂必遂養老大合樂謂春入學舍菜合舞秋頒學合聲於是時也天子則視學焉遂養老者謂用其明日也鄉飲酒鄉射之禮明日乃息司正徵唯所欲以告於先生君子可也是養老之象類凡語于郊者語謂論說於郊學必取賢斂才焉或以德進或以事舉或以言揚大樂正論造士之秀者升諸司

馬曰進士謂此矣曲藝皆誓之曲藝爲小技能也誓謹也皆使謹習其事以待又語又語爲後復論説也三而一有焉三説之中有一善則取之以有曲藝不必盡善乃進其等進於衆學者以其序又以其藝爲次謂之郊人遠之俟事官之缺者以代之遠之者不曰俊選曰郊人賤技藝於成均以及取爵於上尊也董仲舒曰五帝名大學曰成均則虞庠近是也天子飲酒于虞庠則郊人亦得酌于上尊以相旅始立學者既興器用幣興當爲釁字之誤也禮樂之器成則釁之又用幣告先聖先師以器成然後釋菜告先聖先師以器成有時將用也不舞不授器釋菜禮輕也釋奠則舞舞則授器司馬之屬司兵司戈司盾祭祀授舞者兵也乃退儐

于東序一獻無介語可也（言乃退者謂得立三代之學者釋菜于虞庠則儐賓于東序魯之學有米廪東序瞽宗也）教世子（亦題上事）凡三王教世子必以禮樂樂所以脩内也禮所以脩外也禮樂交錯於中發形於外是故其成也懌恭敬而温文（中心中也懌說懌）立大傅少傅以養之欲其知父子君臣之道也（養猶教也言養者積浸成長之）大傅審父子君臣之道以示之（謂爲之行其禮）少傅奉世子以觀大傅之德行而審喻之（爲說其義）大傅

在前少傅在後謂其在學時入則有保出則有師

謂燕居出入時是以教喻而德成也以有四人維持之師也

者教之以事而喻諸德者也保也者慎其

身以輔翼之而歸諸道者也慎其身者謹安護之記曰

虞夏商周有師保有疑丞記所云謂天子也取以成說設

四輔及三公不必備唯其人語使能也語言

也得能則用之無則已不必備其官也小人處其位不如且闕君子曰德德成而

教尊教尊而官正官正而國治君之謂也

仲尼曰昔者周公攝政踐阼而治抗世子法於伯禽所以善成王也聞之曰爲人臣者殺其身有益於君則爲之況于其身以善其君乎周公優爲之（聞之者聞之於古也于讀爲迂迂猶廣也大也）是故知爲人子然後可以爲人父知爲人臣然後可以爲人君知事人然後能使人成王幼不能涖阼以爲世子則無爲也（以爲世子若爲世子時）是故抗世子法於伯禽使之與成

王居（亦學此禮於成王側）欲令成王之知父子君臣長幼之義也君之於世子也親則父也尊則君也有父之親有君之尊然後兼天下而有之是故養世子不可不慎也（處君父之位覽海内之士而近不能教其子則其餘不足觀矣）行一物而三善皆得者唯世子而已其齒於學之謂也（物猶事也）故世子齒於學國人觀之曰將君我而與我齒讓何也曰有父在則禮然然而衆知父子之

道矣其二曰將君我而與我齒讓何也曰有君在
則禮然然而衆著於君臣之義也其三曰
將君我而與我齒讓何也曰長長也然而
衆知長幼之節矣故父在斯爲子君在斯
謂之臣居子與臣之節所以尊君親親也
故學之爲父子焉學之爲君臣焉學之爲
長幼焉學教父子君臣長幼之道得而國治
語曰樂正司業父師司成一有元良萬國

以貞世子之謂也司主也一一人也元大也良善也貞正也周公踐阼亦題上事庶子之正於公族者教之以孝弟睦友子愛明父子之義長幼之序正者政也庶子司馬之屬掌國子之倅爲政於公族者其朝于公內朝則東面北上臣有貴者以齒內朝路寢庭其在外朝則以官司士爲之外朝路寢門之外庭司士亦司馬之屬也掌羣臣之班正朝儀之位也其在宗廟之中則如外朝之位宗人授事以爵以官宗人掌禮及宗廟也以爵貴賤異位也以官官各有所掌也若司徒奉牛司馬奉羊

司空奉豕其登餕獻受爵則以上嗣上嗣君之適長子以特牲饋食禮言之受爵謂上嗣舉奠也獻謂舉奠洗爵酌入也餕謂宗人遣舉奠盥祝命之餕也大夫之嗣無此禮辟君也庶子治之雖有三命不踰父兄治之治公族之禮也唯於內朝則然其餘會聚之事則與庶姓同一命齒于鄉里再命齒于父族三命不齒不齒者特爲位不在父兄行列中其公大事則以其喪服之精麤爲序雖於公族之喪亦如之以次主人大事謂死喪也其爲君雖皆斬衰序之必以本親也主人主喪者次主人者主人恒在上主人雖有父兄猶不得下齒若公與族燕則異姓爲賓同宗無相賓客之道膳宰

爲主人君尊不獻酒公與父兄齒親親也族食世降一等親者稠踈者希其在軍則守於公禰謂從軍者公禰行主也行以遷主言禰在外親也公若有出疆之政謂朝覲會同也庶子以公族之無事者守於公宮正室守大廟正室適子也大廟大祖之廟諸父守貴宮貴室謂守路寢諸子諸孫守下宮下室下宮親廟也下室燕寢或言宮或言廟通異語五廟之孫祖廟未毀雖爲庶人冠取妻必告死必赴練祥則告赴告於君也實四廟孫而言五廟者容顯考爲始封子也族之

相爲也宜弔不弔宜免不免有司罰之弔謂六世以往免謂五世至于賵賻承含皆有正焉承讀爲贈聲之誤也正正禮也公族其有死罪則磬于甸人不於市朝者隱之也甸人掌郊野之官縣縊殺之曰磬其刑罪則纖剸亦告于甸人纖讀爲殲殲刺也剸割也宮割臏墨劓刵皆以刀鋸刺割人體也告讀爲鞠讀書用法曰鞠公族無宮刑宮割淫刑獄成有司讞于公其死罪則曰某之罪在大辟其刑罪則曰某之罪在小辟成平也讞之言白也辟亦罪也公曰宥之宥寬也欲寬其罪出於刑

也有司又曰在辟公又曰宥之又復也有司又曰在辟及三宥不對走出致刑于甸人對荅也先者君每言宥則荅之以將更寬之至於三罪定不復荅走往刑之爲君之恩無已公又使人追之曰雖然必赦之有司對曰無及也罪既正不可宥乃欲赦之重刑殺其類也反命于公白巳刑殺公素服不舉爲之變如其倫之喪無服素服於凶事爲吉於吉事爲凶非喪服也君雖不服臣卿大夫死則皮弁錫衰以居往弔當事則弁絰於士蓋疑衰同姓則緦衰以弔之今無服者不往弔也倫謂親跡之比也素服亦皮弁矣親哭之不往弔爲位哭之而已君

於臣使有司哭之公族朝于內朝內親也雖有貴者以齒明父子也謂以宗族事會外朝以官體異姓也體猶連結也宗廟之中以爵爲位崇德也崇高也宗人授事以官尊賢也官各有能登餕受爵以上嗣尊祖之道也上嗣祖之正統喪紀以服之輕重爲序不奪人親也紀猶事也公與族燕則以齒而孝弟之道達矣以至尊不自異於親之列其族食世降一等親親之殺也殺差也戰則守於公

禰孝愛之深也（行主君父之象）正室守大廟尊宗室而君臣之道著矣（以其不敢以庶守君所重）諸父諸兄守貴室子弟守下室而讓道達矣（以其貴者守貴賤者守賤上言父子孫此言兄弟互相備也）五廟之孫祖廟未毀雖及庶人冠取妻必告死必赴不忘親也親未絕而列於庶人賤無能也敬弔臨賻賵睦友之道也古者庶子之官治而邦國有倫邦國有倫而衆鄉方矣（鄉方言知所鄉）公族之罪雖親不以

犯有司正術也所以體百姓也[犯猶干也術法也]刑于隱者不與國人慮兄弟也弗弔弗爲服哭于異姓之廟爲忝祖遠之也素服居外不聽樂私喪之也骨肉之親無絕也公族無宮刑不翦其類也[翦割截也]天子視學大昕鼓徵所以警衆也[早昧爽擊鼓以召衆也警猶起也周禮凡用樂大胥以鼓徵學士]衆至然後天子至乃命有司行事興秩節祭先師先聖焉[興猶舉也秩常也節猶禮也使有司攝其事舉常禮]

祭先師先聖不親祭之者視學觀禮耳非爲彼報也**有司卒事反命**告祭畢也祭畢天子乃入**始之養也**又之養老之處凡大合樂必遂養老是以往焉言始始立學也**適東序釋奠於先老**親奠之者已所有事也養老東序則是視學於上庠**遂設三老五更羣老之席位焉**三老五更各一人也皆年老更事致仕者也天子以父兄養之示天下之孝弟也名以三五者取象三辰五星天所因以照明天下者羣老無數其禮亡以鄉飲酒禮言之席位之處則三老如賓五更如介羣老如衆賓必也**適饌省醴養老之珍具**親視其所有**遂發咏焉退脩之以孝養也**發咏謂以樂納之退脩之謂既迎而入獻之以醴獻畢而樂闋**反登歌**

清廟（反謂獻羣老畢皆升就席也反就席乃席工於西階上歌清廟以樂之）旣歌而語以成之也言父子君臣長幼之道合德音之致禮之大者也（旣歌謂樂正告正歌備也語談說也歌備而旅旅而說父子君臣長幼之道說合樂之所美以成其意鄉射記曰古者於旅也語）下管象舞大武大合衆以事達有神興有德也（象周武王伐紂之樂也以管播其聲又爲之舞皆於堂下衆謂所合學士也達有神明天授命周家之有神也興有德美文王武王有德師樂爲用前歌後舞）正君臣之位貴賤之等焉而上下之義行矣（由清廟與武也）有司告以樂闋（闋終）

也告君以歌舞之樂終此所告者謂無筭樂王乃命公侯伯子男及羣吏曰反養老幼于東序終之以仁也羣吏鄉遂之官王於燕之末而命諸侯時朝會在此者各反養老如此禮是終其仁心孝經説所謂諸侯歸各帥於國大夫勤於朝州里馹於邑是也是故聖人之記事也慮之以大謂先本於孝弟之道愛之以敬謂省其所以養老之具行之以禮謂親迎之如見父兄脩之以孝養謂親獻之薦之紀之以義謂旣歌而語之終之以仁謂又以命諸侯歸於國復自行之是故古之人一舉事而衆皆知其德之備也古之君子

舉大事必慎其終始而衆安得不喻焉（言其爲之本末露見盡可得而知也喻猶曉也）兑命曰念終始典于學（兑當爲說說命書篇名殷高宗之臣傅說之所作典常也念事之終始常於學學禮義之府）世子之記曰朝夕至于大寢之門外問於內豎曰今日安否何如（朝夕朝朝暮夕也日中又朝文王之爲世子非禮之制世子之禮亡言此存其記）內豎曰今日安世子乃有喜色其有不安節則內豎以告世子世子色憂不滿容（色憂憂淺也不及文王行不能正履）內豎言復初然後亦復

初朝夕之食上，世子必在視寒煖之節。食下，問所膳羞，必知所進，以命膳宰，然後退。（羞必知所進，必知親所食。）若內豎言疾，則世子親齊玄而養。（親猶自也。養疾者齊。玄，玄冠玄端也。）膳宰之饌，必敬視之。（疾者之食，齊和所欲或異。）疾之藥必親嘗之。（試毒味也。）嘗饌善，則世子亦能食。（善謂多於前。）嘗饌寡，世子亦不能飽。（又不及武王一飯再飯。）以至于復初，然後亦復初。（復常所服。）

禮記卷第六

五福五代堂古稀天子寶
八徵耄念之寶
太上皇帝之寶

（漢）鄭玄 注

宋本禮記

中

國家圖書館出版社

中册

禮記卷第七

禮運第九　　鄭氏注

昔者仲尼與於蜡賓蜡者索也歲十二月合聚萬物而索饗之亦祭宗廟時孔子仕魯在助祭之中事畢出遊於觀之上喟然而嘆觀闕也孔子見魯君於祭禮有不備於此又覩象魏舊章之處感而嘆之仲尼之嘆蓋嘆魯也言偃在側曰君子何嘆言偃孔子弟子子游孔子曰大道之行也與三代之英丘未之逮也而有志焉大道謂五帝時也英俊選之尤者逮及也言不及見志謂識古文不言魯

（事爲其大切廣之）大道之行也天下爲公選賢與能講信脩睦（公猶共也禪位授聖不家之睦親也）故人不獨親其親不獨子其子（孝慈之道廣也）使老有所終壯有所用幼有所長矜寡孤獨廢疾者皆有所養（無匱乏也）男有分（分猶職也）女有歸（皆得良奧之家）貨惡其棄於地也不必藏於己力惡其不出於身也不必爲己（勞事不憚施無吝心仁厚之教也）是故謀閉而不興盜竊亂賊而不作（尚辭讓之故也）故外戶而不閉（禦風

氣而已是謂大同同猶和也平也今大道既隱隱猶去也天下爲家傳位於子各親其親各子其子貨力爲己俗狹嗇大人世及以爲禮城郭溝池以爲固亂賊繁多爲此以服之也大人諸侯也禮義以爲紀以正君臣以篤父子以睦兄弟以和夫婦以設制度以立田里以賢勇知以功爲己故謀用是作而兵由此起以其違大道敦朴之本也教令之稠其弊則然老子曰法令滋章盜賊多有禹湯文武成王周公由此其選也由用也能

用禮義以成治（此六君子者未有不謹於禮者也以）著其義以考其信著有過刑仁講讓示民有常（考成也刑猶則也）如有不由此者在埶者去衆以爲殃（埶埶位也去罪退之也殃猶禍惡也）是謂小康（康安也大道之人以禮於忠信爲薄言小安者失之則賊亂將作矣）言偃復問曰如此乎禮之急也孔子曰夫禮先王以承天之道以治人之情故失之者死得之者生詩曰相鼠有體人而無禮人而無禮胡不遄死（相視）

也遄疾也言鼠之有身體如人而無禮者矣人之無禮可憎賤如鼠不如疾死之愈是故夫禮必本於天殽於地列於鬼神聖人則天之明因地之利取法度於鬼神以制禮下教令也既又祀之盡其敬也教民嚴上也鬼者精魂所歸神者引物而出謂祖廟山川五祀之屬也達於喪祭射御冠昏朝聘民知嚴上則此禮達於下也故聖人以禮示之故天下國家可得而正也民知禮則易教言偃復問曰夫子之極言禮也可得而聞與欲知禮終始所成孔子曰我欲觀夏道欲行其禮觀其所成是故之杞杞夏后氏之後也而不

足徵也徵成也無賢君不足與成也吾得夏時焉得夏四時之書也其書存者有小正我欲觀殷道是故之宋而不足徵也宋殷人之後也吾得坤乾焉得殷陰陽之書也其書存者有歸藏坤乾之義夏時之等吾以是觀之觀於二書之意夫禮之初始諸飲食其燔黍捭豚汙尊而抔飲蕢桴而土鼓猶若可以致其敬於鬼神言其物雖質略有齊敬之心則可以薦羞於鬼神鬼神饗德不饗味也中古未有釜甑釋米捭肉加於燒石之上而食之耳今北狄猶然汙尊鑿地爲尊也抔飲手掬之也蕢讀爲凷聲之誤也凷堛也謂摶土爲桴也土鼓

築土爲鼓也及其死也升屋而號告曰皐某復招之於天然後飯腥而苴孰飯以稻米上古未有火化苴孰取遺奠有火利也苴或爲俎故天望而地藏也體魄則降知氣在上地藏謂葬也故死者北首首陰也生者南鄉鄉陽也皆從其初謂今行之然也昔者先王未有宮室冬則居營窟夏則居橧巢寒則累土暑則聚薪柴居其上未有火化食腥也食草木之實鳥獸之肉飲其血茹其毛未有麻絲衣其羽皮此上古之時也後

聖有作（作起）然後脩火之利（孰冶萬物）范金（鑄作器用）合土（瓦瓴甓及甒大）以爲臺榭宮室牖戶（榭器之所藏也）以炮（裹燒之也）以燔（加於火上）以亨（煑之鑊也）以炙（貫之火上）以爲醴酪（烝釀之也酪酢酨）治其麻絲以爲布帛以養生送死以事鬼神上帝皆從其朔（朔亦初也亦謂今行之然）故玄酒在室醴醆在戶粢醍在堂澄酒在下陳其犧牲備其鼎俎列其琴瑟管磬鐘鼓脩其祝嘏以降上神與其先祖以正君臣

以篤父子以睦兄弟以齊上下夫婦有所是謂承天之祜此言今禮饌具所因於古及其事義也粢讀爲齊聲之誤也周禮五齊一曰泛齊二曰醴齊三曰盎齊四曰醍齊五曰沈齊字雖異醆與盎澄與沈蓋同物也奠之不同處重古略近也祝祝爲主人饗神辭也嘏祝爲尸致福於主人之辭也祜福也福之言備也作其祝號玄酒以祭薦其血毛腥其俎孰其殽與其越席疏布以冪衣其澣帛醴醆以獻薦其燔炙君與夫人交獻以嘉魂魄是謂合莫此謂薦上古中古之食也周禮祝號有六一曰神號二曰鬼號三曰祇號四曰牲號五曰齊號六曰幣號號者

所以尊神顯物也腥其俎謂豚解而腥之及血毛皆所以法於大古也孰其殽謂體解而爓之此以下皆所法於中古也越席翦蒲席也冪覆尊也澣帛練染以爲祭服嘉樂也莫虛無也孝經說曰上通無莫然後退而合亨體其犬豕牛羊實其簠簋籩豆鉶羹祝以孝告嘏以慈告是謂大祥此謂薦今世之食也體其犬豕牛羊謂分別骨肉之貴賤以爲衆俎也祝以孝告嘏以慈告各首其義也祥善也今世之食於人道爲善也此禮之大成也解子游以禮所成也孔子曰嗚呼哀哉我觀周道幽厲傷之吾舍魯何適矣政亂禮失以爲魯尚愈魯之郊禘非禮也周公其衰

矣非猶失也魯之郊牛口傷鼷鼠食其角又有四卜郊不從是周公之道衰矣言子孫不能奉行興之杞之郊也禹也宋之郊也契也是天子之事守也先祖法度子孫所當守故天子祭天地諸侯祭社稷祝嘏莫敢易其常古是謂大假假亦大也不敢改其常古之法度是謂大大也將言今不然祝嘏辭說藏於宗祝巫史非禮也是謂幽國藏於宗祝巫史言君不知有也幽闇也國闇者君與大夫俱不明也醆斝及尸君非禮也是謂僭君僭禮之君也醆斝先王之爵也唯天子與王者之後得用之耳其餘諸侯用時王之器而已冕弁兵

革藏於私家非禮也是謂脅君劫脅之君也冕弁君之尊服兵革君之武衛及軍器也大夫具官祭器不假聲樂皆具非禮也是謂亂國臣之奢富擬於國君敗亂之國也孔子謂管仲官事不攝焉得儉故仕於公曰臣仕於家曰僕三年之喪與新有昏者期不使以衰裳入朝與家僕雜居齊齒非禮也是謂君與臣同國臣有喪昏之事而不歸反服其衰裳以入朝或與僕相等輩而處是謂君臣共國無尊卑也有喪昏不歸唯君耳臣有喪昏當致事而歸僕又不可與士齒故天子有田以處其子

孫諸侯有國以處其子孫大夫有采以處其子孫是謂制度言今不然也春秋昭元年秦伯之弟鍼出奔晉刺其有千乘之國不能容其母弟故天子適諸侯必舍其祖廟而不以禮籍入是謂天子壞法亂紀以禮籍入謂大史典禮執簡記奉諱惡也天子雖尊舍人宗廟猶有敬焉自拱敕也諸侯非問疾弔喪而入諸臣之家是謂君臣爲謔無故而相之是戲謔也陳靈公與孔甯儀行父數如夏氏以取弒焉是故禮者君之大柄也所以別嫌明微儐鬼神考制度別仁義

所以治政安君也疾今失禮如此爲言禮之大義也柄所操以治事故政不正則君位危君位危則大臣倍小臣竊刑肅而俗敝則法無常法無常而禮無列禮無列則士不事也刑肅而俗敝則民弗歸也是謂疵國又爲言政失君危之禍敗也肅駿也疵病也故政者君之所以藏身也於此又遂爲之言政也藏謂輝光於外而形體不見若日月星辰之神是故夫政必本於天殽以降命降下也殽天之氣以下教令天有運移之期陰陽之節也命降于社之謂殽地謂教

今由社下者也社土地之主也周禮土會之法有五地之物生降于祖廟之謂仁義謂教令由祖下者大傳曰自禰率而上至于祖遠者輕仁也自祖率而下至于禰高者重義也降於山川之謂興作謂教令由山川下者也山川有草木禽獸可作器物共國事也降於五祀之謂制度謂教令由五祀下者五祀有中霤門戶竈行之神此始爲宮室制度此聖人所以藏身之固也政之行如此何用城郭溝池之爲故聖人參於天地竝於鬼神以治政也竝并也謂比方之也存察也治所以樂其事居也處其所存禮之序也玩其所樂民之治也故天生時而地生財

人其父生而師教之四者君以正用之故君者立於無過之地也（順時以養財尊師以教民而以治政則無過差矣易曰何以守位曰仁何以聚人曰財）故君者所明也非明人者也君者所養也非養人者也君者所事也非事人者也故君明人則有過養人則不足事人則失位（明猶尊也）故百姓則君以自治也養君以自安也事君以自顯也故禮達而分定故人皆愛其死而患其生（則當爲明人之道身治居

安名顯則不苟死苟生也不義而死舍義而生是不愛死患生也故用人之知去其詐用人之勇去其怒用人之仁去其貪用知者之謀勇者之斷仁者之施足以成治矣詐者害民信怒者害民命貪者害民財三者亂之原故國有患君死社稷謂之義大夫死宗廟謂之變變當爲辯聲之誤也辯猶正也君守社稷臣衛君宗廟者患謂見圍入故聖人耐以天下爲一家以中國爲一人者非意之也必知其情辟於其義明於其利達於其患然後能爲之耐古能字傳書世異古字時有存者則亦有今誤矣意心所無慮也辟開

也何謂人情喜怒哀懼愛惡欲七者弗學而能何謂人義父慈子孝兄良弟弟夫義婦聽長惠幼順君仁臣忠十者謂之人義講信脩睦謂之人利爭奪相殺謂之人患極言人事故聖人之所以治人七情脩十義講信脩睦尚辭讓去爭奪舍禮何以治之唯禮可耳飲食男女人之大欲存焉死亡貧苦人之大惡存焉故欲惡者心之大端也人藏

其心不可測度也美惡皆在其心不見其色也欲一以窮之舍禮何以哉言人情之難知明禮之重故人者其天地之德陰陽之交鬼神之會五行之秀氣也言人兼此氣性純也故天秉陽垂日星秉猶持也言天持陽氣施生照臨下也地秉陰竅於山川播五行於四時和而后月生也是以三五而盈三五而闕竅孔也言地持陰氣出内於山川以舒五行於四時此氣和乃后月生而上配日若臣功成進爵位也一盈一闕屈伸之義也必三五者播五行於四時也一曰水二曰火三曰木四曰金五曰土今爲

十五之成數也五行之動迭相竭也五行四時十二月還相爲本也五聲六律十二管還相爲宮也五味六和十二食還相爲質也五色六章十二衣還相爲質也竭猶負戴也言五行運轉更相爲始也五聲宮商角徵羽也其管陽曰律陰曰呂布十二辰始於黃鍾管長九寸下生者三分去一上生者三分益一終於南呂更相爲宮凡六十也五味酸苦辛鹹甘也和之者春多酸夏多苦秋多辛冬多鹹皆有滑甘是謂六和五色六章畫繢事也周禮考工記曰土以黃其象方天時變火以圜山以章水以龍鳥獸蛇雜四時五色之位以章之謂之巧也故人者天地之心也五行之端

也食味別聲被色而生者也此言兼氣性之効也故聖人作則必以天地爲本以陰陽爲端以四時爲柄以日星爲紀月以爲量鬼神以爲徒五行以爲質禮義以爲器人情以爲田四靈以爲畜天地以至於五行其制作所取象也禮義人情其政治也四靈者其徵報也此則春秋始於元終於麟包之矣呂氏說月令而謂之春秋事類相近焉量猶分也鬼神謂山川也山川助地通氣之象也器所以操事田人所捋治也禮之位賓主象天地介僎象陰陽四面之位象四時三賓象三光夫婦象日月亦是也以天地爲本故物可舉也物天地所養生以陰陽爲端

故情可睹也（情以陰陽通也）以四時爲柄故事可勸也（事以四時成）以日星爲紀故事可列也（事以日與星爲候興作有次第）月以爲量故功有藝也（藝猶才也十二月各有分猶人之才各有所長也藝或爲倪）鬼神以爲徒故事有守也（山川守職不移）五行以爲質故事可復也（事下竟復由上始也）禮義以爲器故事行有考也（考成也器利則事成）人情以爲田故人以爲奧也（奧猶主也田無主則荒）四靈以爲畜故飲食有由也（由用也四靈與羞物爲羣）何謂

四靈麟鳳龜龍謂之四靈故龍以爲畜故魚鮪不淰鳳以爲畜故鳥不獝麟以爲畜故獸不狘龜以爲畜故人情不失淰之言閃也獝狘飛走之貌也失猶去也龜北方之靈信則至矣故先王秉蓍龜列祭祀瘞繒宣祝嘏辭說設制度故國有禮官有御事有職禮有序皆卜筮所造置也埋牲曰瘞幣帛曰繒宣猶揚也繒或作贈故先王患禮之不達於下也患不信也故祭帝於郊所以定天位也祀社於國所

以列地利也祖廟所以本仁也山川所以儐鬼神也五祀所以本事也故宗祝在廟三公在朝三老在學王前巫而後史卜筮瞽侑皆在左右王中心無爲也以守至正此所以達禮於下也教民尊神愼居處也宗宗人也瞽樂人也侑四輔也故禮行於郊而百神受職焉禮行於社而百貨可極焉禮行於祖廟而孝慈服焉禮行於五祀而正法則焉言信得其禮則神物與人皆應之百神列宿也百貨金玉之屬故自郊

社祖廟山川五祀義之脩而禮之藏也脩猶飾也藏若其城郭然是故夫禮必本於大一分而爲天地轉而爲陰陽變而爲四時列而爲鬼神其降曰命聖人象此下之以爲教令其官於天也官猶法也此聖人所以法於天也夫禮必本於天本於大一與天之義動而之地後法地也列而之事後法五祀五祀所以本事也變而從時後法四時協於分藝協合也言禮合於月之分猶人之才也其居人也曰養養當爲義字之誤也下之則爲教令居人身爲義孝經說曰義由人出其行之以貨

力辭讓飲食冠昏喪祭射御朝聘（貨摯幣庭實也）力筋骸強者也不則偃罷故禮義也者人之大端也所以講信脩睦而固人之肌膚之會筋骸之束也所以養生送死事鬼神之大端也所以達天道順人情之大竇也（竇孔穴也）故唯聖人爲知禮之不可以已也故壞國喪家亡人必先去其禮（言愚者之反聖人也）故禮之於人也猶酒之有蘗也君子以厚小人以薄（皆得以爲美味性善者醇）

耳 故聖王脩義之柄禮之序以治人情 治者 去瑕穢養菁華也 故人情者聖王之田也脩禮以耕之 和其剛柔 陳義以種之 樹以善道 講學以耨之 存是去非類也 本仁以聚之 合其所盛 播樂以安之 感動使之堅固 故禮也者義之實也協諸義而協 協合也合禮於義則與義合不乖刺 則禮雖先王未之有可以義起也 以其合於義可以義起作 義者藝之分仁之節也 藝猶才也 協於藝講於仁得之者強 有義則人服之也 仁者

義之本也順之體也得之者尊有仁則人仰之也故治國不以禮猶無耜而耕也無以入也爲禮不本於義猶耕而弗種也嘉穀無由生也爲義而不講之以學猶種而弗耨也苗不殖草不除講之以學而不合之以仁猶耨而弗穫也無以知收之豐荒也合之以仁而不安之以樂猶穫而弗食也不知味之甘苦安之以樂而不達於順猶食而弗肥也功不見也四體既正膚革充盈人之肥也

父子篤兄弟睦夫婦和家之肥也大臣法小臣廉官職相序君臣相正國之肥也天子以德爲車以樂爲御諸侯以禮相與大夫以法相序士以信相考百姓以睦相守天下之肥也是謂大順大順者所以養生送死事鬼神之常也常謂皆有禮用無匱乏也車或爲居故事大積焉而不苑竝行而不繆細行而不失深而通茂而有閒連而不相及也動而不相害也

此順之至也言人皆明於禮無有蓄亂滯合者各得其分理順其職也故明於順然後能守危也能守自危之道也君子居安如危小人居危如安易曰危者安其位故禮之不同也不豐也不殺也所以持情而合危也豐殺謂天子及士名位不同禮亦異數所以拱持其情合安其危故聖王所以順山者不使居川不使渚者居中原而弗敝也小洲曰渚廣平曰原山者利其禽獸渚者利其魚鹽中原利其五穀使各居其所安不易其利勞敝之也民失其業則窮窮斯濫用水火金木飲食必時用水謂漁人以時漁爲梁春獻鼈蜃秋獻龜魚也用火謂司爟四時變國火以救時疾及

季春出火季秋納火也用金謂卄人以時取金玉錫石也用木謂山虞仲冬斬陽木仲夏斬陰木飲食謂食齊視春時羹齊視夏時醬齊視秋時飲齊視冬時合男女頒爵位必當年德謂媒氏令男三十而取女二十而嫁司士稽士任進退其爵祿也用民必順不奪農時故無水旱昆蟲之災民無凶饑妖孽之疾言大順之時陰陽和也昆蟲之災螟螽之屬也故天不愛其道地不愛其寶人不愛其情言嘉瑞出人情至也故天降膏露地出醴泉山出器車河出馬圖鳳皇麒麟皆在郊棷龜龍在宮沼其餘鳥獸之卵

胎皆可俯而闚也膏猶甘也器謂若銀甕丹甑也馬圖龍馬負圖而出也棷聚草也沼池也則是無故非有他事使之然也先王能脩禮以達義體信以達順故此順之實也實猶誠也盡也

禮器第十　　鄭氏注

禮器是故大備大備盛德也禮器言禮使人成器如耒耜之為用也人情以為田脩禮以耕之此是也大備自耕至於食之而肥禮釋回增美質措則正施則行釋猶去也回邪辟也質猶性也措置也其在人也如竹箭之有筠也如松柏之有心也二者居天

下之大端矣故貫四時而不改柯易葉箭篠也端本也四物於天下最得氣之本或柔刃於外或和澤於內用此不變傷也人之得禮亦猶然也故君子有禮則外諧而內無怨人協服也故物無不懷仁鬼神饗德懷歸也先王之立禮也有本有文忠信禮之本也義理禮之文也無本不立無文不行言必外內具也禮也者合於天時設於地財順於鬼神合於人心理萬物者也鬼神所祀事有德也是故天時有生也地理有宜也人

官有能也物曲有利也言皆有異故天不生地不養君子不以爲禮鬼神弗饗也天不生謂非其時物也地不養謂非此地所生居山以魚鼈爲禮居澤以鹿豕爲禮君子謂之不知禮不順其鄉之所有也故必舉其定國之數以爲禮之大經定國之數謂地物所出多少禮之大倫以地廣狹謂貢賦之常差禮之薄厚與年之上下用年之豐凶也是故年雖大殺衆不匡懼則上之制禮也節矣言用之有節也殺謂穀不孰也匡猶恐也禮時

爲大順次之體次之宜次之稱次之言聖人制禮所先後也堯授舜舜授禹湯放桀武王伐紂時也言受命改制度詩云匪革其猶聿追來孝革急也猶道也聿述也言文王改作者非必欲急行己之道乃追述先祖之業來居此爲孝天地之祭宗廟之事父子之道君臣之義倫也倫之言順也社稷山川之事鬼神之祭體也天地人之別體也喪祭之用賓客之交義也義之言宜也人道之宜羔豚而祭百官皆足大牢而祭不必有

餘此之謂稱也足猶得也稱稱牲之大小而爲俎此指謂助祭者耳而云百官喻衆也諸侯以龜爲寶以圭爲瑞家不寶龜不藏圭不臺門言有稱也古者貨貝寶龜大夫以下有貨耳易曰十朋之龜瑞信也諸侯執瑞孤卿以下執摯闍者謂之臺禮有以多爲貴者天子七廟諸侯五大夫三士一天子之豆二十有六諸公十有六諸侯十有二上大夫八下大夫六諸侯七介七牢大夫五介五牢天子之席五重諸侯之席三重大夫再

重天子崩七月而葬五重八翣諸侯五月而葬三重六翣大夫三月而葬再重四翣此以多爲貴也豆之數謂天子朔食諸侯相食及食大夫公食大夫禮曰宰夫自東房薦豆六設于醬東此食下大夫而豆六則其餘著矣聘禮致饔餼於上大夫堂上八豆設于戶西則凡致饔餼堂上之豆數亦如此周禮公之豆四十其東西夾各十有二侯伯之豆三十有二其東西夾各十子男之豆二十有四其東西夾各六諸侯七介七牢者周之侯伯也大夫五介五牢者侯伯之卿使聘者也周禮上公九介九牢侯伯七介七牢子男五介五牢聘義所云上公七介侯伯五介子男三介乃謂其使者也天子葬五重者謂杭木與茵也葬者杭木在上茵在下士喪禮下篇陳器曰杭木横三縮二加杭席三加茵用疏布緇翦有

幅亦縮二橫三此士之禮一重者以此差之上公四重有以少爲貴者天子無介祭天特牲天子適諸侯諸侯膳以犢諸侯相朝灌用鬱鬯無籩豆之薦大夫聘禮以脯醢天子一食諸侯再大夫士三食力無數大路繁纓一就次路繁纓七就圭璋特琥璜爵鬼神之祭單席諸侯視朝大夫特士旅之此以少爲貴也天子無介無客禮也灌獻也一食再食三食謂告飽也食力謂工商農也大路繁纓一就殷祭天之車也周禮王之五路玉路繁纓十有二就

金路九就象路七就革路五就木路翦䋣鵠纓圭璋特朝聘以爲瑞無幣帛也琥璜爵者天子酬諸侯諸侯相酬以此玉將幣也大夫特士旅之謂君揖之　有以大爲貴者宫室之量器皿之度棺槨之厚丘封之大此以大爲貴也有以小爲貴者宗廟之祭貴者獻以爵賤者獻以散尊者舉觶卑者舉角五獻之尊門外缶門内壺君尊瓦甒此以小爲貴也凡觴一升曰爵二升曰觚三升曰觶四升曰角五升曰散五獻子男之饗禮也壺大一石瓦甒五斗缶大小未聞也易曰尊酒簋貳用缶　有以高爲貴者天子之

堂九尺諸侯七尺大夫五尺士三尺天子諸侯臺門此以高爲貴也有以下爲貴者至敬不壇埽地而祭天子諸侯之尊廢禁大夫士棜禁此以下爲貴也廢猶去也棜斯禁也謂之棜者無足有似於棜或因名云耳大夫用斯禁士用棜禁如今方案隋長局足高三寸禮有以文爲貴者天子龍衮諸侯黼大夫黻士玄衣纁裳天子之冕朱綠藻十有二旒諸侯九上大夫七下大夫五士三此以文爲貴也

此祭冕服也朱綠似夏殷禮也周禮天子五采藻有以素爲貴者至敬無文父黨無容大圭不琢大羹不和大路素而越席犧尊疏布鼏樿杓此以素爲貴也大圭長三尺杼上終葵首琢當爲篆字之誤也明堂位曰大路殷路也鼏或作幂樿木白理也孔子曰禮不可不省也禮不同不豐不殺此之謂也蓋言稱也省察也不同言異也禮之以多爲貴者以其外心者也外心用心於外其德在表也德發揚詡萬物詡猶普也徧也大理物博如此則得不以多爲貴

乎故君子樂其發也發猶見也樂多其外見也禮之以少爲貴者以其內心者也內心用心於內其德在內德產之致也精微致致密也觀天下之物無可以稱其德者萬物皆天所生孰可奉薦以稱也如此則得不以少爲貴乎是故君子慎其獨也少其牲物致誠慤古之聖人內之爲尊外之爲樂少之爲貴多之爲美是故先王之制禮也不可多也不可寡也唯其稱也是故君子大牢而祭謂之禮匹士

大牢而祭謂之攘君子謂大夫以上攘盜竊也管仲鏤簋朱紘山節藻梲君子以爲濫矣濫亦盜竊也鏤簋謂刻而飾之大夫刻爲龜耳諸侯飾以象天子飾以玉朱紘天子冕之紘也諸侯青組紘大夫士當緇組紘纁邊栭謂之節梁上楹謂之梲宮室之飾士首本大夫達稜諸侯斲而礱之天子加密石焉無畫山藻之禮也晏平仲祀其先人豚肩不揜豆澣衣濯冠以朝君子以爲隘矣隘猶狹陋也祀不以少牢與無田者同不盈禮也大夫士有田則祭無田則薦澣衣濯冠儉不務新是故君子之行禮也不可不愼也衆之紀也紀散而衆亂言三大夫皆非也紀絲縷之數

有紀孔子曰我戰則克祭則受福蓋得其道矣我我之禮者也克克勝也君子曰祭祀不祈祈求也祭祀不爲求福也詩云自求多福福由己耳不麾蚤麾之言快也祭有時不以先之爲快也齊人所善曰麾不樂葆大謂器幣也葆之言褒也不善嘉事嘉事之祭致夫人是也禮宜告見於先祖耳不善之而祭牲不及肥大薦不美多品以禮之義有以小少爲貴也孔子曰臧文仲安知禮夏父弗綦逆祀而弗止也燔柴於奥文仲魯公子彄之曾孫臧孫辰也莊文之閒爲大夫於時爲賢是以非之不正禮也文二年八月丁卯大事于大廟躋僖公始逆祀是夏父弗

綦爲宗人之爲也奧當爲爨字之誤也或作竈禮尸卒食而祭饎爨饔爨也時人以爲祭火神乃燔柴 夫

奧者老婦之祭也盛於盆尊於瓶 老婦先炊者也

盆瓶炊器也明此祭先炊非祭火神燔柴似失之 禮也者猶體也 若人身體

禮不備君子謂之不成人設之不當猶不

備也禮有大有小有顯有微大者不可損

小者不可益顯者不可揜微者不可大也

故經禮三百曲禮三千其致一也 致之言至也一

謂誠也經禮謂周禮也周禮六篇其官有三百六十曲猶事也事禮謂今禮也禮篇多亡本數未聞其中事儀

三千未有入室而不由戶者三百三千皆猶誠也君子之於禮也有所竭情盡慎致其敬而誠若謂以少小下素爲貴也若順也有美而文而誠若謂以多大高文爲貴也君子之於禮也有直而行也謂若始死哭踊無節也有曲而殺也謂若父在爲母期也有經而等也謂若天子以下至士庶人爲父母三年有順而討也討猶去也謂若天子以十二公以九侯伯以七子男以五爲節也有摲而播也摲之言芟也謂芟殺有所與也若祭者貴賤皆有所得不使虛也有推而進也謂若王者之後得用天子之禮有放而文也

謂若天子之服服日月以至黼黻有放而不致也謂若諸侯自山龍以下有順而摭也謂若君沐粱大夫沐稷士沐粱三代之禮一也民共由之或素或青夏造殷因一也俱趨誠也由用也素尚白青尚黑者也言所尚雖異禮則相因耳孔子曰殷因於夏禮所損益可知也周因於殷禮所損益可知也變白黑言素青者秦二世時趙高欲作亂或以青爲黑黑爲黃民言從之至今語猶存也周坐尸詔侑武方其禮亦然其道一也言此亦周所因於殷也武當爲無聲之誤也方猶常也告尸行節勸尸飲食無常若孝子之爲也孝子就養無方詔侑或爲詔囿夏立尸而卒祭夏禮尸有事乃坐殷坐尸無事猶坐周旅酬六尸

（使之相酌也后稷之尸發爵不受旅）曾子曰周禮其猶醵與（合錢飲酒爲醵旅酬相酌似之也王居明堂之禮仲秋乃命國醵）君子曰禮之近人情者非其至者也（近人情者褻而遠之者敬）郊血大饗腥三獻爓一獻孰（郊祭天也大饗祫祭先王也三獻祭社稷五祀一獻祭羣小祀也爓沈肉於湯也血腥爓孰遠近備古今也尊者先遠差降而下至小祀孰而已）是故君子之於禮也非作而致其情也（作起也敬非己情也所以下彼）此有由始也（有所法也）是故七介以相見也不然則已慤三辭三讓而至不然則已蹙（已猶甚也）

慤慼愿貌大愿則辭不見情無由至也　故魯人將有事於上帝必先有事於頖宮上帝周所郊祀之帝謂蒼帝靈威仰也魯以周公之故得郊祀上帝與周同先有事於頖宮告后稷也告之者將以配天先仁也頖宮郊之學也詩所謂頖宮也字或爲郊宮　晉人將有事於河必先有事於惡池惡當爲呼聲之誤也呼池漚夷并州川　齊人將有事於泰山必先有事於配林配林林名　三月繫七日戒三日宿慎之至也繫繫牲于牢也戒散齊也宿致齊也將有祭祀之事必先敬慎如此不敢切也　故禮有擯詔樂有相步溫之至也皆爲溫藉重禮也擯詔告道賓

主者也相步扶工也詔或爲紹禮也者反本脩古不忘其初
者也故凶事不詔朝事以樂二者反本也哭泣由中非由人
也朝廷養賢以樂樂之也醴酒之用玄酒之尚割刀之用
鸞刀之貴莞簟之安而稾鞂之設三者脩古穗去
實曰鞂禹貢三百里納鞂服是故先王之制禮也必有主
也主謂本與古也故可述而多學也以本與古求之而已君子
曰無節於內者觀物弗之察矣節猶驗也欲察
物而不由禮弗之得矣故作事不以禮弗

之敬矣出言不以禮弗之信矣故曰禮也者物之致也（致之言至也極也）是故昔先王之制禮也因其財物而致其義焉爾故作大事必順天時（大事祭祀也春秋傳曰啓蟄而郊龍見而雩始殺而嘗閉蟄而烝）爲朝夕必放於日月（日出東方月生西方）爲高必因丘陵（謂冬至祭天於圜丘之上）爲下必因川澤（謂夏至祭地於方澤之中）是故天時雨澤君子達亹亹焉（達猶皆也亹亹勉勉也君子愛物見天雨澤皆勉勉勸樂）是故昔先王尚有德尊有道任

有能舉賢而置之聚衆而誓之古者將有大事必選賢誓衆重事也是故因天事天天高因高者以事也因地事地地下因下者以事也因名山升中于天名猶大也升上也中猶成也謂巡守至於方嶽燔柴祭天告以諸侯之成功也孝經說曰封乎泰山考績燔燎禪乎梁甫刻石紀號也因吉土以饗帝于郊吉土王者所卜而居之土也饗帝於郊以四時所兆祭於四郊者也今漢亦四時迎氣其禮則簡升中于天而鳳皇降龜龍假功成而大平陰陽氣和而致象物饗帝於郊而風雨節寒暑時五帝主五行五行之氣和而庶徵得其序也五行木爲雨金爲暘火爲燠水爲寒土爲風是故

聖人南面而立而天下大治南面立者視朝天道至教聖人至德目下事也廟堂之上罍尊在阼犧尊在西廟堂之下縣鼓在西應鼓在東禮樂之器尊西也小鼓謂之應犧周禮作獻君在阼夫人在房人君尊東也天子諸侯有左右房大明生於東月生於西此陰陽之分夫婦之位也大明日也君西酌犧象夫人東酌罍尊象日出東方而西行也月出西方而東行也周禮曰春祠夏禴祼用雞彝鳥彝皆有舟其朝踐用兩獻尊其再獻用兩象尊皆有罍諸臣之所酢禮交動乎上樂交

應乎下和之至也（言交乃和）禮也者反其所自生
（自由也制禮者本己所由得民心也）樂也者樂其所自成（作樂者緣
民所樂於己之功舜之民樂其紹堯而作大韶湯武之民樂其濩伐而作濩武）是故先王之
制禮也以節事（動反本也）脩樂以道志（勸之善也）故
觀其禮樂而治亂可知也（國亂禮慢而樂淫也）蘧伯
玉曰君子之人達（觀其禮樂則知治亂也蘧伯玉衞大夫也名瑗）故觀
其器而知其工之巧觀其發而知其人之
知（禮樂亦猶是也）故曰君子愼其所以與人者（將以見觀）

大廟之內敬矣君親牽牲大夫贊幣而從納牲於庭時也當用幣告神而殺牲君親制祭夫人薦盎親制祭謂朝事進血膋時所制者制肝洗於鬱鬯以祭於室及主也君親割牲夫人薦酒親割謂進牲孰體時卿大夫從君命婦從夫人洞洞乎其敬也屬屬乎其忠也勿勿乎其欲其饗之也勿勿猶勉勉也納牲詔於庭血毛詔於室羹定詔於堂三詔皆不同位蓋道求而未之得也肉謂之羹道猶言也設祭于堂為祊設祭之饌於堂人君禮然

乎外祊祭明日之繹祭也謂之祊者於廟門之旁因名焉其祭之禮既設祭於室而事尸於堂孝子求神非一處也周禮曰夏后氏世室門堂三之二室三之一詩頌絲衣曰自堂徂基故曰於彼乎於此乎不知神之所在也一獻質謂祭羣小祀也三獻文謂祭社稷五祀五獻察察明也謂祭四望山川也七獻神謂祭先公大饗其王事與盛其饌與貢謂祫祭先王三牲魚腊四海九州之美味也籩豆之薦四時之和氣也此饌諸侯所獻內金示和也此所貢也內之庭實先設之金從革性和荊揚二州貢金三品束帛加璧尊德也貢享所執致命者君子於玉比德焉龜為前列先知也

龜知事情者陳於庭在前荊州納錫大龜**金次之見情也**金炤物金有兩義先入後設**丹漆絲纊竹箭與衆共財也**萬民皆有此物荊州貢丹兖州貢漆絲豫州貢纊揚州貢篠簜**其餘無常貨各以其國之所有則致遠物也**其餘謂九州之外夷服鎮服蕃服之國周禮九州之外謂之蕃國世一見各以其所貴寶爲摯周穆王征犬戎得白狼白鹿近之**其出也肆夏而送之蓋重禮也**出謂諸侯之賓也禮畢而出作樂以節之肆夏當爲陔夏**祀帝於郊敬之至也**言就而祭之不敢致也**宗廟之祭仁之至也**仁恩也父子主恩也**喪禮忠之至也**謂哭踊袒襲也

備服器仁之至也 謂小斂大斂之衣服葬之明器 賓客之用
幣義之至也 謂來賻賵 故君子欲觀仁義之道
禮其本也 言禮有節於內可以觀也 君子曰甘受和白受
采忠信之人可以學禮苟無忠信之人則
禮不虛道是以得其人之爲貴也 道猶由也從也
孔子曰誦詩三百不足以一獻一獻之禮
不足以大饗大饗之禮不足以大旅大旅
具矣不足以饗帝 誦詩三百喻習多言而不學禮也大旅祭五帝也饗帝祭

天毋輕議禮（謂若誦詩者不可以強言禮）子路爲季氏宰（宰治邑吏也）季氏祭逮闇而祭日不足繼之以燭（謂舊時也）雖有強力之容肅敬之心皆倦怠矣（以其久也）有司跛倚以臨祭其爲不敬大矣（偏任爲跛依物爲倚）他日祭子路與室事交乎戶堂事交乎階質明而始行事晏朝而退（室事祭時堂事儐戶）孔子聞之曰誰謂由也而不知禮乎（多其知禮）

禮記卷第七

五福五代堂古稀天子寶
八徵耄念之寶
太上皇帝之寶

禮記卷第八

郊特牲第十一　　鄭氏注

郊特牲而社稷大牢天子適諸侯諸侯膳用犢諸侯適天子天子賜之禮大牢貴誠之義也故天子牲孕弗食也祭帝弗用也犢者誠慤未有牝牡之情是以小爲貴也孕任子也易曰婦孕不育 大路繁纓一就先路三就次路五就此因小說以少爲貴者禮器言次路七就與此乖字之誤也 郊血大饗腥三獻爓一獻孰至敬不

饗味而貴氣臭也血腥爓祭用氣諸侯爲賓灌用鬱鬯灌用臭也大饗尚腶脩而已矣亦不饗味也此大饗饗諸侯也大饗君三重席而酢焉言諸侯相饗獻酢禮敵也三獻之介君專席而酢焉此降尊以就卑也三獻卿大夫來聘主君饗燕之以介爲賓賓爲苟敬則徹重席而受酢也專猶單也饗禘有樂而食嘗無樂陰陽之義也凡飲養陽氣也凡食養陰氣也故春禘而秋嘗春饗孤子秋食耆老其義一也而食嘗無樂言義

同而或用樂或不用樂也此禘當爲禴字之誤也王制曰春禴夏禘飲養陽氣也故有樂食養陰氣也故無聲凡聲陽也鼎俎奇而籩豆偶陰陽之義也籩豆之實水土之品也水土之品言非人常所食不敢用褻味而貴多品所以交於旦明之義也旦當爲神篆字之誤也賓入大門而奏肆夏示易以敬也賓朝聘者易和説也卒爵而樂闋孔子屢歎之美此禮也奠酬而工升歌發德也以詩之義發明賓主之德歌者在上匏竹在下貴人

聲也匏笙也樂由陽來者也禮由陰作者也陰陽和而萬物得得得其所旅幣無方所以別土地之宜而節遠邇之期也旅衆也邇近也龜爲前列先知也以鐘次之以和居參之也鐘金也獻金爲作器鐘其大者以金參居庭實之閒示和也虎豹之皮示服猛也束帛加璧往德也庭燎之百由齊桓公始也僭天子也庭燎之差公蓋五十侯伯子男皆三十大夫之奏肆夏也由趙文子始也僭諸侯趙文子晉大夫名武朝覲大夫之

私覿非禮也大夫執圭而使所以申信也不敢私覿所以致敬也其君親來其臣不敢私見於主國君也以君命聘則有私見而庭實私覿何爲乎諸侯之庭非其與君無別爲人臣者無外交不敢貳君也私覿是大夫外交也大夫而饗君非禮也其饗君由強且富也大夫強而君殺之義也由三桓始也三桓魯桓公之子莊公之弟公子慶父公子牙公子友慶父與牙通於夫人以脅公季友以君命鴆牙後慶父弑二君又死也天子無客禮莫敢爲主焉君適其臣升自阼階不敢有

其室也明饗君非禮也覲禮天子不下堂而見諸侯正君臣也下堂而見諸侯天子之失禮也由夷王以下夷王周康王之玄孫之子也時微弱不敢自尊於諸侯諸侯之宮縣而祭以白牡擊玉磬朱干設鍚冕而舞大武乘大路諸侯之僭禮也言此皆天子之禮也宮縣四面縣也干盾也鍚傅其背如龜也武萬舞也白牡大路殷天子禮也臺門而旅樹反坫繡黼丹朱中衣大夫之僭禮也言此皆諸侯之禮也旅道也屏謂之樹樹所以蔽行道管氏樹塞門塞猶蔽也禮天子外屏諸侯內屏大夫以簾士以帷反坫

反爵之坫也蓋在尊南兩君相見主君旣獻於反爵焉繡黼丹朱以爲中衣領緣也繡讀爲綃綃繒名也詩云素衣朱綃又云素衣朱襮襮黼領也故天子微諸侯僭大夫強諸侯脅於此相貴以等相覿以貨相賂以利而天下之禮亂矣言僭所由諸侯不敢祖天子大夫不敢祖諸侯而公廟之設於私家非禮也由三桓始也言仲孫叔孫季孫氏皆立桓公廟魯以周公之故立文王廟三家見而僭焉天子存二代之後猶尊賢也尊賢不過二代過之遠難法也二或爲三諸侯不臣寓公故古者

寓公不繼世寓寄也寄公之子非賢者世不足尊也寓或爲託也君之南鄉荅陽之義也臣之北面荅君也荅對也大夫之臣不稽首非尊家臣以辟君也辟國君也大夫有獻弗親君有賜不面拜爲君之荅己也不面拜者於外告小臣小臣受以入也小臣掌三公及孤卿之復逆也鄉人裼裼強鬼也謂時儺索室敺疫逐強鬼也裼或爲獻或爲儺孔子朝服立于阼存室神也神依人也孔子曰射之以樂也何以聽何以射多其射容與樂節相應也孔子曰士使之射不能則辭

以猳縣弧之義也男子生而設弧於門左示有射道而未能也女子設帨

孔子曰三日齊一日用之猶恐不敬二日伐鼓何居居讀爲姬語之助也何居怪之也伐猶擊也齊者止樂而二日擊鼓則是成一日齊也

孔子曰繹之於庫門內祊之於東方朝市之於西方失之矣祊之禮宜於廟門外之西室繹又於其堂神位在西也此二者同時而大名曰繹其祭禮簡而事尸禮大朝市宜於市之東偏周禮市有三期大市日側而市百族爲主朝市朝時而市商賈爲主夕市夕時而市販夫販婦爲主

社祭土而主陰氣也君南鄉於北墉下荅陰之義也墉謂之牆北墉

（社內北牆）日用甲用日之始也（國中之神莫貴於社）天子大社必受霜露風雨以達天地之氣也（大社王爲羣姓所立）是故喪國之社屋之不受天陽也薄社北牖使陰明也（絕其陽通其陰而已薄社殷之社殷始都薄）社所以神地之道也地載萬物天垂象取財於地取法於天是以尊天而親地也故教民美報焉家主中霤而國主社示本也（中霤亦土神也）唯爲社事單出里唯爲社田國人畢作

唯社丘乘共粢盛所以報本反始也單出里皆往祭社於都鄙二十五家爲里畢作人則盡行非徒羨也丘十六井也四丘六十四井曰甸或謂之乘乘者以於車賦出長轂一乘乘或爲鄰季春出火爲焚也謂焚萊也凡出火以火出建辰之月火始出然後簡其車賦而歷其卒伍而君親誓社以習軍旅左之右之坐之起之以觀其習變也簡歷謂算具陳列之也君親誓社誓吏士以習軍旅既而遂田以祭社也言祭社則此是仲春之禮也仲春以火田田止弊火然後獻禽至季春火出而民乃用火今云季春出火乃誓社記者誤也而流示之禽而鹽諸利以觀其社或爲省

不犯命也流猶行也行行田也盬讀爲艷行田示之以禽使歆艷之觀其用命不也謂禽爲利者凡田大獸公之小禽私之求服其志不貪其得失伍而獲猶爲犯命故以戰則克以祭則受福天子適四方先柴所到必先燔柴有事於上帝也書曰歲二月東巡守至于岱宗柴郊之祭也迎長日之至也易說曰三王之郊一用夏正夏正建寅之月也此言迎長日者建卯而晝夜分分而日長也大報天而主日也大猶徧也天之神日爲尊兆於南郊就陽位也日大陽之精也埽地而祭於其質也器用陶匏以象天地之性也觀天下之物無可以稱其德

於郊故謂之郊牲用騂尚赤也用犢貴誠也（周尚赤者周也）郊之用辛也周之始郊日以至（言日以周郊天之月而至陽氣新用事順之而用辛日此説非也郊天之月而日至魯禮也三王之郊一用夏正魯以無冬至祭天於圓丘之事是以建子之月郊天示先有事也用辛日者凡爲人君當齊戒自新耳周衰禮廢儒者見周禮盡在魯因推魯禮以言周事）卜郊受命于祖廟作龜于禰宮尊祖親考之義也（受命謂告之退而卜）卜之日王立于澤親聽誓命受教諫之義也（澤澤宮也所以擇賢之宮也既卜必到澤宮擇可與祭祀者因誓勑之以禮也禮器曰舉賢而置之聚衆而誓之是也）獻

命庫門之内戒百官也大廟之命戒百姓也王自澤宮而還以誓命重相申勑也庫門在雉門之外入庫門則至廟門外矣大廟祖廟也百官公卿以下也百姓王之親也入廟戒親親也王自此還齊路寢之室庫或爲廏祭之日王皮弁以聽祭報示民嚴上也報猶白也夙興朝服以待白祭事者乃後服祭服而行事也周禮祭之日小宗伯逆粢省鑊告時于王告備于王也喪者不哭不敢凶服汜埽反道鄉爲田燭謂郊道之民爲之也反道剗令新土在上也田燭田首爲燭也弗命而民聽上化王嚴上祭之日王被衮以象天謂有日月星辰之章此魯禮也周禮王祀昊天上帝則服大裘而冕

祀五帝亦如之魯侯之服自衮冕而下也戴冕璪十有二旒則天數也天之大數不過十二乘素車貴其質也旂十有二旒龍章而設日月以象天也設日月畫於旂上素車殷路也魯公之郊用殷禮也天垂象聖人則之郊所以明天道也明謂則之以示人也帝牛不吉以爲稷牛養牲必養二也帝牛必在滌三月稷牛唯具所以別事天神與人鬼也滌牢中所搜除處也唯具遭時又選可用也萬物本乎天人本乎祖此所以配上帝也言俱本可以配郊之祭也大報本反始也天子

大蜡八所祭有八神也伊耆氏始爲蜡伊耆氏古天子號也蜡也者索也謂求索也歲十二月合聚萬物而索饗之也歲十二月周之正數謂建亥之月也饗者祭其神也萬物有功加於民者神使爲之也祭之以報焉造者配之也蜡之祭也主先嗇而祭司嗇也先嗇若神農者司嗇后稷是也祭百種以報嗇也嗇所樹蓺之功使盡饗之饗農及郵表畷禽獸仁之至義之盡也農田畯也郵表畷謂田畯所以督約百姓於井間之處也詩云爲下國畷郵禽獸服不氏所教擾猛獸也古之君子使之必報之迎貓爲其食田鼠也迎虎爲其

食田豕也迎而祭之也迎其神也祭坊與水庸事也水庸溝也曰土反其宅水歸其壑昆蟲毋作草水歸其澤此蜡祝辭也若辭同則祭同處可知矣壑猶坑也昆蟲暑生寒死螟螽之屬爲害者也皮弁素服而祭素服以送終也葛帶榛杖喪殺也蜡之祭仁之至義之盡也送終喪殺所謂老物也素服衣裳皆素黃衣黃冠而祭息田夫也祭謂既蜡臘先祖五祀也於是勞農以休息之論語曰黃衣狐裘野夫黃冠黃冠草服也言祭以息民服象其時物之色季秋而草木黃落大羅氏天子

之掌鳥獸者也諸侯貢屬焉草笠而至尊

野服也諸侯於蜡使使者戴草笠貢鳥獸也詩云彼都人士臺笠緇撮又曰其餉伊黍其笠伊糾皆言野人之服也羅氏致鹿與女而詔客告也以

戒諸侯曰好田好女者亡其國詔使者使歸以此告其君所以戒之天子樹瓜華不斂藏之種也華果蓏也又詔以天子樹瓜蓏而已戒諸侯以蓄藏蘊財利也八蜡以記四方四方方有祭也四

方年不順成八蜡不通以謹民財也其方穀不孰則不通於蜡焉使民謹於用財蜡有八者先嗇一也司嗇二也農三也郵表畷四也猫虎五也坊六也水庸

七也昆蟲八也順成之方其蜡乃通以移民也移之言羨也詩頌豐年曰爲酒爲醴烝畀祖妣以洽百禮此其羨之與既蜡而收民息己故既蜡君子不興功收謂收斂積聚也息民與蜡異則黃衣黃冠而祭爲臘必矣恒豆之葅水草之和氣也其醢陸產之物也加豆陸產也其醢水物也此謂諸侯也天子朝事之豆有昌本麋臡茆葅麇臡饋食之豆有葵葅蠃醢豚拍魚醢其餘則有雜錯云也籩豆之薦水土之品也不敢用常褻味而貴多品所以交於神明之義也非食味之道

也（言禮以異爲敬）先王之薦可食也而不可耆也卷冕路車可陳也而不可好也武壯而不可樂也宗廟之威而不可安也宗廟之器可用也而不可便其利也所以交於神明者不可以同於所安樂之義也（武萬舞也）酒醴之美玄酒明水之尚貴五味之本也黼黻文繡之美疏布之尚反女功之始也莞簟之安而蒲越稾鞂之尚明之也大羹不和貴

其質也大圭不琢美其質也丹漆雕幾之美素車之乘尊其樸也貴其質而已矣所以交於神明者不可同於所安褻之甚也如是而后宜尚質貴本其至如是乃得交於神明之宜也明水司烜以陰鑑所取於月之水也蒲越稾鞂藉神席也明之者神明之也琢當爲篆字之誤也幾謂漆飾沂鄂也鼎俎奇而籩豆偶陰陽之義也牲陽也庶物陰也黃目鬱氣之上尊也黃者中也目者氣之清明者也言酌於中而清明於外也黃目黃彝也周所造於諸侯爲上也祭

天埽地而祭焉於其質而已矣醯醢之美而煎鹽之尚貴天産也割刀之用而鸞刀之貴貴其義也聲和而后斷也冠義始冠之緇布之冠也始冠三加先加緇布冠也大古冠布齊則緇之其緌也孔子曰吾未之聞也大古無飾非時人緌也雜記曰大白緇布之冠不緌大白即大古白布冠今喪冠也齊則緇之者鬼神尚幽闇也唐虞以上曰大古也冠而敝之可也此重古而冠之耳三代改制齊冠不復用也以白布冠質以爲喪冠也適子冠於阼以著代也東序少北近主

位也醮於客位加有成也每加而有成人之道也成人則益尊醮於客位尊之也三加彌尊喻其志也始加緇布冠次皮弁次爵弁冠益尊則志益大也冠而字之敬其名也重以未成人之時呼之委貌周道也章甫殷道也毋追夏后氏之道也常所服以行道之冠也或謂委貌爲玄冠也周弁殷冔夏收齊所服而祭也三王共皮弁素積所不易於先代無大夫冠禮而有其昏禮古者五十而后爵何大夫冠禮之有言年五十乃爵爲大夫也其有昏禮或改取也諸侯之有冠禮夏

之末造也言夏初以上諸侯雖有幼而即位者猶以士禮冠之亦五十乃爵命也至其衰末未成人者多見簒弑乃更即位則爵命之以正君臣而有諸侯之冠禮天子之元子士也天下無生而貴者也儲君副主猶云士也明人有賢行著德乃得貴也繼世以立諸侯象賢也賢者子孫恒能法其先父德行以官爵人德之殺也言德益厚官益尊也死而謚今也古者生無爵死無謚古謂殷以前也大夫以上乃謂之爵死有謚也周制爵及命士雖及之猶不謚耳今記時死則謚之非禮也禮之所尊尊其義也言禮所以尊尊其有義也失其義陳其數祝史之事也故其

數可陳也其義難知也知其義而敬守之
天子之所以治天下也 言政之要盡於禮之義 天地合
而后萬物興焉 目禮之義 夫昏禮萬世之始也
取於異姓所以附遠厚別也 同姓或則多相褻也 幣必
誠辭無不腆 誠信也腆猶善也 告之以直信 直猶正也此二
者所以教婦正直信也 信事人也信婦德也 事猶立也 壹與
之齊終身不改故夫死不嫁 齊謂共牢而食同尊卑也齊或
爲醮 男子親迎男先於女剛柔之義也天先

乎地君先乎臣其義一也先謂唱道也執摯以相見敬章別也言不敢相褻也摯所奠鴈也男女有別然後父子親父子親然後義生義生然後禮作禮作然後萬物安言人倫有別則氣性醇也無別無義禽獸之道也言聚麀之亂類也壻親御授綏親之也親之也者親之也言己親之所以使之親己敬而親之先王之所以得天下也先王若大王文王出乎大門而先男帥女女從男夫婦之義由此始也

先者車居前也婦人從人者也幼從父兄嫁從夫夫死從子從謂順其教令夫也者夫也夫也者以知帥人者也夫之言丈夫也夫或爲傅玄冕齊戒鬼神陰陽也將以爲社稷主爲先祖後而可以不致敬乎玄冕祭服也陰陽謂夫婦也共牢而食同尊卑也故婦人無爵從夫之爵坐以夫之齒爵謂夫命爲大夫則妻爲命婦器用陶匏尚禮然也此謂大古之禮器也三王作牢用陶匏言大古無共牢之禮三王之世作之而用大古之器重夫婦之始也厥

明婦盥饋舅姑卒食婦餕餘私之也私之猶言恩也舅姑降自西階婦降自阼階授之室也明當爲家事之主也昏禮不用樂幽陰之義也樂陽氣也幽深也欲使婦深思其義不以陽散之也昏禮不賀人之序也序猶代也有虞氏之祭也尚用氣血腥爓祭用氣也尚謂先薦之爓或爲腤殷人尚聲臭味未成滌蕩其聲樂三闋然後出迎牲聲音之號所以詔告於天地之間也滌蕩猶搖動也周人尚臭灌

用鬯臭鬱合鬯臭陰達於淵泉灌以圭璋用玉氣也既灌然後迎牲致陰氣也蕭合黍稷臭陽達於牆屋故既奠然後焫蕭合羶薌灌謂以圭瓚酌鬯始獻神也已乃迎牲於庭殺之天子諸侯之禮也奠謂薦孰時也特牲饋食所云祝酌奠于鉶南是也蕭薌蒿也染以脂合黍稷燒之詩云取蕭祭脂羶當爲馨聲之誤也奠或爲薦凡祭慎諸此魂氣歸于天形魄歸于地故祭求諸陰陽之義也殷人先求諸陽周人先求諸陰此其所以先後異也詔祝於室坐尸於堂謂朝事時

也朝事延尸于戶西南面布主席東面取牲膟膋燎于爐炭洗肝于鬱鬯而燔之入以詔神於室又出以墮于主主人親制其肝所謂制祭也時尸薦以籩豆至薦孰乃更延主于室之奧尸來升席自北方坐于主北焉用牲於庭謂殺之時升首於室制祭之後升牲首於北墉下尊首尚氣也直祭祝于主謂薦孰時也如特牲少牢饋食之爲也直正也祭以孰爲正則血腥之屬盡敬心耳索祭祝于祊索求神也廟門曰祊謂之祊者以於繹祭名也不知神之所在於彼乎於此乎室與堂與或諸遠人乎祭于祊尚曰求諸遠者與尚庶幾也祊之爲言倞也倞猶索也倞或爲諒肵之爲言敬也爲尸有肵俎此訓也富

也者福也人君嘏辭有富此訓之也或曰福也者備也首也者直也訓所以外首祭也直或爲犆也相饗之也相謂詔侑也詔侑尸者欲使饗此饌也特牲饋食禮曰主人拜妥尸尸荅拜執奠祝饗嘏長也大也主人受祭福曰嘏此訓也尸陳也尸或詁爲主此尸神象當從主訓之言陳非也毛血告幽全之物也幽謂血也告幽全之物者貴純之道也純謂中外皆善血祭盛氣也祭肺肝心貴氣主也氣主氣之所舍也周祭肺殷祭肝夏祭心祭黍稷加肺祭齊加明水報陰也祭黍稷加肺謂綏祭也明水司烜所取於月之水也齊五齊也五齊加明水則三酒加玄酒也

取膟膋燔燎升首報陽也膟膋腸間脂也與蕭合燒之亦有黍稷也明水涚齊貴新也涚猶清也五齊濁泲之使清謂之涚齊及取明水皆貴新也周禮㡛氏以涚水漚絲涚齊或爲汎齊凡涚新之也新之者敬也其謂之明水也由主人之絜著此水也著猶成也言主人齊絜此水乃成可得也君再拜稽首肉袒親割敬之至也敬之至也服也拜服也稽首服之甚也肉袒服之盡也割解牲體祭稱孝孫孝子以其義稱也謂事祖禰稱曾孫某謂國家也謂諸侯事五廟

也於曾祖以上稱曾孫而已　祭祀之相主人自致其敬盡其嘉而無與讓也相謂詔侑尸也嘉善也　腥肆爓腍祭豈知神之所饗也主人自盡其敬而已矣治肉曰肆腍孰也爓或爲腥　舉斝角詔妥尸古者尸無事則立有事而后坐也尸神象也祝將命也妥安坐也尸始入舉奠斝若奠角將祭之祝則以主人拜安尸使之坐尸即至尊之坐或時不自安則以拜安之也天子奠斝諸侯奠角古謂夏時也　縮酌用茅明酌也謂泲醴齊以明酌也周禮曰醴齊縮酌五齊醴尤濁和之以明酌泲之以茅縮去滓也明酌者事酒之上也名曰明者事酒今

之醳酒皆新成也春秋傳曰爾貢苞茅不入王祭不共無以縮酒酌猶斟也酒已泲則斟之以實尊彝昬禮曰酌玄酒三注于尊凡行酒亦爲酌也

醆酒涚于清謂泲醆酒以清酒也醆酒盎齊盎齊差清和之以清酒泲之而已泲盎齊必和以清酒者皆久味相得

汁獻涚于醆酒謂泲秬鬯以醆酒也獻讀當爲莎齊語聲之誤也秬鬯者中有煮鬱和以盎齊摩莎泲之出其香汁因謂之汁莎不以三酒泲秬鬯者秬鬯尊也

猶明清與醆酒于舊澤之酒也猶若也澤讀爲醳舊醳之酒謂昔酒也泲醴齊以明酌泲醆酒以清酒泲汁獻以醆酒天子諸侯之禮也天子諸侯禮廢時人或聞此而不審知云若今明酌清酒與醆酒以舊醳之酒泲之矣就其所知以曉之也泲清酒以舊醳之酒者爲其味厚腊毒也

祭有祈焉祈猶求也謂祈福祥求永貞也

有報焉（謂若穫禾報社）有由辟焉（由用也辟讀爲弭謂弭災兵遠罪疾也）齊之玄也以陰幽思也故君子三日齊必見其所祭者（齊三日者思其居處思其笑語思其志意思其所樂則見之也）

內則第十二　鄭氏注

后王命冢宰降德于衆兆民（后君也德猶教也萬億曰兆天子曰兆民諸侯曰萬民周禮冢宰掌飲食司徒掌十二教今一云冢宰記者據諸侯也諸侯并六卿爲三或兼職焉）子事父母雞初鳴咸盥漱櫛縰笄總拂髦冠緌纓端韠紳搢笏（咸皆也縰韜髮者也總束髮也垂後爲飾拂髦振去

壓著之髦用髮爲之象幼時鬌其制未聞也緌纓之飾也端玄端士服也庶人深衣紳大帶所以自紳約也搢猶扱也扱笏於紳笏所以記事也 左右佩用 目佩也必佩者備尊者使令也 左佩紛帨刀礪小觿金燧 紛帨拭物之巾也今齊人有言紛者刀礪小刀及礪礱也小觿解小結也觿貌如錐以象骨爲之金燧可取火於日 右佩玦捍管遰大觿木燧 捍謂拾也言可以捍弦也管筆彄也遰刀鞞也木燧鑽火也 偪 偪行縢 屨著綦 綦屨繫也 婦事舅姑如事父母雞初鳴咸盥漱櫛縰笄總衣紳 笄今簪也衣紳衣而著紳 左佩紛帨刀礪小觿金燧右佩箴管線纊施縏袠大

觿木燧（鞶小囊也鞶裹言施明為箴管線纊有之）衿纓綦屨（衿猶結也婦人有纓示繫屬也）以適父母舅姑之所（適之）及所下氣怡聲問衣燠寒疾痛苛癢而敬抑搔之（怡說也苛疥也抑案搔摩也）出入則或先或後而敬扶持之（先後之隨時便也）進盥少者奉槃長者奉水請沃盥盥卒授巾（槃承盥水者巾以帨手）問所欲而敬進之柔色以温之（温藉也承尊者必和顏色）饘酏酒醴芼羹菽麥蕡稻黍粱秫唯所欲（酏粥也芼菜也蕡熬枲實）棗栗飴

蜜以甘之菫荁枌榆免薧滫瀡以滑之脂膏以膏之（謂用調和飲食也荁菫類也冬用菫夏用荁榆白曰枌免新生者薧乾也秦人溲曰滫齊人滑曰瀡也）父母舅姑必嘗之而后退（敬也）男女未冠笄者雞初鳴咸盥漱櫛縰拂髦總角衿纓皆佩容臭（總角收髮結之容臭香物也以纓佩之爲迫尊者給小使也）昧爽而朝（後成人也）問何食飲矣若已食則退若未食則佐長者視具（具饌也）凡內外雞初鳴咸盥漱衣服斂枕簟灑埽室堂及庭

布席各從其事斂枕簟者不欲人見己褻者簟席之親身也孺子蚤寢晏起唯所欲食無時又後未成人者孺子小子也由命士以上父子皆異宮昧爽而朝慈以旨甘日出而退各從其事日入而夕慈以旨甘異宮崇敬也慈愛敬進之日出乃從事食祿不免農也父母舅姑將坐奉席請何鄉將衽長者奉席請何趾少者執牀與坐將衽謂更臥處御者舉几斂席與簟縣衾篋枕斂簟而襡之須臥乃敷之也襡韜也父母舅姑

之衣衾簟席枕几不傳杖屨祗敬之勿敢近傳移也敦牟卮匜非餕莫敢用餕乃用之牟讀曰鍪也卮匜酒漿器敦牟黍稷器也與恒食飲非餕莫之敢飲食餕乃食之恒常也旦夕之常食父母在朝夕恒食子婦佐餕婦皆與夫餕也既食恒餕毋食餕而盡之末有原也父沒母存冢子御食羣子婦佐餕如初御侍也謂長子侍母食也侍食者不餕其婦猶皆餕也旨甘柔滑孺子餕在父母舅姑之所有命之應唯敬對進退周旋愼齊齊莊也升

降出入揖遊不敢噦噫嚏咳欠伸跛倚睇視不敢唾洟（睇傾視也易曰明夷睇于左股）寒不敢襲癢不敢搔（襲謂重衣）不有敬事不敢袒裼（父黨無容）不涉不撅（撅揭衣也）褻衣衾不見裏（爲其可穢）父母唾洟不見（輒刷去之）冠帶垢和灰請漱衣裳垢和灰請澣（手曰漱足曰澣和漬也）衣裳綻裂紉箴請補綴（綻猶解也）五日則燂湯請浴三日具沐其間面垢燂潘請靧足垢燂湯請洗（潘米瀾也）少事長賤

事貴共帥時共猶皆也帥循也時是也禮皆如此也男不言內女不言外謂事業之次序非祭非喪不相授器祭嚴喪遽不嫌也其相授則女受以篚其無篚則皆坐奠之而后取之奠停地也外內不共井不共湢浴不通寢席不通乞假男女不通衣裳內言不出外言不入湢浴室也男子入內不嘯不指夜行以燭無燭則止嘯讀爲叱叱嫌有隱使也女子出門必擁蔽其面夜行以燭無燭則止擁猶障也道

路男子由右女子由左地道尊右子婦孝者敬
者父母舅姑之命勿逆勿怠恃其孝敬之愛或則違解若
飲食之雖不嗜必嘗而待待後命而去也加之衣
服雖不欲必服而待待後命釋藏也加之事人代
之己雖弗欲謂難其妨己業姑與之而姑使之而
后復之遠懟怨於勞事姑猶且也子婦有勤勞之事雖甚
愛之姑縱之而寧數休之不可愛此而移苦於彼也子婦
未孝未敬勿庸疾怨庸之言用也姑教之若不

可教而后怒之（怒譴責也）不可怒子放婦出而不表禮焉（表猶明也猶爲之隱不明其犯禮之過也）父母有過下氣怡色柔聲以諫諫若不入起敬起孝說則復諫（子事父母有隱無犯起猶更也）不說與其得罪於鄉黨州閭寧孰諫（子從父之令不可謂孝也周禮曰二十五家爲閭四閭爲族五族爲黨五黨爲州五州爲鄉也）父母怒不說而撻之流血不敢疾怨起敬起孝（撻擊也）父母有婢子若庶子庶孫甚愛之雖父母沒沒身敬之不衰（婢子所通）

賤人之子子有二妾父母愛一人焉子愛一人焉由衣服飲食由執事毋敢視父母所愛雖父母沒不衰由自也子甚宜其妻父母不說出宜猶善也子不宜其妻父母曰是善事我子行夫婦之禮焉沒身不衰父母雖沒將爲善思貽父母令名必果將爲不善思貽父母羞辱必不果貽遺也果決也舅沒則姑老謂傳家事於長婦也冢婦所祭祀賓客每事必請於姑

婦雖受傳猶不敢專行也介婦請於冢婦以其代姑之事介婦衆婦舅姑使冢婦毋怠雖有勤勞不敢解倦不友無禮於介婦衆婦無禮冢婦不友之也善兄弟爲友娣姒猶兄弟也舅姑若使介婦毋敢敵耦於冢婦雖有勤勞不敢掉磬不敢並行不敢並命不敢並坐下冢婦也命爲使令凡婦不命適私室不敢退婦侍舅姑者也婦將有事大小必請於舅姑不敢專行子婦無私貨無私畜無私器不敢私假不敢私與家事統於尊也婦或賜之飲食衣服布帛

佩帨茝蘭則受而獻諸舅姑舅姑受之則喜如新受賜（或賜之謂私親兄弟）若反賜之則辭不得命如更受賜藏以待乏（待舅姑之乏也不得命者不見許也）婦若有私親兄弟將與之則必復請其故賜而后與之

適子庶子祗事宗子宗婦（祗敬也宗大宗）雖貴富不敢以貴富入宗子之家雖衆車徒舍於外以寡約入（入謂入宗子家）子弟猶歸器衣服裘衾車馬則必獻其上而后敢服用

其次也（猶若也子弟若有功德以物見饋賜當以善者與宗子也）若非所獻則不敢以入於宗子之門（謂非宗子之爵所當服也）不敢以貴富加於父兄宗族（加猶高也）若富則具二牲獻其賢者於宗子（賢猶善也）夫婦皆齊而宗敬焉（當助祭於宗子之家）終事而后敢私祭（祭其祖禰）飯（目諸飯也）黍稷稻粱白黍黃粱稰穛（孰穫曰稰生穫曰穛黍黃黍也）膳（目諸膳也）膷臐膮醢牛炙醢牛胾醢牛膾羊炙羊胾醢豕炙醢豕胾芥醬魚膾雉兔鶉鷃

此上大夫之禮庶羞二十豆也以公食大夫禮饌校之則膮牛炙間不得有醢醢衍字也又以鷃爲鴽也飲

目諸飲也重醴稻醴清糟黍醴清糟粱醴清糟

重陪也糟醇也清泲也致飲有醇者有泲者陪設之也或以酏爲醴釀粥爲醴黍

酏酏粥漿酢截水清新醷梅漿濫以諸和水也以周禮六飲校之則濫涼也

紀莒之閒名諸爲濫酒目諸酒也清白白事酒昔酒也羞目諸羞也糗餌

粉酏糗擣熬穀也以爲粉餌與餈此記似脫周禮羞籩之實糗餌粉餈羞豆之實酏食糝食此酏當

爲餰以稻米與狼臅膏爲餰是也食目人君燕食所用也蝸醢而苽食雉

羹麥食脯羹雞羹折稌犬羹兔羹和糝不

蓼苽彫胡也稌稻也凡羹齊宜五味之和米屑之糝蓼則不矣此脯所謂析乾牛羊肉也濡豚包苦實蓼濡雞醢醬實蓼濡魚卵醬實蓼濡鼈醢醬實蓼凡濡謂亨之以汁和也苦苦荼也以包豚殺其氣卵讀爲鯤鯤魚子或作攔也腶脩蚳醢腶脩捶脯施薑桂也蚳蚍蜉子也脯羹兔醢麋膚魚醢魚膾芥醬麋腥醢醬桃諸梅諸卵鹽自蝸醢至此二十六物似皆人君燕所食也其饌則亂膚切肉也膚或爲胖卵鹽大鹽也凡食齊視春時飯宜溫也羹齊視夏時羹宜熱也醬齊視秋時醬宜涼也飲齊視冬時飲宜寒也凡和春多酸

夏多苦，秋多辛，冬多鹹，調以滑甘。多其時味以養氣也

牛宜稌，羊宜黍，豕宜稷，犬宜粱，鴈宜麥，魚宜苽。言其氣味相成

春宜羔豚膳膏薌，夏宜腒鱐膳膏臊，秋宜犢麛膳膏腥，冬宜鮮羽膳膏羶。此八物四時肥美也。為其大盛，煎以休廢之膏，節其氣也。牛膏薌，犬膏臊，雞膏腥，羊膏羶。腒，乾雉也。鱐，乾魚也。鮮，生魚也。羽，鴈也

牛脩，鹿脯，田豕脯，麋脯，麕脯，麋、鹿、田豕、麕皆有軒，雉、兔皆有芼。脯皆析乾其肉也。軒讀為憲，憲謂藿葉切也。芼謂菜釀也。軒或為胖

爵、鷃、蜩、范，蜩，蟬也。范，蜂也 芝

柂蔆椇棗栗榛柹瓜桃李梅杏柤棃薑桂（蔆芰也椇枳椇也柤棃之不臧者自牛脩至此三十一物皆人君燕食所加庶羞也周禮天子羞用百有二十品記者不能次録）大夫燕食有膾無脯有脯無膾士不貳羹胾庶人耆老不徒食（尊卑差也）膾春用葱秋用芥豚春用韭秋用蓼（芥芥醬也）脂用葱膏用薤（脂肥凝者釋者曰膏）三牲用藙（藙煎茱萸也漢律會稽獻焉爾雅謂之椴）和用醯（畜與家物自相和也）獸用梅（亦野物自相和）鶉羹雞羹鴽釀之蓼（釀謂切雜之也鴽在羹下烝之不羹也）魴鱮烝雛燒雉薌

無蓼鄉蘇荏之屬也燒烟於火中也自膾由蔥至此言調和菜釀之所宜也不食雛鼈狼去腸狗去腎貍去正脊兔去尻狐去首豚去腦魚去乙鼈去醜皆爲不利人也雛鼈伏乳者乙魚體中害人者名也今東海鰫魚有骨名乙在目旁狀如篆乙食之鯁人不可出醜謂鼈竅也肉曰脫之魚曰作之棗曰新之栗曰撰之桃曰膽之柤棃曰攢之皆治擇之名也牛夜鳴則庮羊泠毛而毳羶狗赤股而躁臊鳥皫色而沙鳴鬱豕望視而交睫腥馬黑脊而般臂漏雛

尾不盈握弗食舒鴈翠鵠鴞胖舒鳧翠雞肝鴈腎鴇奥鹿胃亦皆爲不利人也庮惡臭也春秋傳曰一薰一庮泠毛毳毛別聚旃不解者也赤股股裏無毛也皫色毛變色也沙猶嘶也鬱腐臭也望視視遠也腥當爲星聲之誤也星肉中如米者般臂前脛般般然也漏當爲螻如螻蛄臭也舒鴈鵝也翠尾肉也鵠鴞胖謂脅側薄肉也舒鳧鶩也鴇奥脾肶也鵠或爲鴇也肉腥細者爲膾大者爲軒言大切細切異名也膾者必先軒之所謂聶而切之也或曰麋鹿魚爲菹麕爲辟雞野豕爲軒兔爲宛脾切葱若薤實諸醯以柔之此軒辟雞宛脾皆菹類也釀菜而柔之以醯殺腥肉及其氣今益州有鹿㹻者

近由此爲之矣𩞄軒聶而不切辟雞宛脾聶而切之軒或爲胖宛或作鬱羹食自諸侯以下至於庶人無等羹食食之主也庶羞乃異耳大夫無秩膳謂五十始命未甚老也秩常也大夫七十而有閣有秩膳也閣以板爲之庋食物也天子之閣左達五右達五公侯伯於房中五大夫於閣三士於坫一達夾室大夫言於閣與天子同處天子二五倍諸侯也五者三牲之肉及魚腊也凡養老有虞氏以燕禮夏后氏以饗禮殷人以食禮周人脩而兼用之凡五十養於鄉六十養於國七

十養於學達於諸侯八十拜君命一坐再
至瞽亦如之九十者使人受五十異粻六
十宿肉七十貳膳八十常珍九十飲食不
違寢膳飲從於遊可也六十歲制七十時
制八十月制九十日脩唯絞紟衾冒死而
后制五十始衰六十非肉不飽七十非帛
不煖八十非人不煖九十雖得人不煖矣
五十杖於家六十杖於鄉七十杖於國八

十杖於朝九十者天子欲有問焉則就其
室以珍從七十不俟朝八十月告存九十
日有秩五十不從力政六十不與服戎七
十不與賓客之事八十齊喪之事弗及也
五十而爵六十不親學七十致政凡自七
十以上唯衰麻爲喪凡三王養老皆引年
八十者一子不從政九十者其家不從政
瞽亦如之凡父母在子雖老不坐有虞氏

養國老於上庠養庶老於下庠夏后氏養國老於東序養庶老於西序殷人養國老於右學養庶老於左學周人養國老於東膠養庶老於虞庠虞庠在國之西郊有虞氏皇而祭深衣而養老夏后氏收而祭燕衣而養老殷人冔而祭縞衣而養老周人冕而祭玄衣而養老記王制有此曾子曰孝子之養老也樂其心不違其志樂其耳目安

其寢處以其飲食忠養之孝子之身終終身也者非終父母之身終其身也是故父母之所愛亦愛之父母之所敬亦敬之至於犬馬盡然而況於人乎（賤喻貴也）凡養老五帝憲（憲法也養之為法其德行）三王有乞言（有讀為又又從之求善言可施行也）五帝憲養氣體而不乞言有善則記之為惇史三王亦憲既養老而后乞言亦微其禮皆有惇史（惇史史孝厚者也微其禮者依違言之求而不切也）淳熬煎醢加

于陸稻上沃之以膏曰淳熬淳沃也熬亦煎也沃煎成之以爲名淳母煎醢加于黍食上沃之以膏曰淳母母讀曰模模象也作此象淳熬炮取豚若將刲之刳之實棗於其腹中編萑以苴之塗之以謹塗炮之塗皆乾擘之濯手以摩之去其皽爲稻粉糔溲之以爲酏以付豚煎諸膏膏必滅之鉅鑊湯以小鼎薌脯於其中使其湯毋滅鼎三日三夜毋絕火而后調之以醯醢炮者

以塗燒之爲名也將當爲牂牂牝羊也刲刳博異語也謹當爲墐聲之誤也墐塗塗有穰草也皾謂皮肉之上魄莫也搔溲亦博異語也搔讀與滫瀡之滫同鄭脯謂煑豚若羊於小鼎中使之香美也謂之脯者既去皾則解析其肉使薄如爲脯然唯豚全耳豚羊入鼎三日乃內醯醢可食也

擣珍取牛羊麋鹿麕之肉必脄每物與牛若一捶反側之去其餌孰出之去其皾柔其肉脄脊側肉也捶擣之也餌筋腱也柔之爲汁和也汁和亦醯醢與

漬取牛肉必新殺者薄切之必絶其理湛諸美酒期朝而食之以醢若醯醷湛亦漬也

爲熬捶之去其皾編萑布牛

肉焉屑桂與薑以洒諸上而鹽之乾而食之施羊亦如之施麋施鹿施麕皆如牛羊欲濡肉則釋而煎之以醢欲乾肉則捶而食之（熬於火上爲之也今之火脯似矣欲濡欲乾人自由也醢或爲醓此七者周禮八珍其一肝膋是也）

糝取牛羊豕之肉三如一小切之與稻米稻米二肉一合以爲餌煎之（此周禮糝食也）

肝膋取狗肝一幪之以其膋濡炙之舉燋其膋不蓼（膋腸閒脂舉或爲巨）

取稻米舉糔溲之小切狼臅

膏以與稻米爲酏狼臅膏臆中膏也以煎稻米則似今膏餈矣此周禮酏食也此酏當從餰禮始於謹夫婦爲宮室辨外內男子居外女子居內深宮固門閽寺守之男不入女不出閽掌守中門之禁也寺掌內人之禁令也男女不同椸枷不敢縣於夫之楎椸不敢藏於夫之篋笥不敢共湢浴竿謂之椸楎杙也夫不在斂枕篋簟席襡器而藏之不敢褻也少事長賤事貴咸如之咸皆也夫婦之禮唯及七十同藏無閒衰老

無嫌及猶至也故妾雖老年未滿五十必與五日之御五十始衰不能孕也妾閉房不復出御矣此御謂侍夜勸息也五日一御諸侯制也諸侯取九女姪娣兩兩而御則三日也次兩媵則四日也次夫人專夜則五日也天子十五日乃一御將御者齊漱澣愼衣服櫛縰笄總角拂髦衿纓綦屨其往如朝也角衍字也拂髦或爲繆髦也雖婢妾衣服飲食必後長者人貴賤不可以無禮妻不在妾御莫敢當夕辟女君之御日也妻將生子及月辰居側室側室謂夫之室次燕寢也夫使人日再問之作而自問之妻不

敢見使姆衣服而對至于子生夫復使人日再問之作有感動夫齊則不入側室之門若始時使人問子生男子設弧於門左女子設帨於門右表男女也弧者示有事於武也帨事人之佩巾也三日始負子男射女否始有事也負之謂抱之而使鄉前也國君世子生告于君接以大牢宰掌具接讀爲捷捷勝也謂食其母使補虛強氣也三日卜士負之吉者宿齊朝服寢門外詩負之射人以桑弧蓬矢六射天地四方詩之言承也桑弧蓬矢本大古

也天地四方男子所有事也保受乃負之代士也保保母宰醴負子賜之束帛醴當爲禮聲之誤也禮以一獻之禮酬之以幣也卜士之妻大夫之妾使食子食子不使君妾適妾有敵義不相褻以勞辱事也士妻大夫之妾謂時自有子凡接子擇日雖三日之內尊卑必皆選其吉焉冢子則大牢天子世子也冢子猶言長子通於下也庶人特豚士特豕大夫少牢國君世子大牢皆謂長子其非冢子則皆降一等謂冢子之弟及衆妾之子生也天子諸侯少牢大夫特豕士特豚庶人猶特豚也異爲孺子室於宮中特埽一處以處之擇於

諸母與可者必求其寬裕慈惠溫良恭敬慎而寡言者使爲子師其次爲慈母其次爲保母皆居子室此人君養子之禮也諸母衆妾也可者傅御之屬也子師教示以善道者慈母知其嗜欲者保母安其居處者士妻食乳之而已他人無事不往爲兒精氣微弱將驚動也三月之末擇日翦髮爲鬌男角女羈否則男左女右鬌所遺髮也夾囟曰角午達曰羈也是日也妻以子見於父貴人則爲衣服由命士以下皆漱澣貴人大夫以上也由自也男女夙興沐浴衣

服具視朔食朔食天子大牢諸侯少牢大夫特豕士特豚也夫入門升自阼階立于阼西鄉妻抱子出自房當楣立東面入門者入側室之門也大夫以下見子就側室見妾子於内寢辟人君也姆先相曰母某敢用時日祗見孺子某妻姓若言姜氏也祗敬也或作振夫對曰欽有帥父執子之右手咳而名之欽敬也帥循也言教之敬使有循也執右手明將授之事也妻對曰記有成遂左還授師記猶識也識夫之言使有成也師子師也子師辯告諸婦諸母名後告諸母若名成於尊妻遂適寢復夫之燕

寢夫告宰名宰辯告諸男名書曰某年某月某日某生而藏之宰謂屬吏也春秋書桓六年九月丁卯子同生宰告閭史閭史書爲二其一藏諸閭府其一獻諸州史州史獻諸州伯州伯命藏諸州府四閭爲族族百家也閭胥中士一人五黨爲州州二千五百家也州長中大夫一人也皆有屬吏獻猶言也夫入食如養禮夫入已見子入室也其與妻食如婦始饋舅姑之禮也

世子生則君沐浴朝服夫人亦如之皆立于阼階西鄉世婦抱子升自西階君名之

乃降（子升自西階則人君見世子於路寢也見妾子就側室凡子生皆就側室諸侯夫人朝於君次而褖衣也）適子庶子見於外寢撫其首咳而名之禮帥初無辭（此適子謂世子弟也庶子妾子也外寢君燕寢也無辭辭謂欽有帥記有成也）凡名子不以日月不以國（終使易諱）不以隱疾（諱衣中之疾難爲醫也）大夫士之子不敢與世子同名（尊世子也其先世子生亦勿爲改）妾將生子及月辰夫使人日一問之子生三月之末漱澣夙齊見於内寢禮之如始入室君已食徹焉使之特

餕遂入御內寢適妻寢也禮謂已見子夫食而使獨餕也如始入室來嫁時妾餕夫婦之餘亦如之既見子可以御此謂大夫士之妾也凡妾稱夫曰君公庶子生就側室三月之末其母沐浴朝服見於君擯者以其子見君所有賜君名之衆子則使有司名之擯者傅姆之屬也人君尊雖妾不抱子有賜於君有恩惠也有司臣有事者也魯桓公名子問於申繻也庶人無側室者及月辰夫出居羣室其問之也與子見父之禮無以異也夫雖辟之至問妻及見子禮同也庶人或無妾凡父在孫見於祖祖亦名之禮如

子見父無辭[見子於祖家統於尊也父在則無辭有適子者無適孫與見庶子同也父卒而有適孫則有辭與見冢子同父雖卒而庶孫猶無辭也]食子者三年而出見於公宮則劬[劬勞也士妻大夫之妾食國君之子三年出歸其家君有以勞賜之]大夫之子有食母[選於傅御之中喪服所謂乳母也]士之妻自養其子[賤不敢使人也]由命士以上及大夫之子旬而見[旬當爲均聲之誤也有時適妻同時生子子均而見者以生先後見之旣見乃食亦辟人君也易說卦坤爲均今亦或作旬也]冢子未食而見必執其右手適子庶子已食而見必循其首[天子諸侯尊別世子雖同母禮]

則異矣未食已食急正緩庶之義也子能食食教以右手能言男唯女俞男鞶革女鞶絲俞然也鞶小囊盛帨巾者男用韋女用繒有飾緣之則是鞶裂與詩云垂帶如厲紀子帛名裂繻字雖今異意實同也六年教之數與方名方名東西七年男女不同席不共食蚤其別也八年出入門戶及即席飲食必後長者始教之讓示以廉恥九年教之數日朔望與六甲也十年出就外傅居宿於外學書計衣不帛襦袴禮帥初朝夕學幼儀請肄簡諒

外傅教學之師也不用帛爲襦袴爲大温傷陰氣也禮帥初遵習先日所爲也肄習也諒信也請習簡謂所書篇數也請習信謂應對之言也十有三年學樂誦詩舞勺成童舞象學射御先學勺後學象文武之次也成童十五以上二十而冠始學禮可以衣裘帛舞大夏惇行孝弟博學不教内而不出大夏樂之文武備者也内而不出謂人之謀慮也三十而有室始理男事博學無方孫友視志室猶妻也男事受田給政役也方猶常也至此學無常在志所好也孫順也順於友視其所志也四十始仕方物出謀發慮道合則服從

不可則去方猶常也物猶事也五十命爲大夫服官政統一官之政也七十致事致其事於君而告老凡男拜尚左手左陽女子十年不出恒居內也姆教婉娩聽從婉謂言語也娩之言媚也媚謂容貌也執麻枲治絲繭織紝組紃學女事以共衣服紃條觀於祭祀納酒漿籩豆菹醢禮相助奠當及女時而知十有五年而笄謂應年許嫁者女子許嫁笄而字之其未許嫁二十則笄二十而嫁有故二十三年而嫁故謂父母之喪聘則爲妻聘問也妻之言齊也以禮見問則得

與夫敵體奔則爲妾妾之言接也聞彼有禮走而往焉以得接見於君子也奔或爲衒

凡女拜尚右手右陰也

禮記卷第八

五福五代堂古稀天子寶
八徵耄念之寶
太上皇帝之寶

禮記卷第九

玉藻第十三　　鄭氏注

天子玉藻十有二旒前後邃延龍卷以祭祭先王之服也雜采曰藻天子以五采藻爲旒旒十有二前後邃延者言皆出冕前後而垂也天子齊肩延冕上覆也玄表纁裏龍卷畫龍於衣字或作衮

玄端而朝日於東門之外聽朔於南門之外閏月則闔門左扉立于其中端當爲冕字之誤也玄衣而冕冕服之下朝日春分之時也東門南門皆謂國門也天子廟及路寢皆如明堂制明堂在國之陽每月就其時之堂而聽朔焉卒事反宿路寢亦如之閏月非常月也聽

其朔於明堂門中還處路寢門終月凡聽朔必以特牲告其帝及神配以文王武王皮弁以日視朝遂以食日中而餕奏而食日少牢朔月大牢餕食朝之餘也奏奏樂也五飲上水漿酒醴酏上水水爲上餘其次之卒食玄端而居天子服玄端燕居也動則左史書之言則右史書之其書春秋尚書其存者御瞽幾聲之上下瞽樂人也幾猶察也察其哀樂年不順成則天子素服乘素車食無樂自貶損也諸侯玄端以祭祭先君也端亦當爲冕字之誤也諸侯祭宗廟之服唯魯與天子同裨冕以朝朝天子也裨冕

（公衮侯伯鷩子男毳也）皮弁以聽朔於大廟（皮弁下天子也）朝服以日視朝於內朝（朝服冠玄端素裳也此內朝路寢門外之正朝也天子諸侯皆三朝）朝辨色始入（羣臣也入入應門也辨猶正也別也）君日出而視之退適路寢聽政使人視大夫大夫退然後適小寢釋服（小寢燕寢也釋服服玄端）又朝服以食特牲三俎祭肺（食必復朝服所以敬養身也三俎豕魚腊）夕深衣祭牢肉（祭牢肉異於始殺也天子言日中諸侯言夕天子言餕諸侯言祭牢肉互相挾）朔月少牢五俎四簋（五俎加羊與其腸胃也朔月四簋則日食粱稻各一簋而已）子

卵稷食菜羹忌日貶也夫人與君同庖不特殺也君無故不殺牛大夫無故不殺羊士無故不殺犬豕故謂祭祀之屬君子遠庖廚凡有血氣之類弗身踐也踐當爲翦聲之誤也翦猶殺也至于八月不雨君不舉爲旱變也此謂建子之月不雨盡建未月也春秋之義周之春夏無雨未能成災至其秋秀實之時而無雨則雩雩而得之則書雩喜祀有益也雩而不得則書旱明災成也年不順成君衣布搢本關梁不租山澤列而不賦土功不興大夫不得造車馬皆爲凶年變也君衣

布者謂若衛文公大布之衣大帛之冠是也搢本去珽荼佩士笏也士以竹爲笏飾本以象闕梁不租此周禮也肦則關恒譏而不征列之言遮列也雖不賦猶爲之禁不得非時取也造謂作新也卜人定龜謂靈射之屬所當用者史定墨視兆坼也君定體視兆所得也周公曰體王其無害君羔幦虎犆幦覆苓也犆讀皆如直道而行之直直謂緣也此君齊車之飾大夫齊車鹿幦豹犆朝車士齊車鹿幦豹犆臣之朝車與齊車同飾君子之居恒當戶鄉明寢恒東首首生氣也若有疾風迅雷甚雨則必變雖夜必興衣服冠而坐敬天之怒日五盥沐稷

而靧粱櫛用樿櫛髮晞用象櫛進禨進羞工乃升歌（晞乾也沐靧必進禨作樂盈氣也更言進羞明爲羞籩豆之實）浴用二巾上絺下綌（刷去垢也）出杅履蒯席連用湯（杅浴器也蒯席澀便於洗足也連猶釋也）履蒲席衣布晞身乃屨進飲（進飲亦盈氣也）將適公所宿齊戒居外寢沐浴史進象笏書思對命（思所思念將以告君者也對所以對君者也命所受君命也書之於笏爲失忘也）既服習容觀玉聲（玉佩）乃出揖私朝煇如也登車則有光矣（私朝自大夫家之朝也揖其臣乃行）天子

搢珽方正於天下也此亦笏也謂之珽珽之言珽然無所屈也或謂之大圭長三尺杼上終葵首終葵首者於杼上又廣其首方如椎頭是謂無所屈後則恒直相玉書曰珽玉六寸明自炤諸侯荼前詘後直讓於天子也荼讀爲舒遲之舒舒懦者所畏在前也詘謂圜殺其首不爲椎頭諸侯唯天子詘焉是以謂笏爲荼大夫前詘後詘無所不讓也大夫奉君命出入者也上有天子下有己君又殺其下而圜侍坐則必退席不退則必引而去君之黨引卻也黨鄉之細者退謂旁側也辟君之親黨也登席不由前爲躐席必外由下也徒坐不盡席尺示無所求於前不忘謙也讀書食則

齊豆去席尺讀書聲當聞尊者食爲汙席也若賜之食而君客之則命之祭然後祭雖見賓客猶不敢備禮也侍食則正不祭先飯辯嘗羞飲而俟俟君食而後食也君將食臣先嘗之忠孝也若有嘗羞者則俟君之食然後食飯飲而俟不祭侍食不敢備禮也不嘗羞膳宰存也飯飲利將食也君命之羞羞近者辟貪味也命之品嘗之然後唯所欲必先徧嘗之凡嘗遠食必順近食從近始也君未覆手不敢飧覆手以循咡巳食也飧勸食也君既食又飯飧不敢先君飽飯飧者三

飯也臣勸君食如是可也君既徹執飯與醬乃出授從

者食於尊者之前當親徹也凡侑食不盡食食於人不飽謙也

唯水漿不祭若祭爲已傫卑水漿非盛饌也已猶大也祭之

爲大有所畏迫臣於君則祭之君若賜之爵則越席再拜稽

首受登席祭之飲卒爵而俟君卒爵然後

授虛爵不敢先君盡爵君子之飲酒也受一爵而色

洒如也洒如肅敬貌洒或爲察二爵而言言斯言言和敬貌斯

猶耳也禮已三爵而油油油油說敬貌以退禮飲過三爵則

敬殺可以去矣退則坐取屨隱辟而后屨坐左納右坐右納左隱辟俛逡巡而退著屨也凡尊必上玄酒不忘古唯君面尊面猶鄉也燕禮曰司宮尊于東楹之西兩方壺左玄酒南上公尊瓦大兩有豐在尊南南上唯饗野人皆酒飲賤者不備禮大夫側尊用棜士側尊用禁棜斯禁也無足有似於棜是以言棜始冠緇布冠自諸侯下達冠而敝之可也本大古耳非時王之法服也玄冠朱組纓天子之冠也緇布冠繢緌諸侯之冠也皆始冠之冠也玄冠委貌也諸侯緇布冠有緌尊者飾也繢或作繪緌或作蕤玄

冠丹組纓，諸侯之齊冠也。玄冠綦組纓，士之齊冠也。言齊時所服也。四命以上，齊祭異冠。縞冠玄武，子姓之冠也。謂父有喪服，子爲之不純吉也。武，冠卷也。古者冠卷殊。縞冠素紕，既祥之冠也。紕，緣邊也。紕讀如埤益之埤。既祥之冠也，已祥祭而服之也。閒傳曰：大祥素縞麻衣。垂緌五寸，惰游之士也。惰游，罷民也。亦縞冠素紕，凶服之象也。垂長緌，明非既祥。玄冠縞武，不齒之服也。所放不帥教者。居冠屬武，謂燕居冠也。著冠於武，少威儀。自天子下達，有事然後緌。燕無事者去飾。五十不散送。送喪不散麻，始衰不備禮。親沒不髦。去爲子之飾大帛不緌帛當爲白聲之誤也大帛謂白布冠也不緌凶服去飾玄冠紫緌自魯桓公始也蓋僭宋王者之後服也緌當用繢朝玄端夕深衣深衣三袪謂大夫士也三袪者謂要中之數也袪尺二寸圍之爲二尺四寸三之七尺二寸縫齊倍要縫紩也紩下齊倍要中齊丈四尺四寸縫或爲逢或爲豐衽當旁衽謂裳幅所交裂也凡衽者或殺而下或殺而上是以小要取名焉衽屬衣則垂而放之屬裳則縫之以合前後上下相變袂可以回肘二尺二寸之節長中繼揜尺其爲長衣中衣則繼袂揜一尺若今褎矣深衣則緣而已袷二寸曲領也袪尺二寸袂口也緣廣寸半飾邊也以帛

裏布非禮也中外宜相稱也冕服絲衣也中衣用素皮弁服朝服玄端麻衣也中衣用布士不衣織織染絲織之士衣染繒也無君者不貳采大夫去位宜服玄端玄裳衣正色裳閒色謂冕服玄上纁下非列采不入公門列采正服振絺綌不入公門表裘不入公門振讀爲袗袗禪也表裘外衣也二者形且褻皆當表之乃出襲裘不入公門衣裘必當裼也纊爲繭縕爲袍衣有著之異名也纊謂今之新綿也縕謂今纊及舊絮也禪爲絅有衣裳而無裏帛爲褶有表裏而無著朝服之以縞也自季康子始也亦僭宋王者之後孔子

曰朝服而朝卒朔然後服之謂諸侯與羣臣也諸侯視朔皮弁服曰國家未道則不充其服焉謂若衛文公者未道未合於道唯君有黼裘以誓省大裘非古也僭天子也天子祭上帝則大裘而冕大裘羔裘也黼裘以羔與狐白雜爲黼文也省當爲獮獮秋田也國君有黼裘誓獮田之禮時大夫又有大裘也君衣狐白裘錦衣以裼之君衣狐白毛之裘則以素錦爲衣覆之使可裼也袒而有衣曰裼必覆之者裘褻也詩云衣錦絅衣裳錦絅裳然則錦衣復有上衣明矣天子狐白之上衣皮弁服與凡裼衣象裘色也君之右虎裘厥左狼裘衛尊者宜武猛士不衣狐白辟君也狐之白者少以少爲尊也

君子狐青裘豹褎玄綃衣以裼之君子大夫士也綃綺屬也染之以玄於狐青裘相宜狐青裘蓋玄衣之裘麛裘青豻褎絞衣以裼之豻胡犬也絞蒼黃之色也孔子曰素衣麛裘羔裘豹飾緇衣以裼之飾猶褎也孔子曰緇衣羔裘狐裘黃衣以裼之黃衣大蜡時臘先祖之服也孔子曰黃衣狐裘錦衣狐裘諸侯之服也非諸侯則不用錦衣爲裼犬羊之裘不裼質略亦庶人無文飾不文飾也不裼裼主於有文飾之事裘之裼也見美也君子於事以見美爲敬弔則襲裘不盡飾也喪非所以見美君在則裼盡飾也

臣於君所服之襲也充美也充猶覆也所敬不主於君則襲是故尸襲尸尊執玉龜襲重寶瑞也無事則裼弗敢充也謂已致龜玉也笏天子以球玉諸侯以象大夫以魚須文竹士竹本象可也球美玉也文猶飾也大夫士飾竹以爲笏不敢與君並用純物也見於天子與射無說笏入大廟說笏非古也言凡吉事無所說笏也大廟之中唯君當事說笏也小功不說笏當事免則說之免悲哀哭踊之時不在於記事也小功輕不當事可以搢笏也既搢必盥雖有執於朝弗有盥矣搢笏

輒盥爲必執事凡有指畫於君前用笏造受命於君前則書於笏笏畢用也因飾焉畢盡也笏度二尺有六寸其中博三寸其殺六分而去一殺猶杼也天子杼上終葵首諸侯不終葵首大夫士又杼其下首廣二寸半而素帶終辟大夫素帶辟垂士練帶率下辟居士錦帶弟子縞帶并紐約用組而素帶終辟謂諸侯也諸侯不朱裏合素爲之如今衣帶爲之下天子也大夫亦如之率繂也士以下皆禪不合而繂積如今作幓頭爲之也辟讀如裨冕之裨裨謂以繒采飾其側人君充之大夫裨其紐及末士裨其末而已居士道藝處士

也此自而素帶亂脫在是耳宜承朱裏終辟韠君朱大夫素士爵韋此玄端服之韠也韠之言蔽也凡韠以韋爲之必象裳色裳色則天子諸侯玄端朱裳大夫素裳唯士玄裳黃裳雜裳也皮弁服皆素韠圜殺直目韠制天子直四角直無圜殺公侯前後方殺四角使之方變於天子也所殺者去上下各五寸大夫前方後挫角圜其上角變於君也韠以下爲前以上爲後士前後正士賤與君同不嫌也正直方之閒語也天子之士則直諸侯之士則方韠下廣二尺上廣一尺長三尺其頸五寸肩革帶博二寸頸五寸亦謂廣也頸中央肩兩角皆上接革帶以繫之肩與革帶廣同凡佩繫於革帶大夫大帶四

寸雜帶君朱緑大夫玄華士緇辟二寸再
繚四寸凡帶有率無箴功雜猶飾也即上之裨也君裨帶上以
朱下以緑終之大夫裨垂外以玄內以華華黃色也士
裨垂之下外內皆以緇是謂緇帶大夫以上以素皆廣
四寸士以練廣二寸再繚之凡帶有司之帶也亦繂之
如士帶矣無箴功則不裨之士雖繂帶裨亦用箴功凡
帶不裨下士也此又亂脫在是宜承紳韠結三齊一命緼韍幽衡再命
赤韍幽衡三命赤韍葱衡此玄冕爵弁服之韠尊祭服異其名
耳韍之言亦蔽也緼赤黃之間色所謂韎也衡佩玉之
衡也幽讀爲黝黑謂之黝青謂之葱周禮公侯伯之卿
三命其大夫再命其士一命子男
之卿再命其大夫一命其士不命天子素帶朱裏

紾辟謂大帶也王后褘衣夫人揄狄褘讀如翬揄讀如搖翬搖皆翟雉名也刻繒而畫之著於衣以爲飾因以爲名也後世作字異耳夫人三夫人亦侯伯之夫人也王者之後夫人亦褘衣三寸長齊于帶紳長制士三尺有司二尺有五寸子游曰參分帶下紳居二焉紳韠結三齊三寸謂約帶紐組之廣也長齊于帶與紳齊也紳帶之垂者也言其屈而重也論語曰子張書諸紳有司府史之屬也三分帶下而三尺則帶高於中也結約餘也此又亂脫在是宜承約用組結或爲衿君命屈狄再命褘衣一命襢衣士禒衣君女君也屈周禮作闕謂刻繒爲翟不畫也此子男之夫人及其卿大夫士之妻命服也

禕當爲鞠字之誤也禮天子諸侯命其臣后夫人亦命其妻以衣服所謂夫尊於朝妻榮於室也子男之卿再命而妻鞠衣則鞠衣襢衣褖衣者諸侯之臣皆分爲三等其妻以次受此服也公之臣孤爲上卿大夫次之士次之侯伯子男之臣卿爲上大夫次之士次之褖或作税

唯世婦命於奠繭其他則皆從男子奠猶獻也凡世婦已下蠶事畢獻繭乃命之以其服天子之后夫人九嬪及諸侯之夫人夫在其位則妻得服其服矣自君命屈狄至此亦亂脱在是宜承夫人揄狄

凡侍於君紳垂足如履齊頤霤垂拱視下而聽上視帶以及袷聽鄉任左紳垂則磬折也齊裳下緝也袷交領也

凡君召以三節二節以走一節以趨節所以明信輔君命

也使使召臣急則持二緩則持一周禮曰鎮圭以徵守其餘未聞也今漢使者擁節在官不俟屨在外不俟車趨君命也必有執隨授之者官謂朝廷治事處也士於大夫不敢拜迎而拜送禮不敵始來拜則士辟也士於尊者先拜進面荅之拜則走士往見卿大夫卿大夫出迎荅拜亦辟也士於君所言大夫沒矣則稱謚若字名士與大夫言名士字大夫君所大夫存亦名於大夫所有公諱無私諱公諱若言語所辟先君之名凡祭不諱廟中不諱謂祝嘏之辭中有先君之名者也凡祭祭攀神廟中上不諱下教

學臨文不諱爲惑未知者古之君子必佩玉比德焉君子士已上右徵角左宮羽玉聲所中也徵角在右事也民也可以勞宮羽在左君也物也宜逸趨以采齊路門外之樂節也門外謂之趨齊當爲楚薺之薺行以肆夏登堂之樂節周還中規反行也宜圜折還中矩曲行也宜方進則揖之退則揚之然後玉鏘鳴也揖之謂小俛見於前也揚之謂小仰見於後也鏘聲貌故君子在車則聞鸞和之聲行則鳴佩玉是以非辟之心無自入也鸞在衡和在式自由也君在不佩玉左結佩右設

佩〔謂世子也出所處而君在焉則去德佩而設事佩辟德而示即事也結其左者若於事有未能也結者結其綏不使鳴也〕居則設佩〔謂所處而君不在焉〕朝則結佩〔朝於君亦結左〕齊則績結佩而爵韠〔績屈也結又屈之思神靈不在事也爵韠者齊服玄端〕凡帶必有佩玉唯喪否〔喪主於哀去飾也凡謂天子以至士〕佩玉有衝牙〔居中央以前後觸也〕君子無故玉不去身君子於玉比德焉〔故謂喪與災眚〕天子佩白玉而玄組綬公侯佩山玄玉而朱組綬大夫佩水蒼玉而純組綬世子佩瑜玉而

綦組綬士佩瓀玟而緼組綬玉有山玄水蒼者視之文色所似也綬者所以貫佩玉相承受者也純當爲緇古文緇字或作絲旁才綦文雜色也緼赤黃孔子佩象環五寸而綦組綬謙不比德亦不事也象有文理者也環取可循而無窮童子之節也緇布衣錦緣錦紳并紐錦束髮皆朱錦也童子未冠之稱也冠禮曰將冠者采衣紒也肆束及帶勤者有事則收之走則擁之肆讀爲肄肄餘也餘束約紐之餘組也勤謂執勞辱之事也此亦亂脱在是宜承無箴功童子不裘不帛不屨約無緦服聽事不麻無事則立主

人之北南面見先生從人而入皆爲幼少不備禮也雖不
服緦猶免深衣無麻往給事也裘帛温傷壯氣也絇屨頭飾也侍食於先生異爵
者後祭先飯謙也客祭主人辭曰不足祭也
祭者盛主人之饌也客飧主人辭以疏飧者美主人之食也疏之言麤也
主人自置其醬則客自徹之敬主人也徹𡊮于序端一
室之人非賓客一人徹同事合居者也賓客則各徹其饌也壹食
之人一人徹壹猶聚也爲赴事聚食也凡燕食婦人不徹婦人
質不備禮食棗桃李弗致于核恭也瓜祭上環食

中弃所操上環頭忖也凡食果實者後君子陰陽所成非人事也火孰者先君子備火齊不得也有慶非君賜不賀唯君賜爲榮也有憂者此下絕亡非其句也勤者有事則收之走則擁之此補脫重孔子食於季氏不辭不食肉而飧以其待已及饌非禮也君賜車馬乘以拜賜衣服服以拜敬君惠也賜君未有命弗敢即乘服也謂卿大夫受賜於天子者歸必致於其君君有命乃服之君賜稽首據掌致諸地致首於地據掌以左手覆案右手也酒肉之賜弗再

拜輕也受重賜者拜受又拜於其室凡賜君子與小人不同
日愼於尊卑凡獻於君大夫使宰士親皆再拜
稽首送之敬也膳於君有葷桃茢於大夫去
茢於士去葷皆造於膳宰膳美食也葷桃茢辟凶邪也大夫用
葷桃士桃而已葷薑及辛菜也茢菼帚也造於膳宰旣致命而授之葷或作焄大夫不親拜
爲君之荅己也不敢變動至尊大夫拜賜而退士待
諾而退又拜弗荅拜小臣受大夫之拜復以入告大夫拜使辟也大
夫親賜士士拜受又拜於其室衣服弗服

以拜異於君惠也拜受又就拜於其家是所謂再拜也敵者不在拜於其室謂來賜時不見也見則不復往也凡於尊者有獻而弗敢以聞此謂獻辭也少儀曰君將適他臣若致金玉貨貝於君則曰致馬資於有司是其類也士於大夫不承賀下大夫於上大夫承賀承受也士有慶事不聽大夫親來賀己不敢變動尊也親在行禮於人稱父人或賜之則稱父拜之事統於尊禮不盛服不充禮盛者服充大事不崇曲敬故大裘不裼乘路車不式謂祭天也周禮王祀昊天上帝則服大裘而冕乘玉路或曰乘兵車不式父命呼唯而

不諾手執業則投之食在口則吐之走而不趨至敬親老出不易方復不過時不可以憂父母也易方爲其不信己所處也復反也親癠色容不盛此孝子之䟽節也言非至孝也癠病也王季有疾文王色憂行不能正履父沒而不能讀父之書手澤存焉爾母沒而杯圈不能飲焉口澤之氣存焉爾孝子見親之器物哀惻不忍用也圈屈木所爲謂巵匜之屬君入門介拂闑大夫中棖與闑之閒士介拂棖此謂兩君相見也棖門楔也君入必中門上介夾闑大夫介士介鴈行於

後示不相沿也君若迎聘客擯者亦然賓入不中門不履閾辟尊者所從也此謂聘客也閾門限公事自闑西聘享也私事自闑東覿面也君與尸行接武尊者尚徐蹈半迹大夫繼武迹相及也士中武迹間容迹徐趨皆用是君大夫士之徐行也皆如與尸行之節也疾趨則欲發而手足毋移疾趨謂直行也蹤數自若發謂起屨也移之言靡匜也毋移欲其直且正欲或為數圈豚行不舉足齊如流圈轉也豚之言若有所循不舉足曳踵則衣之齊如水之流矣孔子執圭則然此徐趨也席上亦然尊處亦尚徐也端行頤霤如矢弁行剡剡起

屨此疾趨也端直也頤或爲蘧也執龜玉舉前曳踵蹜蹜如
也著徐趨之事凡行容惕惕惕惕直疾皃也凡行謂道路也廟中齊
齊恭愨皃也朝廷濟濟翔翔莊敬皃也君子之容舒
遲見所尊者齊遬謙愨皃也遬猶蹙蹙也足容重舉欲遲也
手容恭高且正也目容端不睇視也口容止不妄動也聲
容靜不噦欬也頭容直不傾顧也氣容肅似不息也立容
德如有予也色容莊勃如戰色坐如尸尸居神位敬慎也燕居
告溫溫告謂教使也詩云溫溫恭人凡祭容皃顏色如

見所祭者如覩其人在此喪容纍纍羸憊貌也色容顚顚憂思貌也視容瞿瞿梅梅不審貌也言容繭繭聲氣微也戎容暨暨果毅貌也言容詻詻教令嚴也色容厲肅儀形貌也視容清明察於事也立容辨卑毋諂辨讀爲貶自貶卑謂磬折也諂爲傾身以有下也頭頸必中頭容直山立不動搖也時行時而後行也詩云威儀孔時盛氣顚實揚休顚讀爲闐揚讀爲陽聲之誤也盛身中之氣使之闐滿其息若陽氣之休物也玉色正不變也凡自稱天子曰予一人謙自別於人而已伯曰天子之力

臣伯上公九命分陜者諸侯之於天子曰某土之守臣某其在邊邑曰某屏之臣某其於敵以下曰寡人小國之君曰孤擯者亦曰孤邊邑謂九州之外大國之君自稱曰寡人擯者曰寡君上大夫曰下臣擯者曰寡君之老下大夫自名擯者曰寡大夫世子自名擯者曰寡君之適擯者之辭主謂見於他國君下大夫自名於他國君曰外臣某公子曰臣孽孽當爲枿聲之誤士曰傳遽之臣於大夫曰外私轉遽以車馬給使者也士臣於大夫

者曰私人大夫私事使私人擯則稱名私事使謂以君命私行非聘也若魯成公時晉侯使韓穿來言汶陽之田歸之于齊之類公士擯則曰寡大夫寡君之老大夫有所往必與公士爲賓也謂聘也大聘使上大夫小聘使下大夫公士爲賓謂作介也往之也

明堂位第十四　鄭氏注

昔者周公朝諸侯于明堂之位周公攝王位以明堂之禮儀朝諸侯也不於宗廟辟王也天子負斧依南鄉而立天子周公也負之言背也斧依爲斧文屏風於戶牖之間周公於前立焉三公中階之前北

面東上諸侯之位阼階之東西面北上諸伯之國西階之西東面北上諸子之國門東北面東上諸男之國門西北面東上九夷之國東門之外西面北上八蠻之國南門之外北面東上六戎之國西門之外東面南上五狄之國北門之外南面東上九采之國應門之外北面東上四塞世告至此周公明堂之位也朝之禮不於此周公權以之也朝位之上上近主位尊也

九釆九州之牧典貢職者也正門謂之應門二伯帥諸侯而入牧居外而糾察之也四塞謂夷服鎮服蕃服在四方爲蔽塞者新君即位則乃朝周禮侯服歲一見甸服二歲一見男服三歲一見釆服四歲一見衛服五歲一見要服六歲一見九州之外謂之蕃國世一見明堂也者明諸侯之尊卑也朝於此所以正儀辨等也昔殷紂亂天下脯鬼侯以饗諸侯以人肉爲薦羞惡之甚也是以周公相武王以伐紂武王崩成王幼弱周公踐天子之位以治天下六年朝諸侯於明堂制禮作樂頒度量而天下大服踐猶履也頒讀爲班度謂丈尺高卑廣狹也量

謂豆區斗斛筐筥所容受七年致政於成王成王以周公爲有勳勞於天下致政以王事歸授之王功曰勳事功曰勞是以封周公於曲阜地方七百里革車千乘曲阜魯地上公之封地方五百里加魯以四等之附庸方百里者二十四并五五二十五積四十九開方之得七百里革車兵車也兵車千乘成國之賦也詩魯頌曰王謂叔父建爾元子俾侯于魯大啓爾宇爲周室輔乃命魯公俾侯于東錫之山川土田附庸又曰公車千乘朱英綠縢命魯公世世祀周公以天子之禮樂同之於周尊之也魯公謂伯禽是以魯君孟春乘大路載弧韣旂十有二旒日月之

章祀帝于郊配以后稷天子之禮也（孟春建子之月魯之始郊日以至大路殷之祭天車也弧旌旗所以張幅也其衣曰韣天子之旌旗畫日月帝謂蒼帝靈威仰也昊天上帝魯不祭）季夏六月以禘禮祀周公於大廟牲用白牡尊用犧象山罍鬱尊用黃目灌用玉瓚大圭薦用玉豆雕篹爵用玉琖仍雕加以璧散璧角俎用梡嶡升歌清廟下管象朱干玉戚冕而舞大武皮弁素積裼而舞大夏昧東夷之樂也任南蠻之樂

也納夷蠻之樂於大廟言廣魯於天下也季夏建巳之月也禘大祭也周公曰大廟魯公曰世室羣公稱宮白牡殷牲也尊酒器也犧尊以沙羽爲畫飾象骨飾之鬱鬯之器也黃彝也灌酌鬱尊以獻也瓚形如槃容五升以大圭爲柄是謂圭瓚籩豆屬也以竹爲之雕刻飾其直者也爵君所進於尸也仍因也因爵之形爲之飾也加加爵也散角皆以璧飾其口也梡始有四足也嶡爲之距清廟周頌也象謂周頌武也以管播之朱干赤大盾也戚斧也冕冠名也諸公之服自衮冕而下如王之服也大武周舞也大夏夏舞也周禮昧師掌教昧樂詩曰以雅以南以籥不僭廣大也君卷冕立于阼夫人副褘立于房中君肉袒迎牲于門夫人薦豆籩卿大夫贊君命婦

贊夫人各揚其職百官廢職服大刑而天下大服副首飾也今之步搖是也詩云副笄六珈周禮追師掌王后之首服爲副褘王后之上服唯魯及王者之後夫人服之諸侯夫人則自揄翟而下贊佐也命婦於內則世婦也於外則大夫之妻也祭祀世婦以下佐夫人揚舉也大刑重罪也天下大服知周公之德宜饗此也是故夏礿秋嘗冬烝春社秋省而遂大蜡天子之祭也不言春祠魯在東方王東巡守以春或闕之省讀爲獮獮秋田名也春田祭社秋田祀祊大蜡歲十二月索鬼神而祭之大廟天子明堂庫門天子皋門雉門天子應門言廟及門如天子之制也天子五門皋庫雉應路魯有庫雉路則諸侯三門與

皐之言高也詩云乃立皐門皐門有伉乃立應門應門將將振木鐸於朝天子之政也天子將發號令必以木鐸警衆山節藻梲復廟重檐刮楹達鄉反坫出尊崇坫康圭疏屛天子之廟飾也山節刻薄盧爲山也藻梲畫侏儒柱爲藻文也復廟重屋也重檐重承壁材也刮刮摩也鄉牖屬謂夾戶窻也每室八窻爲四達反坫反爵之坫也出尊當尊南也唯兩君爲好既獻反爵於其上禮君尊于兩楹之閒崇高也康讀爲亢龍之亢又爲高坫亢所受圭奠于上焉屛謂之樹今浮思也刻之爲雲氣蟲獸如今闕上爲之矣鸞車有虞氏之路也鉤車夏后氏之路也大路殷路也乘路周路也鸞有鸞和

也鉤有曲輿者也大路木路也乘路玉路也漢祭天乘殷之路也今謂之桑根車也春秋傳曰大路素鸞或爲桑也

有虞氏之旂，夏后氏之綏，殷之大白，周之大赤。四者旌旗之屬也綏當爲緌讀如冠蕤之蕤有虞氏當言緌夏后氏當言旂此蓋錯誤也緌謂注旄牛尾於杠首所謂大麾書云武王左杖黃鉞右秉白旄以麾周禮王建大旂以賓建大赤以朝建大白以即戎建大麾以田也

夏后氏駱馬黑鬣，殷人白馬黑首，周人黃馬蕃鬣。夏后氏牲尚黑，殷白牡，周騂剛。順正色也白馬黑鬣曰駱殷黑首爲純白凶也騂剛赤色

泰，有虞氏之尊也。山罍，夏后氏之尊也。著，殷尊也。犧象

周尊也（泰用瓦著著地無足）爵夏后氏以琖殷以斝周以爵（斝畫禾稼也詩曰洗爵奠斝）灌尊夏后氏以雞夷殷以斝周以黃目其勺夏后氏以龍勺殷以疏勺周以蒲勺（夷讀爲彝周禮春祠夏禴祼用雞彝鳥彝秋嘗冬烝祼用斝彝黃彝龍龍頭也疏通刻其頭蒲合蒲如鳧頭也）土鼓蕢桴葦籥伊耆氏之樂也（蕢當爲凷聲之誤也籥如笛三孔伊耆氏古天子有天下之號也今有姓伊耆氏者）拊搏玉磬揩擊大琴大瑟中琴小瑟四代之樂器也（拊搏以韋爲之充之以糠形如小鼓揩擊謂柷敔皆所以節樂者也四代虞夏殷周也）魯

公之廟文世室也武公之廟武世室也此二廟象周有文王武王之廟也世室者不毀之名也魯公伯禽也武公伯禽之玄孫也名敖米廩有虞氏之庠也序夏后氏之序也瞽宗殷學也頖宮周學也庠序亦學也庠之言詳也於以考禮詳事也魯謂之米廩虞帝上孝今藏粢盛之委焉序次序王事也瞽宗樂師瞽矇之所宗也古者有道德者使教焉死則以為樂祖於此祭之頖之言班也於以班政教也崇鼎貫鼎大璜封父龜天子之器也崇貫封父皆國名文王伐崇古者伐國遷其重器以分同姓大璜夏后氏之璜春秋傳曰分魯公以夏后氏之璜越棘大弓天子之戎器也越國名也

棘戟也春秋傳曰子都拔棘夏后氏之鼓足殷楹鼓周縣鼓足謂四足也楹謂之柱貫中上出也縣縣之簨虡也殷頌曰植我鞉鼓周頌曰應朄縣鼓垂之和鍾叔之離磬女媧之笙簧垂堯之共工也女媧三皇承宓羲者叔未聞也和離謂次序其聲縣也笙簧笙中之簧也世本作曰垂作鍾無句作磬女媧作笙簧夏后氏之龍簨虡殷之崇牙周之璧翣簨虡所以縣鍾磬也横曰簨飾之以鱗屬植曰虡飾之以臝屬羽屬簨以大版爲之謂之業殷又於龍上刻畫之爲重牙以挂縣紘也周又畫繒爲翣戴以璧垂五采羽於其下樹於簨之角上飾彌多也周頌曰設業設虡崇牙樹羽有虞氏之兩敦夏后氏之四璉殷之六瑚周

之八簋皆黍稷器制之異同未聞俎有虞氏以梡夏后氏以嶡殷以椇周以房俎梡斷木爲四足而已嶡之言蹷也謂中足爲橫距之象周禮謂之距椇之言枳椇也謂曲橈之也房謂足下跗也上下兩間有似於堂房魯頌曰籩豆大房夏后氏以楬豆殷玉豆周獻豆楬無異物之飾也獻疏刻之齊人謂無髮爲禿楬有虞氏服韍夏后氏山殷火周龍章韍冕服之韠也舜始作之以尊祭服禹湯至周增以畫文後王彌飾也山取其仁可仰也火取其明也龍取其變化也天子備焉諸侯火而下卿大夫山士韎韋而已韍或作黻有虞氏祭首夏后氏祭心殷祭肝周祭肺氣主盛也夏后氏

尚明水殷尚醴周尚酒此皆其時之用耳言尚非有虞氏官五十夏后氏官百殷二百周三百周之六卿其屬各六十則周三百六十官也此云三百者記時冬官亡矣昏義曰天子立六官三公九卿二十七大夫八十一元士凡百二十蓋謂夏時也以夏周推前後之差有虞氏官宜六十夏后氏宜百二十殷宜二百四十不得如此記也有虞氏之綏夏后氏之綢練殷之崇牙周之璧翣綏亦旌旗之緌也夏綢其杠以練爲之旒殷又刻繒爲重牙以飾其側亦飾彌多也湯以武受命恒以牙爲飾也此旌旗及翣皆喪葬之飾周禮大喪葬巾車執蓋從車持旌御僕持翣旌從遣車翣夾柩路左右前後天子八翣皆戴璧垂羽諸侯六翣皆戴圭大夫四翣士二翣皆戴緌

孔子之喪公西赤爲志亦用此焉爾雅說旌旗曰素錦綢杠纁帛縿素升龍於縿練旒九 凡四代之服器官魯兼用之是故魯王禮也天下傳之久矣君臣未嘗相弑也禮樂刑法政俗未嘗相變也天下以爲有道之國是故天下資禮樂焉 王禮天子之禮也傳傳世也資取也此蓋盛周公之德耳春秋時魯三君弑又士之有誄由莊公始婦人髽而弔始於臺駘云君臣未嘗相弑政俗未嘗相變亦近誣矣資或爲飲

禮記卷第九

禮記卷第十

喪服小記第十五　鄭氏注

斬衰括髮以麻爲母括髮以麻免而以布（母服輕至免可以布代麻也爲母又哭而免）齊衰惡笄以終喪（笄所以卷髮帶所以持身也婦人質於喪所以自卷持者有除無變）男子冠而婦人笄男子免而婦人髽其義爲男子則免爲婦人則髽（別男女也）苴杖竹也削杖桐也祖父卒而后爲祖母後者三年（祖父在則其服如父在爲母也）爲父母

長子稽顙喪尊者及正體不敢不盡禮大夫弔之雖緦必
稽顙尊大夫不敢以輕待之婦人爲夫與長子稽顙其
餘則否恩殺於父母男主必使同姓婦主必使異
姓謂爲無主後者爲主也異姓同宗之婦也婦人外成爲父後者爲出母無
服不敢以已私廢父所傳重之祭祀親親以三爲五以五爲九
上殺下殺旁殺而親畢矣已上親父下親子三世以父親祖以
子親孫五也以祖親高祖以孫親玄孫九也殺謂親益疏者服之則輕王者禘其祖
之所自出以其祖配之禘大祭也始祖感天神靈而生祭天則以祖配

之自外至者無主不止而立四廟高祖以下與始祖而五庶子王亦如之世子有廢疾不可立而庶子立其祭天立廟亦如世子之立也春秋時衛侯元有兄縶別子爲祖諸侯之庶子別爲後世爲始祖也謂之別子者公子不得禰先君繼別爲宗別子之世長子爲其族人爲宗所謂百世不遷之宗繼禰者爲小宗別子庶子之長子爲其昆弟爲宗也謂之小宗者以其將遷也有五世而遷之宗其繼高祖者也謂小宗也小宗有四或繼高祖或繼曾祖或繼祖或繼禰皆至五世則遷是故祖遷於上宗易於下尊祖故敬宗敬宗所以尊祖禰也宗者祖禰之正體庶子不祭祖者

明其宗也 明其尊宗以爲本也禰則不祭矣言不祭祖者主謂宗子庶子俱爲適士得立祖禰廟者也凡正體在乎上者謂下正猶爲庶也 庶子不爲長子斬不繼祖與禰故也 尊先祖之正體不二其統也言不繼祖禰則長子不必五世 庶子不祭殤與無後者殤與無後者從祖祔食 不祭殤者父之庶也不祭無後者祖之庶也此二者當從祖祔食而已不祭祖無所食之也共其牲物而宗子主其禮焉祖庶之殤則自祭之凡所祭殤者唯適子耳無後者謂昆弟諸父也宗子之諸父無後者爲墠祭之 庶子不祭禰者明其宗也 謂宗子庶子俱爲下士得立禰廟也雖庶人亦然 親親尊尊長長男女之有別人道

之大者也〔言服之所以降殺〕從服者所從亡則已〔謂若爲君母之父母昆弟從母也〕屬從者所從雖沒也服〔謂若自爲己之母黨〕妾從女君而出則不爲女君之子服〔妾爲女君之黨服得與女君同而今俱出女君猶爲子期妾於義絕無施服〕禮不王不禘〔禘謂祭天〕世子不降妻之父母其爲妻也與大夫之適子同〔世子天子諸侯之適子也不降妻之父母爲妻故親之也爲妻亦齊衰不杖者君爲之主子不得伸也主言與大夫之適子同據服之成文也本所以正見父在爲妻不杖於大夫適子者明大夫以上雖尊猶爲適婦爲主〕父爲士子爲天子諸侯則祭

以天子諸侯其尸服以士服祭以天子諸侯養以子道也尸服士服父本無爵子不敢以已爵加之嫌於卑之父爲天子諸侯子爲士祭以士其尸服以士服謂父以罪誅尸服以士服不成爲君也天子之子當封爲王者後以祀其受命之祖云爲士則擇其宗之賢者若微子者不必封其子爲王者後及所立爲諸侯者祀其先君以禮卒者尸服天子諸侯之服如遂無所封立則尸也祭也皆如士不敢僭用尊者衣物

婦當喪而出則除之爲父母喪未練而出則三年既練而出則已未練而反則期既練而反則遂之當喪當舅姑之喪也出除喪絕族也再期之喪三

年也期之喪二年也九月七月之喪三時也五月之喪二時也三月之喪一時也（言喪之節應歲時之氣）故期而祭禮也期而除喪道也祭不爲除喪也（此謂練祭也禮正月存親親亡至今而期期則宜祭期天道一變哀惻之情益衰衰則宜除不相爲也）三年而后葬者必再祭其祭之閒不同時而除喪（再祭練祥也閒不同時者當異月也既祔明月練而祭又明月祥而祭必異月者以葬與練祥本異歲宜異時也而除喪已祥則除不禫）大功者主人之喪有三年者則必爲之再祭朋友虞

祔而已〔謂死者之從父昆弟來爲喪主有三年者謂妻若子幼少大功爲之再祭則小功緦麻爲之練祭可也〕士妾有子而爲之緦無子則已〔士卑妾無男女則不服別貴賤〕生不及祖父母諸父昆弟而父稅喪己則否〔謂子生於外者也父以他故居異邦而生己己不及此親存時歸見之今其死於喪服年月已過乃聞之父爲之服己則否者不責非時之恩於人所不能也當其時則服稅讀如無禮則稅之稅稅喪者喪與服不相當之言〕爲君之父母妻長子君已除喪而后聞喪則不稅〔臣之恩輕也謂卿大夫出聘問以他故久留〕降而在緦小功者則稅之〔謂正親在齊衰大功者正親緦

小功不稅矣曾子問曰小功不稅則是遠兄弟終無服也此句補脫誤在是宜承父稅喪己則否近臣君服斯服矣其餘從而服不從而稅謂君出朝覲不時反而不知喪者近臣閽寺之屬也其餘羣介行人宰史也君雖未知喪臣服已從服者所從雖在外自若服也虞杖不入於室祔杖不升於堂哀益衰敬彌多也虞於寢祔於祖廟爲君母後者君母卒則不爲君母之黨服徒從也所從亡則已絰殺五分而去一杖大如絰如要絰也妾爲君之長子與女君同不敢以恩輕輕服君之正統除喪者先重者謂練男子除乎首婦人除乎帶易

服者易輕者謂大喪既虞卒哭而遭小喪也其易喪服男子易乎帶婦人易乎首無事不辟廟門鬼神尚幽闇也廟殯宮哭皆於其次無時哭也有事則入即位復與書銘自天子達於士其辭一也男子稱名婦人書姓與伯仲如不知姓則書氏此謂殷禮也殷質不重名復則臣得名君周之禮天子崩復曰皐天子復諸侯薨復曰皐某甫復其餘及書銘則同斬衰之葛與齊衰之麻同經之大俱七寸五分寸之一帶五寸二十五分寸之十九齊衰之葛與大功之麻同經之大俱五寸二十五分寸之十九帶四寸百二十五分寸之七十六麻同皆兼服之

昔者昔上二事也兼服之謂服麻又服葛也男子則經上服之葛帶下服之麻婦人則經下服之麻固自帶其故帶也所謂易服易輕者也兼服之文主於男子

報葬者報虞三月而后卒哭報讀爲赴疾之赴謂不及期而葬也既葬即虞虞安神也卒哭之祭待哀殺也

父母之喪偕先葬者不虞祔待後事其葬服斬衰偕俱也謂同月若同日死也先葬者母也曾子問曰葬先輕而後重又曰反葬奠而後辭於殯遂脩葬事其虞也先重而後輕待後事謂如此也其葬服斬衰者喪之隆哀宜從重也假令父死在前月而同月葬猶服斬衰不葬不變服也言其葬服斬衰則虞祔各以其服矣及練祥皆然卒事反服重

大夫降其庶子其孫不降其父祖不厭孫也大夫爲庶子大功

大夫不

主士之喪士之喪雖無主不敢攝大夫以爲主爲慈母之父母無服恩不能及夫爲人後者其妻爲舅姑大功不以不貳隆士祔於大夫則易牲不敢以卑牲祭尊也大夫少牢也繼父不同居也者必嘗同居皆無主後同財而祭其祖禰爲同居有主後者爲異居錄恩服深淺也見同財則期同居異財故同居今異居及繼父有子亦爲異居則三月未嘗同居則不服哭朋友者於門外之右南面變於有親者也門外寢門外祔葬者不筮宅宅葬地也前人葬既筮之士大夫不得祔於諸

侯祔於諸祖父之爲士大夫者其妻祔於諸祖姑妾祔於妾祖姑亡則中一以上而祔祔必以其昭穆（士大夫謂公子公孫爲士大夫者不得祔於諸侯卑別也既卒哭各就其先君爲祖者兄弟之廟而祔之中猶間也）諸侯不得祔於天子天子諸侯大夫可以祔於士（人莫敢卑其祖也）爲母之君母母卒則不服（母之君母外祖適母徒從也所從亡則已）宗子母在爲妻禫（宗子之妻尊也）爲慈母後者爲庶母可也爲祖庶母可也（謂父命之爲子母者也即庶子爲後此皆子也）

傳重而已不先命之與適妻使爲母子也緣爲慈母後之義父之妾無子者亦可命己庶子爲後爲父

母妻長子禫目所爲禫者也慈母與妾母不世祭

也以其非正春秋傳曰於子祭於孫止丈夫冠而不爲殤婦人笄

而不爲殤言成人也婦人許嫁而笄未許嫁與丈夫同爲殤後者以

其服服之言爲後者據承之也殤無爲人父之道以本親之服服之久而不

葬者唯主喪者不除其餘以麻終月數者

除喪則已其餘謂旁親也以麻終月數不葬者喪不變也箭笄終喪

三年亦於喪所以自卷持者有除無變齊衰三月與大功同

者繩屨 雖尊卑異於恩有可同也 練筮日筮尸視濯皆要絰杖繩屨有司告具而后去杖筮日筮尸有司告事畢而后杖拜送賓 臨事去杖敬也濯謂溉祭器也 大祥吉服而筮尸 凡變除者必服其吉服以即祭事不以凶臨吉也閒傳曰大祥素縞麻衣 庶子在父之室則爲其母不禫 妾子父在厭也 庶子不以杖即位 下適子也位朝夕哭位也 父不主庶子之喪則孫以杖即位可也 祖不厭孫孫得伸也 父在庶子爲妻以杖即位可也 舅不主妾之喪子得伸也 諸侯

弔於異國之臣則其君爲主君爲之主弔臣恩爲已也子不敢當主中庭北面哭不拜諸侯弔必皮弁錫衰所弔雖已葬主人必免主人未喪服則君亦不錫衰必免者尊人君爲之變也未喪服未成服也既殯成服養有疾者不喪服遂以主其喪不喪服求生主吉惡其凶也遂以主其喪謂養者有親也死則當爲之主其爲主之服如素無喪服非養者入主人之喪則不易已之喪服入猶來也謂養者無親於死者不得爲主其有親來爲主者素有喪服而來爲主與素無服者異素無服素有服爲今死者當服則皆三日成也養尊者必易服養卑者否

尊謂父兄卑謂子弟之屬妾無妾祖姑者易牲而祔於女君可也女君適祖姑也易牲而祔則凡妾下女君一等婦之喪虞卒哭其夫若子主之祔則舅主之婦謂凡適婦庶婦也虞卒哭祭婦非舅事也祔於祖廟尊者宜主焉士不攝大夫士攝大夫唯宗子士之喪雖無主不敢攝大夫以爲主宗子尊可以攝之主人未除喪有兄弟自他國至則主人不免而爲主親質不崇敬也陳器之道多陳之而省納之可也省陳之而盡納之可也多陳之謂賓客之就器也以多爲榮省陳之謂主人之明器也以節

爲禮奔兄弟之喪先之墓而後之家爲位而哭所知之喪則哭於宮而后之墓兄弟先之墓骨肉之親不由主人也宮故殯宮也父不爲衆子次於外於庶子略自若居寢與諸侯爲兄弟者服斬謂卿大夫以下也與尊者爲親不敢以輕服服之言諸侯者明雖在異國猶來爲三年也下殤小功帶澡麻不絕本詘而反以報之報猶合也下殤小功本齊衰之親其絰帶澡率治麻爲之帶不絕其本屈而上至要中合而糾之明親重也凡殤散帶垂婦祔於祖姑祖姑有三人則祔於親者謂舅之母死而又有繼母二人也親者謂舅所生

其妻爲大夫而卒而后其夫不爲大夫而祔於其妻則不易牲妻卒而后夫爲大夫而祔於其妻則以大夫牲妻爲大夫夫爲大夫時卒不易牲以士牲也此謂始來仕無廟者無廟者不祔宗子去國乃以廟從爲父後者爲出母無服無服也者喪者不祭故也適子正體於上當祭祀也婦人不爲主而杖者姑在爲夫杖姑不厭婦爲長子削杖嫌服男子當杖竹也母爲長子服不可以重於子爲己也女子子在室爲父母其主喪者不杖則子一人

杖女子子在室亦童子也無男昆弟使同姓爲攝主不杖則子一人杖謂長女也許嫁及二十而笄笄爲成人成人正杖也緦小功虞卒哭則免棺柩已藏嫌恩輕可以不免也既葬而不報虞則雖主人皆冠及虞則皆免有故不得疾虞雖主人皆冠不可久無飾也皆免自主人至緦麻爲兄弟既除喪已及其葬也反服其服報虞卒哭則免如不報虞則除之小功以下遠葬者比反哭者皆冠及郊而后免反哭墓在四郊之外君弔雖不當免時也主人必免不散

麻雖異國之君免也親者皆免不散麻者自若絞垂爲人君變貶於大斂之前既啓之後也親者大功以上也異國之君免或爲弔除殤之喪者其祭也必玄殤無變文不縞冠玄端黃裳而祭不朝服未純吉也於成人爲釋禫之服除成喪者其祭也朝服縞冠成成人也縞冠未純吉祭服也既祥祭乃素縞麻衣奔父之喪括髮於堂上袒降踊襲絰于東方奔母之喪不括髮袒於堂上降踊襲免于東方絰即位成踊出門哭止三日而五哭三袒凡奔喪謂道遠已殯乃來也爲母不括髮以至成服一而已貶

於父也即位以下於父母同也三日五哭者始至訖夕反位哭乃出就次一哭也與明日又明日之朝夕而五哭三祖者始至祖與明日又明日之朝而三也**適婦不爲舅後者則姑爲之小功**謂夫有廢疾他故若死而無子不受重者小功庶婦之服也凡父母於子舅姑於婦將不傳重於適及將所傳重者非適服之皆如衆子庶婦也

大傳第十六

鄭氏注

禮不王不禘王者禘其祖之所自出以其祖配之凡大祭曰禘自由也大祭其先祖所由生謂郊祀天也王者之先祖皆感太微五帝之精以生蒼則靈威仰赤則赤熛怒黃則含樞紐白則白招拒黑則汁光紀皆用正歲之正月郊祭之蓋特尊焉孝

經曰郊祀后稷以配天配靈威仰也宗祀文王於明堂以配上帝汎配五帝也諸侯及其大祖大祖受封君也大夫士有大事省於其君干祫及其高祖大事寇戎之事也省善也善於其君謂免於大難也干猶空也空祫謂無廟祫祭之於壇墠牧之野武王之大事也既事而退柴於上帝祈於社設奠於牧室柴祈奠告天地及先祖也牧室牧野之室也古者郊關皆有館焉先祖者行主也遂率天下諸侯執豆籩遂奔走遂疾也疾奔走言勸事也周頌曰遂奔走在廟追王大王亶父王季歷文王昌不以卑臨尊也不用諸侯

之號臨天子也文王稱王早矣於郣猶爲諸侯於是著焉上治祖禰尊尊也下治子孫親親也旁治昆弟合族以食序以昭繆別之以禮義人道竭矣治猶正也繆讀爲穆聲之誤也竭盡也聖人南面而聽天下所且先者五民不與焉且先言未遑餘事一曰治親二曰報功三曰舉賢四曰使能五曰存愛功功臣也存察也察有仁愛者五者一得於天下民無不足無不贍者五者一物紕繆民莫得其死物猶事也紕猶錯也五事得則民足一事失則民不

得其死明政之難聖人南面而治天下必自人道始矣人道謂此五事立權度量考文章改正朔易服色殊徽號異器械別衣服此其所得與民變革者也權稱也度丈尺也量斗斛也文章禮法也服色車馬也徽號旌旗之名也器械禮樂之器及兵甲也衣服吉凶之制也徽或作褘其不可得變革者則有矣親親也尊尊也長長也男女有別此其不可得與民變革者也四者人道之常同姓從宗合族屬異姓主名治際會名著而男女有別合合

之宗子之家序昭穆也異姓謂來嫁者也主於母與婦之名耳際會昏禮交接之會也著明也母婦之名不明則人倫亂也亂者若衛宣公楚平王爲子取而自納焉其夫屬乎父道者妻皆母道也其夫屬乎子道者妻皆婦道也言母婦無昭穆於此統於夫耳母焉則尊之婦焉則卑之尊之卑之明非己倫以厚別也謂弟之妻婦者是嫂亦可謂之母乎言不可也謂之婦與嫂者以其在己之列以名遠之耳復謂嫂爲母則令昭穆不明昆弟之妻夫之昆弟不相爲服不成其親也男女無親則遠於相見名者人治之大者也可無慎乎人治所以正人四世而緦服之窮也五世袒免殺同姓

也六世親屬竭矣四世共高祖五世高祖昆弟六世以外親盡無屬名其庶姓別於上而戚單於下昏姻可以通乎問之也玄孫之子姓別於高祖五世而無服姓世所由生繫之以姓而弗別綴之以食而弗殊雖百世而昏姻不通者周道然也周之禮所建者長也姓正姓也始祖爲正姓高祖爲庶姓繫之弗別謂若今宗室屬籍也周禮小史掌定繫世辨昭穆

服術有六一曰親親二曰尊尊三曰名四曰出入五曰長幼六曰從服術猶道也親親父母爲首尊尊君爲首名世母叔母之屬也出入女子子嫁者及在室者長幼成人及殤也從

服若夫爲妻之父母妻爲夫之黨服從服有六有屬從子爲母之黨有徒從臣爲君之黨有從有服而無服公子爲其妻之父母有從無服而有服公子之妻爲公子之外兄弟有從重而輕夫爲妻之父母有從輕而重公子之妻爲其皇姑自仁率親等而上之至于祖名曰輕自義率祖順而下之至于禰名曰重一輕一重其義然也自猶用也率循也用恩則父母重而祖輕用義則祖重而父母輕恩重者爲之三年義重者爲之齊衰然如是也君有合族之道族人不得以其戚戚君位

也君恩可以下施而族人皆臣也不得以父兄子弟之親自戚於君位謂齒列也所以尊君別嫌也庶子不祭明其宗也庶子不得爲長子三年不繼祖也明猶尊也一統焉族人上不戚君下又辟宗乃後能相序別子爲祖別子謂公子若始來在此國者後世以爲祖也繼別爲宗別子之世適也族人尊之謂之大宗是宗子也繼禰者爲小宗父之適也兄弟尊之謂之小宗有百世不遷之宗有五世則遷之宗百世不遷者別子之後也宗其繼別子之所自出者百世不遷者也宗其繼高祖者五世則遷者

也尊祖故敬宗敬宗尊祖之義也遷猶變易也繼別子別子之世適也繼高祖者亦小宗也先言繼禰者據別子子弟之子也以高祖與禰皆有繼者則曾祖亦有也則小宗四與大宗凡五有小宗而無大宗者有大宗而無小宗者有無宗亦莫之宗者公子是也公子有此三事也公子謂先君之子今君昆弟公子有宗道公子之公爲其士大夫之庶者宗其士大夫之適者公子之宗道也公子不得宗君君命適昆弟爲之宗使之宗之是公子之宗道也所宗者適則如大宗死爲之齊衰九月其母則小君也爲其妻齊衰三月無適而宗庶則如小宗死爲之大

功九月其母妻無服公子唯己而已則無所宗亦無之宗絕族無移服（族昆弟之子不相爲服）親者屬也（有親者服各以其屬親疏）自仁率親等而上之至于祖自義率祖順而下之至于禰是故人道親親也（言先有恩）親親故尊祖尊祖故敬宗敬宗故收族收族故宗廟嚴宗廟嚴故重社稷重社稷故愛百姓愛百姓故刑罰中刑罰中故庶民安庶民安故財用足財用足故百志成百志成故禮俗刑禮俗

刑然後樂收族序以昭穆也嚴猶尊也孝經曰孝莫大於嚴父百志人之志意所欲也刑猶戒也詩云不顯不承無斁於人斯此之謂也斁厭也言文王之德不顯乎不承成先人之業乎言其顯且承之人樂之無厭也

少儀第十七　鄭氏注

聞始見君子者辭曰某固願聞名於將命者君子卿大夫若有異德者固如故也將猶奉也即君子之門而云願以名聞於奉命者謙遠之也重則云固奉命傳辭出入不得階主階上進者言賓之辭不得指斥主人敵者曰某固願見敵當也願見願見於將命者謙也罕見曰聞名罕希也希

相見雖於敵者猶為尊主之辭如於君子亟見曰朝夕亟數也於君子則曰某願朝夕聞名於將命者於敵者則曰某願朝夕見於將命者瞽曰聞名瞽無目也以無目辭不稱見適有喪者曰比適之也曰某願比於將命者比猶比方俱給事童子曰聽事曰某願聽事於將命者童子未成人不敢當相見之禮適公卿之喪則曰聽役於司徒喪亟憂戚無賓主之禮皆為執事來也君將適他臣如致金玉貨貝於君則曰致馬資於有司敵者曰贈從者適他行朝會也資猶用也贈送也臣致襚於君則曰致廢衣於賈人敵者曰襚言廢

衣不必其以斂也賈人知物善惡也周禮王府掌凡王之獻金玉兵器文織良貨賄之物受而藏之有賈八人

親者兄弟不以襚進不執將命也以即陳而已臣爲君喪

納貨貝於君則曰納甸於有司甸謂田野之物賵馬

入廟門以其主於死者賻馬與其幣大白兵車不

入廟門以其主於生人也兵車革路也雖爲死者來陳之於外戰伐田獵之服非盛者也周禮革

路建大白以即戎賻者既致命坐委之擯者舉之主

人無親受也喪者非尸柩之事不親也舉之舉以東受立授立不

坐由便性之直者則有之矣有之有跪者也謂受授於尊者而尊

者短則跪不敢以長臨之始入而辭曰辭矣即席曰可矣可猶止也謂擯者爲賓主之節也始入則告之辭至就席則止其辭排闔說屨於戶內者一人而已矣雖衆敵猶有所尊也有尊長在則否在在內也後來之衆皆說屨於戶外問品味曰子亟食於某乎問道藝曰子習於某乎子善於某乎不斥人謙也道三德三行也藝六藝不疑在躬躬身也不服行所不知使身疑也不度民械械兵器也不計度民家之器物使已亦有不願於大家大謂富之廣也不訾重器訾思也重猶寶也氾埽曰埽埽席前曰

拚拚席不以鬣執箕膺擖鬣謂帚也帚恒埽地不絜清也膺親也擖舌也持箕將去糞者以舌自鄉不貳問當正己之心以問吉凶於蓍龜不得於正凶則卜筮其權也問卜筮曰義與志與義則可問志則否大卜問來卜筮者也義正事也志私意也尊長於己踰等不敢問其年踰等父兄黨也問年則己恭孫之心不全燕見不將命自不用賓主之正來則若子弟然遇於道見則面可以隱則隱不敢煩動也不請所之尊長所之或卑褻喪俟事不犆弔亦不敢故煩動也事朝夕哭時侍坐弗使不執琴瑟不畫地手無容不

髮也端慤所以爲敬也尊長或使彈琴瑟則爲之可寢則坐而將命命有所傳辭也坐者不敢臨之侍射則約矢不敢與之拾取也侍投則擁矢不敢釋於地也投投壺也投壺坐勝則洗而以請洗爵請行觴不敢直飲之客亦如之客射若投壺不勝主人亦洗而請之不角角謂觥罰爵也於尊長與客如獻酬之爵不擢馬擢去也謂徹也已徹馬嫌勝故專之執君之乘車則坐執執轡謂守之也君不在中坐示不行也僕者右帶劍負良綏申之面拖諸幦面前也幦覆苓也良綏君綏也負之由左肩上入右腋下申之於前覆苓上也以散綏升執轡然後步步行也請見不

請退去止不敢自由朝廷曰退近君爲進燕遊曰歸禮褻

主於家也師役曰罷罷之言罷勞也春秋傳曰師還曰疲侍坐於君子

君子欠伸運笏澤劍首還屨問日之蚤莫

雖請退可也以此皆解倦之狀伸頻伸也運澤謂玩弄也金器弄之易以汙澤事

君者量而后入不入而后量凡乞假於人

爲人從事者亦然然故上無怨而下遠罪

也量量其事意合成否不窺密嫌伺人之私也密隱曲處也不旁狎安相服習

終或爭訟不道舊故言知識之過失損友也孔子曰故舊不遺則民不偷不戲

色暫變傾頽色爲非常則人不長失敬也爲人臣下者有諫而無訕有亡而無疾亡去也疾惡也頌而無諂諫而無驕頌謂將順其美也驕謂言行謀從恃知而慢怠則張而相之怠惰也相助也廢則埽而更之廢政教壞亂無可因也謂之社稷之役役爲也毋拔來毋報往報讀爲赴疾之赴拔赴皆疾也人來往所之當有宿漸不可卒也毋瀆神瀆謂數而不敬毋循枉前日之不正不可復遵行以自伸毋測未至測意度也士依於德游於藝德三德也一曰至德二曰敏德三曰孝德藝六藝也一曰五禮二曰六樂三曰五射四曰五御五曰六書六曰九數工

依於法游於說法謂規矩尺寸之數也說謂鴻殺之意所宜也考工記曰薄厚之所震動清濁之所由出侈弇之所由興有說說或爲申毋訾衣服成器訾思也成猶善也思此則疾貧也毋身質言語質成也聞疑則傳疑若成之或有所誤言語之美穆穆皇皇朝廷之美濟濟翔翔祭祀之美齊齊皇皇車馬之美匪匪翼翼鸞和之美肅肅雍雍匪讀如四牡騑騑齊齊皇皇讀如歸往之往美皆當爲儀字之誤也周禮教國子六儀一曰祭祀之容二曰賓客之容三曰朝廷之容四曰喪紀之容五曰軍旅之容六曰車馬之容問國君之子長幼長則曰能從社稷

之事矣幼則曰能御未能御御謂御事問大夫之子長幼長則曰能從樂人之事矣幼則曰能正於樂人未能正於樂人正樂政也周禮大司樂以樂德教國子中和祇庸孝友以樂語教國子興道諷誦言語以樂舞教國子舞雲門大卷大咸大韶大夏大濩大武問士之子長幼長則曰能耕矣幼則曰能負薪未能負薪士祿薄子以農事爲業執玉執龜筴不趨堂上不趨城上不趨於重器於近尊於迫狹無容也步張足曰趨武車不式介者不拜兵車不以容禮下人

也軍中之拜肅拜婦人吉事雖有君賜肅拜爲尸坐則不手拜肅拜爲喪主則不手拜肅拜拜低頭也手拜手至地也婦人以肅拜爲正凶事乃手拜耳爲尸爲祖姑之尸也士虞禮曰男男尸女女尸爲喪主不手拜者爲夫與長子當稽顙也其餘亦手拜而已雖或爲尸或曰喪爲主則不手拜肅拜也葛絰而麻帶謂既虞卒哭也帶所以自結束也婦人質少變於喪之帶有除而無變取俎進俎不坐以其有足亦柄尺之類執虛如執盈入虛如有人重慎凡祭於室中堂上無跣燕則有之祭不跣者主敬也燕則有跣爲歡也天子諸侯祭有坐尸於堂之禮祭所尊在室燕所尊在堂將燕降說屨乃升堂

未嘗不食新嘗謂薦新物於寢廟僕於君子君子升下則授綏始乘則式君子下行然後還立還車而立以俟其去乘貳車則式佐車則否貳車佐車皆副車也朝祀之副曰貳戎獵之副曰佐魯莊公敗于乾時公喪戎路傳乘而歸貳車者諸侯七乘上大夫五乘下大夫三乘此蓋殷制也周禮貳車公九乘侯伯七乘子男五乘及卿大夫各如其命之數有貳車者之乘馬服車不齒尊有爵者之物廣敬也服車所乘車也車有新舊觀君子之衣服服劒乘馬弗賈平尊者之物非敬也其以乘壺酒束脩

一犬賜人若獻人則陳酒執脩以將命亦曰乘壺酒束脩一犬陳重者執輕者便也乘壺四壺也酒謂清也糟也不言陳犬或無脩者牽犬以致命也於卑者曰賜於尊者曰獻其以鼎肉則執以將命鼎肉謂牲體已解可外於鼎其禽加於一雙則執一雙以將命委其餘加猶多也犬則執緤守犬田犬則授擯者既受乃問犬名牛則執紖馬則執靮皆右之緤紖靮皆所以繫制之者守犬田犬問名畜養者當呼之名謂若韓盧宋鵲之屬右之者執之宜由使也臣則左之異於衆物臣謂囚俘車則說綏

執以將命甲若有以前之則執以將命無以前之則袒櫜奉胄甲鎧也有以前之謂他摯幣也櫜弢鎧衣也胄兜鍪也袒其衣出兜鍪以致命器則執蓋謂有表裹弓則以左手屈韣執拊韣弓衣也左手屈衣并於拊執之而右手執簫劍則啓櫝蓋襲之加夫襓與劍焉櫝謂劍函也襲郤合之夫襓劍衣也加劍於衣上夫或爲煩皆發聲笏書脩苞苴弓茵席枕几穎杖琴瑟戈有刃者櫝筴籥其執之皆尚左手苞苴謂編束萑葦以裹魚肉也茵著蓐也穎警枕也筴蓍也籥如笛三孔皆十六物也左手執上上陽也右手執下下陰

也刀卻刃授穎削授拊辟用時穎鐶也拊謂把凡有刺刃者以授人則辟刃辟刃不以正鄉人也乘兵車出先刃入後刃不以刃鄉國也軍尚左左陽也陽主生將軍有廟勝之策左將軍爲上貴不敗績卒尚右右陰也陰主殺卒之行伍以右爲上示有死志賓客主恭祭祀主敬喪事主哀會同主詡恭在貌也而敬又在心詡謂敏而有勇若齊國佐軍旅思險隱情以虞險阻出奇覆詖之處也隱意也思也虞度也當思念己情之所能以度彼之將然否燕侍食於君子則先飯而後已所以勸也毋放飯毋流歠小飯

而亟之（亟疾也備噦噫若見問也）數噍毋爲口容（口容弄口）客自徹辭焉則止（主人辭其徹）客爵居左其飲居右（客爵謂主人所酬賓之爵也以優賓耳賓不舉奠于薦東）介爵酢爵僎爵皆居右（三爵皆飲爵也介賓之輔也酢所以酢主人也古文禮僎作遵遵謂鄉人爲卿大夫來觀禮者酢或爲作僎或爲馴）羞濡魚者進尾（擗之由後鯁肉易離也乾魚進首擗之由前理易析也）冬右腴（氣在下腴腹下也）夏右鰭（氣在上鰭脊也）祭膴（膴大臠謂刳魚腹也膴讀如冔）凡齊執之以右居之於左（齊謂食羹醬飲有齊和者也居於左手之上右手執而正之由使也）贊幣自左詔辭自

右自由也謂爲君授幣爲君出命也立者尊右酌尸之僕如君之僕當其爲尸則尊其在車則左執轡右受爵祭左右軌范乃飲周禮大御祭兩軹祭軌乃飲軌與軹於車同謂轊頭也範與范聲同謂軾前也凡羞有俎者則於俎內祭俎於人爲橫不得祭於閒也君子不食圂腴周禮圂作豢謂犬豕之屬食米穀者也腴有似於人穢小子走而不趨舉爵則坐祭立飲小子弟子也卑不得與賓介俱備禮容也凡洗必盥先盥乃洗爵先自絜也盥有不洗也牛羊之肺離而不提心提猶絕也刲離之不絕中央少者使易絕以祭耳凡羞有湇者不以齊齊和

也爲君子擇葱薤，則絕其本末爲有萎乾羞首

者進喙祭耳耳出見也尊者以酌者之左爲上

尊尊者設尊者也酌者鄉尊其左則右尊也尊壺者面其鼻鼻在面中

言鄉人也飲酒者機者醮者有折俎不坐折俎尊徹

之乃坐也尸沐飲曰機酌始冠曰醮未步爵不嘗羞步行也牛與

羊魚之腥聶而切之爲膾聶之言牒也先藿葉切之復報切之

則成膾麋鹿爲菹野豕爲軒皆聶而不切麕

爲辟雞兔爲宛脾皆聶而切之切葱若薤

實之醯以柔之此軒辟雞宛脾皆菹類也其作之狀以醯與葷菜淹之殺肉及腥氣也其有折俎者取祭反之不坐燔亦如之亦爲柄尺之類也燔炙也鄉射曰賓奠爵于薦西興取肺坐絕祭左手嚌之興加于俎坐帨手尸則坐尸尊也少牢饋食禮曰尸左執爵右兼取肝肺擩于俎鹽振祭嚌之加于菹豆衣服在躬而不知其名爲罔罔猶罔罔無知貌其未有燭而有後至者則以在者告道瞽亦然爲其不見意欲知之也師冕見及階子曰階也及席子曰席也皆坐子告之曰某在斯某在斯凡飲酒爲獻主者執燭抱燋客作而辭然後以授人爲肎

言也主人親執燭敬賓示不倦也言獻主者容君使宰夫也未爇曰燋執燭不讓不辭不歌以燭繼晝禮殺洗盥執食飲者勿氣有問焉則辟咡而對示不敢歆臭也口旁曰咡為人祭曰致福為己祭而致膳於君子曰膳祔練曰告此皆致祭祀之餘於君子也攝主言致福申其辭也自祭言膳謙也祔練言告不敢以為福膳也凡膳告於君子主人展之以授使者于阼階之南南面再拜稽首送反命主人又再拜稽首展省具也其禮大牢則以牛左肩臂臑折九个

少牢則以羊左肩七个犆豕則以豕左肩五个折斷分之也皆用左者右以祭也羊豕不言臂臑因牛序之可知國家靡敝則車不雕幾甲不組縢食器不刻鏤君子不履絲屨馬不常秣靡敝賦稅亟也雕畫也幾附纏爲沂鄂也組縢以組飾之及紟帶也詩云公徒三萬貝冑朱綅亦鎧飾也

禮記卷第十

禮記卷第十一

學記第十八　　鄭氏注

發慮憲求善良足以謏聞不足以動衆憲法也言發計慮當擬度於法式也求謂招來也謏之言小也動衆謂師役之事就賢體遠足以動衆未足以化民就謂躬下之體猶親也君子如欲化民成俗其必由學乎所學者聖人之道在方策玉不琢不成器人不學不知道是故古之王者建國君民教學爲先謂內則設師保以教使國子學焉外則有大學庠序之官

兌命曰念終始典于學其此之謂乎典經也言

學之不舍業也兌當爲說字之誤也高宗夢傅說求而得之作說命三篇在尚書今亡雖有嘉肴弗食不知其旨也雖有至道弗學不知其善也言美也是故學然後知不足教然後知困學則睹己行之所短教則見己道之所未達知不足然後能自反也知困然後能自強也故曰教學相長也自反求諸己也自強脩業不敢倦兌命曰學學半其此之謂乎言學人乃益己之學半古之教者家有塾黨有庠術

有序國有學術當爲遂聲之誤也古者仕焉而已者歸教於閭里朝夕坐於門門側之堂謂之塾周禮五百家爲黨萬二千五百家爲遂黨屬於鄉遂在遠郊之外比年入學學者每歲來入也中年考校中猶間也鄉遂大夫間歲則考學者之德行道藝周禮三歲大比乃考焉一年視離經辨志三年視敬業樂羣五年視博習親師七年視論學取友謂之小成九年知類通達強立而不反謂之大成離經斷句絕也辨志謂別其心意所趣鄉也知類知事義之比也強立臨事不惑也不反不違失師道夫然後足以化民易俗近者說服而遠者

懷之此大學之道也懷來也安也記曰蛾子時術之其此之謂乎蛾蚍蜉也蚍蜉之子微蟲耳時術蚍蜉之所爲其功乃復成大垤大學始教皮弁祭菜示敬道也皮弁天子之朝朝服也祭菜禮先聖先師菜謂芹藻之屬宵雅肄三官其始也宵之言小也肄習也習小雅之三謂鹿鳴四牡皇皇者華也此皆君臣宴樂相勞苦之詩爲始學者習之所以勸之以官且取上下相和厚入學鼓篋孫其業也鼓篋擊鼓警衆乃發篋出所治經業也孫猶恭順也夏楚二物收其威也夏槄也楚荊也二者所以扑撻犯禮者收謂收斂整齊之威威儀也未卜禘不視學游其志也

禘大祭也天子諸侯既祭乃視學考校以游暇學者之志意時觀而弗語存其心也使之悱悱憤憤然後啓發也幼者聽而弗問學不躐等也學教也教之長穉此七者教之大倫也倫理也自大學始教至此其義七也記曰凡學官先事士先志其此之謂乎官居官者也士學士也大學之教也時教必有正業退息必有居有居有常居也學不學操縵不能安弦操縵雜弄不學博依不能安詩博依廣譬諭也依或爲衣不學雜服不能安禮雜服冕服皮弁之屬雜或爲雅不

興其藝不能樂學興之言喜也歆也藝謂禮樂射御書數故君子之於學也藏焉脩焉息焉遊焉藏謂懷抱之脩習也息謂作勞休止於之息遊謂閒暇無事於之遊夫然故安其學而親其師樂其友而信其道是以雖離師輔而不反也兌命曰敬孫務時敏厥脩乃來其此之謂乎敬孫敬道孫業也敏疾也厥其也學者務及時而疾其所脩之業乃來今之教者呻其佔畢多其訊呻吟也佔視也簡謂之畢訊猶問也言今之師自不曉經之義但吟誦其所視簡之文多其難問也呻或為慕訊或為訾言及于數

其發言出說不首其義動云有所法象而已進而不顧其安務其所誦多不惟其未曉使人不由其誠由用也使學者誦之而爲之說不用其誠教人不盡其材材道也謂師有所隱也易曰兼三材而兩之謂天地人之道其施之也悖其求之也佛教者言非則學者失問夫然故隱其學而疾其師苦其難而不知其益也隱不稱揚也不知其益若無益然雖終其業其去之必速速疾也學不心解則忘之易教之不刑其此之由乎刑猶成也大學之法禁於未發之謂豫夫發情欲未生謂年十五時當其

可之謂時可謂年二十成人時不陵節而施之謂孫不陵節謂不教長者才者以小教幼者鈍者以大也施猶教也孫順也相觀而善之謂摩不竝問則教者思專也摩相切磋也此四者教之所由興也興起也發然後禁則扞格而不勝教不能勝其情欲格讀如凍洛之洛扞堅不可入之貌時過然後學則勤苦而難成時過則思放也雜施而不孫則壞亂而不脩小者不達大者難識學者所惑也獨學而無友則孤陋而寡聞不相觀也燕朋逆其師燕猶褻也褻其朋友燕譬廢其學褻師之譬言

喻此六者教之所由廢也廢滅君子既知教之所由興又知教之所由廢然後可以爲人師也故君子之教喻也道而弗牽強而弗抑開而弗達道示之以道塗也抑猶推也開爲發頭角道而弗牽則和強而弗抑則易開而弗達則思和易以思可謂善喻矣思而得之則深學者有四失教者必知之人之學也或失則多或失則寡或失則易或失則止此四者心之莫同也

（失於多謂才少者失於寡謂才多者失於易謂好問不識者失於止謂好思不問者）知其心然後能救其失也（救其失者多與易則抑之寡與止則進之）教也者長善而救其失者也善歌者使人繼其聲善教者使人繼其志（言為之善者則後人樂放傚）其言也約而達微而臧罕譬而喻可謂繼志矣（師說之明則弟子好述之其言少而解臧善也）君子知至學之難易而知其美惡然後能博喻能博喻然後能為師能為師然後能為長能為長然後能為

君美惡說之是非也長達官之長故師也者所以學爲君也弟子學於師學爲君是故擇師不可不慎也師善則善記曰三王四代唯其師此之謂乎四代虞夏殷周凡學之道嚴師爲難嚴尊敬也師嚴然後道尊道尊然後民知敬學是故君之所不臣於其臣者二當其爲尸則弗臣也當其爲師則弗臣也尸主也爲祭主也大學之禮雖詔於天子無北面所以尊師也尊師重道焉不使處臣位也武王踐阼召師尚父而問焉

曰昔黃帝顓頊之道存乎意亦忽不可得見與師尚父曰在丹書王欲聞之則齊矣王齊三日端冕師尚父亦端冕奉書而入負屏而立王下堂南面而立師尚父曰先王之道不北面王行西折而南東面而立師尚父西面道書之言

善學者師逸而功倍又從而庸之不善學者師勤而功半又從而怨之從隨也庸功也功之受其道有功於己

善問者如攻堅木先其易者後其節目及其久也相說以解不善問者反此言先易後難以漸入

善待問者如撞鐘叩之以小者則小鳴叩之以大者則大鳴待其從容

然後盡其聲不善荅問者反此從讀如富父春戈之春春容謂重撞擊也始者一聲而已學者旣開其端意進而復問乃極說之如撞鐘之成聲矣從或爲松此皆進學之道也皆善問善荅也記問之學不足以爲人師記問謂豫誦雜難雜說至講時爲學者論之此或時師不心解或學者所未能問必也其聽語乎必待其問乃說之力不能問然後語之語之而不知雖舍之可也舍之須後良冶之子必學爲裘仍見其家錮補穿鑿之器也補器者其金柔乃合有似於爲裘良弓之子必學爲箕仍見其家撓角幹也撓角幹者其材宜調調乃三體相勝

有似於爲楊柳之箕始駕馬者反之車在馬前以言仍見則貫即事易也君子察於此三者可以有志於學矣仍讀先王之道則爲來事不惑古之學者比物醜類以事相況而爲之醜猶比也醜或爲計鼓無當於五聲五聲弗得不和水無當於五色五色弗得不章學無當於五官五官弗得不治師無當於五服五服弗得不親當猶主也五服斬衰至緦麻之親君子曰大德不官謂君也大道不器謂聖人之道不如器施於一物大信不

約誼若胥命于蒲無盟約大時不齊或時以生或時以死察於此四者可以有志於本矣本立而道生言以學爲本則其德於民無不化於俗無不成三王之祭川也皆先河而後海或源也或委也此之謂務本源泉所出也委流所聚也始出一勺卒成不測

樂記第十九　　鄭氏注

凡音之起由人心生也人心之動物使之然也感於物而動故形於聲宮商角徵羽雜比曰音單出曰聲形猶見也聲相應故生變樂之器彈其宮則衆宮應然不足樂是以變之

使雜也易曰同聲相應同氣相求春秋傳曰若以水濟水誰能食之若琴瑟之專一誰能聽之變成

方謂之音方猶文章也比音而樂之及干戚羽旄

謂之樂干盾也戚斧也武舞所執也羽翟羽也旄旄牛尾也文舞所執周禮舞師樂師掌教舞有兵舞有干舞有羽舞有旄舞詩曰左手執籥右手秉翟樂者音之所由生也

其本在人心之感於物也是故其哀心感

者其聲噍以殺其樂心感者其聲嘽以緩

其喜心感者其聲發以散其怒心感者其

聲粗以厲其敬心感者其聲直以廉其愛

心感者其聲和以柔六者非性也感於物
而后動言人聲在所見非有常也噍踧也嘽寬綽貌發猶揚也粗麤也是故先王
慎所以感之者故禮以道其志樂以和其
聲政以一其行刑以防其姦禮樂刑政其
極一也極至也所以同民心而出治道也此其
所謂至也凡音者生人心者也情動於中故形
於聲聲成文謂之音是故治世之音安以
樂其政和亂世之音怨以怒其政乖亡國

之音哀以思其民困聲音之道與政通矣言八音和否隨政也王藻曰御瞽幾聲之上下宮爲君商爲臣角爲民徵爲事羽爲物五者不亂則無怗懘之音矣五者君臣民事物也凡聲濁者尊淸者卑怗懘敝敗不和貌宮亂則荒其君驕商亂則陂其官壞角亂則憂其民怨徵亂則哀其事勤羽亂則危其財匱五者皆亂迭相陵謂之慢如此則國之滅亡無日矣君臣民事物其道亂則其音應而亂荒猶散也陂傾也書曰王耄荒易曰無平不陂鄭

衛之音，亂世之音也，比於慢矣。比猶同也。桑閒濮上之音，亡國之音也，其政散，其民流，誣上行私而不可止也。濮水之上，地有桑閒者，亡國之音於此之水出也。昔殷紂使師延作靡靡之樂，已而自沈於濮水。後師涓過焉，夜聞而寫之，爲晉平公鼓之，是之謂也。桑閒在濮陽南。誣，罔也。

凡音者，生於人心者也。樂者，通倫理者也。倫猶類也。理，分也。是故知聲而不知音者，禽獸是也；知音而不知樂者，衆庶是也。唯君子爲能知樂。禽獸知此爲聲耳，不知其宮商之變也。八音竝作克諧曰樂。是故審聲以知音審音以知樂審樂以知政而治道備矣是故不知聲者不可與言音不知音者不可與言樂知樂則幾於禮矣禮樂皆得謂之有德德者得也幾近也聽樂而知政之得失則能正君臣民事物之禮是故樂之隆非極音也食饗之禮非致味也隆猶盛也極窮也清廟之瑟朱弦而疏越壹倡而三歎有遺音者矣大饗之禮尚玄酒而俎腥魚大羹不和有遺味者矣

清廟謂作樂歌清廟也朱弦練朱弦練則聲濁越瑟底孔也畫疏之使聲遲也倡發歌句也三歎三人從歎之耳大饗祫祭先王以腥魚爲俎實不臑孰之大羹肉湆不調以鹽菜遺猶餘也是故先王之制禮樂也非以極口腹耳目之欲也將以教民平好惡而反人道之正也教之使知好惡也人生而靜天之性也感於物而動性之欲也言性不見物則無欲物至知知然後好惡形焉至來也知知每物來則又有知也言見物多則欲益衆形猶見也好惡無節於內知誘於外不能反躬天理滅矣節法度也知猶欲也誘猶道也引也

躬猶己也理猶性也夫物之感人無窮而人之好惡無節則是物至而人化物也人化物也者滅天理而窮人欲者也窮人欲言無所不爲於是有悖逆詐偽之心有淫泆作亂之事是故強者脅弱衆者暴寡知者詐愚勇者苦怯疾病不養老幼孤獨不得其所此大亂之道也是故先王之制禮樂人爲之節言爲作法度以過其欲衰麻哭泣所以節喪紀也鐘鼓干戚所以和

安樂也昏姻冠笄所以別男女也射鄉食饗所以正交接也男二十而冠女許嫁而笄成人之禮射鄉大射鄉飲酒也禮節民心樂和民聲政以行之刑以防之禮樂刑政四達而不悖則王道備矣樂者爲同禮者爲異同則相親異則相敬同謂协好惡也異謂別貴賤樂勝則流禮勝則離流謂合行不敬也離謂析居不和也合情飾貌者禮樂之事也欲其竝行斌斌然禮義立則貴賤等矣樂文同則上下和矣好惡

著則賢不肖別矣刑禁暴爵舉賢則政均矣仁以愛之義以正之如此則民治行矣等階級也樂由中出和在心也禮自外作敬在貌也樂由中出故靜禮自外作故文文猶動也大樂必易大禮必簡易簡若於清廟大饗然樂至則無怨禮至則不爭揖讓而治天下者禮樂之謂也至猶達也行也暴民不作諸侯賓服兵革不試五刑不用百姓無患天子不怒如此則樂達矣合

父子之親明長幼之序以敬四海之內天子如此則禮行矣賓協也試用也大樂與天地同和大禮與天地同節言順天地之氣與其數和故百物不失不失其性節故祀天祭地成物有功報焉明則有禮樂教人者幽則有鬼神助天地成物者也易曰是故知鬼神之情狀與天地相似五帝德説黃帝德曰死而民畏其神者百年春秋傳曰若敖氏之鬼然則聖人之精氣謂之神賢知之精氣謂之鬼如此則四海之內合敬同愛矣禮者殊事合敬者也樂者異文合愛者也禮樂之情

同故明王以相沿也沿猶因述也孔子曰殷因於夏禮所損益可知也周因於殷禮所損益可知也沿或作緣故事與時竝舉事在其時也禮器曰堯授舜舜授禹湯放桀武王伐紂時也名與功偕爲名在其功也偕猶俱也堯作大章舜作大韶禹作大夏湯作大濩武王作大武各因其得天下之功故鐘鼓管磬羽籥干戚樂之器也屈伸俯仰綴兆舒疾樂之文也簠簋俎豆制度文章禮之器也升降上下周還裼襲禮之文也綴謂酇舞者之位也兆其外營域也故知禮樂之情者能作識禮樂之文者能述述謂

訓其義也作者之謂聖述者之謂明明聖者述作之謂也樂者天地之和也禮者天地之序也和故百物皆化序故羣物皆別化猶生也別謂形體異也樂由天作禮以地制言法天地也過制則亂過作則暴過猶誤也暴失文武之意明於天地然後能興禮樂也論倫無患樂之情也欣喜歡愛樂之官也倫猶類也患害也官猶事也中正無邪禮之質也莊敬恭順禮之制也質猶本也若夫禮樂之施

於金石越於聲音用於宗廟社稷事乎山川鬼神則此所與民同也言情官質制先王所尊也王者功成作樂治定制禮功成治定同時耳功主於王業治主於教民明堂位說周公曰治天下六年朝諸侯於明堂制禮作樂其功大者其樂備其治辯者其禮具辯徧也干戚之舞非備樂也樂以文德爲備若咸池者孔子曰韶盡美矣又盡善也謂武盡美矣未盡善也孰亨而祀非達禮也達具也郊特牲曰郊血大饗腥三獻爓一獻孰至敬不饗味而貴氣臭也五帝殊時不相沿樂三王異世不相襲禮言其有損

益也樂極則憂禮粗則偏矣樂人之所好也害在淫侉禮人之所勤也害在倦略及夫敦樂而無憂禮備而不偏者其唯大聖乎敦厚也天高地下萬物散殊而禮制行矣禮爲異也流而不息合同而化而樂興焉樂爲同也春作夏長仁也秋斂冬藏義也仁近於樂義近於禮言樂法陽而生禮法陰而成樂者敦和率神而從天禮者別宜居鬼而從地敦和樂貴同也率循也從順也別宜禮尚異也居鬼謂居其所爲亦言循之也鬼神謂先聖先賢也故聖人

作樂以應天制禮以配地禮樂明備天地官矣官猶事也各得其事天尊地卑君臣定矣卑高已陳貴賤位矣動靜有常小大殊矣方以類聚物以羣分則性命不同矣在天成象在地成形如此則禮者天地之別也卑高謂山澤也位矣尊卑之位象山澤也動靜陰陽用事小大萬物也大者常存小者隨陽出入方謂行蟲也物謂殖生者也性之言生也命生之長短也象光耀也形體貌也地氣上齊天氣下降陰陽相摩天地相蕩鼓之以雷霆奮之以風雨

動之以四時煖之以日月而百化興焉如此則樂者天地之和也齊讀爲躋躋升也摩猶迫也蕩猶動也奮迅也百化百物化生也化不時則不生男女無辨則亂升天地之情也辨別也升成也樂失則害物禮失則亂人及夫禮樂之極乎天而蟠乎地行乎陰陽而通乎鬼神窮高極遠而測深厚極至也蟠猶委也高遠三辰也深厚山川也言禮樂之道上至於天下委於地則其間無所不之樂著大始而禮居成物著之言處也大始百物之始生也著不息者天也著不動者地

也著猶明白也息猶休止也易曰天行徤君子以自強不息一動一靜者天地之閒也閒謂百物也故聖人曰禮樂云言禮樂之法天地也樂靜而禮動其並用事則亦天地之閒耳昔者舜作五弦之琴以歌南風夔始制樂以賞諸侯夔欲舜與天下之君共此樂也南風長養之風也以言父母之長養己其辭未聞也夔舜時典樂者也書曰夔命女典樂故天子之爲樂也以賞諸侯之有德者也德盛而教尊五穀時孰然後賞之以樂故其治民勞者其舞行綴遠其治民逸者其舞行綴短民勞

則德薄酇相去遠舞人少也民逸則德盛酇相去近舞人多也故觀其舞知其德聞其謚知其行也謚者行之迹也大章章之也堯樂名也言堯德章明也周禮闕之或作大卷咸池備矣黃帝所作樂名也堯增脩而用之咸皆也池之言施也言德之無不施也周禮曰大咸韶繼也舜樂名也韶之言紹也言舜能繼紹堯之德周禮曰大韶夏大也禹樂名也言禹能大堯舜之德周禮曰大夏殷周之樂盡矣言盡人事也周禮曰大濩大武天地之道寒暑不時則疾風雨不節則饑教者民之寒暑也教不時則傷世事者民之風雨也事不節則無功

教謂樂也然則先王之爲樂也以法治也善則行象德矣以法治以樂爲治之法行象德民之行順君之德也夫豢豕爲酒非以爲禍也而獄訟益繁則酒之流生禍也以穀食犬豕曰豢爲作也言豢豕作酒本以饗祀養賢而小人飲之善酗以致獄訟是故先王因爲酒禮壹獻之禮賓主百拜終日飲酒而不得醉焉此先王之所以備酒禍也壹獻士飲酒之禮百拜以喻多故酒食者所以合歡也樂者所以象德也禮者所以綴淫也綴猶止也是故先

王有大事必有禮以哀之有大福必有禮以樂之哀樂之分皆以禮終（大事謂死喪也）樂也者聖人之所樂也而可以善民心其感人深其移風易俗故先王著其教焉（著猶立也謂立司樂以下使教國子）夫民有血氣心知之性而無哀樂喜怒之常應感起物而動然後心術形焉（言在所以感之也術所由也形猶見也）是故志微噍殺之音作而民思憂嘽諧慢易繁文簡節之音作而民

康樂粗厲猛起奮末廣賁之音作而民剛毅廉直勁正莊誠之音作而民肅敬寬裕肉好順成和動之音作而民慈愛流辟邪散狄成滌濫之音作而民淫亂志微意細也吴公子札聽鄭風而曰其細已甚民弗堪也簡節少易也奮末動使四支也賁讀爲憤憤怒氣充實也春秋傳曰血氣狡憤肉肥也狄滌往來疾貌也濫僭差也此皆民心無常之效也肉或爲潤是故先王本之情性稽之度數制之禮義合生氣之和道五常之行使之陽而不散陰而不密剛氣

不怒柔氣不懾四暢交於中而發作於外皆安其位而不相奪也生氣陰陽氣也五常五行也密之言閉也懾猶恐懼也然後立之學等廣其節奏省其文采以繩德厚等差也各用其才之差學之廣謂增習之省猶審也文采謂節奏合也繩猶度也周禮大司樂以樂語教國子興道諷誦言語以樂舞教國子舞雲門大卷大咸大韶大夏大濩大武律小大之稱比終始之序以象事行律六律也周禮典同以六律六同辨天地四方陰陽之聲以為樂器小大謂高聲正聲之類也終始謂始於宮終於羽宗廟黃鍾為宮大呂為角大蔟為徵應鍾為羽以象事行宮為君商為臣使親疏貴賤長

幼男女之理皆形見於樂故曰樂觀其深矣謂同聽之莫不和敬莫不和順莫不和親土敝則草木不長水煩則魚鼈不大氣衰則生物不遂世亂則禮慝而樂淫是故其聲哀而不莊樂而不安慢易以犯節流湎以忘本廣則容姦狹則思欲感條暢之氣而滅平和之德是以君子賤之也遂猶成也慝穢也廣謂聲緩也狹謂聲急也感動也動人條暢之善氣使失其所

凡姦聲感人而逆氣應之逆氣成象而淫

樂興焉正聲感人而順氣應之順氣成象而和樂興焉倡和有應回邪曲直各歸其分而萬物之理各以類相動也成象者謂人樂習焉是故君子反情以和其志比類以成其行姦聲亂色不留聰明淫樂慝禮不接心術惰慢邪辟之氣不設於身體使耳目鼻口心知百體皆由順正以行其義反猶本也術猶道也然後發以聲音而文以琴瑟動以干戚飾以羽

旄從以簫管奮至德之光動四氣之和以著萬物之理奮猶動也動至德之光謂降天神出地祇假祖考著猶成也是故清明象天廣大象地終始象四時周還象風雨五色成文而不亂八風從律而不姦百度得數而有常小大相成終始相生倡和清濁迭相爲經清明謂人聲也廣大謂鍾鼓也周還謂舞者五色五行也八風從律應節至也百度百刻也言日月晝夜不失正也清謂蕤賓至應鍾也濁謂黃鍾至中呂故樂行而倫清耳目聰明血氣和平移風易俗

天下皆寧（言樂用則正人理和陰陽也倫謂人道也）故曰樂者樂也君子樂得其道小人樂得其欲以道制欲則樂而不亂以欲忘道則惑而不樂（道謂仁義也欲謂邪淫也）是故君子反情以和其志廣樂以成其教樂行而民鄉方可以觀德矣（方猶道也）德者性之端也樂者德之華也金石絲竹樂之器也詩言其志也歌咏其聲也舞動其容也三者本於心然後樂氣從之是故

情深而文明氣盛而化神和順積中而英
華發外唯樂不可以爲僞三者本志也聲也容也言無此本於
內則不能爲樂也樂者心之動也聲者樂之象也文
采節奏聲之飾也君子動其本樂其象然
後治其飾是故先鼓以警戒三步以見方
再始以著往復亂以飾歸奮疾而不拔極
幽而不隱獨樂其志不厭其道備舉其道
不私其欲是故情見而義立樂終而德尊

君子以好善小人以聽過故曰生民之道樂爲大焉文采樂之威儀也先鼓將奏樂先擊鼓以警戒衆也三步謂將舞必先三舉足以見其舞之漸也再始以著往武王除喪至盟津之上紂未可伐還歸二年乃遂伐之武舞再更始以明伐時再往也復亂以飭歸謂鳴鐃而退明以整歸也奮疾謂舞者也極幽謂歌者也樂也者施也禮也者報也言樂出而不反而禮有往來也樂樂其所自生而禮反其所自始樂章德禮報情反始也自由也所謂大輅者天子之車也龍旂九旒天子之旌也青黑緣者天子之寶龜也從

之以牛羊之羣則所以贈諸侯也贈諸侯謂來朝將去送之以禮樂也者情之不可變者也禮也者理之不可易者也理猶事也樂統同禮辨異統同同和合也辨異異尊卑也禮樂之說管乎人情矣管猶包也窮本知變樂之情也著誠去僞禮之經也禮樂偩天地之情達神明之德降興上下之神而凝是精粗之體領父子君臣之節偩猶依象也降下也興猶出也凝成也精粗謂萬物大小也領猶理治也是故大人舉禮樂

則天地將爲昭焉言天地將爲之昭然明也天地訢合陰陽相得煦嫗覆育萬物然後草木茂區萌達羽翼奮角觡生蟄蟲昭蘇羽者嫗伏毛者孕鬻胎生者不殰而卵生者不殈則樂之道歸焉耳訢讀爲熹熹猶烝也氣曰煦體曰嫗屈生曰區無䚡曰觡昭曉也蟄蟲以發出爲曉更息曰蘇孕任也鬻生也內敗曰殰殈裂也今齊人語有殈者樂者非謂黃鍾大呂弦歌干揚也樂之末節也故童者舞之鋪筵席陳尊俎列籩豆以升降爲禮

者禮之末節也故有司掌之言禮樂之本由人君也禮本著誠去偽樂本窮本知變樂師辨乎聲詩故北面而弦宗祝辨乎宗廟之禮故後尸商祝辨乎喪禮故後主人辨猶別也正也弦謂鼓琴瑟也後尸居後贊禮儀此言知本者尊知末者卑是故德成而上藝成而下行成而先事成而後德三德也行三行也藝才技也先謂位在上也後謂位在下也是故先王有上有下有先有後然後可以有制於天下也言尊卑備乃可制作以爲治法魏文侯問於子夏曰吾端冕

而聽古樂則唯恐臥聽鄭衛之音則不知倦敢問古樂之如彼何也新樂之如此何也魏文侯晉大夫畢萬之後僭諸侯者也端玄衣也古樂先王之正樂也子夏對曰今夫古樂進旅退旅和正以廣弦匏笙簧會守拊鼓始奏以文復亂以武治亂以相訊疾以雅君子於是語於是道古脩身及家平均天下此古樂之發也旅猶俱也俱進俱退言其齊一也和正以廣無姦聲也會猶合也皆也言衆皆待擊鼓乃作周禮大師職曰大祭祀帥瞽登歌合奏擊拊下管播樂器令

奏鼓㨂文謂鼓也武謂金也相即拊也亦以節樂拊者以韋爲表裝之以穅穅一名相因以名焉今齊人或謂穅爲相雅亦樂器名也狀如漆筩中有椎今夫新樂進俯退俯姦聲以濫溺而不止及優侏儒獶雜子女不知父子樂終不可以語不可以道古此新樂之發也俯猶曲也言不齊一也濫濫竊也溺而不止聲淫亂無以治之獶獮猴也言舞者如獮猴戲也亂男女之尊卑獶或爲優今君之所問者樂也所好者音也夫樂者與音相近而不同言文侯好音而不知樂也鏗鎗之類皆爲音應律乃爲樂文侯曰敢問何如欲知音樂異意子夏

對曰夫古者天地順而四時當民有德而五穀昌疾疢不作而無妖祥此之謂大當然後聖人作爲父子君臣以爲紀綱紀綱既正天下大定天下大定然後正六律和五聲弦歌詩頌此之謂德音德音之謂樂當謂樂不失其所詩云莫其德音其德克明克明克類克長克君王此大邦克順克俾俾于文王其德靡悔既受帝祉施于孫子此之謂也

此有德之音所謂樂也德正應和曰莫照臨四方曰明勤施無私曰類教誨不倦曰長慶賞刑威曰君慈和徧服曰順俾當爲比聲之誤也擇善從之曰比施延也言文王之德皆能如此故受天福延於後世也今君之所好者其溺音乎言無文王之德則所好非樂也文侯曰敢問溺音何從出也玩習之久不知所由出也子夏對曰鄭音好濫淫志宋音燕女溺志衛音趨數煩志齊音敖辟喬志此四者皆淫於色而害於德是以祭祀弗用也言四國皆出此溺音濫濫竊姦聲也燕安也春秋傳曰懷與安實敗名趨數讀爲促速聲之誤也煩勞也祭祀者不用淫樂詩云肅

雍和鳴先祖是聽夫肅肅敬也雍雍和也夫敬以和何事不行（言古樂敬且和故無事而不用溺音無所施）爲人君者謹其所好惡而已矣君好之則臣爲之上行之則民從之詩云誘民孔易此之謂也（誘進也孔甚也言民從君所好惡進之於善無難）然後聖人作爲鞉鼓椌楬壎篪此六者德音之音也（六者爲本以其聲質也椌楬謂柷敔也壎篪或爲簨虡）然後鍾磬竽瑟以和之干戚旄狄以舞之此所以祭先王之廟

也所以獻酬酳酢也所以官序貴賤各得其宜也所以示後世有尊卑長幼之序也（官序貴賤謂尊卑樂器列數有差次）鍾聲鏗鏗以立號號以立橫橫以立武君子聽鍾聲則思武臣（號號令所以警衆也橫充也謂氣作充滿也）石聲磬磬以立辨辨以致死君子聽磬聲則思死封疆之臣（石聲磬磬當爲罄字之誤也辨謂分明於節義）絲聲哀哀以立廉廉以立志君子聽琴瑟之聲則思志義之臣（廉廉隅也）竹聲濫

濫以立會會以聚衆君子聽竽笙簫管之聲則思畜聚之臣（濫之意猶擥聚也會猶聚也聚或爲最）鼓鼙之聲讙讙以立動動以進衆君子聽鼓鼙之聲則思將帥之臣（聞讙囂則人意動作讙或爲歡動或爲勳）君子之聽音非聽其鏗鎗而已也彼亦有所合之也（以聲合成己之志）賓牟賈侍坐於孔子孔子與之言及樂曰夫武之備戒之已久何也對曰病不得其衆也（武謂周舞也備戒擊鼓警衆病猶憂也以不得衆心爲憂憂其

難也咏歎之淫液之何也對曰恐不逮事也咏歎淫液歌遲之也逮及也事伐事也發揚蹈厲之已蚤何也對曰及時事也時至武事當施也武坐致右憲左何也對曰非武坐也言武之事無坐也致謂膝至地也憲讀爲軒聲之誤聲淫及商何也對曰非武音也言武歌在正其軍不貪商也時人或說其義爲貪商也子曰若非武音則何音也對曰有司失其傳也若非有司失其傳則武王之志荒矣有司典樂者也傳猶說也荒老耄也言典樂者失其說也而時人妄說也書曰王耄荒

子曰唯丘之聞諸萇弘亦若吾子之言是也（萇弘周大夫）賓牟賈起免席而請曰夫武之備戒之已久則既聞命矣敢問遲之遲而又久何也（遲之遲謂久立於綴）子曰居吾語女夫樂者象成者也揔干而山立武王之事也發揚蹈厲大公之志也武亂皆坐周召之治也（居猶安坐也成謂已成之事也揔干持盾也山立猶正立也象武王持盾正立待諸侯也發揚蹈厲所以象威武時也武舞象戰鬬也亂謂失行列也失行列則皆坐象周公召公以文止武也）且夫武始而

北出再成而滅商三成而南四成而南國是彊五成而分周公左召公右六成復綴以崇成猶奏也再奏武曲一終爲一成始奏象觀兵盟津時也再奏象克殷時也三奏象克殷有餘力而反也四奏象南方荆蠻之國侵畔者服也五奏象周公召公分職而治也六奏象兵還振旅也復綴反位止也崇充也凡六奏以充武樂也天子夾振之而駟伐盛威於中國也夾振之者王與大將夾舞者振鐸以爲節也駟當爲四聲之誤也武舞戰象也再奏四伐一擊一刺爲一伐牧誓曰今日之事不過四伐五伐分夾而進事蚤濟也分猶部曲也事猶爲也濟成也舞者各有部曲之列又夾振之者象用兵務於早成也久立於

綴以待諸侯之至也象武王伐紂待諸侯也且女獨未聞牧野之語乎欲語以作武樂之意武王克殷反商未及下車而封黃帝之後於薊封帝堯之後於祝封帝舜之後於陳下車而封夏后氏之後於杞投殷之後於宋封王子比干之墓釋箕子之囚使之行商容而復其位庶民弛政庶士倍祿濟河而西馬散之華山之陽而弗復乘牛散之桃林之野而弗復

服車甲衅而藏之府庫而弗復用倒載干戈包之以虎皮將帥之士使爲諸侯名之曰建櫜然後天下知武王之不復用兵也

反當爲及字之誤也及商謂至紂都也牧誓曰至于商郊牧野封謂故無土地者也投舉徙之辭也時武王封紂子武庚於殷墟所徙者微子也後周公更封而大之積土爲封封比干墓崇賢也行猶視也使箕子視商禮樂之官賢者所處皆令反其居也弛政去其紂時苛政也倍禄復其紂時薄者也散猶放也桃林在華山旁甲鎧也衅釁字也包干戈以虎皮明能以武服兵也建讀爲鍵字之誤也兵甲之衣曰櫜鍵櫜言閉藏兵甲也詩曰載櫜弓矢春秋傳曰垂櫜而入周禮曰櫜之欲其約也薊或爲續祝或爲鑄

散軍而郊射

左射貍首右射騶虞而貫革之射息也裨冕搢笏而虎賁之士說劍也祀乎明堂而民知孝朝覲然後諸侯知所以臣耕藉然後諸侯知所以敬五者天下之大教也（郊射爲射宮於郊也左東學也右西學也貍首騶虞所以歌爲節也貫革射穿甲革也裨冕衣裨衣而冠冕也裨衣衮之屬也搢猶插也賁憤怒也文王之廟爲明堂制耕藉藉田也）食三老五更於大學天子袒而割牲執醬而饋執爵而酳冕而揔干所以教諸侯之弟也（三老五更互言之耳皆老人更知三德五

事者也冕而揔干親在舞位也周名大學曰東膠若此則周道四達禮樂交通則夫武之遲久不亦宜乎言武遲久爲重禮樂君子曰禮樂不可斯須去身致樂以治心則易直子諒之心油然生矣易直子諒之心生則樂樂則安安則久久則天天則神天則不言而信神則不怒而威致樂以治心者也致猶深審也子讀如不子之子油然新生好貌也善心生則寡於利欲寡於利欲則樂矣志明行成不言而見信如天也不怒而見畏如神也樂由中出故治心致禮以治躬

則莊敬莊敬則嚴威（躬身也禮自外作故治身）心中斯須不和不樂而鄙詐之心入之矣（鄙詐入之謂利欲生）外貌斯須不莊不敬而易慢之心入之矣（易輕易也）故樂也者動於內者也禮也者動於外者也樂極和禮極順內和而外順則民瞻其顏色而弗與爭也望其容貌而民不生易慢焉故德煇動於內而民莫不承聽理發諸外而民莫不承順（德煇顏色潤澤也理容貌之進止也）故曰

致禮樂之道，舉而錯之天下無難矣。樂也者，動於內者也；禮也者，動於外者也。故禮主其減，樂主其盈。（禮主其減，人所倦也。樂主其盈，人所歡也。）禮減而進，以進爲文；樂盈而反，以反爲文。（進謂自勉強也。反謂自抑止也。文猶美也，善也。）禮減而不進則銷，樂盈而不反則放。故禮有報而樂有反。（放，淫於聲樂，不能止也。報讀爲褒，褒猶進也。）禮得其報則樂，樂得其反則安。（得謂曉其義，知其吉凶之歸。）禮之報，樂之反，其義一也。（俱趨立於中不銷不放也夫樂者樂也人情之所不能免也樂必發於聲音形於動靜人之道也聲音動靜性術之變盡於此矣免猶自止也人道人之所爲也性術言此出於性也盡於此不可過故人不耐無樂樂不耐無形形而不爲道不耐無亂形聲音動靜也耐古書能字也後世變之此獨存焉古以能爲三台字先王恥其亂故制雅頌之聲以道之使其聲足樂而不流使其文足論而不息使其曲直繁瘠廉肉節奏足以感動

人之善心而已矣不使放心邪氣得接焉是先王立樂之方也流猶淫放也文篇辭也息猶銷也曲直歌之曲折也繁瘠廉肉聲之鴻殺也節奏闋作進止所應也方道也是故樂在宗廟之中君臣上下同聽之則莫不和敬在族長鄉里之中長幼同聽之則莫不和順在閨門之內父子兄弟同聽之則莫不和親故樂者審一以定和比物以飾節節奏合以成文所以合和父子君臣附親萬民也是先

王立樂之方也審一審其人聲也比物謂雜金革土匏之屬也以成文五聲八音克諧相應和故聽其雅頌之聲志意得廣焉執其干戚習其俯仰詘伸容貌得莊焉行其綴兆要其節奏行列得正焉進退得齊焉故樂者天地之命中和之紀人情之所不能免也綴表也所以表行列也詩云荷戈與綴兆域也舞者進退所至也要猶會也命教也紀總要之名也夫樂者先王之所以飾喜也軍旅鈇鉞者先王之所以飾怒也故先王之喜怒皆

得其儕焉儕猶輩類喜則天下和之怒則暴亂者畏之先王之道禮樂可謂盛矣天子之於天下喜怒節之以禮樂則兆民和從而畏敬之禮樂王者所常興則盛也子贛見師乙而問焉曰賜聞聲歌各有宜也如賜者宜何歌也子貢孔子弟子師樂官也乙名聲歌各有宜氣順性也師乙曰乙賤工也何足以問所宜請誦其所聞而吾子自執焉樂人稱工執猶處也愛者宜歌商溫良而能斷者宜歌齊夫歌者直己而陳德也動己而

天地應焉四時和焉星辰理焉萬物育焉故商者五帝之遺聲也寬而靜柔而正者宜歌頌廣大而靜疏達而信者宜歌大雅恭儉而好禮者宜歌小雅正直而靜廉而謙者宜歌風肆直而慈愛此文換簡失其次寬而靜宜在上愛者宜歌商宜承此下行讀云肆直而慈愛者宜歌商商宋詩也愛或爲哀直已而陳德各因其德歌所宜育生也商之遺聲也商人識之故謂之商齊者三代之遺聲也齊人識之故謂之齊云商之遺聲也

衍字也又誤上所云故商者五帝之遺聲也當居此衍字處也明乎商之音者臨事而屢斷明乎齊之音者見利而讓屢數也數斷事以其肆直也見利而讓以其温良能斷也斷猶決也臨事而屢斷勇也見利而讓義也有勇有義非歌孰能保此保猶安也知也故歌者上如抗下如隊曲如折止如槀木倨中矩句中鉤纍纍乎端如貫珠言歌聲之著動人心之審如有此事故歌之爲言也長言之也說之故言之言之不足故長言之長言之不

足故嗟歎之嗟歎之不足故不知手之舞之足之蹈之也長言之引其聲也嗟歎和續之也不知手之舞之足之蹈之歡之至也

子貢問樂上下目美之也

禮記卷第十一

禮記卷第十二

雜記上第二十　　鄭氏注

諸侯行而死於館則其復如於其國如於道則升其乘車之左轂以其綏復館主國所致舍復招魂復魄也如於其國主國館賓與使有之得升屋招用褎衣也如於道道上廬宿也升車左轂象升屋東榮綏當爲緌讀如蕤賓之蕤字之誤也緌謂旌旗之旄也去其旒而用之異於生也其輤有裧緇布裳帷素錦以爲屋而行輤載柩將殯之車飾也輤取名於櫬與蒨讀如蒨旆之蒨櫬棺也蒨染赤色者也將葬載柩之車飾曰柳裧謂鼈甲邊緣緇布裳帷圍棺者也

裳帷用緇則輤用赤矣輤象宮室屋其中小帳襯覆棺者若未大斂其載尸而歸車飾皆如之 至於廟門不毀牆遂入適所殯唯輤爲說於廟門外 廟所殯宮牆裳帷也適所殯謂兩楹之間去輤乃入廟門以其入自有宮室也毀或爲徹凡柩自外來者正棺於兩楹之間尸亦侇之於此皆因殯焉異者柩入自闕升自西階尸入自門升自阼階其殯必於兩楹之間者以其死不於室而自外來留之於中不忍遠也 大夫士死於道則升其乘車之左轂以其綏復如於館死則其復如於家 綏亦緌也大夫復於家以玄冕士以爵弁服 大夫以布爲輤而行至於家而說輤載以輲車入自

門至於阼階下而說車舉自阼階升適所殯大夫輤言用布白布不染也言輤者達名也不言裳帷俱用布無所別也至門亦說輤乃入言載以輲車入自門明車不易也輲讀爲輇或作槫許氏說文解字曰有輻曰輪無輻曰輇周禮又有蜃車天子以載柩蜃輇聲相近其制同乎輇崇蓋半乘車之輪諸侯言不毀牆大夫士言不易車亙相明也不易者不易以輤也廟中有載柩以輤之禮此不耳士輤葦席以爲屋蒲席以爲裳帷言以葦席爲屋則無素錦爲帳凡訃於其君曰君之臣某死訃或皆作赴赴至也臣死其子使人至君所告之父母妻長子曰君之臣某之某死此臣於其家喪所主者君訃於他國

之君曰寡君不禄敢告於執事夫人曰寡
小君不禄大子之喪曰寡君之適子某死
君夫人不稱薨告他國君謙也大夫訃於同國適者曰某不
禄訃於士亦曰某不禄訃於他國之君曰
君之外臣寡大夫某死訃於適者曰吾子
之外私寡大夫某不禄使某實訃於士亦
曰吾子之外私寡大夫某不禄使某實適讀
爲匹敵之敵謂爵同者也實當爲至此讀周秦之人聲之誤也士訃於同國大夫

曰某死訃於士亦曰某死訃於他國之君曰君之外臣某死訃於大夫曰吾子之外私某死訃於士亦曰吾子之外私某死大夫次於公館以終喪士練而歸士次於公館公館公宫之舍也練而歸之士謂邑宰也練而猶處公館朝廷之士也雖大夫三年無歸也大夫居廬士居堊室謂未練時也士居堊室亦謂邑宰也朝廷之士亦居廬

大夫爲其父母兄弟之未爲大夫者之喪服如士服士爲其父母兄弟之爲大夫者

之喪服如士服 大夫雖尊不以其服服父母兄弟嫌若踰之也士謂大夫庶子爲士者也己卑又不敢服尊者之服今大夫喪禮逸與士異者未得而備聞也春秋傳曰齊晏桓子卒晏嬰麤衰斬苴絰帶杖菅屨食粥居倚廬寢苫枕草其老曰非大夫之禮也曰唯卿爲大夫此平仲之謙也言已非大夫故爲父服士服耳麤衰斬者其縷在齊斬之間謂縷如三升半而三升不緝也斬衰以三升爲正微細焉則屬於麤也然則士與大夫爲父服異者有麤衰斬枕草矣其爲母五升縷而四升爲兄弟六升縷而五升乎唯大夫以上乃能備儀盡飾士以下則以臣服君之斬衰爲其父以臣從君而服之齊衰爲其母與兄弟亦以勉人爲高行也大功以下大夫士服同

大夫之適子服大夫之服 仕至大夫賢著而德成適子得服其服亦尊其適象賢

大夫之庶子爲大夫

則爲其父母服大夫服其位與未爲大夫者齒雖庶子得服其服尚德也使齒於士不可不宗適士之子爲大夫則其父母弗能主也使其子主之無子則爲之置後大夫之子得用大夫之禮而士不得也置猶立也大夫卜宅與葬日有司麻衣布衰布帶因喪屨緇布冠不蕤占者皮弁有司卜人也麻衣白布深衣而著衰焉及布帶緇布冠此服非純吉亦非純凶也皮弁則純吉之尤者也占者尊於有司卜求吉其服彌吉大夫士朔服皮弁如筮則史練冠長衣以筮占者朝服筮者筮宅也謂下大

夫若士也筮史筮人也長衣深衣之純以素也長衣練
冠純凶服也朝服純吉服也大夫士日朝服以朝也
大夫之喪既薦馬薦馬者哭踊出乃包奠
而讀書嫌與士異記之也既夕禮曰包牲取下體又曰主人之史請讀賵大夫之
喪大宗人相小宗人命龜卜人作龜卜葬及日
也相相主人禮也命龜告以所問事也作龜謂揚火灼之以出兆內子以鞠衣褒
衣素沙下大夫以禮衣其餘如士此復所用衣也當在
夫人狄稅素沙下爛脫失處在此上耳內子卿之適妻
也春秋傳曰晉趙姬請逆叔隗於狄趙衰以為內子而
己下之是也下大夫謂下大夫之妻禮周禮作展王后
之服六唯上公夫人亦有褘衣侯伯夫人自揄狄而下

子男夫人自闕狄而下卿妻自鞠衣而下大夫妻自展衣而下士妻税衣而已素沙若今紗縠之帛也六服皆袍制不禪以素紗裏之如今袿袍襈重繒矣褎衣者始爲命婦見加賜之衣也其餘如士之妻則亦用税衣

復諸侯以褎衣冕服爵弁服復招魂復魄也冕服者上公五侯伯四子男三褎衣亦始命爲諸侯及朝覲見加賜之衣也褎猶進也**夫人税衣揄狄狄税素沙**言其招魂用税衣上至揄狄也狄税素沙言皆以白紗縠爲裏**復西上**北面而西上陽長左也復者多少各如其命之數**大夫不揄絞屬於池下**謂池飾也揄揄翟也采青黃之間曰絞屬猶繫也人君之柳其池繫絞繒於下而畫翟雉焉名曰振容又有銅魚在其間大夫去振容士去魚此無人君及士亦爛脱**大夫附於士**

士不附於大夫附於大夫之昆弟無昆弟則從其昭穆雖王父母在亦然附讀皆爲祔大夫祔於士不敢以己尊自殊於其祖也士不祔於大夫自卑別於尊者也大夫之昆弟謂爲士者也從其昭穆中一以上祖又祖而已祔者祔於先死者婦附於其夫之所附之妃無妃則亦從其昭穆之妃妾附於妾祖姑無妾祖姑則亦從其昭穆之妾夫所祔之妃於婦則祖姑男子附於王父則配女子附於王母則不配配謂并祭王母不配則不祭王父也有事於尊者可以及卑有事於卑者不敢援尊配與不配祭饌如一祝辭

異不言以某妃配某氏耳女子謂未嫁者也嫁未三月而死猶歸葬於女氏之黨

公子附於公子不敢戚君

君薨大子號稱子待猶君也謂未踰年也雖稱子與諸侯朝會如君矣春秋魯僖公九年夏葵丘之會宋襄公稱子而與諸侯序待或爲侍

有三年之練冠則以大功之麻易之唯杖屨不易謂既練而遭大功之喪者也練除首絰要絰葛又不如大功之麻重也言練冠易麻互言之也唯杖屨不易言其餘皆易也屨不易者練與大功俱用繩耳

有父母之喪尚功衰而附兄弟之殤則練冠附於殤稱陽童某甫不名神也此兄弟之殤謂大功親以下之殤也斬衰齊衰之喪練皆受以

大功之衰此謂之功衰以是時而附大功親以下之殤大功親以下之殤輕不易服冠而兄爲殤謂同年者也兄十九而死己明年因喪而冠陽童謂庶殤也宗子則曰陰童童未成人之稱也某甫且字也尊神不名爲之造字

凡異居始聞兄弟之喪唯以哭對可也惻怛之痛不辭言爲禮也其始麻散帶絰與居家同也凡喪小斂而麻未服麻而奔喪及主人之未成絰也疏者與主人皆成之親者終其麻帶絰之日數疏者謂小功以下也親者大功以上也疏者及主人之節則用之其不及亦自用其日數主妾之喪則自附至於練祥皆使其子主之其殯祭

不於正室祔自爲之者以其祭於祖廟君不撫僕妾略於賤也女君死則妾爲女君之黨服攝女君則不爲先女君之黨服妾於女君之親若其親然聞兄弟之喪大功以上見喪者之鄉而哭奔喪節也適兄弟之送葬者弗及遇主人於道則遂之於墓言骨肉之親不待主人也凡主兄弟之喪雖疏亦虞之喪事虞祔乃畢凡喪服未畢有弔者則爲位而哭拜踊客始來主人不可以殺禮待之大夫之哭大夫弁絰大夫與

殯亦弁絰弁絰者大夫錫衰相弔之服也如爵弁而素加環絰曰弁絰大夫有
私喪之葛則於其兄弟之輕喪則弁絰私喪
妻子之喪也輕喪緦麻也大夫降爲弔服而往不以私喪之末臨兄弟爲長子杖則
其子不以杖即位辟尊者爲妻父母在不杖
不稽顙尊者在不敢盡禮於私喪也母在不稽顙稽顙者
其贈也拜言獨母在於贈拜得稽顙則父在贈拜不得稽顙違諸侯之
大夫不反服違大夫之諸侯不反服其君尊卑
異也違猶去也去諸侯仕諸侯去大夫仕大夫乃得爲舊君服喪冠條屬以別吉

凶三年之練冠亦條屬右縫別吉凶者吉冠不條屬也條屬者通屈一條繩若布爲武垂下爲纓屬之冠象大古喪事略也吉冠則纓武異材焉右縫者右辟而縫之小功以下左左辟象吉輕也緦冠繰纓繰當爲澡麻帶絰之澡聲之誤也謂有事其布以爲纓大功以上散帶小功緦輕初而絞之朝服十五升去其半而緦加灰錫也緦精麤與朝服同去其半則六百縷而疏也又無事其布不灰焉諸侯相襚以後路與冕服先路與褒衣不以襚不以己之正者施於人以彼不以爲正也後路貳車貳車行在後也遣車視牢具言車多少各如所包遣奠牲體之數也然則遣車載所包遣奠而藏之者

與遣奠天子大牢包九个諸侯亦大牢包七个大夫亦大牢包五个士少牢包三个大夫以上乃有遣車䟽布輤四面有章置于四隅輤其蓋也四面皆有章蔽以隱翳牢肉四隅椁中之四隅載粻有子曰非禮也粻米糧也喪奠脯醢而已言死者不食糧也遣奠本無黍稷祭稱孝子孝孫喪稱哀子哀孫各以其義稱端衰喪車皆無等喪車惡車也喪者衣衰及所乘之車貴賤同孝子於親一也衣衰言端者玄端吉時常服喪之衣衰當如之大白冠緇布之冠皆不蕤委武玄縞而后蕤不蕤質無飾也大白冠大古之布冠也春秋傳曰衛文公大布之衣大白之冠委武冠卷也秦人曰委齊東曰武玄

玄冠也縞縞冠也大夫冕而祭於公弁而祭於己士弁而祭於公冠而祭於己弁爵弁也冠玄冠也祭於公助君祭也大夫爵弁而祭於己唯孤爾士弁而親迎然則士弁而祭於己可也緣類欲許之也親迎雖亦己之事攝盛服爾非常也暢臼以椈杵以梧所以擣鬱也椈柏也枇以桑長三尺或曰五尺枇所以載牲體者此謂喪祭也吉祭枇用棘畢用桑長三尺刊其柄與末畢所以助主人載者刊猶削也率帶諸侯大夫皆五采士二采此謂襲尸之大帶率繂也繂之不加箴功大夫以上更飾以五采士以朱綠襲

事成於帶變之禮所以異於生醯者稻醴也甕甒筲衡實見間而后折入此謂葬時藏物也衡當爲桁所以庪甕甒之屬聲之誤也實見間藏於見外椁內也折承席也重既虞而埋之就所倚處埋之凡婦人從其夫之爵位婦人無專制生禮死事以夫爲尊卑小斂大斂啓皆辯拜嫌當事來者終不拜故明之也此既事皆拜朝夕哭不帷緣孝子心欲見殯肂也既出則施其屋鬼神尚幽闇也無柩者不帷謂既葬也棺柩巳去鬼神在室堂無事焉遂去帷君若載而后弔之則主人東面而拜門右北面而踊出待反而后奠主人

拜踊於賓位不敢迫君也君即位車東出待不必君留也君反之使奠　子羔之襲也

繭衣裳與稅衣纁袡爲一素端一皮弁一爵弁一玄冕一曾子曰不襲婦服繭衣裳者若今大纊也纊爲繭縕爲袍表之以稅衣乃爲一稱爾稅衣若玄端而連衣裳者也大夫而以纁爲之緣非也唯婦人纁袡禮以冠名服此襲其服非襲其冠曾子譏襲婦服而已玄冕又大夫服未聞子羔曷爲襲之玄冕或爲玄冠或爲玄端　爲

君使而死公館復私館不復公館者公宮與公所爲也私館者自卿大夫以下之家也公所爲君所作離宮別館也　公七踊大夫五踊婦人居間

士三踊婦人皆居閒公君也始死及小斂大斂而踊君大夫士一也則皆三踊矣君五日而殯大夫三日而殯士二日而殯士小斂之朝不踊君大夫大斂之朝乃不踊婦人居閒者踊必拾主人踊婦人踊賓乃踊公襲卷衣一玄端一朝服一素積一纁裳一爵弁二玄冕一褒衣一朱緑帶申加大帶於上朱緑帶者襲衣之帶飾之雜以朱緑異於生也此帶亦以素爲之申重也重於革帶也革帶以佩韍必言重加大帶者明雖有變必備此二帶也士襲三稱子羔襲五稱今公襲九稱則尊卑襲數不同矣諸侯七稱天子十二稱與小斂環絰公大夫士一也環絰者一股所謂纏絰也士素委貌大夫以上素爵弁而加此絰焉散帶公視

大斂公升商祝鋪席乃斂喪大記曰大夫之喪將大斂既鋪絞紟衾君至此君升乃鋪席則君至爲之改始新之魯人之贈也三玄二纁廣尺長終幅言失之也士喪禮下篇曰贈用制幣玄纁束帛弔者卽位于門西東面其介在其東南北面西上西於門賔立門外不當門主孤西面立於阼階下相者受命曰孤某使某請事客曰寡君使某如何不淑受命受主人命以出也不言擯者喪無接賔淑善也如何不善言君痛之甚使某弔相者入告出曰孤某須矣稱其君名者君薨稱子某使人知適嗣也須矣不出

迎也弔者入主人升堂西面弔者升自西階東面致命曰寡君聞君之喪寡君使某如何不淑子拜稽顙弔者降反位子孤子也降反位者出反門外位無出字脫含者執璧將命曰寡君使某含相者入告出曰孤某須矣含玉爲璧制其分寸大小未聞含者入升堂致命子拜稽顙含者坐委于殯東南有葦席既葬蒲席降出反位言降出反位則是介也春秋有既葬歸含賵襚無譏焉皆受之於殯宮宰夫朝服即喪屨升

自西階西面坐取璧降自西階以東朝服告鄰國之禮也即就也以東藏於內也襚者曰寡君使某襚相者入告出曰孤某須矣襚者執冕服左執領右執要入升堂致命曰寡君使某襚子拜稽顙委衣于殯東亦於席上所委璧之北順其上下襚者降受爵弁服於門內霤將命子拜稽顙如初受皮弁服於中庭自西階受朝服自堂受玄端將命子拜稽顙皆如初襚者降出反位授襚

者以服者賈人宰夫五人舉以東降自西階其舉亦西面亦西面者亦襚者委衣時上介賵執圭將命曰寡君使某賵相者入告反命曰孤某須矣陳乘黃大路於中庭北輈執圭將命客使自下由路西子拜稽顙坐委于殯東南隅宰舉以東輈轅也自率也下謂馬也馬在路之下覲禮曰路下四亞之客給使者入設乘黃於大路之西客入則致命矣使或爲史凡將命鄉殯將命子拜稽顙西面而坐委之宰舉璧與圭宰夫舉襚升自

西階西面坐取之降自西階凡者說不見者也鄉殯將命則將命時立於殯之西南宰夫宰之佐也此言宰舉璧與圭則上宰夫朝服衍夫字賵者出反位于門外乃者言門外明禮畢將更有事上客臨曰寡君有宗廟之事不得承事使一介老某相執綍上客弔者也臨視也言欲入視喪所不足而給助之謙也其實爲哭耳相者反命曰孤某須矣臨者入門右介者皆從之立于其左東上入門右不自同於賓客宗人納賓升受命于君降曰孤敢辭吾子之辱請吾子之復位客

對曰寡君命某毋敢視賓客敢辭宗人反命曰孤敢固辭吾子之辱請吾子之復位客對曰寡君命某毋敢視賓客敢固辭宗人反命曰孤敢固辭吾子之辱請吾子之復位客對曰寡君命使臣某毋敢視賓客是以敢固辭固辭不獲命敢不敬從賓三辭而稱使臣爲恭也爲恭者將從其命客立于門西介立于其左東上孤降自阼階拜之升哭與客拾踊三拜客

謝其厚意客出送于門外拜稽顙不迎而送喪無接賓之禮其國有君喪不敢受弔辟其痛傷已之親如君外宗房中南面小臣鋪席商祝鋪絞紟衾士盥于盤北舉遷尸于斂上卒斂宰告子馮之踊夫人東面坐馮之興踊此喪大記脫字重著於是士喪有與天子同者三其終夜燎及乘人專道而行乘人謂使人執引也專道人辟之

雜記下第二十一　鄭氏注

有父之喪如未沒喪而母死其除父之喪也服其除服卒事反喪服沒猶竟也除服謂祥祭之服也卒事既祭反喪服服後死者之服雖諸父昆弟之喪如當父母之喪其除諸父昆弟之喪也皆服其除喪之服卒事反喪服雖有親之大喪猶爲輕服者除骨肉之恩也唯君之喪不除私服言當者期大功之喪或終始皆在三年之中小功緦麻則不除殤長中乃除如三年之喪則既穎其練祥皆行言今之喪既服穎乃爲前三年者變除而練祥祭也此主謂先有父母之服今又喪長子者其先有長子之服今又喪父母其禮亦然然則言未沒

喪者已練祥矣纇草名無葛之鄉去麻則用纇王父死未練祥而孫又死猶是附於王父也未練祥嫌未祫祭序於昭穆爾王父既附則孫可附焉猶當爲由由用也附皆當作祔有殯聞外喪哭之他室明所哭者異也哭之爲位入奠卒奠出改服即位如始即位之禮謂後日之哭朝入奠於其殯既乃更即位就他室如始哭之時大夫士將與祭於公既視濯而父母死則猶是與祭也次於異宮既祭釋服出公門外哭而歸其它如奔喪之禮如未視濯則使人告告者反

而后哭（猶亦當爲由次於異宮不可以吉與凶同處也使者反而后哭不敢專己於君命也）如諸父昆弟姑姊妹之喪則既宿則與祭卒事出公門釋服而后歸其它如奔喪之禮如同宮則次于異宮（宿則與祭出門乃解祭服皆爲差緩也）曾子問曰卿大夫將爲尸於公受宿矣而有齊衰內喪則如之何孔子曰出舍乎公宮以待事禮也（尸重受宿則不得哭內喪同宮也）孔子曰尸弁冕而出卿大夫士皆下之尸必式必有前驅

冕兼言弁者君之尸或服士大夫之服
也諸臣見尸而下車敬也尸式以禮
父母之喪將祭而昆弟死既殯而祭如同宮則雖臣妾葬而后祭祭主人之升降散等執事者亦散等雖虞附亦然
將祭謂練祥也言若同宮則
是昆弟異宮也古者昆弟異
居同財有東宮有西宮有南宮有北宮有父母之喪當
在殯宮而在異宮者疾病或歸者主人適子散等衆階
爲新喪
略威儀
自諸侯達諸士小祥之祭主人之酢也嚌之衆賓兄弟則皆啐之大祥主人啐之衆賓兄弟皆飲之可也
嚌啐皆嘗
也嚌至齒

啐入口凡侍祭喪者告賓祭薦而不食薦脯醢也

吉祭告賓祭薦賓既祭而食之喪祭賓不食子貢問喪子曰敬爲上

哀次之瘠爲下顏色稱其情戚容稱其服

問喪問居父母之喪也喪尚哀言敬爲上者疾時尚不能敬也容威儀也孝經曰容止可觀請問兄

弟之喪子曰兄弟之喪則存乎書策矣言跡者如

禮行之未有加也齊斬之喪哀容之體經不能載矣君子不奪人之喪重喪禮也亦

不可奪喪也不可以輕之於己也孔子曰少連大連善居喪

三日不怠三月不解期悲哀三年憂東夷之

子也（言其生於夷狄而知禮也怠惰也解倦也）三年之喪言而不語對而不問廬堊室之中不與人坐焉在堊室之中非時見乎母也不入門（言言己事也爲人說爲語）（在堊室之中以時事見乎母乃後入門則居廬時不入門）疏衰皆居堊室不廬廬嚴者也（言廬哀敬之處非有其實則不居）妻視叔父母姑姊妹視兄弟長中下殤視成人（視猶比也所比者哀容居處也）親喪外除（日月已竟而哀未忘）兄弟之喪內除（日月未竟而哀已殺）視君之母與妻比之兄弟發諸顏色者

亦不飲食也言小君服輕亦內除也發於顔色謂釀美酒食使人醉飽免喪之外行於道路見似目瞿聞名心瞿弔死而問疾顔色戚容必有以異於人也如此而后可以服三年之喪其餘則直道而行之是也惻隱之心能如是則其餘齊衰以下直道而行盡自得也似謂容貌似其父母也名與親同

祥主人之除也於夕爲期朝服祥因其故服爲期爲祭期也朝服以期至明日而祥祭亦朝服始即吉正祭服也喪服小記曰除成喪者其祭也朝服縞冠是也祭猶縞冠未純吉也既祭乃服大祥素縞麻衣釋禫之禮云玄衣黃裳則是禫祭玄冠矣

黃裳者未大吉也既祭乃服禫服朝服綅冠踰月吉祭乃玄冠朝服既祭玄端而居復平常也子游曰既祥雖不當縞者必縞然後反服謂有以喪事贈賵來者雖不及時猶變服服祥祭之服以受之重其禮也其於此時始弔者則衛將軍文子之爲之是矣反服反素縞麻衣也當袒大夫至雖當踊絕踊而拜之反改成踊乃襲尊大夫來至則拜之不待事已也更成踊者新其事也於士既事成踊襲而后拜之不改成踊於士士至也事謂大小斂之屬上大夫之虞也少牢卒哭成事附皆大牢下大夫之虞也犆牲卒哭成事附

皆少牢（卒哭成事附言皆則卒哭成事附與虞異矣下大夫虞以犆牲與士虞禮同與）祝稱卜葬虞子孫曰哀夫曰乃兄弟曰某卜葬其兄弟曰伯子某（祝稱卜葬虞者卜葬卜虞祝稱主人之辭也孫謂爲祖後者稱曰哀孫某卜葬其祖某甫夫曰乃某卜葬其妻某氏兄弟相爲卜稱名而已也）古者貴賤皆杖叔孫武叔朝見輪人以其杖關轂而輠輪者於是有爵而后杖也（記庶人失禮所由始也叔孫武叔魯大夫叔孫州仇也輪人作車輪之官）鑿巾以飯公羊賈爲之也（記士失禮所由始也士親飯必發其巾大夫以上賓爲飯焉則有鑿巾）冒者何也

所以揜形也自襲以至小斂不設冒則形是以襲而后設冒也言設冒者爲其形人將惡之也襲而設冒言后衍字耳或問於曾子曰夫既遣而包其餘猶既食而裹其餘與君子既食則裹其餘乎言遣既奠而又包之是與食於人已而裹其餘將去何異與君子寧爲是乎言傷廉也曾子曰吾子不見大饗乎夫大饗既饗卷三牲之俎歸于賓館父母而賓客之所以爲哀也子不見大饗乎既饗歸賓俎所以厚之也言父母家之主今賓客之是孝子哀親之去也

非爲人喪問與賜與此上滅脱未聞其首云何是言非爲人喪而問之與人喪而賜之與問遺也久無事曰問三年之喪以其喪拜非三年之喪以吉拜謂受問受賜者也稽顙而後拜曰喪拜拜而后稽顙曰吉拜三年之喪如或遺之酒肉則受之必三辭主人衰絰而受之受之必正服明不苟於滋味如君命則不敢辭受而薦之薦於廟貴君之禮喪者不遺人人遺之雖酒肉受也從父昆弟以下既卒哭遺人可也言齊斬之喪重志不在施惠於人縣子曰三年之喪如斬

期之喪如剡言其痛之惻怛有淺深也期之喪十一月而練十三月而祥十五月而禫此謂父在爲母也當在練則弔上爛脫在此三年之喪雖功衰不弔自諸侯達諸士如有服而將往哭之則服其服而往功衰既練之服也諸侯服新死者之服而往哭謂所不臣也練則弔父在爲母功衰可以弔人者以父在故輕於出也然則凡齊衰十一月皆可以出矣既葬大功弔哭而退不聽事焉聽猶待也事謂襲斂執紼之屬期之喪未葬弔於鄉人哭而退不聽事焉功衰弔待事不執

事（謂爲姑姊妹無主殯不在己族者）小功緦執事不與於禮（禮饋奠也）相趨也出宮而退相揖也哀次而退相問也既封而退相見也反哭而退朋友虞附而退（此弔者恩薄厚去遲速之節也相趨謂相問姓名來會喪事也相揖嘗會於他也相問嘗相惠遺也相見嘗執摯相見也附皆當爲祔）弔非從主人也四十者執紼（言弔者必助主人之事從猶隨也成人二十以上至四十丁壯時）鄉人五十者從反哭四十者待盈坎（非鄉人則長少皆反優遠也坎或爲壙）喪食雖惡必充飢飢而廢事非禮也

飽而忘哀亦非禮也視不明聽不聰行不正不知哀君子病之故有疾飲酒食肉五十不致毁六十不毁七十飲酒食肉皆爲疑死病猶憂也疑猶恐也有服人召之食不往大功以下既葬適人人食之其黨也食之非其黨弗食也往而見食則可食也爲食而往則不可黨猶親也非親而食則是食於人無數也功衰食菜果飲水漿無鹽酪不能食食鹽酪可也功衰齊斬之末也酪酢截孔子曰身有瘍則浴首有

創則沐病則飲酒食肉毀瘠爲病君子弗爲也毀而死君子謂之無子毀而死是不重親非從柩與反哭無免於垣言喪服出入非此二事皆冠也免所以代冠人於道路不可以無飾垣道路凡喪小功以上非虞附練祥無沐浴言不有飾事則不沐浴疏衰之喪既葬人請見之則見不請見人小功請見人可也大功不以執摯唯父母之喪不辟涕泣而見人言重喪不行求見人爾人來求見己亦可以見之矣不辟涕泣言至哀無飾也三年之喪祥而

從政期之喪卒哭而從政九月之喪既葬而從政小功緦之喪既殯而從政以王制言之此謂庶人也從政從爲政者教令謂給繇役曾申問於曾子曰哭父母有常聲乎曰中路嬰兒失其母焉何常聲之有嬰猶鷖彌也言其若小兒亡母啼號安得常聲乎所謂哭不偯卒哭而諱自此而鬼神事之尊而諱其名王父母兄弟世父叔父姑姊妹子與父同諱父爲其親諱則子不敢不從諱也謂王父母以下之親諱是謂士也天子諸侯諱羣祖母之諱宮中諱妻之諱不舉諸其

側與從祖昆弟同名則諱母之所爲其親諱子孫於宮中不言妻之所爲其親諱夫於其側亦不言也孝子聞名心瞿凡不言人諱者亦爲其相感動也子與父同諱則子可盡曾祖之親也從祖昆弟在其中於父輕不爲諱與母妻之親同名重則諱之以喪冠者雖三年之喪可也既冠於次入哭踊三者三乃出言雖者明齊衰以下皆可以喪冠也始遭喪以其冠月則喪服因冠矣非其冠月待變除卒哭而冠次廬也雖或爲唯大功之末可以冠子可以嫁子父小功之末可以冠子可以嫁子可以取婦已雖小功既卒哭可以冠取妻下殤之

小功則不可此皆謂可用吉禮之時父大功卒哭而可以冠子嫁子小功卒哭而可以取婦己大功卒哭而可以冠子小功卒哭而可以取妻必偕祭乃行也下殤小功齊衰之親除喪而後可爲昏禮凡冠者其時當冠則因喪而冠之凡弁絰其衰侈袂侈猶大也弁絰服者弔服也其衰錫也緦也疑也袂之小者二尺二寸大者半而益之則侈袂三尺三寸父有服宮中子不與於樂母有服聲聞焉不舉樂妻有服不舉樂於其側宮中子與父同宮者也禮由命士以上父子異宮不與於樂謂出行見之不得觀也大功將至辟琴瑟亦所以助哀也至來也小功至不絕樂姑姊妹其夫死而夫黨無

兄弟使夫之族人主喪妻之黨雖親弗主此謂姑姊妹無子寡而死也夫黨無兄弟無緦之親也其主喪不使妻之親而使夫之族人婦人外成主必宜得夫之姓類夫若無族矣則前後家東西家無有則里尹主之喪無無主也里尹閭胥里宰之屬王度記曰百戸爲里里一尹其禄如庶人在官者里或爲士諸侯弔於異國之臣則其君爲主里尹主之亦斯義也或曰主之而附於夫之黨妻之黨自主之非也夫之黨其祖姑也麻者不紳執玉不麻麻不加於采吉凶不相干也麻謂經也紳大帶也喪以要經代大帶也麻不加於采衣采者不麻謂弁經者必服弔服是也采玄纁之衣國禁哭則止

朝夕之奠即位自因也禁哭謂大祭祀時雖不哭猶朝夕奠自因自用故事童子哭不偯不踊不杖不菲不廬未成人者不能備禮也當室則杖孔子曰伯母叔母疏衰踊不絶地姑姊妹之大功踊絶於地如知此者由文矣哉由文矣哉由用也言知此踊絶地不絶地之情者能用禮文哉能用禮文哉美之也伯母叔母義也姑姊妹骨肉也世柳之母死相者由左世柳死其徒由右相由右相世柳之徒爲之也亦記失禮所由始也世柳魯穆公時賢人也相相主人之禮天子飯九貝

諸侯七　大夫五　士三（此蓋夏時禮也周禮天子飯含用玉）士三月而葬是月也卒哭大夫三月而葬五月而卒哭諸侯五月而葬七月而卒哭士三虞大夫五諸侯七（尊卑恩之差也天子至士葬即反虞）諸侯使人弔其次含襚賵臨皆同日而畢事者也其次如此也（言五者相次同時）卿大夫疾君問之無筭士壹問之君於卿大夫比葬不食肉比卒哭不舉樂爲士比殯

不擧樂廾正柩諸侯執紼五百人四紼皆銜枚司馬執鐸左八人右八人匠人執羽葆御柩大夫之喪其廾正柩也執引者三百人執鐸者左右各四人御柩以茅廾正柩者謂將葬朝于祖正棺於廟也五百人謂一黨之民諸侯之大夫邑有三百戶之制紼引同耳廟中曰紼在塗曰引互言之御柩者居前道正之大夫士皆二紼孔子曰管仲鏤簋而朱紘旅樹而反坫山節而藻梲賢大夫也而難爲上也言其僭天子諸侯鏤簋刻爲蟲獸也冠有笄者爲紘紘在纓處兩端上屬下不

結旅樹門屏也反坫反爵之坫也山節薄櫨刻之爲山梲侏儒柱畫之爲藻文晏平仲祀其先人豚肩不揜豆賢大夫也而難爲下也言其偪士庶人也豚俎實豆徑尺言并豚兩肩不能覆豆喻小也君子上不僭上下不偪下婦人非三年之喪不踰封而弔踰封越竟也或爲越疆如三年之喪則君夫人歸奔父母喪也夫人其歸也以諸侯之弔禮其待之也若待諸侯然謂夫人行道車服主國致禮夫人至入自闈門升自側階君在阼其他如奔喪禮然女子

子不自同於女賓也宮中之門曰闈門爲相通者也側階亦旁階也他謂哭踊髽麻闈門或爲帷門嫂不撫叔叔不撫嫂遠別也君子有三患未之聞患弗得聞也既聞之患弗得學也既學之患弗能行也君子有五恥居其位無其言君子恥之有其言無其行君子恥之既得之而又失之君子恥之地有餘而民不足君子恥之衆寡均而倍焉君子恥之恥民不足者古者居民量地以制邑度地以居民地邑民居必參相得也衆寡均謂俱有役事人數等也倍焉彼功倍己

也孔子曰凶年則乘駑馬祀以下牲自貶損亦取易供也駑馬六種最下者下牲少牢若特豕特豚也恤由之喪哀公使孺悲之孔子學士喪禮士喪禮於是乎書時人轉而僭上士之喪禮已廢矣孔子以教孺悲國人乃復書而存之子貢觀於蜡孔子曰賜也樂乎對曰一國之人皆若狂賜未知其樂也蜡也者索也歲十二月合聚萬物而索饗之祭也國索鬼神而祭祀則黨正以禮屬民而飲酒于序以正齒位於是時民無不醉者如狂矣曰未知其樂怪之子曰百日之蜡一日之澤非爾所知也蜡之祭主先嗇也大飲烝

勞農以休息之言民皆勤稼穡有百日之勞喻久也今一日使之飲酒燕樂是君之恩澤非女所知言其義大

張而不弛文武弗能也弛而不張文武弗爲也一張一弛文武之道也張弛以弓弩喻人也弓弩久張之則絕其力久弛之則失其體

孟獻子曰正月日至可以有事於上帝七月日至可以有事於祖七月而禘獻子爲之也記魯失禮所由也孟獻子魯大夫仲孫蔑也魯以周公之故得以正月日至之後郊天亦以始祖后稷配之獻子欲尊其祖以郊天之月對月禘之非也魯之宗廟猶以夏時之孟月爾明堂位曰季夏六月以禘禮祀周公於大廟

夫人之不命於天

子自魯昭公始也亦記魯失禮所由也周之制同姓百世昏姻不通吴太伯之後魯同姓昭公取於吴謂之吴孟子不告於天子自此後取者遂不告於天子天子亦不命之外宗爲君夫人猶内宗也皆謂嫁於國中者也爲君服斬夫人齊衰不敢以其親服服至尊也外宗謂姑姊妹之女舅之女及從母皆是也内宗五屬之女也其無服而嫁於諸臣者從爲夫之君嫁於庶人從爲國君廄焚孔子拜鄉人爲火來者拜謝之拜之士壹大夫再亦相弔之道也言拜之者爲其來弔已宗伯職曰以弔禮哀禍災孔子曰管仲遇盜取二人焉上以爲公臣曰其所與遊辟也可人也

言此人可也但居惡人之中使之犯法管仲死桓公使爲之服宦於大夫者之爲之服也自管仲始也有君命焉爾也亦記失禮所由也善桓公不忘賢者之舉官猶仕也此仕於大夫更升於公與違大夫之諸侯同爾禮不反服過而舉君之諱則起舉猶言也起立者失言而變自新與君之諱同則稱字謂諸臣之名也內亂不與焉外患弗辟也謂卿大夫也同僚將爲亂已力不能討不與而已至於鄰國爲寇則當死之也春秋魯公子友如陳葬原仲傳曰君子辟內難而不辟外難贊大行曰圭公九寸侯伯七寸子男五寸博三寸

厚半寸剡上左右各寸半玉也藻三采六等贊大行者書說大行人之禮者名也藻薦玉者也三采六等以朱白蒼畫之再行也子男執璧作此贊者失之矣

哀公問子羔曰子之食奚當問其先人始仕食祿以何君時對曰文公之下執事也成廟則釁之其禮祝宗人宰夫雍人皆爵弁純衣廟新成必釁之尊而神之也宗人先請於君曰請命以釁某廟君諾之乃行雍人拭羊宗人視之宰夫北面于碑南東上居上者宰夫也宰夫攝主也拭靜也雍人舉羊升屋自中中屋南面刲羊血

流于前乃降門夾室皆用雞先門而後夾室其衈皆於屋下割雞門當門夾室中室（自由也衈謂將刲割牲以釁先滅耳旁毛薦之耳聽聲者告神欲其聽之周禮有刉衈）有司皆鄉室而立門則有司當門北面（有司宰夫祝宗人）既事宗人告事畢乃皆退（告者告宰夫）反命于君曰釁某廟事畢反命于寢君南鄉于門內朝服既反命乃退（君朝服者不至廟也）路寢成則考之而不釁釁屋者交神明之道也（言路寢者生人所居不釁者不

神之也考之者設盛食以落之爾檀弓曰晉獻文子成室諸大夫發焉是也凡宗廟之器其名者成則釁之以豭豚宗廟名器謂尊彝之屬諸侯出夫人夫人比至于其國以夫人之禮行至以夫人入行道以夫人之禮者弃妻致命其家乃義絕不用此爲始使者將命曰寡君不敏不能從而事社稷宗廟使使臣某敢告於執事主人對曰寡君固前辭不教矣寡君敢不敬須以俟命前辭不教謂納采時也此辭賓在門外擯者傳焉賓入致命如初主人卒辭曰敢不聽命有司官陳

器皿主人有司亦官受之（器皿其本所賫物也律弃妻畀所賫）妻出夫使人致之曰某不敏不能從而共粢盛使某也敢告於待者主人對曰某之子不肖不敢辟誅敢不敬須以俟命使者退主人拜送之（肖似也不似言不如人誅猶罰也）如舅在則稱舅舅沒則稱兄無兄則稱夫（言弃妻者父兄在則稱之命當由尊者出也唯國君不稱兄）主人之辭曰某之子不肖如姑姊妹亦皆稱之（姑姊妹見弃亦曰某之姑某之姊若妹不肖）孔子

曰吾食於少施氏而飽少施氏食我以禮言貴其以禮待已而爲之飽也時人倨慢若季氏則不以禮矣少施氏魯惠公子施父之後吾祭作而辭曰疏食不足祭也吾飧作而辭曰疏食也不敢以傷吾子納幣一束束五兩兩五尋納幣謂昏禮納徵也十个爲束貴成數兩兩者合其卷是謂五兩八尺曰尋一兩五尋則每卷二丈也合之則四十尺今謂之匹猶匹偶之云與婦見舅姑兄弟姑姊妹皆立于堂下西面北上是見巳婦來爲供養也其見主於尊者兄弟以下在位是爲巳見不復特見見諸父各就其寢旁尊

也亦爲見時不來　女雖未許嫁年二十而笄禮之婦人執其禮　雖未許嫁年二十亦爲成人矣禮之酌以成之言婦人執其禮明非許嫁之笄　燕則鬈首　旣笄之後去之猶若女有鬌紒也　韠長三尺下廣二尺上廣一尺會去上五寸紕以爵韋六寸不至下五寸純以素紃以五采　會謂上領縫也領之所用蓋與紕同在旁曰紕在下曰純素生帛也紕六寸者中執之表裏各三寸也純紕所不至者五寸與會去上同紃施諸縫中若今時絛也

禮記卷第十二

（漢）鄭玄 注

宋本禮記

下

國家圖書館出版社

下册

禮記卷第十三

喪大記第二十二　鄭氏注

疾病外內皆埽為賓客將來問病也疾困曰病君大夫徹縣士去琴瑟聲音動人病者欲靜也凡樂器天子宮縣諸侯軒縣大夫判縣士特縣去琴瑟者不命之士寢東首於北牖下謂君來視之時也病者恒居北牖下或為北墉廢牀徹褻衣加新衣體一人廢去也人始生在地去牀庶其生氣反徹褻衣則所加者新朝服矣互言之也加朝服者明其終於正也體手足也四人持之為其不能自屈伸也男女改服為賓客來問病亦朝服也庶人深衣屬纊以俟

絕氣纊今之新緜易動摇置口鼻之上以爲候男子不死於婦人之手婦人不死於男子之手君子重終爲其相褻君夫人卒於路寢大夫世婦卒於適寢内子未命則死於下室遷尸于寢士士之妻皆死于寢言死者必皆於正處也寢室通耳其尊者所不燕爲君謂之路寢大夫謂之適寢士或謂之適室此變命婦言世婦者明尊卑同也世婦以君下寢之上爲適寢内子卿之妻也下室其燕處也復有林麓則虞人設階無林麓則狄人設階復招魂復魄也階所乘以升屋者虞人主林麓之官也狄人樂吏之賤者階梯也簨虡之類小臣復

復者朝服君以卷夫人以屈狄大夫以玄赬世婦以襢衣士以爵弁士妻以稅衣皆升自東榮中屋履危北面三號捲衣投于前司服受之降自西北榮

小臣君之近臣也朝服而復所以事君之衣也用朝服而復之者敬也復用死者之祭服以其求於神也君以卷謂上公也夫人以屈狄王言耳上公以衮則夫人用褘衣而侯伯以鷩其夫人用揄狄子男以毳其夫人乃用屈狄矣赬赤也玄衣赤裳所謂卿大夫自玄冕而下之服也其世婦亦以襢衣榮屋翼升東榮者謂卿大夫士也天子諸侯言東霤危棟上也號若云皐某復也司服以篋待衣於堂前

其爲賓則公館復私館不

復其在野則升其乘車之左轂而復私館卿大夫之家也不於之復爲主人之惡復衣不以衣尸不以斂不以衣尸謂不以襲也復者庶其生也若以其衣襲斂是用生施死於義相反士喪禮云以衣衣尸浴而去之婦人復不以袡袡嫁時上服而非事鬼神之衣凡復男子稱名婦人稱字婦人不以名行唯哭先復復而後行死事氣絶則哭哭而復復而不蘇可以爲死事始卒主人啼兄弟哭婦人哭踊悲哀有深浅也若嬰兒中路失母能勿啼乎旣正尸子坐于東方卿大夫父兄子姓立于東方有司庶

士哭于堂下北面夫人坐于西方內命婦姑姊妹子姓立于西方外命婦率外宗哭于堂上北面正尸者謂遷尸牖下南首也子姓謂衆子孫也姓之言生也其男子立於主人後女子立於夫人後世婦爲內命婦卿大夫之妻爲外命婦外宗姑姊妹之女大夫之喪主人坐于東方主婦坐于西方其有命夫命婦則坐無則皆立命夫命婦來哭者同宗父兄子姓姑姊妹子姓也凡此哭者尊者坐卑者立士之喪主人父兄子姓皆坐于東方主婦姑姊妹子姓皆坐于西方士賤同宗

凡哭尸于室者，主人二手承衾而哭（尊卑皆坐）
君之喪未小斂，爲寄公國賓出（承衾哭者哀慕若欲攀援）
大夫之喪未小斂，爲君命出；士之喪，於大夫不當斂則出（父母始死悲哀，非所尊不出也。出者或至庭，或至門。國賓聘大夫不當斂，其來非斂時）
凡主人之出也，徒跣扱衽拊心，降自西階，君拜寄公國賓于位，大夫於君命迎于寢門外，使者升堂致命，主人拜于下，士於大夫親弔則與之哭，不逆於門外拜寄公國賓於位者於庭鄉其位而拜之此時寄公位在門西國賓位在門東皆北面小斂之後寄公東面國賓門西北面士於大夫親弔謂大夫身來弔士也與之哭既拜之即位西階東面哭大夫特來則北面

夫人爲寄公夫人出命婦爲夫人之命出士妻不當斂則爲命婦出出拜之於堂上也此時寄公夫人命婦位在堂上北面小斂之後尸西東面

小斂主人即位于戶內主婦東面乃斂卒斂主人馮之踊主婦亦如之主人袒說髦括髮以麻婦人髽帶麻于房中士既殯說髦此云小斂蓋諸侯禮也士之既殯諸侯之小斂於死者俱三日也婦人之髽帶麻於房中則

西房也天子諸侯有左右房徹帷男女奉尸夷于堂降拜夷之言尸也於遷尸主人主婦以下從而奉之孝敬之心降拜拜賓也君拜寄公國賓大夫士拜卿大夫於位於士旁三拜夫人亦拜寄公夫人於堂上大夫內子士妻特拜命婦氾拜衆賓於堂上衆賓謂士妻也尊者皆特拜拜士與其妻皆旅之主人即位襲帶絰踊即位阼階之下位也有襲絰乃踊尊卑相變也母之喪即位而免記異者禮斬衰括髮齊衰免以至成服而冠爲母重初亦括髮既小斂則免乃奠小斂奠也弔者襲裘加武

帶經與主人拾踊始死弔者朝服裼裘如吉時也小斂則改襲而加武與帶經矣武吉冠之卷也加武者明不改冠亦不免也檀弓曰主人既小斂子游趨而出襲裘帶經而入君喪虞人出木角狄人出壺雍人出鼎司馬縣之乃官代哭代更也未殯哭不絕聲爲其罷倦既小斂可以爲漏刻分時而更哭也木給爨竈角以爲𣂁水斗壺漏水之器也冬漏以火爨鼎沸而後沃之此挈壺氏所掌也屬司馬司馬涖縣其器大夫官代哭不縣壺下君也士代哭不以官自以親疏哭也君堂上二燭下二燭大夫堂上一燭下二燭士堂上一燭下一燭燭所以照饌也滅燎

而設燭賓出徹帷君與大夫之禮也士卒斂即徹帷徹或爲廢哭尸于堂上主人在東方由外來者在西方諸婦南鄉由外來謂奔喪者也無奔喪者婦人猶東面婦人迎客送客不下堂下堂不哭男子出寢門見人不哭婦人所有事自堂及房男子所有事自堂及門非其事處而哭猶野哭也出門見人謂迎賓也其無女主則男主拜女賓于寢門內其無男主則女主拜男賓于阼階下子幼則以衰抱之人爲之拜爲後者不在則有爵者辭無

爵者人爲之拜在竟內則俟之在竟外則殯葬可也喪有無後無無主拜者皆拜賓於位也爲後者有爵攝主爲之辭於賓耳不敢當尊者禮也君之喪三日子夫人杖五日既殯授大夫世婦杖子大夫寢門之外杖寢門之內輯之夫人世婦在其次則杖即位則使人執之子有王命則去杖國君之命則輯杖聽卜有事於尸則去杖大夫於君所則輯杖於大夫所則杖三日者死之後三日也爲

君杖不同日人君禮大可以見親疏也輯斂也斂者謂舉之不以柱地也夫人世婦次於房中即位堂上堂上近尸殯使人執杖不敢自持也子於國君之命輯杖下成君不敢敵之也卜卜葬卜日也凡喪祭虞而有尸大夫於君所輯杖謂與之俱即寢門外位也獨焉則杖君謂子也於大夫所杖俱爲君杖不相下也

大夫之喪三日之朝既殯主人主婦室老皆杖大夫有君命則去杖大夫之命則輯杖內子爲夫人之命去杖爲世婦之命授人杖大夫有君命去杖此指大夫之子也而云大夫者通實大夫有父母之喪也授人杖與使人執之同也

士之喪二日而殯三日之朝主人杖婦人皆

杖於君命夫人之命如大夫於大夫世婦之命如大夫士二日而殯者下大夫也士之禮死與往日生與來日此二日於死者亦得三日也婦人皆杖謂主婦容妾爲君女子子在室者子皆杖不以即位子謂凡庶子也不以即位與去杖同大夫士哭殯則杖哭柩則輯杖哭殯謂既塗也哭柩謂啓後也大夫士之子於父父也尊近哭殯可以杖天子諸侯之子於父父也君也尊遠杖不入廟門棄杖者斷而棄之於隱者杖以喪至尊爲人得而褻之君設大盤造冰焉大夫設夷盤造冰焉士併瓦盤無冰設牀襢第有枕含一

牀襲一牀遷尸于堂又一牀皆有枕席君大夫士一也此事皆沐浴之後宜承濡濯弃於坎下禮爛脫在此耳造猶內也禮第袒簀也謂無席如浴時牀也禮自仲春之後尸既襲既小斂先內冰盤中乃設牀於其上不施席而遷尸焉秋涼而止士不用冰以瓦爲盤併以盛水耳漢禮大盤廣八尺長丈二深三尺赤中夷盤小焉周禮天子夷盤士喪禮君賜冰亦用夷盤然則其制宜同之始死遷尸于牀幠用斂衾去死衣小臣楔齒用角柶綴足用燕几君大夫士一也牀謂所設牀第當牖者也士喪禮曰士死於適室幠用斂衾去死衣病時所加新衣及復衣也去之以俟沐浴管人汲不說繘屈之盡階不

升堂授御者御者入浴小臣四人抗衾御者二人浴浴水用盆沃水用枓浴用絺巾挋用浴衣如它日小臣爪足浴餘水弃于坎其母之喪則内御者抗衾而浴抗衾者蔽上重形也挋拭也爪足斷足爪也管人汲授御者御者差沐于堂上君沐粱大夫沐稷士沐粱甸人爲垼于西牆下陶人出重鬲管人受沐乃煮之甸人取所徹廟之西北厞薪用爨之管人授

御者沐乃沐沐用瓦盤挋用巾如它日小臣爪手翦須濡濯弃于坎差淅也淅飯米取其潘以爲沐也浴沃用枓沐於盤中文相變也士喪禮沐稻此云士沐粱蓋天子之士也以差率而上之天子沐黍與君之喪子大夫公子衆士皆三日不食子大夫公子食粥納財朝一溢米莫一溢米食之無筭士疏食水飲食之無筭夫人世婦諸妻皆疏食水飲食之無筭納財謂食穀也二十兩曰溢於粟米之法一溢爲米一升二十四分升之一諸妻御妾也同言無筭則是皆一溢米或粥或飯大夫

之喪主人室老子姓皆食粥衆士疏食水飲妻妾疏食水飲室老其貴臣也衆士所謂衆臣士亦如之如其子食粥妻妾疏食水飲既葬主人疏食水飲不食菜果婦人亦如之君大夫士一也練而食菜果祥而食肉果瓜桃之屬食粥於盛不盥食於篹者盥食菜以醯醬始食肉者先食乾肉始飲酒者先飲醴酒盛謂今時杯杅也篹竹筥也歠者不盥手飯者盥篹或作籑期之喪三不食食疏食水飲不食菜

果三月既葬食肉飲酒期終喪不食肉不飲酒父在爲母爲妻九月之喪食飲猶期之喪也食肉飲酒不與人樂之食肉飲酒亦謂既葬五月三月之喪壹不食再不食可也比葬食肉飲酒不與人樂之叔母世母故主宗子食肉飲酒義服恩輕也故主謂舊君也言故主者關大夫君也不能食粥羹之以菜可也謂性不能者可食飯菜羹有疾食肉飲酒可也爲其氣微五十不成喪成猶備也所不能備謂不致毀不散送之屬也

七十唯衰麻在身〔言其餘居處飲食與吉時同也〕既葬若君食之則食之大夫父之友食之則食之矣不辟粱肉若有酒醴則辭〔尊者之前可以食美也變於顏色亦不可〕

小斂於戶內大斂於阼君以簟席大夫以蒲席士以葦席〔簟細葦席也三者下皆有莞〕

小斂布絞縮者一橫者三君錦衾大夫縞衾士緇衾皆一衣十有九稱君陳衣于序東大夫士陳衣于房中皆西領北上絞紟不在列〔絞既斂所用束〕

堅之者縮從也衣十有九稱法天地之終數也士喪禮小斂陳衣於房中南領西上與大夫異今此同亦蓋天子之士也絞紟不在列以其不成稱不連數也小斂無紟因絞不在列見之也或曰縮者二

大斂布絞縮者三橫者五布紟二衾君大夫士一也君陳衣于庭百稱北領西上大夫陳衣于序東五十稱西領南上士陳衣于序東三十稱西領南上絞紟如朝服絞一幅爲三不辟紟五幅無紞二衾者或覆之或薦之如朝服者謂布精麤朝服十五升小斂之絞也廣終幅析其末以爲堅之強也大斂之絞一幅三析用之以爲堅之急也紞以組類爲

之綴之領側若今被識矣生時襌被有識死者去之異於生也士喪禮大斂亦陳衣於房中南領西上與大夫異今此又同亦蓋天子之士紞或爲點小斂之衣祭服不倒尊祭服也君無襚大夫士畢主人之祭服親

斂者要方散衣有倒

戚之衣受之不以即陳無襚者不陳不以斂小斂君大夫士皆用複衣複衾大斂君大夫士祭服無筭君褶衣褶衾大夫士猶小斂也褶袷也君衣尚多去其著也袍必有表不禪衣必有裳謂之一稱袍褻衣必有以表之乃成稱也雜記曰子羔之襲繭衣裳與稅衣纁袡爲一是也論語曰當暑袗絺綌必表而

出之亦爲其褻也凡陳衣者實之篋取衣者亦以篋升降者自西階取猶受也凡陳衣不詘非列采不入絺綌紵不入不詘謂舒而不卷也列采謂正服之色也絺綌紵者當暑之褻衣也襲尸重形冬夏用袍及斂則用正服凡斂者袒遷尸者襲袒者於事便也君之喪大胥是斂衆胥佐之大夫之喪大胥侍之衆胥是斂士之喪胥爲侍士是斂胥樂官也不掌喪事胥當爲祝字之誤也侍猶臨也大祝之職大喪贊斂喪祝卿大夫之喪掌斂士喪禮商祝主斂小斂大斂祭服不倒皆左衽結絞

不紐左衽衽鄉左反生時也斂者旣斂必哭士與其執事則斂斂焉則爲之壹不食凡斂者六人斂者必使所與執事者不欲妄人褻之執或爲槸君錦冒黼殺綴旁七大夫玄冒黼殺綴旁五士緇冒赬殺綴旁三凡冒質長與手齊殺三尺自小斂以往用夷衾夷衾質殺之裁猶冒也冒者旣襲所以韜尸重形也殺冒之下帬韜足上行者也小斂又覆以夷衾裁猶制也字或爲材君將大斂子弁絰即位于序端卿大夫即位于堂廉楹西

北面東上父兄堂下北面夫人命婦尸西東面外宗房中南面小臣鋪席商祝鋪絞紟衾衣士盥于盤上士舉遷尸于斂上卒斂宰告子馮之踊夫人東面亦如之子弁絰者未成服弁如爵弁而素大夫之喪子亦弁絰大夫之喪將大斂既鋪絞紟衾衣君至主人迎先入門右巫止于門外君釋菜祝先入升堂君即位于序端卿大夫即位于堂廉楹西北面東上主人

房外南面主婦尸西東面遷尸卒斂宰告主人降北面于堂下君撫之主人拜稽顙君降升主人馮之命主婦馮之（先入右者入門而右也巫止者君行必與巫巫主辟凶邪也釋菜禮門神也必禮門神者禮君非問疾弔喪不入諸臣之家也主人房外南面大夫之子尊得升視斂也）士之喪將大斂君不在其餘禮猶大夫也（其餘謂卿大夫及主婦之位）鋪絞紟踊鋪衾踊鋪衣踊遷尸踊斂衣踊斂衾踊斂絞紟踊（目孝子踊節）君撫大夫撫內命婦大夫撫室

老撫姪娣撫以手按之也内命婦君之世婦君大夫馮父母妻長子不馮庶子士馮父母妻長子庶子庶子有子則父母不馮其尸凡馮尸者父母先妻子後目於其親所馮也馮謂扶持服膺君於臣撫之父母於子執之子於父母馮之婦於舅姑奉之舅姑於婦撫之妻於夫拘之夫於妻於昆弟執之此恩之深淺尊卑之儀也馮之類必當心馮尸不當君所不敢與尊者所馮同處凡馮尸興必踊悲哀之至馮尸必坐父母

之喪居倚廬不塗寢苫枕由非喪事不言君爲廬宮之大夫士襢之宮謂圍障之也襢袒也謂不鄣既葬柱楣塗廬不於顯者君大夫士皆宮之不於顯者不塗見面凡非適子者自未葬以於隱者爲廬不欲人屬目蓋廬於東南角既葬猶然既葬與人立君言王事不言國事大夫士言公事不言家事此常禮也君既葬王政入於國既卒哭而服王事大夫士既葬公政入於家既卒哭弁絰帶金革

之事無辟也（此權禮也弁絰帶者變喪服而弔服輕可以即事也）既練居堊室不與人居君謀國政大夫士謀家事既祥黝堊祥而外無哭者禫而內無哭者樂作矣故也（黝堊堊室之飾也地謂之黝牆謂之堊外無哭者於門外不哭也內無哭者入門不哭也禫踰月而可作樂樂作無哭者黝堊或為要期禫或皆作道）禫而從御吉祭而復寢（從御御婦人也復寢不復宿殯宮也）期居廬終喪不御於內者父在為母為妻齊衰期者大功布衰九月者皆三月不御於內婦人不居

廬不寢苫喪父母既練而歸期九月者既葬而歸歸謂歸夫家也公之喪大夫俟練士卒哭而歸此公公士大夫有地者也其大夫士歸者謂素在君所食都邑之臣大夫士父母之喪既練而歸朔月忌日則歸哭于宗室諸父兄弟之喪既卒哭而歸歸謂歸其宮也忌日死日也宗室宗子之家謂殯宮也禮命士以上父子異宮父不次於子兄不次於弟謂不就其殯宮爲次而居君於大夫世婦大斂焉爲之賜則小斂焉爲之賜謂有恩惠也於外命婦既加蓋而君

至於臣之妻略也於士既殯而往爲之賜大斂焉夫人於世婦大斂焉爲之賜小斂焉於諸妻爲之賜大斂焉於大夫外命婦既殯而往大夫士既殯而君往焉使人戒之主人具殷奠之禮俟于門外見馬首先入門右巫止于門外祝代之先君釋菜于門內祝先升自阼階負墉南面君即位于阼小臣二人執戈立于前二人立于後殷猶大也朝夕小奠至月朔則

大奠君將來則具大奠之禮以待之榮君之來也祝負墉南面直君北房户東也小臣執戈先後君君升而夾階立大夫殯即成服成服則君亦成服錫衰而往弔之擯者進當贊主人也始立門東北面主人拜稽顙君稱言視祝而踊主人踊稱言舉所以來之辭也視祝而踊祝相君之禮當節之也大夫則奠可也士則出俟于門外命之反奠乃反奠卒奠主人先俟于門外君退主人送于門外拜稽顙迎不拜拜送者拜迎則爲君之答己君於大夫疾三問之在殯三往焉士疾壹問之在殯壹往焉所以致殷勤也君

弔則復殯服【復反也反其未殯未成服之服新君事也謂臣喪既殯後君乃始來弔也復或爲服】夫人弔於大夫士主人出迎于門外見馬首先入門右夫人入升堂即位主婦降自西階拜稽顙于下夫人視世子而踊奠如君至之禮夫人退主婦送于門内拜稽顙主人送于大門之外不拜【視世子而踊世子從夫人夫人以爲節也世子從夫人位如視從君也】大夫君不迎于門外入即位于堂下主人北面衆主人南面婦人

即位于房中若有君命命夫命婦之命四鄰賓客其君後主人而拜入即位於下不升堂而立阼階之下西面下正君也衆主人南面於其北婦人即位於房中君雖不升堂猶辟之也後主人而拜者將拜賓使主人陪其後而君前拜不俱拜者主人無二也君弔見尸柩而后踊塗之後雖往不踊也踊或爲哭或爲浴大夫士若君不戒而往不具殷奠君退必奠榮君之來君大棺八寸屬六寸椑四寸上大夫大棺八寸屬六寸下大夫大棺六寸屬四寸士棺六寸大棺棺之在表者也檀弓曰天

子之棺四重水兕革棺被之其厚三寸杝棺一梓棺二四者皆周此以內說而出也然則大棺及屬用梓椑用杝以是差之上公革棺不被三重也諸侯無革棺再重也大夫無椑一重也士無屬不重也庶人之棺四寸上大夫謂列國之卿也趙簡子云不設屬椑時僭也君裏棺用朱綠用雜金鐕大夫裏棺用玄綠用牛骨鐕士不綠鐕所以琢著裏君蓋用漆三衽三束大夫蓋用漆二衽二束士蓋不用漆二衽二束用漆者塗合牝牡之中也衽小要也君大夫鬊爪實于綠中士埋之綠當爲角聲之誤也角中謂棺內四隅也鬊亂髮也將實爪髮棺中必爲小囊盛之此綠或爲簍君殯用

輴欑至于上畢塗屋大夫殯以幬欑置于西序塗不暨于棺士殯見衽塗上帷之欑猶菆也屋殯上覆如屋者也幬覆也暨及也此記參差以檀弓參之天子之殯居棺以龍輴欑木題湊象椁上四注如屋以覆之盡塗之諸侯輴不畫龍欑不題湊象椁其他亦如之大夫之殯廢輴置棺西牆下就牆欑其三面塗之不及棺者言欑中狹小裁取容棺然則天子諸侯差寬大矣士不欑掘地下棺見小要耳帷之鬼神尚幽闇也士達於天子皆然幬或作錞或作埻熬君四種八筐大夫三種六筐士二種四筐加魚腊焉熬者煎穀也將塗設於棺旁所以惑蚍蜉使不至棺也士喪禮曰熬黍稷各二筐又曰設熬旁各一筐大夫三種加以粱君四種加以稻

四筐則手足皆一其餘設於左右

飾棺君龍帷三池振容黼荒火三列黻三列素錦褚加僞荒纁紐六齊五采五貝黼翣二黻翣二畫翣二皆戴圭魚躍拂池君纁戴六纁披六大夫畫帷二池不振容畫荒火三列黻三列素錦褚纁紐二玄紐二齊三采三貝黻翣二畫翣二皆戴綏魚躍拂池大夫戴前纁後玄披亦如之士布帷布荒一池揄絞纁紐二緇紐

三齊三采一貝畫翣二皆戴綏士戴前纁後緇二披用纁

飾棺者以華道路及壙中不欲衆惡其親也荒蒙也在旁曰帷在上曰荒皆所以衣柳也士布帷布荒者白布也君大夫加文章焉黼荒緣邊爲黼文畫荒緣邊爲雲氣火黻爲列於其中耳僞當爲帷或作于聲之誤也大夫以上有褚以襯覆棺乃加帷荒於其上紐所以結連帷荒者也池以竹爲之如小車笭衣以青布柳象宮室縣池於荒之爪端若承霤然云君大夫以銅爲魚縣於池下揄揄翟也青質五色畫之於絞繒而垂之以爲振容象水草之動搖行則又魚上拂池雜記曰大夫不揄絞屬於池下是不振容也士則去魚齊象車蓋蕤縫合雜采爲之形如爪分然綴貝落其上及旁戴之言值也所以連繫棺束與柳材使相值因而結前後披也漢禮翣以木爲筐廣三尺高二尺四寸方兩角高衣以白布畫者畫雲氣

其餘各如其象柄長五尺車行使人持之而從既窆樹於壙中檀弓曰周人牆置翣是也綏當爲緌讀如冠蕤之蕤蓋五采羽注於翣首也 君葬用輴四綍二碑御棺用羽葆大夫葬用輴二綍二碑御棺用茅士葬用國車二綍無碑比出宮御棺用功布 大夫廢輴此言輴非也輴皆當爲載以輇車之輇聲之誤也輇字或作團是以又誤爲國輇車柩車也尊卑之差也在棺曰綍行道曰引至壙將窆又曰綍而設碑是以連言之碑桓楹也御棺居前爲節度也士言比出宮用功布則出宮而止至壙無矣綍或爲率 凡封用綍去碑負引君封以衡大夫士以咸君命毋譁以鼓封大夫

命毋哭士哭者相止也封周禮作窆窆下棺也此封或皆作斂檀弓曰公輸若方小斂般請以機封謂此斂也然則棺之入坎爲斂與斂尸相似記時同之耳咸讀爲緘凡柩車及壙說載除飾而屬紼於柩之緘又樹碑於壙之前後以紼繞碑閒之鹿盧輓棺而下之此時棺下窆使輓者皆繫紼而繞要負引舒縱之備失脫也用紼去碑者謂縱下之時也衡平也人君之喪又以木橫貫緘耳居旁持而平之又擊鼓爲縱舍之節大夫士旁牽緘而已庶人縣窆不引紼也禮唯天子葬有隧今齊人謂棺束爲緘繩咸或爲椷

君松椁大夫柏椁士雜木椁椁謂周棺者也天子柏椁以端長六尺夫子制於中都使庶人之椁五寸五寸謂端方也此謂尊者用大材卑者用小材耳自天子諸侯卿大夫士庶人六等其椁長自六尺而下其方自五寸而上未聞其差所定也抗木之厚蓋與椁方

齊天子五重上公四重諸侯三重大夫再重士一重棺椁之間君容柷大夫容壷士容甒間可以藏物因以爲節君裏椁虞筐大夫不裏椁士不虞筐裏椁之物虞筐之文未聞也

禮記卷第十三

五福五代堂古稀天子寶

八徵耄念之寶

太上皇帝之寶

禮記卷第十四

祭法第二十三　鄭氏注

祭法有虞氏禘黃帝而郊嚳祖顓頊而宗堯夏后氏亦禘黃帝而郊鯀祖顓頊而宗禹殷人禘嚳而郊冥祖契而宗湯周人禘嚳而郊稷祖文王而宗武王禘郊祖宗謂祭祀以配食也此禘謂祭昊天於圜丘也祭上帝於南郊曰郊祭五帝五神於明堂曰祖宗祖宗通言爾下有禘郊宗祖孝經曰宗祀文王於明堂以配上帝明堂月令春曰其帝大昊其神勾芒夏曰其帝炎帝其神祝融中央曰其帝黃帝

其神后土秋曰其帝少昊其神蓐收冬曰其帝顓頊其神玄冥有虞氏以上尚德禘郊祖宗配用有德者而已自夏已下稍用其姓代之先後之次有虞氏夏后氏宜郊顓頊殷人宜郊契郊祭一帝而明堂祭五帝小德配寡大德配衆亦禮之殺也燔柴於泰壇祭天也瘞埋於泰折祭地也用騂犢壇折封土爲祭處也壇之言坦也坦明貌也折炤晳也必爲炤明之名尊神也地陰祀用黝牲與天俱用犢連言爾埋少牢於泰昭祭時也相近於坎壇祭寒暑也王宮祭日也夜明祭月也幽宗祭星也雩宗祭水旱也四坎壇祭四方也山林川谷丘陵能出雲爲

風雨見怪物皆曰神有天下者祭百神諸侯在其地則祭之亡其地則不祭昭明也亦謂壇也時四時也亦謂陰陽之神也埋之者陰陽出入於地中也凡此以下皆祭用少牢相近當爲禳祈聲之誤也禳猶卻也祈求也寒暑不時則或禳之或祈之寒於坎暑於壇王宮日壇王君也日稱君宮壇營域也夜明亦謂月壇也宗皆當爲禜字之誤也幽禜亦謂星壇也星以昏始見禜之言營也雩禜亦謂水旱壇也雩之言吁嗟也春秋傳曰日月星辰之神則雪霜風雨之不時於是乎禜之山川之神則水旱癘疫之不時於是乎禜之四方即謂山林川谷丘陵之神也祭山林丘陵於壇川谷於坎每方各爲坎爲壇怪物雲氣非常見者也有天下謂天子也百者假成數也大凡生於天地之閒者皆曰

命其萬物死皆曰折人死曰鬼此五代之所不變也生時形體異可同名至死腐爲野土異其名嫌同也折弃敗之言也鬼之言歸也五代謂黃帝堯舜禹湯周之禮樂所存法也七代之所更立者禘郊宗祖其餘不變也七代通數顓頊及嚳也所不變者則數其所法而巳變之則通數所不法爲記者之微意也少昊氏脩黃帝之法後王無所取焉天下有王分地建國置都立邑設廟祧壇墠而祭之乃爲親疏多少之數是故王立七廟一壇一墠曰考廟曰王考廟曰皇考廟曰顯考廟

曰祖考廟皆月祭之遠廟爲祧有二祧享嘗乃止去祧爲壇去壇爲墠壇墠有禱焉祭之無禱乃止去墠曰鬼諸侯立五廟一壇一墠曰考廟曰王考廟曰皇考廟皆月祭之顯考廟祖考廟享嘗乃止去祖爲壇去壇爲墠壇墠有禱焉祭之無禱乃止去墠爲鬼大夫立三廟二壇曰考廟曰王考廟曰皇考廟享嘗乃止顯考祖考無廟有

禱焉爲壇祭之去壇爲鬼適士二廟一壇曰考廟曰王考廟享嘗乃止顯考無廟有禱焉爲壇祭之去壇爲鬼官師一廟曰考廟王考無廟而祭之去王考爲鬼庶士庶人無廟死曰鬼 建國封諸侯也置都立邑爲卿大夫之采地及賜士有功者之地廟之言貌也宗廟者先祖之尊貌也祧之言超也超上去意也封土曰壇除地曰墠書曰三壇同墠王皇皆君也顯明也祖始也名先人以君明始者所以尊本之意也天子遷廟之主以昭穆合藏於二祧之中諸侯無祧藏於祖考之廟中聘禮曰不腆先君之祧是謂始祖廟也享嘗謂四時之祭天子諸侯爲壇墠所禱謂後遷在祧

者也既事則反其主於祧鬼亦在祧顧遠之於無事祫
乃祭之爾春秋文二年秋大事於大廟傳曰毀廟之主
陳于太祖未毀廟之主皆升合食於大祖是也魯煬公
者伯禽之子也至昭公定公久已爲鬼而季氏禱之而
立其宮則鬼之主在祧明矣唯天子諸侯有主禘祫大
夫有祖考者亦鬼其百世不禘祫無主爾其無祖考者
庶士以下鬼其考王考官師鬼其皇考大夫適士鬼其
顯考而已大夫祖考謂別子也凡鬼者薦而不祭王制
曰大夫士有田則祭無田則薦適士上士也官師中士
下士庶士府史之屬此適士云顯考無廟非也當爲皇
考字之誤

王爲羣姓立社曰大社王自爲立社
曰王社諸侯爲百姓立社曰國社諸侯自
爲立社曰侯社大夫以下成羣立社曰置

社 羣衆也大夫以下謂下至庶人也大夫不得特立社與民族居百家以上則共立一社今時里社是也郊特牲曰唯爲社事單出里 王爲羣姓立七祀曰司命曰中霤曰國門曰國行曰泰厲曰戶曰竈王自爲立七祀諸侯爲國立五祀曰司命曰中霤曰國門曰國行曰公厲諸侯自爲立五祀大夫立三祀曰族厲曰門曰行適士立二祀曰門曰行庶士庶人立一祀或立戶或立竈 此非大神所祈報大事者也小神居人之閒司察小過作譴告者爾樂記曰明

則有禮樂幽則有鬼神鬼神謂此與司命主督察三命中霤主堂室居處門戶主出入行主道路行作厲主殺罰竈主飲食之事明堂月令春曰其祀戶祭先脾夏曰其祀竈祭先肺中央曰其祀中霤祭先心秋曰其祀門祭先肝冬曰其祀行祭先腎聘禮曰使者出釋幣於行歸釋幣於門士喪禮曰疾病禱於五祀司命與厲其時不著今時民家或春秋祠司命行神山神門戶竈在旁是必春祠司命秋祠厲也或者合而祠之山即厲也民惡言厲巫祝以厲山為之謬乎春秋傳曰鬼有所歸乃不為厲

王下祭殤五適子適孫適曾孫適玄孫適來孫諸侯下祭三大夫下祭二適士及庶人祭子而止

祭適殤者重適也祭適殤於廟之奧謂之陰厭王子公子祭其適殤於其黨之廟大夫以下庶子祭其適殤於宗子之家

皆當室之白謂之陽厭凡庶殤不祭夫聖王之制祭祀也法施於民則祀之以死勤事則祀之以勞定國則祀之能禦大菑則祀之能捍大患則祀之是故厲山氏之有天下也其子曰農能殖百穀夏之衰也周弃繼之故祀以爲稷共工氏之霸九州也其子曰后土能平九州故祀以爲社帝嚳能序星辰以著衆堯能賞均刑法以義終舜勤衆事而野死鯀鄣

鴻水而殛死禹能脩鯀之功黄帝正名百物以明民共財顓頊能脩之契爲司徒而民成冥勤其官而水死湯以寛治民而除其虐文王以文治武王以武功去民之菑此皆有功烈於民者也及夫日月星辰民所瞻仰也山林川谷丘陵民所取財用也非此族也不在祀典此所謂大神也春秋傳曰封爲上公祀爲天神厲山氏炎帝也起於厲山或曰有烈山氏弃后稷名也共工氏無録而王謂之霸在大昊炎帝之間著衆謂使民興

事知休作之期也賞賞善謂禪舜封禹稷等也義終謂既禪二十八載乃死也野死謂征有苗死於蒼梧也殛死謂不能成其功也明民謂使之衣服有章也民成謂知五教之禮也冥契六世之孫也其官玄冥水官也虐蔔謂桀紂也烈業也旌猶類也祀典謂祭祀也

祭義第二十四　鄭氏注

祭不欲數數則煩煩則不敬祭不欲疏疏則怠怠則忘是故君子合諸天道春禘秋嘗忘與不敬違禮莫大焉合於天道因四時之變化孝子感時念親則以此祭之也春禘者夏殷禮也周以禘爲殷祭更名春祭曰祠霜露既降君子履之必有悽

愴之心非其寒之謂也春雨露既濡君子履之必有怵惕之心如將見之非其寒之謂謂悽愴及怵惕皆爲感時念親也霜露既降禮説在秋此無秋字蓋脱爾樂以迎來哀以送往故禘有樂而嘗無樂迎來而樂樂親之將來也送去而哀哀其享否不可知也小言之則爲一祭之閒孝子不知鬼神之期推而廣之放其去來於陰陽致齊於內散齊於外齊之日思其居處思其笑語思其志意思其所樂思其所嗜齊三日乃見其所爲齊者致齊思此五者也散齊七日不御不樂不弔耳見所爲齊者思之孰也所嗜素所欲飲食也春秋傳

日屈到嗜芰祭之日入室僾然必有見乎其位周還出戶肅然必有聞乎其容聲出戶而聽愾然必有聞乎其嘆息之聲周還出戶謂薦設時也無尸者闔戶若食間則有出戶而聽之是故先王之孝也色不忘乎目聲不絕乎耳心志嗜欲不忘乎心致愛則存致慤則著著存不忘乎心夫安得不敬乎存著則謂其思念也君子生則敬養死則敬享思終身弗辱也享猶祭也饗也君子有終身之喪忌

日之謂也忌日不用非不祥也言夫日志有所至而不敢盡其私也（忌日親亡之日忌日者不用舉他事如有時日之禁也祥善也志有所至至於親以此日亡其哀心如喪時）唯聖人爲能饗帝孝子爲能饗親（謂祭之能使之饗也帝天也）饗者鄉也鄉之然後能饗焉（言中心鄉之乃能使其祭見饗也上饗或爲相）是故孝子臨尸而不怍君牽牲夫人奠盎君獻尸夫人薦豆卿大夫相君命婦相夫人齊齊乎其敬也愉愉乎其忠也勿勿諸

其欲其饗之也色不和日作奠盎設盎齊之奠也此時君牽牲將薦毛血君獻尸而夫人薦豆謂繹日也儐尸主人獻尸主婦自東房薦韭菹醢勿勿猶勉勉也愨愛之貌文王之祭也事死者如事生思死者如不欲生忌日必哀稱諱如見親祀之忠也如見親之所愛如欲色然其文王與思死者如不欲生言思親之深也如欲色者以時人於色厚假以喻之詩云明發不寐有懷二人文王之詩也祭之明日明發不寐饗而致之又從而思之祭之日樂與哀半饗之必

樂已至必哀明發不寐謂夜而至旦也祭之明日謂繹日也言繹之夜不寐也二人謂父母容尸侑也仲尼嘗奉薦而進其親也慤其行也趨趨以數嘗秋祭也親謂身親執事時也慤與趨趨言少威儀也趨讀如促數之言速也已祭子贛問曰子之言祭濟濟漆漆然今子之祭無濟濟漆漆何也子曰濟濟者容也遠也漆漆者容也自反也容以遠若容以自反也夫何神明之及交夫何濟濟漆漆之有乎漆漆讀如朋友切切自反猶言自脩整也容以遠言非所以接親親也容

以自反言非孝子所以事親也及與也此皆非與神明交之道反饋樂成薦其薦俎序其禮樂備其百官君子致其濟濟漆漆夫何慌惚之有乎天子諸侯之祭或從血腥始至反饋是進孰也薦俎豆與俎也慌惚思念益深之時也言祭事既備使百官助已祭然而見其容而自反是無慌惚之思念夫言豈一端而已夫各有所當也豈一端言不可以一槩也禮各有所當行祭宗廟者賓客濟濟漆漆主人慤而趨趨孝子將祭慮事不可以不豫比時具物不可以不備虛中以治之比時猶先時也虛中言不兼念餘事宮室既脩牆屋既設百物

既備夫婦齊戒沐浴盛服奉承而進之洞洞乎屬屬乎如弗勝如將失之其孝敬之心至也與脩設謂埽除及黝堊薦其薦俎序其禮樂備其百官奉承而進之百官助主人進之於是諭其志意以其慌惚以與神明交庶或饗之庶或饗之孝子之志也諭其志意謂使祝祝饗及侑尸也或猶有也言想見其彷彿來孝子之祭也盡其慤而慤焉盡其信而信焉盡其敬而敬焉盡其禮而不過失焉

進退必敬如親聽命則或使之也（言當盡己而已）孝子之祭可知也其立之也（如居父母前將受命而使之）敬以詘其進之也敬以愉其薦之也敬以欲退而立如將受命已徹而退敬齊之色不絕於面（詘充詘形容喜貌也進之謂進血腥也愉顏色和貌也薦之謂進孰也欲婉順貌齊謂齊莊）孝子之祭也立而不詘固也進而不愉疏也薦而不欲不愛也退立而不如受命敖也已徹而退無敬齊之色而忘本

也如是而祭失之矣（固猶質陋也而忘本而衍字）孝子之有深愛者必有和氣有和氣者必有愉色有愉色者必有婉容（和氣謂立而詘）孝子如執玉如奉盈洞洞屬屬然如弗勝如將失之嚴威儼恪非所以事親也成人之道也（成人既冠者然則孝子不失其孺子之心也）先王之所以治天下者五貴有德貴貴貴老敬長慈幼此五者先王之所以定天下也貴有德何爲也爲其近

於道也貴貴爲其近於君也貴老爲其近於親也敬長爲其近於兄也慈幼爲其近於子也言治國有家道是故至孝近乎王至弟近乎霸至孝近乎王雖天子必有父至弟近乎霸雖諸侯必有兄先王之教因而弗改所以領天下國家也天子有所父事諸侯有所兄事謂若三老五更也天子衰諸侯興故曰霸子曰立愛自親始教民睦也立敬自長始教民順也親長父兄也睦和厚也教以慈睦而

民貴有親教以敬長而民貴用命尊長出教令者孝以事親順以聽命錯諸天下無所不行郊之祭也喪者不敢哭凶服者不敢入國門敬之至也祭者吉禮不欲聞見凶人祭之日君牽牲穆荅君卿大夫序從祭謂祭宗廟也穆子姓也荅對也序以次第從也序或爲豫既入廟門麗于碑卿大夫袒而毛牛尚耳鸞刀以刲取膟膋乃退爓祭祭腥而退敬之至也麗猶繫也毛牛尚耳以耳毛爲上也膟膋血與腸間脂也爓祭祭腥祭爓肉腥

肉也湯肉曰爓爓祭祭腥或爲合祭腥泔腥孰也郊之祭大報天而主日配以月夏后氏祭其闇殷人祭其陽周人祭日以朝及闇主日者以其光明天之神可見者莫著焉闇昏時也陽讀爲曰雨曰暘之暘謂日中時也朝日出時也夏后氏大事以昏殷人大事以日中周人大事以日出亦謂此郊祭也以朝及闇謂終日有事祭日於壇祭月於坎以別幽明以制上下幽明者謂日照晝月照夜祭日於東祭月於西以別外內以端其位端正日出於東月生於西陰陽長短終始相巡以致天下之和巡讀

如讼漢之讼謂更相從道天下之禮致反始也致鬼神也致和用也致義也致讓也因祭之義汎說禮也致之言至也使人勤行至於此也至於反始謂報天之屬也至於鬼神謂祭宗廟之屬也至於和用謂治民之事以足用也致反始以厚其本也致鬼神以尊上也致物用以立民紀也致義則上下不悖逆矣致讓以去爭也合此五者以治天下之禮也雖有奇邪而不治者則微矣物猶事也變和言物互之也微猶少也宰我曰吾聞鬼神之名不知其所

謂子曰氣也者神之盛也魄也者鬼之盛也合鬼與神教之至也氣謂噓吸出入者也耳目之聰明爲魄合鬼神而祭之聖人之教致之也衆生必死死必歸土此之謂鬼骨肉斃于下陰爲野土陰讀爲依蔭之蔭言人之骨肉蔭於地中爲土壤其氣發揚于上爲昭明焄蒿悽愴此百物之精也神之著也焄謂香臭也蒿謂氣烝出貌也上言衆生此言百物明其與人同也不如人貴爾蒿或爲藨因物之精制爲之極明命鬼神以爲黔首則百衆以畏萬民以服明命

猶尊名也尊極於鬼神不可復加也黔首謂民也則法也爲民作法使民亦事其祖禰鬼神民所畏服聖人以是爲未足也築爲宮室設爲宗祧以別親疏遠邇教民反古復始不忘其所由生也衆之服自此故聽且速也自由也言人由此服於聖人之教也聽謂順教令也速疾也二端既立報以二禮建設朝事燔燎羶薌見以蕭光以報氣也此教衆反始也薦黍稷羞肝肺首心見間以俠甒加以鬱鬯以報魄也教民相愛上下用情

禮之至也二端既立謂氣也魄也更有尊名云鬼神也二禮謂朝事與薦黍稷也朝事謂薦血腥時也薦黍稷所謂饋食也見及見間皆當為覸字之誤也羶當為馨聲之誤也燔燎馨香覸以蕭光取牲祭脂也光猶氣也有虞氏祭首夏后氏祭心殷祭肝周祭肺覸以俠甒謂雜之兩甒醴酒也相愛用情謂此以人道祭之也報氣以氣報魄以實各首其類君子反古復始不忘其所由生也是以致其敬發其情竭力從事以報其親不敢弗盡也從事謂脩薦可以祭者也是故昔者天子為藉千畝冕而朱紘躬秉耒諸侯為藉百畝冕而青紘躬秉耒以事天地山

川社稷先古以爲醴酪齊盛於是乎取之敬之至也藉藉田也先古先祖古者天子諸侯必有養獸之官及歲時齊戒沐浴而躬朝之犧牷祭牲必於是取之敬之至也君召牛納而視之擇其毛而卜之吉然後養之君皮弁素積朔月月半君巡牲所以致力孝之至也歲時齊戒沐浴而躬朝之謂將祭祀卜牲君朔月月半巡視之君召牛納而視之更本擇牲意古者天子諸侯必有公桑蠶室近川而爲之築

宮仞有三尺棘牆而外閉之及大昕之朝君皮弁素積卜三宮之夫人世婦之吉者使入蠶于蠶室奉種浴于川桑于公桑風戾以食之大昕季春朔日之朝也諸侯夫人三宮半王后也風戾之者及早涼脃採之風戾之使露氣燥乃以食蠶蠶性惡濕歲既單矣世婦卒蠶奉繭以示于君遂獻繭于夫人夫人曰此所以為君服與遂副褘而受之因少牢以禮之歲單謂三月月盡之後也言歲者蠶歲之大功事畢於此也副褘王后之服而云夫人記者容二王之後與禮之禮

奉繭之世婦古之獻繭者其率用此與問者之辭及良日夫人繅三盆手遂布于三宮夫人世婦之吉者使繅遂朱綠之玄黃之以爲黼黻文章服既成君服以祀先王先公敬之至也三盆手者三淹也凡繅每淹大揔而手振之以出緒也君子曰禮樂不可斯須去身斯須猶須臾也致樂以治心則易直子諒之心油然生矣易直子諒之心生則樂樂則安安則久久則天天則神天則不

言而信神則不怒而威致樂以治心者也子讀如不子之子諒信也油然物始生好美貌致禮以治躬則莊敬莊敬則嚴威躬身也心中斯須不和不樂而鄙詐之心入之矣外貌斯須不莊不敬而慢易之心入之矣故樂也者動於內者也禮也者動於外者也樂極和禮極順內和而外順則民瞻其顏色而不與爭也望其容貌而衆不生慢易焉極至也故德煇動乎內

而民莫不承聽理發乎外而衆莫不承順理謂言行也故曰致禮樂之道而天下塞焉舉而錯之無難矣塞充滿也樂也者動於內者也禮也者動於外者也故禮主其減樂主其盈禮減而進以進爲文樂盈而反以反爲文減猶倦也盈猶溢也樂以統情禮以理行人之情有溢而行有倦倦則進之以能進者爲文溢則使反以能反者爲文文謂才美禮減而不進則銷樂盈而不反則放故禮有報而樂有反報皆當爲褒聲之誤禮得其

報則樂樂得其反則安禮之報樂之反其義一也曾子曰孝有三大孝尊親其次弗辱其下能養公明儀問於曾子曰夫子可以爲孝乎曾子曰是何言與是何言與君子之所謂孝者先意承志諭父母於道參直養者也安能爲孝乎公明儀曾子弟子曾子曰身也者父母之遺體也行父母之遺體敢不敬乎居處不莊非孝也事君不忠非孝也

涖官不敬非孝也朋友不信非孝也戰陳無勇非孝也五者不遂烖及於親敢不敬乎遂猶成也亨孰羶薌嘗而薦之非孝也養也君子之所謂孝也者國人稱願然曰幸哉有子如此所謂孝也已然猶而也衆之本教曰孝其行曰養養可能也敬爲難敬可能也安爲難安可能也卒爲難父母既沒慎行其身不遺父母惡名可謂能終矣仁者仁

此者也禮者履此者也義者宜此者也信
者信此者也強者強此者也樂自順此生
刑自反此作曾子曰夫孝置之而塞乎天
地溥之而橫乎四海施諸後世而無朝夕
推而放諸東海而準推而放諸西海而準
推而放諸南海而準推而放諸北海而準
無朝夕言常行無輟時也放猶至也準猶平也詩云自西自東自南自
北無思不服此之謂也曾子曰樹木以時

伐焉禽獸以時殺焉夫子曰斷一樹殺一獸不以其時非孝也（夫子孔子也曾子述其言以云）孝有三小孝用力中孝用勞大孝不匱（勞猶功也）思慈愛忘勞可謂用力矣尊仁安義可謂用勞矣博施備物可謂不匱矣（思慈愛忘勞思父母之慈愛己而自忘己之勞苦）父母愛之嘉而弗忘父母惡之懼而無怨（無怨無怨於父母之心）父母有過諫而不逆（順而諫之）父母既沒必求仁者之粟以祀之此之

謂禮終言貧困猶不取惡人物以事亡親樂正子春下堂而傷其足數月不出猶有憂色門弟子曰夫子之足瘳矣數月不出猶有憂色何也樂正子春曰善如爾之問也善如爾之問也吾聞諸曾子曾子聞諸夫子曰天之所生地之所養無人爲大父母全而生之子全而歸之可謂孝矣不虧其體不辱其身可謂全矣曾子聞諸夫子述曾子所聞於孔子之言故君子頃步而弗

敢忘孝也今予忘孝之道予是以有憂色也頃當爲跬聲之誤也予我也壹舉足而不敢忘父母壹出言而不敢忘父母壹舉足而不敢忘父母是故道而不徑舟而不游不敢以先父母之遺體行殆壹出言而不敢忘父母是故惡言不出於口忿言不反於身不辱其身不羞其親可謂孝矣徑步邪趨疾也忿言不反於身人不能無忿怒忿怒之言當由其直直則人服不敢以忿言來也昔者有虞氏貴德而尚

齒夏后氏貴爵而尚齒殷人貴富而尚齒周人貴親而尚齒貴謂燕賜有加於諸臣也尚謂有事尊之於其黨也臣能世禄曰富舜時多仁聖有德後德則在小官虞夏殷周天下之盛王也未有遺年者年之貴乎天下久矣次乎事親也言其先老也是故朝廷同爵則尚齒七十杖於朝君問則席八十不俟朝君問則就之而弟達乎朝廷矣同爵尚齒老者在上也君問則席爲之布席於堂上而與之言凡朝位立於庭魯哀公問於孔子命席不俟朝君揖之即退不待朝事畢也就之就其家

也老而致仕君或不許異其禮而已行肩而不併不錯則隨見老者則車徒辟斑白者不以其任行乎道路而弟達乎道路矣錯鴈行也父黨隨行兄黨鴈行車徒辟乘車步行皆辟老人也斑白者駁雜色也任所擔持也不以任少者代之居鄉以齒而老窮不遺強不犯弱衆不暴寡而弟達乎州巷矣老窮不遺以鄉人尊而長之雖貧且無子孫無弃忘也一鄉者五州巷猶閭也古之道五十不爲甸徒頒禽隆諸長者而弟達乎獀狩矣四井爲邑四邑爲丘四丘爲甸甸六十四井也以爲軍田出役之法五十始衰不從力役

之事也頒之言分也隆猶多也及田者分禽多其老者謂竭作未五十者春獮爲獀冬獮爲狩軍旅

什伍同爵則尚齒而弟達乎軍旅矣什伍士卒部曲也少儀曰軍尚左卒尚右孝弟發諸朝廷行乎道路至

乎州巷放乎獀狩脩乎軍旅衆以義死之

而弗敢犯也死之死此孝弟之禮祀乎明堂所以教諸

侯之孝也食三老五更於大學所以教諸

侯之弟也祀先賢於西學所以教諸侯之

德也耕藉所以教諸侯之養也朝覲所以

教諸侯之臣也五者天下之大教也祀乎明堂宗祀文王西學周小學也先賢有道德王所使教國子者食三老五更於大學天子袒而割牲執醬而饋執爵而酳冕而摠干所以教諸侯之弟也是故鄉里有齒而老窮不遺強不犯弱衆不暴寡此由大學來者也割牲制俎實也冕而摠干親在舞位以樂侑食也教諸侯之弟次事親天子設四學當入學而大子齒四學謂周四郊之虞庠也文王世子曰行一物而三善皆得唯世子而已其齒於學之謂也天子巡守諸侯待于

竟天子先見百年者（問其國君以百年者所在而往見之）八十九十者東行西行者弗敢過西行東行者弗敢過欲言政者君就之可也（弗敢過者謂道經之則見之）壹命齒于鄉里再命齒于族三命不齒族有七十者弗敢先（此謂鄉射飲酒時也齒者謂以年次立若坐也三命列國之卿也不復齒席之於賓東不敢先族之七十者謂既一人舉觶乃入也雖非族亦然承齒乎族故言族爾）七十者不有大故不入朝若有大故而入君必與之揖讓而后及爵者（謂致仕在家者其入朝君先與

之爲禮而后揖卿大夫士天子有善讓德於天諸侯有善歸諸天子卿大夫有善薦於諸侯士庶人有善本諸父母存諸長老祿爵慶賞成諸宗廟所以示順也薦進也成諸宗廟於宗廟命之祭統有十倫六曰見爵賞之施焉昔者聖人建陰陽天地之情立以爲易易抱龜南面天子卷冕北面雖有明知之心必進斷其志焉示不敢專以尊天也善則稱人過則稱己教不伐以尊賢也立以

爲易謂作易易抱龜易官名周禮曰大卜大卜主三兆三易三夢之占孝子將祭祀必有齊莊之心以慮事以具服物以脩宮室以治百事謂齊之前後也及祭之日顏色必溫行必恐如懼不及愛然如懼不及見其所愛者其奠之也容貌必溫身必詘如語焉而未之然奠之謂酌尊酒奠之及酳之屬也如語焉而未之然如有所以語親而未見荅宿者皆出其立卑靜以正如將弗見然宿者皆出謂賓助祭者事畢出去也如將弗見然祭事畢而不知親所在思念之深如不見出也及祭之後陶陶遂遂

如將復入然思念既深如覩親將復入也陶陶遂遂相隨行之貌是故慤善不違身耳目不違心思慮不違親結諸心形諸色而術省之孝子之志也術當爲述聲之誤也建國之神位右社稷而左宗廟周尚左也

祭統第二十五　鄭氏注

凡治人之道莫急於禮禮有五經莫重於祭禮有五經謂吉禮凶禮賓禮軍禮嘉禮也莫重於祭謂以吉禮爲首也大宗伯職曰以吉禮事邦國之鬼神祇夫祭者非物自外至者也自中出生

於心也心怵而奉之以禮是故唯賢者能盡祭之義怵感念親之貌也怵或爲述賢者之祭也必受其福非世所謂福也福者備也備者百順之名也無所不順者之謂備言内盡於己而外順於道也忠臣以事其君孝子以事其親其本一也世所謂福者謂受鬼神之祐助也賢者之所謂福者謂受大順之顯名也其本一者言忠孝俱由順出也上則順於鬼神外則順於君長内則以孝於親如此之謂備唯賢者能

備能備然後能祭是故賢者之祭也致其誠信與其忠敬奉之以物道之以禮安之以樂參之以時明薦之而已矣不求其爲此孝子之心也[明猶絜也爲謂福祐爲己之報]祭者所以追養繼孝也孝者畜也順於道不逆於倫是之謂畜[畜謂順於德教]是故孝子之事親也有三道焉生則養沒則喪喪畢則祭養則觀其順也喪則觀其哀也祭則觀其敬而時也盡

此三道者孝子之行也［沒終也］既內自盡又外求助昏禮是也故國君取夫人之辭曰請君之玉女與寡人共有敝邑事宗廟社稷此求助之本也［言玉女者美言之也君子於玉比德焉］夫祭也者必夫婦親之所以備外內之官也官備則具備［具謂所供衆物］水草之菹陸産之醢小物備矣三牲之俎八簋之實美物備矣昆蟲之異草木之實陰陽之物備矣［水草之菹芹茆之屬陸産之醢

蚳蝝之屬天子之祭八簋昆蟲謂溫生寒死之蟲也內則可食之物有蜩范草木之實蔆芡榛栗之屬凡天之所生地之所長苟可薦者莫不咸在示盡物也外則盡物內則盡志此祭之心也咸皆也是故天子親耕於南郊以共齊盛王后蠶於北郊以共純服諸侯耕於東郊亦以共齊盛夫人蠶於北郊以共冕服天子諸侯非莫耕也王后夫人非莫蠶也身致其誠信誠信之謂盡盡之謂敬敬盡然

後可以事神明此祭之道也純服亦冕服也互言之爾純以見繒色冕以著祭服東郊少陽諸侯象也夫人不蠶於西郊婦人禮少變也齊或作粢及時將祭君子乃齊齊之爲言齊也齊不齊以致齊者也是故君子非有大事也非有恭敬也則不齊不齊則於物無防也嗜欲無止也及其將齊也防其邪物訖其嗜欲耳不聽樂故記曰齊者不樂言不敢散其志也心不苟慮必依於道手足不苟動必依於

禮訖猶止也是故君子之齊也專致其精明之德也故散齊七日以定之致齊三日以齊之定之之謂齊齊者精明之至也然後可以交於神明也定者定其志意是故先期旬有一日宮宰宿夫人夫人亦散齊七日致齊三日宮宰守宮官也宿讀爲肅肅猶戒也戒輕肅重也君致齊於外夫人致齊於內然後會於大廟君純冕立於阼夫人副褘立於東房君執圭瓚祼

尸大宗執璋瓚亞祼及迎牲君執紖卿大夫從士執芻宗婦執盎從夫人薦涚水君執鸞刀羞嚌夫人薦豆此之謂夫婦親之

大廟始祖廟也圭瓚璋瓚祼器也以圭璋爲柄酌鬱鬯曰祼大宗亞祼容夫人有故攝焉紖所以牽牲也周禮作緅芻謂稾也殺牲時用薦之周禮封人祭祀飾牲共其水稾涚盎齊也盎齊涚酌也凡尊有明水因兼云水嚌嚌肺祭肺之屬也君以鸞刀割制之天子諸侯之祭禮先有祼尸之事乃後迎牲芻或爲槁

及入舞君執干戚就舞位君爲東上冕而揔干率其羣臣以樂皇尸是故天子之祭也與

天下樂之諸侯之祭也與竟內樂之冕而摠干率其羣臣以樂皇尸此與竟內樂之之義也君爲東上近主位也皇君也言君尸者尊之夫祭有三重焉獻之屬莫重於祼聲莫重於升歌舞莫重於武宿夜此周道也武宿夜武曲名也周道猶周之禮凡三道者所以假於外而以增君子之志也故與志進退志輕則亦輕志重則亦重輕其志而求外之重也雖聖人弗能得也是故君

子之祭也必身自盡也所以明重也道之以禮以奉三重而薦諸皇尸此聖人之道也夫祭有餕餕者祭之末也不可不知也是故古之人有言曰善終者如始餕其是已是故古之君子曰尸亦餕鬼神之餘也惠術也可以觀政矣術猶法也爲政尚施惠盡美能知能惠詩云維此惠君民人所瞻是故尸謖君與卿四人餕君起大夫六人餕臣餕君之餘也大夫起士八人餕

賤餕貴之餘也士起各執其具以出陳于堂下百官進徹之下餕上之餘也進當爲餕聲之誤也百官謂有事於君祭者也既餕乃徹之而去所謂自卑至賤進徹或俱爲餕凡餕之道每變以衆所以別貴賤之等而興施惠之象也是故以四簋黍見其脩於廟中也廟中者竟內之象也鬼神之惠偏廟中如國君之惠偏竟內也祭者澤之大者也是故上有大澤則惠必及下顧上先下後耳非上積重而下有凍餒之民

也是故上有大澤則民夫人待于下流知惠之必將至也由餕見之矣故曰可以觀政矣鬼神有祭不獨饗之使人餕之恩澤之大者也國君有蓄積不獨食之亦以施惠於竟內也夫祭之爲物大矣其興物備矣順以備者也其教之本與爲物猶爲禮也興物謂薦百品是故君子之教也外則教之以尊其君長內則教之以孝於其親是故明君在上則諸臣服從崇事宗廟社稷則子孫順孝盡其道端其義

而教生焉（崇猶尊也）是故君子之事君也必身行之所不安於上則不以使下所惡於下則不以事上非諸人行諸己非教之道也是故君子之教也必由其本順之至也祭其是與故曰祭者教之本也已（必身行之言恕己乃行之）夫祭有十倫焉（教由孝順生也）見事鬼神之道焉見君臣之義焉見父子之倫焉見貴賤之等焉見親踈之殺焉見爵賞之施焉見夫

婦之別焉見政事之均焉見長幼之序焉見上下之際焉此之謂十倫倫猶義也鋪筵設同几爲依神也詔祝於室而出于祊此交神明之道也同之言詷也祭者以其妃配亦不特几也詔祝告事於尸也出於祊謂索祭也君迎牲而不迎尸別嫌也尸在廟門外則疑於臣在廟中則全於君君在廟門外則疑於君入廟門則全於臣全於子是故不出者明君臣之義也不迎尸者欲全其尊也尸神象也鬼神之尊在

廟中人君之尊出廟門則伸　夫祭之道孫爲王父尸所使爲尸者於祭者子行也父北面而事之所以明子事父之道也此父子之倫也子行猶子　尸飲五君洗玉爵獻卿尸飲七以瑤爵獻大夫尸飲九以散爵獻士及羣有司皆以齒明尊卑之等也尸飲五謂酳尸五獻也大夫士祭三獻而獻賓　夫祭有昭穆昭穆者所以別父子遠近長幼親踈

列也祭祖則用孫列皆取於同姓之適子也天子諸侯之祭朝事延尸於戶外是以有北面事尸之禮

之序而無亂也是故有事於大廟則羣昭羣穆咸在而不失其倫此之謂親疏之殺也（昭穆咸在同宗父子皆來）古者明君爵有德而祿有功必賜爵祿於大廟示不敢專也故祭之日一獻君降立于阼階之南南鄉所命北面史由君右執策命之再拜稽首受書以歸而舍奠于其廟此爵賞之施也（一獻酳尸也舍當爲釋聲之誤也非時而祭曰奠）君卷冕立于阼夫人副褘立于

東房夫人薦豆執校執醴授之執鐙尸酢夫人執柄夫人受尸執足夫婦相授受不相襲處酢必易爵明夫婦之別也校豆中央直者也執醴授醴之人授夫人以豆則執鐙鐙豆下跗也凡爲俎者以骨爲主骨有貴賤殷人貴髀周人貴肩凡前貴於後俎者所以明祭之必有惠也是故貴者取貴骨賤者取賤骨貴者不重賤者不虛示均也惠均則政行政行則事成事成則

功立功之所以立者不可不知也俎者所以明惠之必均也善爲政者如此故曰見政事之均焉殷人貴髀爲其厚也周人貴肩爲其顯也凡前貴於後謂脊脅臑之屬凡賜爵昭爲一穆爲一昭與昭齒穆與穆齒凡群有司皆以齒此之謂長幼有序昭穆猶特牲少牢饋食之禮衆兄弟也羣有司猶衆賓下及執事者君賜之爵謂若酬之夫祭有畀煇胞翟閽者惠下之道也唯有德之君爲能行此明足以見之仁足以與之畀之爲

言與也能以其餘畀其下者也煇者甲吏之賤者也胞者肉吏之賤者也翟者樂吏之賤者也閽者守門之賤者也古者不使刑人守門此四守者吏之至賤者也尸又至尊以至尊既祭之末而不忘至賤而以其餘畀之是故明君在上則竟內之民無凍餒者矣此之謂上下之際明足以見之見此畀者也仁足以與之與此畀者也煇周禮作韗謂韗磔皮革之官也翟謂教羽舞者也古者不使刑人守門謂夏殷時凡

祭有四時春祭曰礿夏祭曰禘秋祭曰嘗冬祭曰烝（謂夏殷時禮也）礿禘陽義也嘗烝陰義也禘者陽之盛也嘗者陰之盛也故曰莫重於禘嘗（夏者尊卑著而秋萬物成）古者於禘也發爵賜服順陽義也於嘗也出田邑發秋政順陰義也（言爵命屬陽國地屬陰）故記曰嘗之日發公室示賞也草艾則墨未發秋政則民弗敢草也（發公室出賞物也草艾謂艾取草也秋草木成可芟艾給爨亨時則始行小刑也）故曰禘嘗

之義大矣治國之本也不可不知也明其義者君也能其事者臣也不明其義君人不全不能其事爲臣不全全猶具也夫義者所以濟志也諸德之發也是故其德盛者其志厚其志厚者其義章其義章者其祭也敬祭敬則竟內之子孫莫敢不敬矣濟成也發謂機發也竟內之子孫萬人爲子孫是故君子之祭也必身親涖之有故則使人可也雖使人也君不失

其義者君明其義故也涖臨也君不失其義者言君雖不自親祭祭禮無闕於君德不損也其德薄者其志輕疑於其義而求祭使之必敬也弗可得已祭而不敬何以爲民父母矣夫鼎有銘銘者自名也自名以稱揚其先祖之美而明著之後世者也爲先祖者莫不有美焉莫不有惡焉銘之義稱美而不稱惡此孝子孝孫之心也唯賢者能之銘謂書之刻之以識事者也自名謂稱揚其先祖之德著己名於下銘

者論譔其先祖之有德善功烈勳勞慶賞聲名列於天下而酌之祭器自成其名焉以祀其先祖者也顯揚先祖所以崇孝也身比焉順也明示後世教也烈業也王功曰勳事功曰勞酌之祭器言斟酌其美傳著於鍾鼎也身比焉謂自著名於下也順也自著名以稱揚先祖之德孝順之行也教也所以教後世夫銘者壹稱而上下皆得焉耳矣是故君子之觀於銘也既美其所稱又美其所爲美其所爲美此人爲此銘爲之者明足以見之仁

足以與之知足以利之可謂賢矣賢而勿伐可謂恭矣明足以見之見其先祖之美也仁足以與之與其先祖之銘也非有仁恩君不使與之也知足以利之利己名得此於先祖故衛孔悝之鼎銘曰六月丁亥公假于大廟孔悝衛大夫也公衛莊公蒯聵也得孔悝之立己依禮褒之以靜國人自固也假至也至於大廟謂以夏之孟夏禘祭公曰叔舅乃祖莊叔左右成公成公乃命莊叔隨難于漢陽即宮于宗周奔走無射公曰叔舅者公爲策書尊呼孔悝而命之也乃猶女也莊叔悝七世之祖衛大夫孔達也隨難者謂成公爲晉文公所伐出奔楚命莊叔從焉

漢楚之川也即宮於宗周後反得國坐殺弟叔武晉人執而歸之於京師寘之深室也射厭也言莊叔常奔走至勞苦而不厭倦也周既去鎬京猶名王城為宗周也啓右獻公獻公乃命成叔纂乃祖服獻公衛侯衎成公曾孫也亦失國得反言莊叔之功流於後世啓右獻公使得反國也成叔莊叔之孫成子烝鉏也右助也纂繼也服事也獻公反國命成子繼女祖莊叔之事欲其忠如孔達也乃考文叔興舊耆欲作率慶士躬恤衛國其勤公家夙夜不解民咸曰休哉文叔者成叔之曾孫文子圉即悝父也作起也率循也慶善也士之言事也言文叔能興行先祖之舊德起而循其善事公曰叔舅子女銘若纂乃考服若乃

猶女也公命悝子女先祖以銘以尊顯之女繼女父之事欲其忠如文子也成公獻公莊公皆失國得反言孔氏丗有功焉寵之也悝拜稽首曰對揚以辟之對遂也辟明也言遂揚君命以明我先祖之德也勤大命施于烝彝鼎施猶著也言我將行君之命又刻著於烝祭之彝鼎彝尊也周禮大約劑書於宗彝此衛孔悝之鼎銘也言銘之類衆多也略取此一以言之古之君子論譔其先祖之美而明著之後世者也以比其身以重其國家如此如莊公命孔悝之爲也莊公孔悝雖無令德以終其事於禮是行之非子孫之守宗廟社稷者其先祖無美而

稱之是誣也有善而弗知不明也知而弗傳不仁也此三者君子之所恥也昔者周公旦有勳勞於天下周公旣没成王康王追念周公之所以勳勞者而欲尊魯故賜之以重祭外祭則郊社是也内祭則大嘗禘是也言此者王室所銘若周公之功夫大嘗禘升歌清廟下而管象朱干玉戚以舞大武八佾以舞大夏此天子之樂也康周公故以賜魯也

清廟頌文王之詩也管象吹管而舞武象之樂也朱干赤盾戚斧也此武象之舞所執也佾猶列也大夏禹樂文舞也執羽籥文武之舞皆八列互言之耳康猶褒大也易晉卦曰康侯用錫馬子孫纂之

至于今不廢所以明周公之德而又以重其國也不廢不廢其此禮樂也重猶尊也

禮記卷第十四

禮記卷第十五

經解第二十六　　鄭氏注

孔子曰入其國其教可知也觀其風俗則知其所以教其爲人也温柔敦厚詩教也疏通知遠書教也廣博易良樂教也絜靜精微易教也恭儉莊敬禮教也屬辭比事春秋教也屬猶合也故詩之失愚書之失誣樂之失奢易之失賊禮之失煩春秋之失春秋多記諸侯朝聘會同有相接之辭罪辯之事

失亂失謂不能節其教者也詩敦厚近愚書知遠近誣易精微愛惡相攻遠近相取則不能容人近於傷害春秋習戰爭之事近亂其爲人也温柔敦厚而不愚則深於詩者也疏通知遠而不誣則深於書者也廣博易良而不奢則深於樂者也絜靜精微而不賊則深於易者也恭儉莊敬而不煩則深於禮者也屬辭比事而不亂則深於春秋者也言深者既能以教又防其失天子者與天地參故德配天地兼利萬物與日月

並明明照四海而不遺微小其在朝廷則道仁聖禮義之序燕處則聽雅頌之音行步則有環佩之聲升車則有鸞和之音居處有禮進退有度百官得其宜萬事得其序詩云淑人君子其儀不忒其儀不忒正是四國此之謂也道猶言也環佩佩環佩玉也所以爲行節也玉藻曰進則揖之退則揚之然後玉鏘鳴也環取其無窮止玉則比德焉孔子佩象環五寸人君之環其制未聞也鸞和皆鈴也所以爲車行節也韓詩內傳曰鸞在衡和在軾前升車則馬動馬動則鸞鳴鸞鳴則和應居處朝廷與燕也進

退行步與外車也發號出令而民說謂之和上下相親謂之仁民不求其所欲而得之謂之信除去天地之害謂之義義與信和與仁霸王之器也有治民之意而無其器則不成器謂所操以作事者也義信和仁皆存乎禮禮之於正國也猶衡之於輕重也繩墨之於曲直也規矩之於方圜也故衡誠縣不可欺以輕重繩墨誠陳不可欺以曲直規矩誠設不可欺以方圜

君子審禮不可誣以姦詐衡稱也縣謂錘也陳設謂彈畫也誠猶審也或作成是故隆禮由禮謂之有方之士不隆禮不由禮謂之無方之民敬讓之道也故以奉宗廟則敬以入朝廷則貴賤有位以處室家則父子親兄弟和以處鄉里則長幼有序孔子曰安上治民莫善於禮此之謂也隆禮謂盛行禮也方猶道也春秋傳曰教之以義方故朝覲之禮所以明君臣之義也聘問之禮所以使諸

侯相尊敬也喪祭之禮所以明臣子之恩也鄉飲酒之禮所以明長幼之序也昏姻之禮所以明男女之别也夫禮禁亂之所由生猶坊止水之所自來也故以舊坊爲無所用而壞之者必有水敗以舊禮爲無所用而去之者必有亂患春見曰朝小聘曰問其篇今亡昏姻謂嫁取也壻曰昏妻曰姻自亦由也故昏姻之禮廢則夫婦之道苦而淫辟之罪多矣鄉飲酒之禮廢則長

幼之序失而爭鬬之獄繁矣喪祭之禮廢則臣子之恩薄而倍死忘生者衆矣聘覲之禮廢則君臣之位失諸侯之行惡而倍畔侵陵之敗起矣苦謂不至不荅之屬故禮之教化也微其止邪也於未形使人日徙善遠罪而不自知也是以先王隆之也易曰君子愼始差若豪氂繆以千里此之謂也隆謂尊盛之也始謂其微時也

哀公問第二十七　　　鄭氏注

哀公問於孔子曰大禮何如君子之言禮何其尊也孔子曰丘也小人不足以知禮謙不荅也君曰否吾子言之也孔子曰丘聞之民之所由生禮爲大非禮無以節事天地之神也非禮無以辨君臣上下長幼之位也非禮無以別男女父子兄弟之親昏姻䟽數之交也君子以此之爲尊敬然言君子以

此故尊禮然後以其所能教百姓不廢其會節君子以其所能於禮教百姓使其不廢此上事之期節有成事然後治其雕鏤文章黼黻以嗣上事行於民有成功乃後續以治文飾以爲尊卑之差其順之然後言其喪筭備其鼎俎設其豕腊脩其宗廟歲時以敬祭祀以序宗族即安其居節醜其衣服卑其宮室車不雕幾器不刻鏤食不貳味以與民同利昔之君子之行禮者如此言語也筭數也即就也醜類也幾附纏之也言君子既尊禮民

以爲順乃後語以喪祭之禮就安其居處正其衣服教之節儉與之同利者上下俱足也公曰今之君子胡莫之行也孔子曰今之君子好實無厭淫德不倦荒怠敖慢固民是盡午其衆以伐有道求得當欲不以其所昔之用民者由前今之用民者由後今之君子莫爲禮也實猶富也淫放也固猶故也午其衆逆其族類也當猶稱也所猶道也由前用上所言由後用下所言孔子侍坐於哀公哀公曰敢問人道誰爲大孔子愀然作色而對曰君之及

此言也百姓之德也固臣敢無辭而對人道政爲大（愀然變動貌也作猶變也德猶福也辭讓也）公曰敢問何謂爲政孔子對曰政者正也君爲正則百姓從政矣君之所爲百姓之所從也君所不爲百姓何從（言君當務於政）公曰敢問爲政如之何孔子對曰夫婦別父子親君臣嚴三者正則庶物從之矣（庶物猶衆事也）公曰寡人雖無似也願聞所以行三言之道可得聞乎（無似猶言）

（不肖）孔子對曰古之爲政愛人爲大所以治愛人禮爲大所以治禮敬爲大敬之至矣大昏爲大大昏至矣大昏既至冕而親迎親之也親之也者親之也是故君子興敬爲親舍敬是遺親也弗愛不親弗敬不正愛與敬其政之本與（大昏國君取禮也至矣言至大也興敬爲親言相敬則親）公曰寡人願有言然冕而親迎不已重乎（已猶大也恠親迎乃服祭服）孔子愀然作色而對曰合二姓之好

以繼先聖之後以爲天地宗廟社稷之主君何謂已重乎先聖周公也公曰寡人固不固焉得聞此言也寡人欲問不得其辭請少進固不固言吾由鄙固故也請少進欲其爲言以曉己孔子曰天地不合萬物不生大昏萬世之嗣也君何謂已重焉孔子遂言曰内以治宗廟之禮足以配天地之神明出以治直言之禮足以立上下之敬物恥足以振之國恥足以興之爲政先

禮禮其政之本與 宗廟之禮祭宗廟也夫婦配天地有日月之象焉禮器曰君在阼夫人在房大明生於東月生於西此陰陽之分夫婦之位也直猶正也正言謂出政教也政教有夫婦之禮焉昏義曰天子聽外治后聽內職教順成俗外內和順國家理治此之謂盛德物猶事也事恥臣恥也振猶救也國恥君恥也君臣之行有可恥者禮足以救之足以興復之 孔子遂言曰昔三代明王之政必敬其妻子也有道妻也者親之主也敢不敬與子也者親之後也敢不敬與君子無不敬也敬身爲大身也者親之枝也敢不敬與不能敬其身是傷

其親傷其親是傷其本傷其本枝從而亡三者百姓之象也身以及身子以及子妃以及妃君行此三者則愾乎天下矣大王之道也如此國家順矣愾猶至也大王居豳爲狄所伐乃曰土地所以養人也君子不以其所養害所養乃去之岐是言百姓之身猶吾身也百姓之妻子猶吾妻子也不忍以土地之故而害之去之岐而王迹興焉

公曰敢問何謂敬身孔子對曰君子過言則民作辭過動則民作則君子言不過辭動不過則百姓不命而敬恭

如是則能敬其身能敬其身則能成其親矣則法也民者化君者也君之言雖過民猶稱其辭君之行雖過民猶以爲法公曰敢問何謂成親孔子對曰君子也者人之成名也百姓歸之名謂之君子之子是使其親爲君子也是爲成其親之名也已孔子遂言曰古之爲政愛人爲大不能愛人不能有其身不能有其身不能安土不能安土不能樂天不能樂天不能成其身有猶保也不能

保身者言人將害之也不能安土動移失業也不能樂天不知己過而怨天也公曰敢問何謂成身孔子對曰不過乎物物猶事也公曰敢問君子何貴乎天道也孔子對曰貴其不已如日月東西相從而不已也是天道也不閉其久是天道也無爲而物成是天道也已成而明是天道也已猶止也是天道也者言人君法之當如是也日月相從君臣相朝會也不閉其久通其政教不可以倦無爲而成使民不可以煩也已成而明明照察有功

公曰寡人惷愚冥煩子志之心也志讀爲識識知也冥

煩者言不能明理此事子之心所知也欲其要言使易行孔子蹴然辟席而對曰仁人不過乎物孝子不過乎物是故仁人之事親也如事天事天如事親是故孝子成身蹴然敬貌物猶事也事親事天孝敬同也孝經曰事父孝故事天明舉無過事以孝事親是所以成身公曰寡人既聞此言也無如後罪何既聞此言也者欲勤行之也無奈後日過於事之罪何爲謙辭孔子對曰君之及此言也是臣之福也善哀公及此言此言善言也

仲尼燕居第二十八　鄭氏注

仲尼燕居子張子貢言游侍縱言至於禮言游言偃子游也縱言汎說事子曰居女三人者吾語女禮使女以禮周流無不徧也居女三人者女三人且坐也使之坐凡與尊者言更端則起子貢越席而對曰敢問何如對應也子曰敬而不中禮謂之野恭而不中禮謂之給勇而不中禮謂之逆子曰給奪慈仁奪猶亂也巧言足恭之人以慈仁實鮮仁特言是者感子貢也子貢辯近於給子曰師爾過而商也不及子產猶衆人之母也能食之

不能教也過與不及言敦鈍不同俱違禮也衆人之母言子產慈仁多不矜莊又與子張相反子產嘗以其乘車濟冬涉者而車梁不成是慈仁亦違禮子貢越席而對曰敢問將何以爲此中者也子曰禮乎禮夫禮所以制中也禮乎禮唯有禮也子貢退言游進曰敢問禮也者領惡而全好者與子曰然領猶治也好善也然則何如子曰郊社之義所以仁鬼神也嘗禘之禮所以仁昭穆也饋奠之禮所以仁死喪也射鄉之禮所以仁鄉黨

也食饗之禮所以仁賓客也仁猶存也凡存此者所以全善之道也郊社嘗禘饋奠存死之善者也射鄉食饗存生之善者也郊有后稷社有句龍子曰明乎郊社之義嘗禘之禮治國其如指諸掌而已乎是故以之居處有禮故長幼辨也以之閨門之內有禮故三族和也以之朝廷有禮故官爵序也以之田獵有禮故戎事閑也以之軍旅有禮故武功成也是故宮室得其度量鼎得其象味得其時樂得

其節車得其式鬼神得其饗喪紀得其哀辨說得其黨官得其體政事得其施加於身而錯於前凡衆之動得其宜治國指諸掌言易知也郊社嘗禘尊卑之事有治國之象焉辨別也三族父子孫也凡言得者得法於禮也量豆區斗斛也味酸苦之屬也四時有所多及獻所宜也式謂載也所載有尊卑辨禮之說謂禮樂之官敎學者黨類也體尊卑異而合同

子曰禮者何也即事之治也君子有其事必有其治治國而無禮譬猶瞽之無相與倀倀乎其何之譬如終夜有求於幽室之

中非燭何見若無禮則手足無所錯耳目
無所加進退揖讓無所制是故以之居處
長幼失其別閨門三族失其和朝廷官爵
失其序田獵戎事失其策軍旅武功失其
制宮室失其度量鼎失其象味失其時樂
失其節車失其式鬼神失其饗喪紀失其
哀辨說失其黨官失其體政事失其施加
於身而錯於前凡衆之動失其宜如此則

無以祖洽於衆也凡言失者無禮故也策謀也祖始也洽合也言失禮無以爲衆倡始無以合和衆子曰愼聽之女三人者吾語女禮猶有九焉大饗有四焉苟知此矣雖在畎畝之中事之聖人已兩君相見揖讓而入門入門而縣興揖讓而升堂升堂而樂闋下管象武夏籥序興陳其薦俎序其禮樂備其百官如此而后君子知仁焉行中規還中矩和鸞中采齊客出以雍徹以振羽

是故君子無物而不在禮矣入門而金作示情也升歌清廟示德也下而管象示事也是故古之君子不必親相與言也以禮樂相示而已猶有九焉吾所欲語女餘有九也但大饗有四大饗謂饗諸侯來朝者也四者謂金再作升歌清廟下管象也事之謂立置於位也聖人已者是聖人也縣興金作也金再作者獻主君又作也下謂堂下也象武武舞也夏籥文舞也序更也堂下吹管舞文武之樂更起也知仁焉知禮樂所存也采齊雍振羽皆樂章也振羽振鷺及雍金作示情也賓主入各以情相示也金性內明象人情也示德也相示以德也清廟頌文王之德示事也相示以事也武象武王之大事也子曰禮也者理

也樂也者節也君子無理不動無節不作不能詩於禮繆不能樂於禮素薄於德於禮虛繆誤也素猶質也歌詩所以通禮意也作樂所以同成禮文也崇德所以實禮行也王制曰樂正崇四術立四教順先王詩書禮樂以造士春秋教以禮樂冬夏教以詩書王大子王子羣后之大子卿大夫元士之適子國之俊選皆造焉則古之人皆知諸侯之禮樂子曰制度在禮文爲在禮行之其在人乎文爲文章所爲子貢越席而對曰敢問夔其窮與見其不達於禮子曰古之人與古之人也達於禮而不達於樂謂之素

達於樂而不達於禮謂之偏夫夔達於樂而不達於禮是以傳於此名也古之人也素與偏俱不備耳夔達於樂傳世名此賢人也非不能非所謂窮　子張問政子曰師乎前吾語女乎君子明於禮樂舉而錯之而已言禮樂足以爲政也錯猶施行也　子張復問子曰師爾以爲必鋪几筵升降酌獻酬酢然後謂之禮乎爾以爲必行綴兆興羽籥作鍾鼓然後謂之樂乎言而履之禮也行而樂之樂

也君子力此二者以南面而立夫是以天下大平也諸侯朝萬物服體而百官莫敢不承事矣禮之所興衆之所治也禮之所廢衆之所亂也目巧之室則有奧阼席則有上下車則有左右行則有隨立則有序古之義也室而無奧阼則亂於堂室也席而無上下則亂於席上也車而無左右則亂於車也行而無隨則亂於塗也立而無

序則亂於位也昔聖帝明王諸侯辨貴賤長幼遠近男女外內莫敢相踰越皆由此塗出也三子者既得聞此言也於夫子昭然若發矇矣此言禮之爲用無所不在失之則隨事致亂爲政者可舍之而他求乎貴賤以爵言長幼以齒言遠近以親疏言男女以同異言外內以位序言也

孔子閒居第二十　鄭氏注

孔子閒居子夏侍子夏曰敢問詩云凱弟君子民之父母何如斯可謂民之父母矣

孔子曰夫民之父母乎必達於禮樂之原以致五至而行三無以橫於天下四方有敗必先知之此之謂民之父母矣〔詩大雅泂酌之篇凱樂也弟易也橫者廣被之意言三無五至之道廣被於天下也四方將有禍敗之釁而必能先知者以其切於憂民是以能審治亂之幾也〕子夏曰民之父母既得而聞矣敢問何謂五至孔子曰夫志之所至詩亦至焉詩之所至禮亦至焉禮之所至樂亦至焉樂之所至哀亦至焉哀樂相生是

故正明目而視之不可得而見也傾耳而聽之不可得而聞也志氣塞乎天地此之謂五至（凡言至者至於民也志謂恩意也言君恩意至於民則其詩亦至也詩謂好惡之情也自此以下皆謂民之父母者善推其所有以與民共之人耳不能聞目不能見行之在胷心也塞滿也）子夏曰五至既得而聞之矣敢問何謂三無孔子曰無聲之樂無體之禮無服之喪此之謂三無子夏曰三無既得略而聞之矣敢問何詩近之（於意未察求其類於詩詩長人情）孔子曰夙夜

其命宥密無聲之樂也威儀逮逮不可選也無體之禮也凡民有喪匍匐救之無服之喪也詩讀其爲基聲之誤也基謀也密靜也言君夙夜謀爲政教以安民則民樂之此非有鐘鼓之聲也逮逮安和之貌也言君之威儀安和逮逮然則民傚之此非有升降揖讓之禮也救之賙恤之言君於民有喪有以賙恤之則民傚之此非有衰絰之服子夏曰言則大矣美矣盛矣言盡於此而已乎孔子曰何爲其然也君子之服之也猶有五起焉言盡於此乎意以爲說未盡也服猶習也君子習讀此詩起此之義其說有五也子夏曰何如孔子

曰無聲之樂氣志不違無體之禮威儀遲遲無服之喪內恕孔悲無聲之樂氣志既得無體之禮威儀翼翼無服之喪施及四國無聲之樂氣志既從無體之禮上下和同無服之喪以畜萬邦無聲之樂日聞四方無體之禮日就月將無服之喪純德孔明無聲之樂氣志既起無體之禮施及四海無服之喪施于孫子不違者民不違君之氣志也孔甚也施易也從

順也畜孝也使萬邦之民競爲孝也就成也將大也使民之儆禮日有所成至月則大矣起猶從也子夏曰三王之德參於天地敢問何如斯可謂參天地矣孔子曰奉三無私以勞天下三王謂禹湯文王也參天地者其德與天地爲三也勞勞來子夏曰敢問何謂三無私孔子曰天無私覆地無私載日月無私照奉斯三者以勞天下此之謂三無私其在詩曰帝命不違至于湯齊湯降不遲聖敬日齊昭假遲遲上帝是祗帝命式于

九圍是湯之德也帝天帝也詩讀湯齊爲湯躋躋升也降下也齊莊也昭明也假至也祗敬也式用也九圍九州之界也此詩云殷之先君其爲政不違天之命至於湯升爲君又下天之政教甚疾其聖敬日莊嚴其明道至於民遲遲然安和天是用敬之命之用事於九州謂使王也是湯之德者是湯奉天無私之德也天有四時春秋冬夏風雨霜露無非教也地載神氣神氣風霆風霆流形庶物露生無非教也言天之施化收殺地之載生萬物此非有所私也無非教者皆人君所當奉行以爲政教清明在躬氣志如神嗜欲將至有開必先天降時雨山川出雲其在詩曰

嵩高惟嶽峻極于天惟嶽降神生甫及申惟申及甫惟周之翰四國于蕃四方于宣此文武之德也清明在躬氣志如神謂聖人也嗜欲將至謂其王天下之期將至也神有以開之必先爲之生賢知之輔佐若天將降時雨山川爲之先出雲矣峻高大也翰幹也言周道將興五嶽爲之生賢輔佐仲山甫及申伯爲周之幹臣天下之蕃衛宣德於四方以成其王功此文武之德也是文王武王奉天地無私之德也此宣王詩也文武之時其德如此而詩無以言之取類以明之三代之王也必先其令聞詩云明明天子令聞不已三代之德也令善也言以名德善聞天乃命之王也不已不倦止也弛其

文德協此四國大王之德也 弛施也協和也大王文王之祖

周道將興始有令聞 子夏蹶然而起負牆而立曰弟子

敢不承乎 承奉承不失墜也起負牆者所問竟辟後來者

坊記第三十　鄭氏注

子言之君子之道辟則坊與坊民之所不

足者也 民所不足謂仁義之道也失道則放辟邪侈也 大爲之坊民猶

踰之 言嚴其禁尚不能止況不禁乎 故君子禮以坊德刑以

坊淫命以坊欲 命謂教令 子云小人貧斯約富

斯驕約斯盜驕斯亂（約猶窮也）禮者因人之情而爲之節文以爲民坊者也故聖人之制富貴也使民富不足以驕貧不至於約貴不慊於上故亂益亡（此節文者謂農有田里之差士有爵命之級也慊恨不滿之貌也慊或爲嫌）子云貧而好樂富而好禮衆而以寧者天下其幾矣（言如此者寡也寧安也大族衆家恒多爲亂）詩云民之貪亂寧爲荼毒（言民之貪爲亂者安其荼毒之行惡之也）故制國不過千乘都城不過百雉家富不

過百乘以此坊民諸侯猶有畔者古者方十里其中六十四井出兵車一乘此兵賦之法也成國之賦千乘雉度名也高一丈長三丈爲雉百雉爲長三百丈方五百步子男之城方五里百雉者此謂大都三國之一

子云夫禮者所以章疑別微以爲民坊者也故貴賤有等衣服有別朝廷有位則民有所讓位朝位也

子云天無二日土無二王家無二主尊無二上示民有君臣之別也春秋不稱楚越之王喪禮君不稱天大夫不稱君恐民之惑也楚越

之君僭號稱王不稱其喪謂不書葬也春秋傳曰吳楚之君不書葬辟其僭號也臣者天君稱天子爲天王稱諸侯不言天公辟王也大夫有臣者稱之曰主不言君辟諸侯也此者皆爲使民疑惑不知孰者尊也周禮曰主友之讎視從父昆弟

詩云相彼盍旦尚猶患之盍旦夜鳴求旦之鳥也求不可得也人猶惡其欲反晝夜而亂晦明況於臣之僭君求不可得之類亂上下惑衆也

子云君不與同姓同車與異姓同車不同服示民不嫌也以此坊民民猶得同姓以弒其君同姓者謂先王先公子孫有繼及之道者也其非此則無嫌也僕右恒朝服君則各以時事唯在軍同服爾

子云君子辭貴不辭賤辭富不辭貧則

亂益亡（亡無也）故君子與其使食浮於人也寧使人浮於食（食謂祿也在上曰浮祿勝己則近貪己勝祿則近廉）子云觴酒豆肉讓而受惡民猶犯齒衽席之上讓而坐下民猶犯貴朝廷之位讓而就賤民猶犯君（犯猶僭也齒年也禮六十以上籩豆有加貴賤異者）詩云民之無良相怨一方受爵不讓至于己斯亡（良善也言無善之人善過相怨貪爵祿好得無讓以至亡己）子云君子貴人而賤己先人而後己則民作讓故稱人之君曰

君自稱其君曰寡君寡君猶言少德之君言之謙子云利祿先死者而後生者則民不偝先亡者而後存者則民可以託言不偷於死亡則於生存信詩云先君之思以畜寡人此衛夫人定姜之詩也定姜無子立庶子衎是爲獻公畜孝也獻公無禮於定姜定姜作詩言獻公當思先君定公以孝於寡人以此坊民民猶偝死而號無告死者見偝其家之老弱號呼稱寃無所告無理也子云有國家者貴人而賤祿則民興讓尚技而賤車則民興藝言人君貴尚賢者能者而不吝於班祿賜車服則讓道興賢者

能者人所服也技猶藝也故君子約言小人先言言人尚德不尚言也約與先互言爾君子約則小人多矣小人先則君子後矣易曰君子以多識前言往行以畜其德子云上酌民言則下天上施上不酌民言則犯也下不天上施則亂也酌猶取也取衆民之言以爲政教則得民心得民心則恩澤所加民受之如天矣言其尊故君子信讓以涖百姓則民之報禮重涖臨也報禮重者猶言能死其難詩云先民有言詢于芻蕘先民謂上古之君也詢謀也芻蕘下民之事也言古之人君將有政教必謀之於庶民乃施之子云善則稱人過則稱己則民不

爭善則稱人過則稱己則怨益亡詩云爾卜爾筮履無咎言爾女也履禮也言女鄉卜筮然後與我爲禮則無咎惡之言矣言惡在己彼過淺子云善則稱人過則稱己則民讓善詩云考卜惟王度是鎬京惟龜正之武王成之度謀也鎬京鎬宮也言武王卜而謀居此鎬邑龜則出吉兆正之武王築成之此臣歸美於君子云善則稱君過則稱己則民作忠君陳曰爾有嘉謀嘉猷入告爾君于內女乃順之于外曰此謀此猷惟我君之德於乎

是惟良顯哉君陳蓋周公之子伯禽弟也名篇在尚書今亡嘉善也猷道也於乎是惟良顯哉美君之德子云善則稱親過則稱己則民作孝大誓曰予克紂非予武惟朕文考無罪紂克予非朕文考有罪惟予小子無良大誓尚書篇名也克勝也非予武非我武功也文考文王也無罪則言有德也無良無功善也此武王誓衆以伐紂之辭也今大誓無此章則其篇散亡子云君子弛其親之過而敬其美弛猶弃忘也孝子不藏識父母之過論語曰三年無改於父之道可謂孝矣不以己善駮親之過高宗云三年

其惟不言言乃讙高宗殷王武丁也名篇在尚書三年不言有父小乙喪之時也讙當爲歡聲之誤也其既言天下皆歡喜樂其政教也　子云從命不忿微諫不倦勞而不怨可謂孝矣微諫不倦者子於父母尚和順不用鄂鄂論語曰事父母幾諫見志不從又敬不違內則曰父母有過下氣怡色柔聲以諫諫若不入起敬起孝說則復諫此所謂不倦　詩云孝子不匱匱乏也孝子無乏止之時　子云睦於父母之黨可謂孝矣睦厚也黨猶親也　故君子因睦以合族合族謂與族人燕與族人食　詩云此令兄弟綽綽有裕不令兄弟交相爲瘉令善也綽綽寬

容貌也交猶更也癒病也子云於父之執可以乘其車不可以衣其衣君子以廣孝也父之執與父執志同者也可以乘其車車於身差遠也謂今與己位等子云小人皆能養其親君子不敬何以辨辨別也子云父子不同位以厚敬也同位尊卑等爲其相褻書云厥辟不辟忝厥祖厥其也辟君也忝辱也爲君不君與臣子相褻則辱先祖矣君父之道宜尊嚴子云父母在不稱老言孝不言慈閨門之內戲而不歎孝上施言慈則嫌下流也戲謂孺子言笑者也孟子曰舜年五十而不失其孺子之心歎謂有憂戚之聲也

君子以此坊民民猶有薄於孝而厚於慈
子云長民者朝廷敬老則民作孝長民謂天子諸
侯也子云祭祀之有尸也宗廟之有主也示
民有事也脩宗廟敬祀事教民追孝也有事
有所尊事以此坊民民猶忘其親子云敬則用
祭器祭器籩豆簠鉶之屬也有敬事於賓客則用之謂饗食也盤盂之屬爲燕器故君
子不以菲廢禮不以美沒禮言不可以其薄不及禮而不行
禮亦不可以其美過禮而去禮禮主敬廢滅之是不敬故食禮主人親饋則

客祭主人不親饋則客不祭故君子苟無禮雖美不食焉易曰東鄰殺牛不如西鄰之禴祭寔受其福（東鄰謂紂國中也西鄰謂文王國中也此辭在既濟既濟離下坎上離爲牛坎爲豕西鄰禴祭則用豕與言殺牛而凶不如殺豕受福喻奢而慢不如儉而敬也春秋傳曰黍稷非馨明德惟馨信矣）詩云既醉以酒既飽以德（言君子饗燕非專爲酒肴亦以觀威儀講德美）以此示民民猶爭利而忘義子云七日戒三日齊承一人焉以爲尸過之者趨走以教敬也（戒謂散齊也承猶事也）醴酒在

室醍酒在堂澄酒在下示民不淫也淫猶貪也澄酒清酒也三酒尚質不尚味尸飲三衆賓飲一示民有上下也上下猶尊卑也主人主婦上賓獻尸乃後主人降洗爵獻賓因其酒肉聚其宗族以教民睦也言祭有酒肉羣昭羣穆皆至而獻酬之咸有薦俎故堂上觀乎室堂下觀乎上謂祭時肅敬之威儀也詩云禮儀卒度笑語卒獲卒盡也獲得也言在廟中者不失其禮儀皆歡喜得其節也子云賓禮每進以讓喪禮每加以遠浴於中霤飯於牖下小斂於戸內大斂

於阼殯於客位祖於庭葬於墓所以示遠也（遠之所以崇敬也阼或爲堂）殷人弔於壙周人弔於家示民不偝也（既葬哀而哭踊於是弔之）子云死民之卒事也吾從周（周於送死尤備）以此坊民諸侯猶有薨而不葬者子云升自客階受弔於賓位教民追孝也（謂反哭時也既葬矣猶不由阼階不忍即父位也）未沒喪不稱君示民不爭也故魯春秋記晉喪曰殺其君之子奚齊及其君卓（沒終也春秋傳曰諸侯於其封內三年稱子至其臣

子踰年則謂之君矣奚齊與卓子皆獻公之子也獻公卒其年奚齊殺明年而卓子殺矣以此坊民子猶有弑其父者弑父不子之甚子云孝以事君弟以事長示民不貳也故君子有君不謀仕唯卜之日稱二君不貳不自貳於尊者也自貳謂若鄭叔段者也君子有君謂君之子父在者也不謀仕嫌逆爲政也卜之日謂君有故而爲之卜也二當爲貳唯卜之時辭得曰君之貳某爾晉惠公獲於秦命其大夫歸擇立君曰其卜貳圉也喪父三年喪君三年示民不疑也不疑於君之尊也君無骨肉之親不重其服至尊不明父母在不敢有其身不敢私其財示民有

上下也身及財皆當統於父母也有猶專也故天子四海之内無客禮莫敢為主焉故君適其臣升自阼階即位於堂示民不敢有其室也臣亦統於君父母在饋獻不及車馬示民不敢專也車馬家物之重者以此坊民民猶忘其親而貳其君子云禮之先幣帛也欲民之先事而後祿也此禮謂所執之摯以見者也既相見乃奉幣帛以脩好也或云禮之先辭而後幣帛先財而後禮則民利財幣帛也利猶貪也無辭而行情則民爭辭辭讓也

情主利欲也故君子於有饋者弗能見則不視其饋饋遺也不能見謂有疾也不視猶不內也易曰不耕穫不菑畬凶言必先種之乃得穫若先菑乃得畬也安有無事而取利者乎田一歲曰菑二歲曰畬三歲曰新田以此坊民民猶貴祿而賤行行猶事也言務得其祿不務其事子云君子不盡利以遺民不與民爭利也詩云彼有遺秉此有不斂穧伊寡婦之利言穫者之遺餘捃拾所以爲利故君子仕則不稼田則不漁食時不力珍大夫不坐羊士不坐犬食時謂食四時之膳也力猶務也天子諸

侯有秩膳古者殺牲食其肉坐其皮不坐犬羊是不無故殺之詩云采葑采菲無以下體德音莫違及爾同死葑蔓菁也陳宋之間謂之葑菲蔔類也下體謂其根也采葑菲之菜者采其葉而可食無以其根美則并取之苦則弃之并取之是盡利也此詩故親今踈者言人之交當如采葑采菲取一善而已君子不求備於一人能如此則德美之音不離令名我顧與女同死矣論語曰故舊無大故則不弃也以此坊民民猶忘義而爭利以亡其身子云夫禮坊民所淫章民之別使民無嫌以為民紀者也淫猶貪也章明也嫌嫌疑也故男女無媒不交無幣不相見恐男女

之無别也（重男女之會所以遠别之於禽獸也有幣者必有媒有媒者不必有幣仲春之月會男女之時不必待幣）以此坊民民猶有自獻其身（獻猶進也）詩云伐柯如之何匪斧不克取妻如之何匪媒不得蓺麻如之何横從其畝取妻如之何必告父母（伐柯伐木以爲柯也克能也蓺猶樹也横從横行治其田也言取妻之法必有媒如伐柯之必須斧也取妻之道必告父母如樹麻當先易治其田）子云取妻不取同姓以厚别也（厚猶遠也）故買妾不知其姓則卜之（妾言買者以其賤同之於衆物也士庶之妾恒多凡庸有不知其姓者）以此坊

民魯春秋猶去夫人之姓曰吳其死曰孟子卒吳大伯之後魯同姓也昭公取焉去姬曰吳而已至其死亦略云孟子卒不書夫人某氏薨孟子蓋其且字子云禮非祭男女不交爵交爵謂相獻酢以此坊民陽侯猶殺繆侯而竊其夫人同姓也以貪夫人之色至殺君而立其國未聞故大饗廢夫人之禮大饗饗諸侯來朝者也夫人之禮使人攝子云寡婦之子不有見焉則弗友也君子以辟遠也有見謂睹其才藝也同志爲友故朋友之交主人不在不有大故則不入其門

大故喪疾以此坊民，民猶以色厚於德。子云：好德如好色。此句似不足。論語曰：未見好德如好色。疾時人厚於色之甚而薄於德也。諸侯不下漁色。謂不內取於國中也。內取國中爲下漁色。昏禮始納采，謂采擇其可者也。國君而內取，象捕魚然，中網取之，是無所擇。故君子遠色以爲民紀。故男女授受不親。不親者，不以手相與也。內則曰：非祭非喪不相授器。其授則女受以篚，其無篚則皆坐奠之而後取之。御婦人則進左手。御者在右，前左手則身微偝之。姑姊妹女子子已嫁而反，男子不與同席而坐。女子十年而不出也，嫁及成人可以出矣，猶不與男子共席而坐，遠別。

寡婦不夜哭嫌思人道婦人疾問之不問其疾嫌媚略之也問增損而已以此坊民民猶淫泆而亂於族亂族犯非妃匹也子云昏禮壻親迎見於舅姑舅姑承子以授壻恐事之違也舅姑妻之父母也妻之父爲外舅妻之母爲外姑父戒女曰夙夜毋違命母戒女曰毋違宮事以此坊民婦猶有不至者不至不親夫以孝舅姑也春秋成公九年春二月伯姬歸於宋夏五月季孫行父如宋致女是時宋共公不親迎恐其有違而致之也

禮記卷第十五

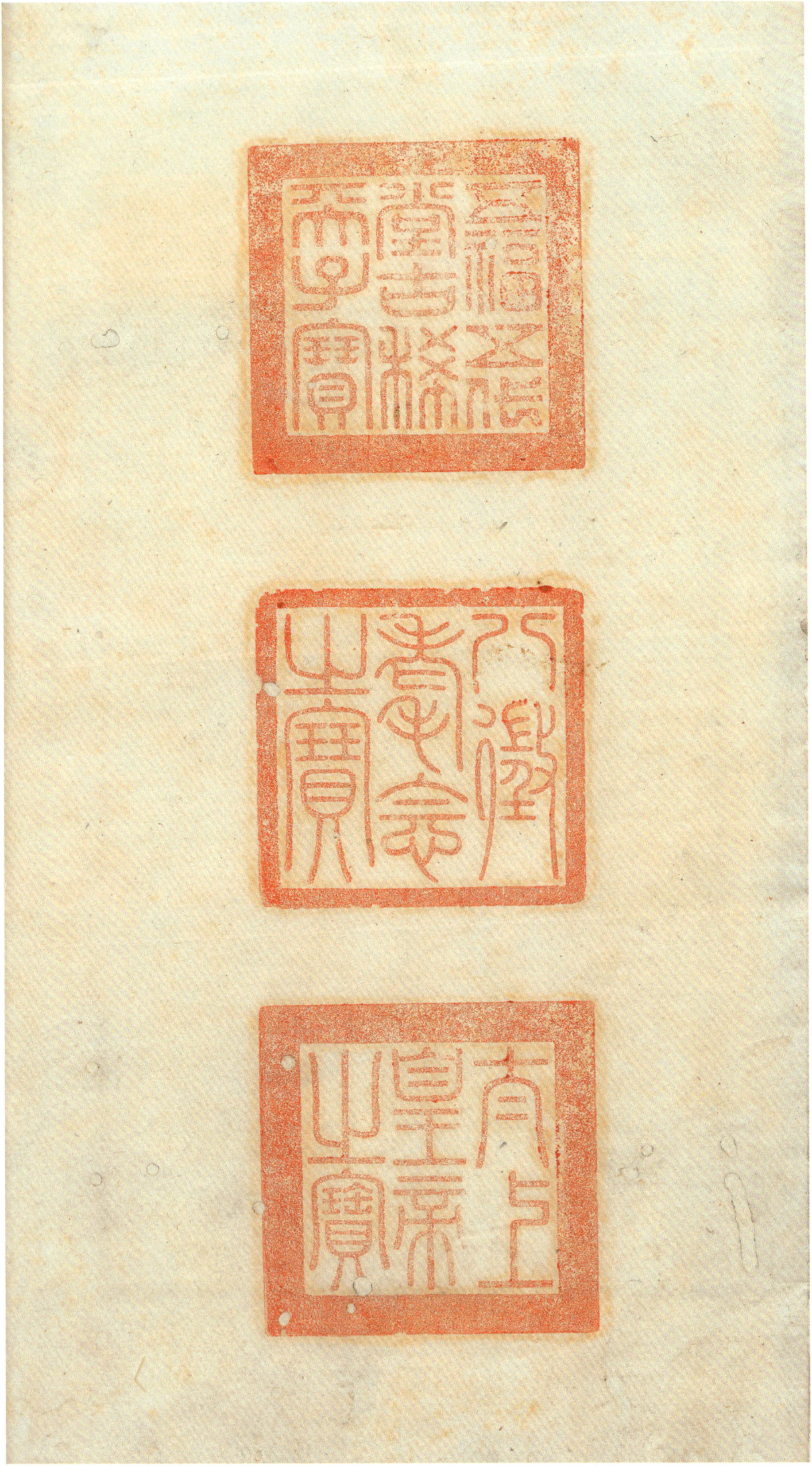
五福五代堂古稀天子寶
八徵耄念之寶
太上皇帝之寶

禮記卷第十六

中庸第三十一　　鄭氏注

天命之謂性率性之謂道脩道之謂教天命謂天所命生人者也是謂性命木神則仁金神則義火神則禮水神則信土神則知孝經說曰性者生之質命人所稟受度也率循也循性行之是謂道脩治也治而廣之人放傚之是曰教道也者不可須臾離也可離非道也道猶道路也出入動作由之離之惡乎從也是故君子戒慎乎其所不睹恐懼乎其所不聞小人閒居爲不善無所不至也君子則不然雖視之無人聽之無聲猶戒慎恐懼自

脩正是其不須臾離道莫見乎隱莫顯乎微故君子慎其獨也慎獨者慎其閒居之所爲小人於隱者動作言語自以爲不見睹不見聞則必肆盡其情也若有佔聽之者是爲顯見甚於衆人之中爲之喜怒哀樂之未發謂之中發而皆中節謂之和中也者天下之大本也和也者天下之達道也中爲大本者以其含喜怒哀樂禮之所由生政教自此出也致中和天地位焉萬物育焉致行之至也位猶正也育生也長也仲尼曰君子中庸小人反中庸君子之中庸也君子而時中小人

之中庸也小人而無忌憚也〔庸常也用中爲常道也反中庸者所行非中庸然亦自以爲中庸也君子而時中者其容貌君子而又時節其中也小人而無忌憚其容貌小人又以無畏難爲常行是其反中庸也〕子曰中庸其至矣乎民鮮能久矣〔鮮罕也言中庸爲道至美顧人罕能久行〕子曰道之不行也我知之矣知者過之愚者不及也道之不明也我知之矣賢者過之不肖者不及也人莫不飲食也鮮能知味也〔罕知其味謂愚者所以不及也過與不及使道不行唯禮能爲之中〕子曰道其不行矣夫

閔無明君教之子曰舜其大知也與舜好問而好察邇言隱惡而揚善執其兩端用其中於民其斯以爲舜乎邇近也近言而善易以進人察而行之也兩端過與不及也用其中於民賢與不肖皆能行之也斯此也其德如此乃號爲舜舜之言充也子曰人皆曰予知驅而納諸罟擭陷阱之中而莫之知辟也人皆曰予知擇乎中庸而不能期月守也予我也言凡人自謂有知人使之入罟不知辟也自謂擇中庸而爲之亦不能久行言其實愚又無恒子曰回之爲人也擇乎中庸得一善

則拳拳服膺而弗失之矣（拳拳奉持之貌）子曰天下國家可均也爵禄可辭也白刃可蹈也中庸不可能也（言中庸難爲之難）子路問強（強勇者所好也）子曰南方之強與北方之強與抑而強與（言三者所以爲強者異也抑辭也而之言女也謂中國也）寬柔以教不報無道南方之強也君子居之（南方以舒緩爲強不報無道謂犯而不校也）衽金革死而不厭北方之強也而強者居之（衽猶席也北方以剛猛爲強）故君子和而不流強哉矯中

立而不倚強哉矯國有道不變塞焉強哉矯國無道至死不變強哉矯此抑女之強也流猶移也塞猶實也國有道不變以趨時國無道不變以辟害有道無道一也矯強貌塞或爲色子曰素隱行怪後世有述焉吾弗爲之矣素讀如攻城攻其所傃之傃傃猶鄉也言方鄉辟害隱身而行僞譎以作後世名也弗爲之矣恥之也君子遵道而行半塗而廢吾弗能已矣廢猶罷止也弗能已矣汲汲行道不爲時人之隱行君子依乎中庸遯世不見知而不悔唯聖者能之言隱者當如此也唯舜爲能如此君子之道費

而隱言可隱之節也費猶佹也道不費則仕夫婦之愚可以與知焉及其至也雖聖人亦有所不知焉夫婦之不肖可以能行焉及其至也雖聖人亦有所不能焉與讀爲贊者皆與之與言匹夫匹婦愚耳亦可以其與有所知可以其能有所行者以其知行之極也聖人有不能如此舜好察邇言由此故與天地之大也人猶有所憾憾恨也天地至大無不覆載人尚有所恨焉況於聖人能盡備之乎故君子語大天下莫能載焉語小天下莫能破焉語猶說也所說大事謂先王之道也所說小事謂若愚不肖夫婦之知行也聖人盡兼行詩

云鳶飛戾天魚躍于淵言其上下察也察猶著也言聖人之德至於天則鳶飛戾天至於地則魚躍於淵是其著明於天地也君子之道造端乎夫婦及其至也察乎天地夫婦謂匹夫匹婦之所知所行子曰道不遠人人之爲道而遠人不可以爲道言道即不遠於人人不能行也詩云伐柯伐柯其則不遠執柯以伐柯睨而視之猶以爲遠則法也言持柯以伐木將以爲柯近以柯爲尺寸之法此法不遠人尚遠之明爲道不可以遠故君子以人治人改而止言人有罪過君子以人道治之其人改則止赦之不責以人所

不能忠恕違道不遠施諸己而不願亦勿施於人違猶去也君子之道四丘未能一焉所求乎子以事父未能也所求乎臣以事君未能也所求乎弟以事兄未能也所求乎朋友先施之未能也聖人而曰我未能明人當勉之無已庸德之行庸言之謹有所不足不敢不勉有餘不敢盡言顧行行顧言庸猶常也言德常行也言常謹也聖人之行實過於人有餘不敢盡常爲人法從禮也君子胡不慥慥爾君子謂衆賢也

慥慥守實言行相應之貌君子素其位而行不願乎其外素富貴行乎富貴素貧賤行乎貧賤素夷狄行乎夷狄素患難行乎患難君子無入而不自得焉素讀皆爲傃不願乎其外謂思不出其位也自得謂所鄉不失其道在上位不陵下在下位不援上援謂牽持之也正己而不求於人則無怨上不怨天下不尤人無怨人無怨之者也論語曰君子求諸己小人求諸人故君子居易以俟命小人行險以徼幸易猶平安也俟命聽天任命也險謂傾危之道子曰

射有似乎君子失諸正鵠反求諸其身反求於其身不以怨人畫曰正棲皮曰鵠君子之道譬如行遠必自邇譬如登高必自卑自從也邇近也行之以近者卑者始以漸致之高遠詩曰妻子好合如鼓瑟琴兄弟既翕和樂且耽宜爾室家樂爾妻帑瑟琴聲相應和也翕合也耽亦樂也古者謂子孫曰帑此詩言和室家之道自近者始子曰父母其順矣乎謂其教令行使室家順子曰鬼神之為德其盛矣乎視之而弗見聽之而弗聞體物而不可遺體猶生也

可猶所也不有所遺言萬物無不以鬼神之氣生也使天下之人齊明盛服以承祭祀洋洋乎如在其上如在其左右明猶絜也洋洋人想思其傍僾之貌詩曰神之格思不可度思矧可射思格來也矧況也射厭也思皆聲之助言神之來其形象不可億度而知事之盡敬而已況可厭倦乎夫微之顯誠之不可揜如此夫言神無形而著不言而誠子曰舜其大孝也與德爲聖人尊爲天子富有四海之內宗廟饗之子孫保之保安也故大德必得其位必得其祿必

得其名必得其壽名令聞也故天之生物必因其材而篤焉材謂其質性也篤厚也言善者天厚其福惡者天厚其毒皆由其本而爲之故栽者培之傾者覆之栽讀如文王初載之載栽猶殖也培益也今時人名草木之殖曰栽築牆立板亦曰栽栽或爲滋覆敗也詩曰嘉樂君子憲憲令德宜民宜人受祿于天保佑命之自天申之故大德者必受命憲憲興盛之貌保安也佑助也

子曰無憂者其唯文王乎以王季爲父以武王爲子父作之子述之聖人以立法度爲大事子能述成之

則何憂乎堯舜之父子則有凶頑禹湯之父子則寡令聞父子相成唯有文王武王纘大王王季文王之緒壹戎衣而有天下身不失天下之顯名尊爲天子富有四海之内宗廟饗之子孫保之纘繼也緒業也戎兵也衣讀如殷聲之誤也齊人言殷聲如衣虞夏商周氏者多矣今姓有衣者殷之冑與壹戎殷者壹用兵伐殷也武王末受命周公成文武之德追王大王王季上祀先公以天子之禮斯禮也達乎諸侯大夫及士庶人父爲大夫子爲士葬以大夫祭

以士父爲士子爲大夫葬以士祭以大夫期之喪達乎大夫三年之喪達乎天子父母之喪無貴賤一也末猶老也追王大王王季者以王迹起焉先公組紺以上至后稷也斯禮達於諸侯大夫士庶人者謂葬之從死者之爵祭之用生者之祿也言大夫葬以大夫士葬以士則追王者改葬之矣期之喪達於大夫者謂旁親所降在大功者其正統之期天子諸侯猶不降也大夫所降天子諸侯絶之不爲服所不臣乃服之也承葬祭説期三年之喪者明子事父以孝不用其尊卑變

子曰武王周公其達孝矣乎夫孝者善繼人之志善述人之事者也春秋脩其祖廟

陳其宗器設其裳衣薦其時食脩謂埽糞也宗器祭器也裳衣先祖之遺衣服也設之當以授尸也時食四時祭也宗廟之禮所以序昭穆也序爵所以辨貴賤也序事所以辨賢也旅酬下爲上所以逮賤也燕毛所以序齒也序猶次也爵謂公卿大夫士也事謂薦羞也以辨賢者以其事別所能也若司徒羞牛宗伯共雞牲矣文王世子曰宗廟之中以爵爲位崇德也宗人授事以官尊賢也旅酬下爲上者謂若特牲饋食之禮賓弟子兄弟之子各舉觶於其長也逮賤者宗廟之中以有事爲榮也燕謂既祭而燕也燕以髮色爲坐祭時尊尊也至燕親親也齒亦年也踐其位行其禮奏其樂敬其

所尊愛其所親事死如事生事亡如事存孝之至也踐猶升也其者其先祖也踐或爲纘郊社之禮所以事上帝也宗廟之禮所以祀乎其先也社祭地神不言后土者省文明乎郊社之禮禘嘗之義治國其如示諸掌乎示讀如寘諸河干之寘寘置也物而在掌中易爲知力者也序爵辨賢尊尊親親治國之要哀公問政子曰文武之政布在方策其人存則其政舉其人亡則其政息方版也策簡也息猶滅也人道敏政地道敏樹敏猶勉也樹謂殖草木也

人之無政若地無草木矣敏或爲謀夫政也者蒲盧也蒲盧蜾蠃謂土蜂也詩曰螟蛉有子蜾蠃負之螟蛉桑蟲也蒲盧取桑蟲之子去而變化之以成爲己子政之於百姓若蒲盧之於桑蟲然故爲政在人在於得賢人也取人以身脩身以道脩道以仁取人以身言明君乃能得人仁者人也親親爲大義者宜也尊賢爲大親親之殺尊賢之等禮所生也人也讀如相人偶之人以人意相存問之言在下位不獲乎上民不可得而治矣此句其屬在下著脫誤重在此故君子不可以不脩身思脩身不可以不

事親思事親不可以不知人思知人不可以不知天言脩身乃知孝知孝乃知人知人乃知賢不肖知賢不肖乃知天命所保佑天下之達道五所以行之者三曰君臣也父子也夫婦也昆弟也朋友之交也五者天下之達道也知仁勇三者天下之達德也所以行之者一也達者常行百王所不變也或生而知之或學而知之或困而知之及其知之一也困而知之謂長而見禮義之事己臨之而有不足乃始學而知之此達道也或安而行之

或利而行之或勉強而行之及其成功一也利謂貪榮名也勉強恥不若人子曰好學近乎知力行近乎仁知恥近乎勇知斯三者則知所以脩身知所以脩身則知所以治人知所以治人則知所以治天下國家矣言有知有仁有勇乃知脩身則脩身以此三者爲基凡爲天下國家有九經曰脩身也尊賢也親親也敬大臣也體羣臣也子庶民也來百工也柔遠人也懷諸侯也體猶接納

也子猶愛也遠人蕃國之諸侯也脩身則道立尊賢則不惑親親則諸父昆弟不怨敬大臣則不眩體羣臣則士之報禮重子庶民則百姓勸來百工則財用足柔遠人則四方歸之懷諸侯則天下畏之不惑謀者良也不眩所任明也齊明盛服非禮不動所以脩身也去讒遠色賤貨而貴德所以勸賢也尊其位重其祿同其好惡所以勸親親也官盛任使所以勸大臣也忠

信重禄所以勸士也時使薄斂所以勸百姓也日省月試既廩稱事所以勸百工也送往迎來嘉善而矜不能所以柔遠人也繼絶世舉廢國治亂持危朝聘以時厚往而薄來所以懷諸侯也同其好惡不特有所好惡於同姓雖恩不同義必同也尊重其禄位所以貴之不必授以官守天官不可私也官盛任使大臣皆有屬官所任使不親小事也忠信重禄有忠信者重其禄也時使使之以時日省月試考校其成功也既讀爲餼餼廩稍食也槀人職曰乘其事考其弓弩以下上其食

凡爲天下國家有九經所以

行之者一也凡事豫則立不豫則廢言前定則不跲事前定則不困行前定則不疚道前定則不窮（一謂當豫也跲躓也疚病也人不能病之）在下位不獲乎上民不可得而治矣（獲得也言臣不得於君則不得居位治民）獲乎上有道不信乎朋友不獲乎上矣信乎朋友有道不順乎親不信乎朋友矣順乎親有道反諸身不誠不順乎親矣誠身有道不明乎善不誠乎身矣（言知善之爲誠善乃能行誠）誠

者天之道也誠之者人之道也誠者不勉而中不思而得從容中道聖人也誠之者擇善而固執之者也言誠者天性也誠之者學而誠之者也因誠身說有大至誠博學之審問之愼思之明辨之篤行之有弗學學之弗能弗措也有弗問問之弗知弗措也有弗思思之弗得弗措也有弗辨辨之弗明弗措也有弗行行之弗篤弗措也人一能之己百之人十能之己千

之果能此道矣雖愚必明雖柔必強此勸人學誠其身也果猶決也自誠明謂之性自明誠謂之教誠則明矣明則誠矣自由也由至誠而有明得是聖人之性者也由明德而有至誠是賢人學以成之也有至誠則必有明德有明德則必有至誠唯天下至誠為能盡其性能盡其性則能盡人之性能盡人之性則能盡物之性能盡物之性則可以贊天地之化育可以贊天地之化育則可以與天地參矣盡性者謂順理之使不失其所也贊助也育生也助天地之化生謂

聖人受命在王位致太平其次致曲曲能有誠誠則形形則著著則明明則動動則變變則化唯天下至誠爲能化其次謂自明誠者也致至也曲猶小小之事也不能盡性而有至誠於有義焉而已形謂人見其功也盡性之誠人不能見也著形之大者也明著之顯者也動動人心也變改惡爲善也變之久則化而性善也至誠之道可以前知國家將興必有禎祥國家將亡必有妖孽見乎著龜動乎四體禍福將至善必先知之不善必先知之故至誠如神可以前知者言天不欺至誠者也前亦先也禎

祥妖孽蓍龜之占雖其時有小人愚主皆爲至誠能知者出也四體謂龜之四足春占後左夏占前左秋占前右冬占後右　誠者自成也而道自道也　言人能至誠所以自成也有道藝所以自道達　誠者物之終始不誠無物　物萬物也亦事也大人無誠萬物不生小人無誠則事不成　是故君子誠之爲貴　言貴至誠　誠者非自成己而已也所以成物也成己仁也成物知也性之德也合外內之道也　以至誠成己則仁道立以至誠成物則知彌博此五性之所以爲德也外內所須而合也外內猶上下　故時措之宜也　時措言得其時而用也　故至誠無息不息

則久久則徵徵則悠遠悠遠則博厚博厚則高明徵猶效驗也此言至誠之德既著於四方其高厚日以廣大也徵或爲徹博厚所以載物也高明所以覆物也悠久所以成物也博厚配地高明配天悠久無疆後言悠久者言至誠之德既至博厚高明配乎天地又欲其長久行之如此者不見而章不動而變無爲而成天地之道可壹言而盡也言其德化與天地相似可一言而盡要在至誠其爲物不貳則其生物不測言至誠無貳乃能生萬物多無數也天地之道博

也厚也高也明也悠也久也此言其著見成功也今夫

天斯昭昭之多及其無窮也日月星辰繫

焉萬物覆焉今夫地一撮土之多及其廣

厚載華嶽而不重振河海而不洩萬物載

焉今夫山一卷石之多及其廣大草木生

之禽獸居之寶藏興焉今夫水一勺之多

及其不測黿鼉鮫龍魚鼈生焉貨財殖焉

此言天之高明本生昭昭地之博厚本由撮土山之廣大本起卷石水之不測本從一勺皆合少成多自小致

（大爲至誠者亦如此乎昭昭猶耿耿小明也振猶收也卷猶區也）詩曰惟天之命於穆不已蓋曰天之所以爲天也於乎不顯文王之德之純蓋曰文王之所以爲文也純亦不已（天所以爲天文王所以爲文皆由行之無已爲之不止如天地山川之云也易曰君子以順德積小以高大是與）大哉聖人之道洋洋乎發育萬物峻極于天（育生也峻高大也）優優大哉禮儀三百威儀三千待其人然後行故曰苟不至德至道不凝焉（言爲政在人政由禮也凝猶成也）故君子

尊德性而道問學，致廣大而盡精微，極高明而道中庸，溫故而知新，敦厚以崇禮。（德性謂性至誠者。道猶由也。問學，學誠者也。廣大猶博厚也。温讀如燖溫之溫，謂故學之孰矣，後時習之謂之溫。）是故居上不驕，爲下不倍。國有道，其言足以興；國無道，其默足以容。（興謂起在位也。）詩曰：既明且哲，以保其身。其此之謂與。（保，安也。）子曰：愚而好自用，賤而好自專，生乎今之世，反古之道，如此者，烖及其身者也。（反古之道，謂曉一孔

（之人不知今王之新政可從）非天子不議禮不制度不考文（此天下所共行天子乃能一之也禮謂人所服行也度國家宮室及車輿也文書名也）今天下車同軌書同文行同倫（今孔子謂其時）雖有其位苟無其德不敢作禮樂焉雖有其德苟無其位亦不敢作禮樂焉（言作禮樂者必聖人在天子之位）子曰吾說夏禮杞不足徵也吾學殷禮有宋存焉吾學周禮今用之吾從周（徵猶明也吾能說夏禮顧杞之君不足與明之也吾從周行今之道）王天下有三重焉其寡過矣

乎三重，三王之禮。上焉者雖善無徵，無徵不信，不信民弗從；下焉者雖善不尊，不尊不信，不信民弗從。上謂君也。君雖善，善無明徵，則其善不信也。下謂臣也。臣雖善，善而不尊君，則其善亦不信也。徵或為證。故君子之道，本諸身，徵諸庶民，考諸三王而不繆，建諸天地而不悖，質諸鬼神而無疑，百世以俟聖人而不惑。質諸鬼神而無疑，知天也；百世以俟聖人而不惑，知人也。知天知人，謂知其道也。鬼神，從天地者也。易曰：故知鬼神之情狀，與天地相似。聖人則之百世同道衡或爲登是故君子動而世爲天下道行而世爲天下法言而世爲天下則遠之則有望近之則不厭用其法度想思若其將來也詩曰在彼無惡在此無射庶幾夙夜以永終譽君子未有不如此而蚤有譽於天下者也射厭也永長也仲尼祖述堯舜憲章文武上律天時下襲水土此以春秋之義說孔子之德孔子曰吾志在春秋行在孝經二經固足以明之孔子祖述堯舜之道而制春秋而斷以文王武王之法度春秋傳曰君子曷爲爲春秋撥亂世反諸正莫近諸春秋其諸

君子樂道堯舜之道與末不亦樂乎堯舜之知君子也又曰是子也繼文王之體守文王之法度文王之法無求而求故譏之也又曰王者孰謂謂文王也此孔子兼包堯舜文武之盛德而著之春秋以俟後聖者也律述也述天時謂編年四時具也襲因也因水土謂記諸夏之事山川之異

譬如天地之無不持載無不覆幬譬如四時之錯行如日月之代明萬物並育而不相害道並行而不相悖小德川流大德敦化此天地之所以爲大也聖人制作其德配天地如此唯五始可以當焉幬亦覆也小德川流浸潤萌芽喻諸侯也大德敦化厚生萬物喻天子也幬或作燾

唯天下至聖爲能聰

明叡知足以有臨也寬裕溫柔足以有容也發強剛毅足以有執也齊莊中正足以有敬也文理密察足以有別也言德不如此不可以君天下也蓋傷孔子有其德而無其命溥博淵泉而時出之言其臨下普徧思慮深重非得其時不出政教溥博如天淵泉如淵見而民莫不敬言而民莫不信行而民莫不說是以聲名洋溢乎中國施及蠻貊舟車所至人力所通天之所覆地之所載日月所照

霜露所隊凡有血氣者莫不尊親故曰配天如天取其運照不已也如淵取其清深不測也尊親尊而親之唯天下至誠爲能經綸天下之大經立天下之大本知天地之化育至誠性至誠謂孔子也大經謂六藝而指春秋也大本孝經也夫焉有所倚肫肫其仁淵淵其淵浩浩其天安有所倚言無所偏倚也人人自以被德尤厚似偏頗者肫肫讀如誨爾忳忳之忳忳忳懇誠貌也肫肫或爲純純苟不固聰明聖知達天德者其孰能知之言唯聖人乃能知聖人也春秋傳曰末不亦樂乎堯舜之知君子明凡人不知詩曰衣錦尚

絅惡其文之著也故君子之道闇然而日章小人之道的然而日亡言君子深遠難知小人淺近易知人所以不知孔子以其深遠禪爲絅錦衣之美而君子以絅表之爲其文章露見似小人也君子之道淡而不厭簡而文溫而理知遠之近知風之自知微之顯可與入德矣淡其味似薄也簡而文溫而理猶簡而辨直而溫也自謂所從來也三知者皆言其睹末察本探端知緒也入德入聖人之德詩云潛雖伏矣亦孔之昭故君子內省不疚無惡於志孔甚也昭明也言聖人雖隱遁其德亦甚明矣疚病也君子自省身無愆病雖不遇

世亦無損害於己志君子所不可及者其唯人之所不見乎詩云相在爾室尚不愧于屋漏言君子雖隱居不失其君子之容德也相視也室西北隅謂之屋漏視女在室獨居耳猶不愧於屋漏屋漏非有人也況有人乎故君子不動而敬不言而信詩曰奏假無言時靡有爭假大也此頌也言奏大樂於宗廟之中人皆肅敬金聲玉色無有言者以時大平和合無所爭也是故君子不賞而民勸不怒而民威於鈇鉞詩曰不顯惟德百辟其刑之不顯言顯也辟君也此頌也言不顯乎文王之德百君盡刑之謂諸侯法之也是故

君子篤恭而天下平詩云予懷明德不大聲以色予我也懷歸也言我歸有明德者以其不大聲爲嚴厲之色以威我也子曰聲色之於以化民末也詩曰德輶如毛輶輕也言化民當以德德之易舉而用其輕如毛耳毛猶有倫上天之載無聲無臭至矣倫猶比也載讀曰栽謂生物也言毛雖輕尚有所比有所比則有重上天之造生萬物人無聞其聲音者無知其臭氣者化民之德淸明如神淵淵浩浩然後善

禮記卷第十六

五福五代堂古稀天子寶
八徵耄念之寶
太上皇帝之寶

禮記卷第十七

表記第三十二　鄭氏注

子言之歸乎君子隱而顯不矜而莊不厲而威不言而信此孔子行應聘諸侯莫能用己心厭倦之辭也矜謂自尊大也厲謂嚴顏色

子曰君子不失足於人不失色於人不失口於人是故君子貌足畏也色足憚也言足信也失謂失其容止之節也玉藻曰足容重色容莊口容止

甫刑曰敬忌而罔有擇言在躬甫刑尚書篇名忌之言戒也言己外

敬而心戒慎則無有可擇之言加於身也子曰裼襲之不相因也欲民之毋相瀆也不相因者以其或以裼爲敬或以襲爲敬禮盛者以襲爲敬執玉龜之屬也禮不盛者以裼爲敬受享是也子曰祭極敬不繼之以樂朝極辨不繼之以倦極猶盡也辨分別政事也祭義曰祭之日樂與哀半饗之必樂已至必哀子曰君子慎以辟禍篤以不揜恭以遠恥篤厚也揜猶困迫也子曰君子莊敬日強安肆日偷肆猶放恣也偷苟且也肆或爲褻君子不以一日使其躬儳焉如不終日儳焉可輕賤之貌也如不終日言人而無禮死無時子

日齊戒以事鬼神擇日月以見君恐民之不敬也擇日月以見君謂臣在邑竟者子曰狎侮死焉而不畏也狎侮無敬心也子曰無辭不相接也無禮不相見也欲民之毋相褻也辭所以通情也禮謂摯也春秋傳曰古者諸侯有朝聘之事號辭必稱先君以相接也易曰初筮告再三瀆瀆則不告瀆之言褻也子言之仁者天下之表也義者天下之制也報者天下之利也報謂禮也禮尚往來子曰以德報德則民有所勸以怨

報怨則民有所懲 懲謂創艾 詩曰無言不讎無德不報 讎猶荅也 大甲曰民非后無能胥以寧后非民無以辟四方 大甲湯孫也書以名篇胥相也民非君不能以相安 子曰以德報怨則寬身之仁也以怨報德則刑戮之民也 寬猶愛也愛身以息怨非禮之正也仁亦當言民聲之誤 子曰無欲而好仁者無畏而惡不仁者天下一人而已矣是故君子議道自己而置法以民 一人而已喻少也自己自盡己所能行 子曰仁有三與仁同功

而異情三謂安仁也利仁也强仁也利仁强仁功雖與安仁者同本情則異與仁
同功其仁未可知也與仁同過然後其仁
可知也仁者安仁知者利仁畏罪者强仁
功者人所貪也過者人所辟也在過之中非其本情者或有悔者焉仁者右也道者
左也仁者人也道者義也右也左也言相須而成也人也謂施
以人恩也義也謂斷以事宜也春秋傳曰執未有言舍之者此其言舍之何人也厚於仁者
薄於義親而不尊厚於義者薄於仁尊而
不親言仁義竝行者也仁多則人親之義多則人尊之道有至義有考

至道以王義道以霸考道以爲無失此讀當言道有至有義有考字脫一有耳有至謂兼仁義者有義則無仁矣有考考成也能取仁義之一成之以不失於人非性也子言之仁有數義有長短小大中心憯怛愛人之仁也率法而強之資仁者也資取也數與長短小大互言之耳性仁義者其數長大取仁義者其數短小詩云豐水有芑武王豈不仕詒厥孫謀以燕翼子武王烝哉數世之仁也芑枸檵也仕之言事也詒遺也燕安也烝君也言武王豈不念天下之事乎如豐水之有芑矣乃遺其後世之子孫以善謀以安翼其子也君哉武王美之也國風

曰我今不閱皇恤我後終身之仁也閱猶容也皇暇也恤憂也言我今尚恐不能自容何暇憂我後之人乎子曰仁之爲器重其爲道遠舉者莫能勝也行者莫能致也取數多者仁也夫勉於仁者不亦難乎取數多者言計天下之道仁居其多是故君子以義度人則難爲人以人望人則賢者可知已矣言以先王成法擬度人則難中也當以時人相比方耳子曰中心安仁者天下一人而已矣大雅曰德輶如毛民鮮克舉之我儀

圖之惟仲山甫舉之愛莫助之輶輕也鮮罕也儀匹也圖謀也愛猶惜也言德之輕如毛耳人皆以爲重罕能舉行之者作此詩者周宣王之大臣也言我之匹謀之仲山甫則能舉行之美之也惜乎時人無能助之者言賢者少小雅曰高山仰止景行行止仰高勤行者仁之次也景明也有明行者謂古賢聖也子曰詩之好仁如此鄉道而行中道而廢忘身之老也不知年數之不足也俛焉日有孳孳斃而后已廢喻力極罷頓不能復行則止也俛焉勤勞之貌斃仆也子曰仁之難成久矣人人失其所好言仁道不成人所由不得其志

故仁者之過易辭也辭猶解說也仁者恭儉雖有過不甚矣唯聖人無過子曰恭近禮儉近仁信近情敬讓以行此雖有過其不甚矣夫恭寡過情可信儉易容也以此失之者不亦鮮乎言罕以此失之詩云溫溫恭人惟德之基子曰仁之難成久矣唯君子能之言能成仁道者少也是故君子不以其所能者病人不以人之所不能者愧人病愧謂罪咎之是故聖人之制行也不制以己使民有

所勸勉愧恥以行其言以中人爲制則賢者勸勉不及者愧恥聖人之言乃行也禮以節之信以結之容貌以文之衣服以移之朋友以極之欲民之有壹也移讀如禾氾移之移移猶廣大也極致也壹謂專心於善小雅曰不愧于人不畏于天言人有所行當慙怖於天人也是故君子服其服則文以君子之容有其容則文以君子之辭遂其辭則實以君子之德遂猶成也是故君子恥服其服而無其容恥有其容而無其辭

恥有其辭而無其德恥有其德而無其行無其行謂不行其德是故君子衰絰則有哀色端冕則有敬色甲冑則有不可辱之色言色稱其服也詩云惟鵜在梁不濡其翼彼記之子不稱其服鵜鵜胡汚澤也汚澤善居泥水之中在魚梁以不濡汚其翼爲才如君子以稱其服爲有德子曰君子之所謂義者貴賤皆有事於天下天子親耕粢盛秬鬯以事上帝故諸侯勤以輔事於天子言無事而居位食祿是不義而富且貴子曰

下之事上也雖有庇民之大德不敢有君民之心仁之厚也庇覆也無君民之心是思不出其位是故君子恭儉以求役仁信讓以求役禮不自尚其事不自尊其身儉於位而寡於欲讓於賢卑己而尊人小心而畏義求以事君役之言爲也求以事君者欲成其忠臣之名也得之自是不得自是以聽天命言不易道徼祿利也詩云莫莫葛藟施于條枚凱弟君子求福不回凱樂也弟易也言樂易之君子其求福脩德以俟之不爲

回邪之行以要之如葛藟之延蔓於條枚是其性也其舜禹文王周公之謂與有君民之大德有事君之小心言此德當不回也詩云惟此文王小心翼翼昭事上帝聿懷多福厥德不回以受方國昭明也上帝天也聿述也懷至也言述行上帝之德以至於多福也方四方也受四方之國謂王天下子曰先王謚以尊名節以壹惠恥名之浮於行也謚者行之迹也名者謂聲譽也言先王論行以爲謚以尊名者使聲譽可得而尊言也壹讀爲一惠猶善也言聲譽雖有衆多者節以其行一大善者爲謚耳在上曰浮君子勤行成功聲譽

踰行是所恥是故君子不自大其事不自尚其功以求處情過行弗率以求處厚彰人之善而美人之功以求下賢率循也過行不復循行猶不貳過是故君子雖自卑而民敬尊之言謙者所以成行立德子曰后稷天下之爲烈也豈一手一足哉烈業也言后稷造稼穡天下世以爲業豈一手一足喻用之者多無數也唯欲行之浮於名也故自謂便人亦言其謙也辟仁聖之名云吾便習於此事之人耳子言之君子之所謂仁者其難乎

詩云凱弟君子民之父母凱以強教之弟以說安之樂而毋荒有禮而親威莊而安孝慈而敬使民有父之尊有母之親如此而后可以爲民父母矣非至德其孰能如此乎有父之尊有母之親謂其尊親己如父母今父之親子也親賢而下無能母之親子也賢則親之無能則憐之母親而不尊父尊而不親水之於民也親而不尊火尊而不親土之於民也親

而不尊天尊而不親命之於民也親而不尊鬼尊而不親或見尊或見親以其嚴與恩所尚異也命謂四時政令所以教民勤事也鬼謂四時祭祀所以訓民事君也子曰夏道尊命事鬼敬神而遠之近人而忠焉先祿而後威先賞而後罰親而不尊遠鬼神近人謂外宗廟內朝廷其民之敝惷而愚喬而野朴而不文以本不困於刑罰少詐諼也敝謂政教衰失之時也殷人尊神率民以事神先鬼而後禮先罰而後賞尊而不親先鬼後禮謂內宗廟外朝廷也禮者

（君臣朝會凡以摯交接相施予）其民之敝蕩而不靜勝而無恥（以本快於鬼神虛無之事令其心放蕩無所定困於刑罰苟勝免而無恥也月令曰無作淫巧以蕩上心）周人尊禮尚施事鬼敬神而遠之近人而忠焉其賞罰用爵列親而不尊（賞罰用爵列以尊卑爲差）其民之敝利而巧文而不慙賊而蔽（以本數交接以言辭尊卑多獄訟）子曰夏道未瀆辭不求備不大望於民民未厭其親殷人未瀆禮而求備於民周人強民未瀆神而賞爵刑罰窮矣（未瀆

辭者謂時王不尚辭民不褻爲也不求備不大望言其政寬貢稅輕也強民言承殷難變之敝也賞爵刑罰窮矣言其繁文備設子曰虞夏之道寡怨於民殷周之道不勝其敝勝猶任也言殷周極文民無恥而巧利後世之政難復子曰虞夏之質殷周之文至矣言後有王者其作質文不能易之虞夏之文不勝其質殷周之質不勝其文言王者相變質文各有所多子言之曰後世雖有作者虞帝弗可及也已矣君天下生無私死不厚其子子民如父母有憯怛之愛有忠利之教

親而尊安而敬威而愛富而有禮惠而能散其君子尊仁畏義恥費輕實忠而不犯義而順文而靜寬而有辨死不厚其子言既不傳位又無以豐饒於諸臣也恥費不爲辭費並去言也實謂財貨也辨別也猶寬而栗也靜或爲情甫刑曰德威惟威德明惟明非虞帝其孰能如此乎德所威則人皆畏之言服罪也德所明則人皆尊寵之言得人也

子言之事君先資其言拜自獻其身以成其信資謀也獻猶進也言臣事君必先諫定其言乃後親進爲君言也是故君有責於其臣臣有死

於其言故其受祿不誣其受罪益寡死其言者

竭力於其所言之事死而不負於事不信曰誣

子曰事君大言入則望大利小言入則望小利大言可以立大事也小言可以立小事也入謂君受之利祿賞也入或爲人故君子不以小言受大祿不以大言受小祿言臣受祿各用其德能也易曰不家食吉此大畜彖辭也彖曰不家食吉養賢也言君有大畜積不與家食之而已必以祿賢者賢有大小祿有多少

子曰事君不下達不尚辭非其人弗自不下達不以私事自通於君也不尚辭不多出浮華之言也弗自不身與相親小雅曰靖共

爾位，正直是與。神之聽之，式穀以女。靖，治也。爾，女也。式，用也。穀，祿也。言敬治女位之職事，正直之人乃與爲倫友，神聽女之所爲，用祿與女。子曰：「事君遠而諫，則讇也；近而不諫，則尸利也。」尸謂不知人事，無辭讓也。子曰：「邇臣守和，宰正百官，大臣慮四方。」邇，近也。和，謂調和君事者也。齊景公曰：唯據與我和。宰，冢宰也。冢宰主治百官。子曰：「事君欲諫不欲陳。」陳謂言其過於外也。詩云：「心乎愛矣，瑕不謂矣。中心藏之，何日忘之？」瑕之言胡也。謂猶告也。子曰：「事君難進而易退，則位有序；易

進而難退則亂也 亂謂賢否不別 故君子三揖而進一辭而退以遠亂也 進難者爲主人之擇己也退速者爲君子之倦也 子曰事君三違而不出竟則利祿也人雖曰不要吾弗信也 違猶去也利祿言爲貪祿留也臣以道去君至於三而不遂去是貪祿必以其強與君要也 子曰事君愼始而敬終 輕交易絕君子所恥 子曰事君可貴可賤可富可貧可生可殺而不可使爲亂 亂謂違廢事君之禮 子曰事君軍旅不辟難朝廷不辭賤 言尚忠且謙也 處其位而不

履其事則亂也履猶行也故君使其臣得志則愼慮而從之否則孰慮而從之終事而退臣之厚也使謂使之聘問師役之屬也愼慮而從之者此己志也欲其必有成也否謂非己志也孰慮而從之又計於己利害也終事而退非己志者事成則去也事或爲身易曰不事王侯高尚其事言臣致仕而去不復事君也君猶高尚其所爲之事言尊大其成功也子曰唯天子受命于天士受命于君言皆有所受不敢專也唯當爲雖字之誤也故君命順則臣有順命君命逆則臣有逆命言臣受順則行順受逆則行逆如其所受於君則爲君不易矣詩

曰鶉之姜姜鵲之賁賁人之無良我以爲君姜姜賁賁爭鬭惡貌也良善也言我以惡人爲君亦使我惡如大鳥姜姜於上小鳥賁賁於下子曰君子不以辭盡人不見人之言語則以爲善言其餘行或時惡也故天下有道則行有枝葉天下無道則辭有枝葉行有枝葉所以益德也言有枝葉是衆虚華也枝葉依幹而生言行亦由禮出是故君子於有喪者之側不能賻焉則不問其所費於有病者之側不能饋焉則不問其所欲有客不能館則不問其所舍皆辟有言而無

其實故君子之接如水小人之接如醴君子淡以成小人甘以壞水相得合而已酒醴相得則敗淡無酸酢少味也接或爲交小雅曰盜言孔甘亂是用餤盜賊也孔甚也餤進也子曰君子不以口譽人則民作忠譽繩也故君子問人之寒則衣之問人之飢則食之稱人之美則爵之皆爲有言不可以無實國風曰心之憂矣於我歸說欲歸其所說忠信之人也子曰口惠而實不至怨菑及其身善言而無信人所惡也是故

君子與其有諸責也寧有已怨已謂不許也言諸而不與其怨大於不許國風曰言笑晏晏信誓旦旦不思其反反是不思亦已焉哉此皆相爲昏禮而不終也言始合會言笑和說要誓甚信今不思其本恩之反覆反覆之不思亦已焉哉無如此人何怨之深也子曰君子不以色親人情疏而貌親在小人則穿窬之盜也與子曰情欲信辭欲巧巧謂順而說也子言之昔三代明王皆事天地之神明無非卜筮之用不敢以其私褻事上帝言動任卜筮也神明

謂羣神也是故不犯日月不違卜筮日月謂冬夏至正月及四時也所不違者日與牲尸也卜筮不相襲也襲因也大事則卜小事則筮大事有時日大事有事於大神有常時常日也小事無時日有筮有事於小神無常時常日有筮臨有事筮之外事用剛日內事用柔日順陰陽也陽爲外陰爲內事之外內別乎四郊不違龜筮子曰牲牷禮樂齊盛是以無害乎鬼神無怨乎百姓牷猶純也子曰后稷之祀易富也其辭恭其欲儉其祿及子孫富之言備也以傳世之祿共儉者之祭易備也詩

曰后稷兆祀庶無罪悔以迄于今兆四郊之祭處也迄至也言祀后稷於郊以配天庶幾其無罪悔乎福祿傳世乃至於今子曰大人之器威敬言其用之尊嚴天子無筮謂征伐出師若巡守也天子至尊大事皆用卜也春秋傳曰先王卜征五年歲襲其祥諸侯有守筮守筮守國之筮國有事則用之天子道以筮始將出卜之道有小事則用筮諸侯非其國不以筮卜宅寢室入他國則不筮不敢問吉凶於人之國也諸侯受封乎天子因國而國唯宮室欲改易者得卜之耳天子不卜處大廟卜可建國之處吉則宮廟吉可知子曰君子敬則用祭器謂朝聘待賓客崇敬不敢用燕

器也是以不廢日月不違龜筮以敬事其君長用龜筮問所貢獻也是以上不瀆於民下不褻於上言上之於下以直則下應之以正不褻慢也

緇衣第三十三　　鄭氏注

子言之曰爲上易事也爲下易知也則刑不煩矣言君不苛虐臣無姦心則刑可以措子曰好賢如緇衣惡惡如巷伯則爵不瀆而民作愿刑不試而民咸服緇衣巷伯皆詩篇名也緇衣首章曰緇衣之宜兮敝予又改爲兮適子之館兮還予授子

之粲兮言此緇衣者賢者也宜長爲國君其衣敝我願改制授之以新衣是其好賢欲其貴之甚也巷伯六章曰取彼譖人投畀豺虎豺虎不食投畀有北有北不受投畀有昊此其惡惡欲其死亡之甚也爵不瀆者不輕爵人也試用也咸皆也大雅曰儀刑文王萬國作孚刑法也孚信也儀法文王之德而行之則天下無不爲信者也文王爲政克明德慎罰子曰夫民教之以德齊之以禮則民有格心教之以政齊之以刑則民有遯心格來也遯逃也故君民者子以愛之則民親之信以結之則民不倍恭以涖之則民有孫心涖臨也孫順也甫刑曰苗民

匪用命制以刑惟作五虐之刑曰法是以民有惡德而遂絕其世也甫刑尚書篇名匪非也命謂政令也高辛氏之末諸侯有三苗者作亂其治民不用政令專制御之以嚴刑乃作五虐蚩尤之刑以是爲法於是民皆爲惡起倍畔也三苗由此見滅無後世由不任德子曰下之事上也不從其所令從其所行言民化行不拘於言上好是物下必有甚者矣甚者甚於君也故上所好惡不可不慎也是民之表也言民之從君如影逐表子曰禹立三年百姓以仁遂焉豈必盡仁言百姓傚禹爲仁非本性能仁也遂

猶達也 詩云赫赫師尹民具爾瞻甫刑曰一人有慶兆民賴之大雅曰成王之孚下土之式皆言化君也孚信也式法也 子曰上好仁則下之爲仁爭先人故長民者章志貞教尊仁以子愛百姓民致行己以說其上矣章明也貞正也 民致行己者民之行皆盡己心 詩云有梏德行四國順之梏大也直也 子曰王言如絲其出如綸王言如綸其出如綍言言出彌大也綸今有秩嗇夫所佩也綍引棺索也 故大人不倡

游言（游猶浮也不可用之言也）可言也不可行君子弗言也可行也不可言君子弗行也則民言不危行而行不危言矣（危猶高也言不高於行行不高於言言行相應也）詩云淑慎爾止不僭于儀（淑善也僭過也言善慎女之容止不可過於禮之威儀也）子曰君子道人以言而禁人以行（禁猶謹也）故言必慮其所終而行必稽其所敝則民謹於言而慎於行（稽猶考也議也）詩云慎爾出話敬爾威儀（話善言也）大雅曰穆穆文王於緝

熙敬止緝熙皆明也言於明明乎敬其容止子曰長民者衣服不貳從容有常以齊其民則民德壹貳不壹也詩云彼都人士狐裘黄黄其容不改出言有章行歸于周萬民所望黄衣則狐裘大蜡之服也詩人見而説焉章文章也忠信爲周此詩毛氏有之三家則亡子曰爲上可望而知也爲下可述而志也則君不疑於其臣而臣不惑於其君矣志猶知也尹吉曰惟尹躬及湯咸有壹德吉當爲告告古文誥字之誤也尹告伊尹之誥也書序以爲咸

有壹德今亡咸皆也君臣皆有壹德不貳則無疑惑也詩云淑人君子其儀不忒子曰有國者章義癉惡以示民厚則民情不貳（章明也癉病也）詩云靖共爾位好是正直子曰上人疑則百姓惑下難知則君長勞（難知有姦心也）故君民者章好以示民俗慎惡以御民之淫則民不惑矣（淫貪侈也孝經曰示之以好惡而民知禁）臣儀行不重辭不援其所不及不煩其所不知則君不勞矣（儀當爲義聲之誤也言臣義事則行也重猶尚也援

猶引也引君所不及謂必使其君所行如堯舜也不煩以其所不知謂必使其知慮如聖人也凡告喻人當隨其才以誘之詩云上帝板板下民卒癉上帝喻君也板板辟也卒盡也癉病也此君使民惑之詩小雅曰匪其止共惟王之卬匪非也卬勞也言臣不止於恭敬其職惟使王之勞此臣使君勞之詩也子曰政之不行也教之不成也爵祿不足勸也刑罰不足恥也故上不可以褻刑而輕爵言政教所以明賞罰康誥曰敬明乃罰甫刑曰播刑之不迪康康叔也作誥尚書篇名也播猶施也不衍字耳迪道也言施刑之道子曰大臣不

親百姓不寧則忠敬不足而富貴已過也大臣不治而邇臣比矣忠敬不足謂臣不忠於君君不敬其臣邇近也言近以見遠言大以見小互言之比私相親也故大臣不可不敬也是民之表也邇臣不可不愼也是民之道也民之道言民循從也君毋以小謀大毋以遠言近毋以內圖外圖亦謀也言凡謀之當各於其黨於其黨知其過審也大臣柄權於外小臣執命於內或時交爭轉相陷害則大臣不怨邇臣不疾而遠臣不蔽矣疾猶非也葉公之顧命曰毋以小謀敗大

作毋以嬖御人疾莊后毋以嬖御士疾莊士大夫卿士葉公楚縣公葉公子高也臨死遺書曰顧命小謀小臣之謀也大作大臣之所爲也嬖御人愛妾也疾亦非也莊后適夫人齊莊得禮者嬖御士愛臣也莊士亦謂士之齊莊得禮者今爲大夫卿士

子曰大人不親其所賢而信其所賤民是以親失而教是以煩親失失其所當親也教煩由信賤也賤者無一德也詩云彼求我則如不我得執我仇仇亦不我力言君始求我如恐不得我既得我持我仇仇然不堅固亦不力用我是不親信我也君陳曰未見聖若己弗克見既見聖亦不

克由聖克能也由用也子曰小人溺於水君子溺於口大人溺於民皆在其所褻也言人不溺於所敬者溺謂覆没不能自理出也夫水近於人而溺人德易狎而難親也易以溺人言水人所沐浴自絜清者至於深淵洪波所當畏慎也由近人之故或泳之游之褻慢而無戒心以取溺焉有德者亦如水矣初時學其近者小者以從人事自以爲可則侮狎之至於先王大道性與天命則遂扞格不入迷惑無聞如溺於大水矣難親親之當肅敬如臨深淵口費而煩易出難悔易以溺人費猶惠也言口多空言且煩數也過言一出駟馬不能及不可得悔也口舌所覆亦如溺矣費或爲哼或爲悖夫民閉於人而

有鄙心可敬不可慢易以溺人言民不通於人道而心鄙詐難卒告諭人君敬慎以臨之則可若陵虐而慢之分崩怨畔君無所尊亦如溺矣故君子不可以不慎也慎所可褻乃不溺矣太甲曰毋越厥命以自覆也若虞機張往省括于厥度則釋越之言蹷也厥其也覆敗也言無自顛蹷女之政教以自毀敗虞主田獵之地者也機弩牙也度謂所擬射也虞人之射禽弩已張從機閒視括與所射參相得乃後釋弦發矢爲政亦當以己心參於羣臣及萬民可乃後施也兌命曰惟口起羞惟甲冑起兵惟衣裳在笥惟干戈省厥躬兌當爲說謂殷高宗之臣傅說也作書以命高宗尚

書篇名也羞猶辱也衣裳朝祭之服也惟口起辱當愼言語也惟甲冑起兵當愼軍旅之事也惟衣裳在笥當服以爲禮也惟干戈省厥躬當恕己不尚害人也大甲曰天作孼可違也自作孼不可以逭違猶辟也逭逃也尹吉曰惟尹躬天見于西邑夏自周有終相亦惟終尹吉亦尹誥也天當爲先字之誤忠信爲周相助也謂臣也伊尹言尹之先祖見夏之先君臣皆忠信以自終今天絕桀者以其自作孼伊尹始仕於夏此時就湯矣夏之邑在亳西見或爲敗邑或爲子子曰民以君爲心君以民爲體心莊則體舒心肅則容敬心好之身必安之君好之民必欲

之心以體全亦以體傷君以民存亦以民亡莊齊莊也詩云昔吾有先正其言明且清國家以寧都邑以成庶民以生誰能秉國成不自爲正卒勞百姓先正先君長也誰能秉國成傷今無此人也成邦之八成也誰能秉行之不自以所爲者正盡勞來百姓憂念之者與疾時大臣專功爭美君雅曰夏日暑雨小民惟曰怨資冬祁寒小民亦惟曰怨雅書序作牙假借字也君雅周穆王司徒作尚書篇名也資當爲至齊魯之語聲之誤也祁之言是也齊西偏之語也夏日暑雨小民怨天至冬是寒小民又怨天言民恒多怨爲其君難子曰下

之事上也身不正言不信則義不壹行無類也類謂比式子曰言有物而行有格也是以生則不可奪志死則不可奪名物謂事驗也格舊法也故君子多聞質而守之多志質而親之精知略而行之質猶少也多志謂博交汎愛人也精知孰慮於衆也精或爲清君陳曰出入自爾師虞庶言同自由也師庶皆衆也虞度也言出內政教當由女衆之所謀度衆言同乃行之政教當由壹也詩云淑人君子其儀一也子曰唯君子能好其正小人毒其

正（正當爲匹字之誤也匹謂知識朋友）故君子之朋友有鄉其惡有方（鄉方喻輩類也小人徼利其友無常也）是故邇者不惑而遠者不疑也（言其可望而知邇近也）詩云君子好仇（仇匹也）

子曰輕絕貧賤而重絕富貴則好賢不堅而惡惡不著也人雖曰不利吾不信也（言此近徼利也）詩云朋友攸攝攝以威儀（攸所也言朋友以禮義相攝正不以貧富貴賤之利也）

子曰私惠不歸德君子不自留焉（私惠謂不以公禮相慶賀時以小物相問遺也言其物不可以爲德則君子不以身留此人也）

相惠以褻瀆邪辟之物是爲不歸於德歸或爲懷詩云人之好我示我周行行道也言示我以忠信之道子曰苟有車必見其軾苟有衣必見其敝人苟或言之必聞其聲苟或行之必見其成言凡人舉事必有後驗也見其軾謂載也敝敗衣也衣或在內新時不見葛覃曰服之無射射厭也言己願采葛以爲君子之衣令君子服之無厭言不虛也子曰言從而行之則言不可飾也行從而言之則行不可飾也從猶隨也故君子寡言而行以成其信則民不得大其美

而小其惡以行爲驗虛言無益於善也寡當爲顧聲之誤也詩云白圭之玷尚可磨也斯言之玷不可爲也玷缺也言圭之缺尚可磨而平之言之缺無如之何小雅曰允也君子展也大成允信也展誠也君奭曰昔在上帝周田觀文王之德其集大命于厥躬奭召公名也作尚書篇名也古文周田觀文王之德爲割申勸寧王之德今博士讀爲厥亂勸寧王之德三者皆異古文似近之割之言蓋也言文王有誠信之德天蓋申勸之集大命於其身謂命之使王天下也子曰南人有言曰人而無恒不可以爲卜筮古之遺言與龜筮

猶不能知也而況於人乎恒常也不可爲卜筮言卦兆不能見其情定其吉凶也詩云我龜既厭不我告猶猶道也言褻而用之龜厭之不告以吉凶之道也兊命曰爵無及惡德民立而正事純而祭祀是爲不敬事煩則亂事神則難惡德無恒之德純猶皆也言君祭祀賜諸臣爵無與惡德之人也民將立以爲正言放傚之疾事皆如是而以祭祀是不敬鬼神也惡德之人使事煩事煩則亂使事鬼神又難以得福也純或爲煩易曰不恒其德或承之羞恒其德偵婦人吉夫子凶羞猶辱也偵問也問正爲偵婦人從人者也以問正爲常德則吉男子當專行幹事而以問正

爲常德是亦無恒之人也

禮記卷第十七

禮記卷第十八

奔喪第三十四　鄭氏注

奔喪之禮始聞親喪以哭荅使者盡哀問故又哭盡哀親父母也以哭荅使者驚怛之哀無辭也問故問親喪所由也雖非父母聞喪而哭其禮亦然也遂行日行百里不以夜行雖有哀戚猶辟害也晝夜之分別於昏明哭則遂行者不爲位唯父母之喪見星而行見星而舍侵晨冒昏彌益促也言唯著異也若未得行則成服而后行謂以君命有爲者也成喪服得行則行過國至竟

哭盡哀而止感此念親哭辟市朝爲驚衆也望其國竟哭斬衰者也自是哭且遂行至於家入門左升自西階殯東西面坐哭盡哀括髮袒括髮袒者去飾也夫成服者素委貌深衣已成服者固自喪服矣降堂東即位西鄉哭成踊已殯者位在下襲絰于序東絞帶反位拜賓成踊襲服衣也不於又哭乃絰者發喪已踰日節於是可也其未小斂而至與在家同耳不散帶者不見尸柩凡拜賓者就其位既拜反位哭踊送賓反位有賓後至者則拜之成踊送賓皆如初衆主人兄弟皆出門出

門哭止闔門相者告就次（次倚廬也）於又哭括髮袒成踊於三哭猶括髮袒成踊（明日朝又哭至也三哭又其明日朝也皆升堂括髮袒如始至必又哭三哭者象小斂大斂時也雜記曰士三踊其夕哭從朝夕哭不括髮不袒不踊不以爲數）三日成服拜賓送賓皆如初（三日三哭之明日也既哭成其喪服杖於序東）奔喪者非主人則主人爲之拜賓送賓奔喪者自齊衰以下入門左中庭北面哭盡哀免麻于序東即位袒與主人哭成踊（不升堂哭者非父母之喪統於主人也麻亦絰帶也於此言麻者明

所奔喪雖有輕者不至喪所無改服也凡袒者於位
襲於序東袒襲不相因位此麻乃袒變於爲父母也
於又哭三哭皆免袒有賓則主人拜賓送賓
又哭三哭亦入門左中
庭北面如始至時也
丈夫婦人之待之也皆如朝夕哭位無變也
待奔喪者無變嫌賓客之
也於賓客以哀變爲敬此
骨肉哀則自哀矣於此乃言待之
明奔喪者至三哭猶不以序入也
奔母之喪西面哭盡哀括髮袒降堂東即位西鄉哭成踊襲免絰于序東拜賓送賓皆如奔父之禮於又哭不括髮
爲母於又哭而免輕
於父也其他則同
婦人奔喪

外自東階殯東西面坐哭盡哀東髽即位與主人拾踊婦人謂姑姊妹女子子也東階東面階也婦人入者由闈門東髽髽於東序不髽於房變於在室者也去纚大紒曰髽拾更也主人與之更踊賓客之奔喪者不及殯先之墓北面坐哭盡哀主人之待之也即位於墓左婦人墓右成踊盡哀括髮東即主人位絰絞帶哭成踊拜賓反位成踊相者告事畢主人之待之謂在家者也哭於墓爲父母則祖告事畢者於此後無事也遂冠歸入門左北面哭盡哀括髮袒成踊東即

位拜賓成踊賓出主人拜送有賓後至者則拜之成踊送賓如初衆主人兄弟皆出門出門哭止相者告就次於又哭括髮成踊於三哭猶括髮成踊三日成服於五哭相者告事畢又哭三哭不袒者哀戚已久殺之也逸奔喪禮說不及殯日於又哭猶括髮即位不袒告事畢者五哭而不復哭也成服之朝爲四哭此謂既期乃後歸至者也其未期猶朝夕哭不止於五哭爲母所以異於父者壹括髮其餘免以終事他如奔父之禮壹括髮謂歸入門哭時也於此乃言爲母異於

父者明及殯不及殯其異者同齊衰以下不及殯先之墓西面哭盡哀不北面者亦統於主人免麻于東方即位與主人哭成踊襲有賓則主人拜賓送賓有後至者拜之如初相者告事畢不言袒言襲者容齊衰親者或袒可遂冠歸入門左北面哭盡哀免袒成踊東即位拜賓成踊賓出主人拜送於又哭免袒成踊於三哭猶免袒成踊三日成服於五哭相者告事畢爲父於又哭括髮而不袒此又哭三哭皆言袒

袒衍字也聞喪不得奔喪哭盡哀問故又哭盡

哀乃爲位括髮袒成踊襲絰絞帶即位聞父毋喪而不得奔謂以君命有事不然者不得爲位位有鄭列之處如於家朝夕哭位矣不於又哭乃絰者喪至此踰日節於是可也拜賓反位成踊賓出主人拜送于

門外反位若有賓後至者拜之成踊送賓

如初於又哭括髮袒成踊於三哭猶括髮

袒成踊三日成服於五哭拜賓送賓如初不言就次者當從其事不可以喪服廢公職也其在官亦告就次言五哭者以迫公事五日哀殺亦可以止

若除喪而后歸則之墓哭成踊東括髮袒經拜賓成踊送賓反位又哭盡哀遂除於家不哭（東東即主人位如不及殯者也遂除除於墓而歸）主人之待之也無變於服與之哭不踊（無變於服自若時服也亦即位于墓左婦人墓右）自齊衰以下所以異者免麻凡爲位非親喪齊衰以下皆即位哭盡哀而東免經即位袒成踊（謂無君事又無故可得奔喪而以己私未奔者也唯父母之喪則不爲位其哭之不離聞喪之處齊衰以下更爲位而哭皆可行乃行）襲拜賓反位哭

成踊送賓反位相者告就次三日五哭卒主人出送賓衆主人兄弟皆出門哭止相者告事畢成服拜賓卒猶止也三日五哭者始聞喪訖夕爲位乃出就次一哭也與明日又明日之朝夕而五哭不五朝哭而數朝夕備五哭而止亦爲急奔喪已私事當畢亦明日乃成服凡云五哭者其後有賓亦與之哭而拜之若所爲位家遠則成服而往謂所當奔者外喪也外喪緦而道遠成服乃行容待齎也齊衰望鄉而哭大功望門而哭小功至門而哭緦麻即位而哭奔喪哭親疏遠近之差也哭父之黨於廟母妻之

黨於寢，師於廟門外，朋友於寢門外，所識於野張帷。〔此因五服聞喪而哭，列人恩諸所當哭者也。黨謂族類無服者也。逸奔喪禮曰：哭父族與母黨於廟，妻之黨於寢，朋友於寢門外，壹哭而已，不踊。言壹哭而已，則不爲位矣。〕凡爲位不奠。〔以其精神不存乎是。〕哭天子九，諸侯七，卿大夫五，士三。〔此臣聞君喪而未奔，爲位而哭，尊卑日數之差也。士亦有屬吏，賤，不得君臣之名。〕大夫哭諸侯，不敢拜賓。〔謂哭其舊君，不敢拜賓，辟爲主。〕諸臣在他國，爲位而哭，不敢拜賓。〔謂大夫士使於列國。〕與諸侯爲兄弟，亦爲位而哭。〔族親昏姻在異國者。〕凡爲位者壹袒謂於禮正可爲位而哭也始聞喪哭而袒其明日則否父母之喪自若三袒也所識者弔先哭于家而後之墓皆爲之成踊從主人北面而踊從主人而踊拾踊也北面自外來便也主人墓左西面凡喪父在父爲主與賓客爲禮宜使尊者父沒兄弟同居各主其喪各爲其妻子之喪爲主也祔則宗子主之親同長者主之父母沒如昆弟之喪宗子主之不同親者主之從父昆弟之喪聞遠兄弟之喪既除喪而后聞喪免袒成踊拜賓則尚左手小功緦麻不稅者也雖不服猶免袒尚左手吉拜也逸奔喪禮曰凡拜吉

喪皆尚左手無服而為位者唯嫂叔及婦人降而無服者麻雖無服猶弔服加麻袒免為位哭也正言嫂叔尊嫂也兄公於弟之妻則不能也婦人降而無服族姑姊妹嫁者也逸奔喪禮曰無服袒免為位者唯嫂與叔凡為其男子服其婦人降而無服者麻凡奔喪有大夫至袒拜之成踊而后襲於士襲而后拜之主人袒降哭而大夫至因拜之不敢成已禮乃禮尊者或曰大夫後至者袒拜之為之成踊

問喪第三十五　鄭氏注

親始死雞斯徒跣扱上衽交手哭惻怛之

心痛疾之意傷腎乾肝焦肺水漿不入口三日不舉火故鄰里為之糜粥以飲食之親父母也雞斯當為笄纚聲之誤也親始死去冠二日乃去笄纚括髮也今時始喪者邪巾貊頭笄纚之存象也徒猶空也上衽深衣之裳前五藏者腎在下肝在中肺在上舉三者之焦傷而心脾在其中矣五家為鄰五鄰為里夫悲哀在中故形變於外也痛疾在心故口不甘味身不安美也言人情之中外相應三日而斂在牀曰尸在棺曰柩動尸舉柩哭踊無數惻怛之心痛疾之意悲哀志懣氣盛

故袒而踊之所以動體安心下氣也婦人不宜袒故發胷擊心爵踊殷殷田田如壞牆然悲哀痛疾之至也故曰辟踊哭泣哀以送之送形而往迎精而反也故袒而踊之言聖人制法故使之然也爵踊足不絕地辟拊心也哀以送之謂葬時也迎其精神而反謂反哭及日中而虞也其往送也望望然汲汲然如有追而弗及也其反哭也皇皇然若有求而弗得也故其往送也如慕其反也如疑望望瞻望之貌也慕者以其親之在前疑者不

知神之來否求而無所得之也入門而弗見也上堂又弗見也入室又弗見也亡矣喪矣不可復見已矣故哭泣辟踊盡哀而止矣說反哭之義也心悵焉愴焉惚焉愾焉心絶志悲而已矣祭之宗廟以鬼饗之徼幸復反也說虞之義成壙而歸不敢入處室居於倚廬哀親之在外也言親在外寢苫枕塊哀親之在土也在土孝子不忍反室自安也入處室或爲入宫故哭泣無時服勤三年

思慕之心孝子之志也人情之實也（勤謂憂勞）

或問曰死三日而后斂者何也（怪其遲也）曰孝子親死悲哀志懣故匍匐而哭之若將復生然安可得奪而斂之也故曰三日而后斂者以俟其生也三日而不生亦不生矣孝子之心亦益衰矣家室之計衣服之具亦可以成矣親戚之遠者亦可以至矣是故聖人爲之斷決以三日爲之禮制也（匍匐）

猶顛蹷或作扶服或問曰冠者不肉袒何也恠冠衣之相爲也曰冠至尊也不居肉袒之體也故爲之免以代之也言身無飾者不敢冠冠爲褻尊服肉袒則著免免狀如冠而廣一寸然則禿者不免傴者不袒跛者不踊非不悲也身有錮疾不可以備禮也故曰喪禮唯哀爲主矣女子哭泣悲哀擊胷傷心男子哭泣悲哀稽顙觸地無容哀之至也將踊先袒將袒先免此三疾俱不踊不袒不免顧其所以否者各爲一耳擊胷傷心稽顙觸地不踊者若此而可或曰男女哭踊

或問曰免者以何爲也怪本所爲施也曰不冠者之所服也禮曰童子不緦唯當室緦緦者其免也當室則免而杖矣不冠者猶未冠也當室謂無父兄而主家者也童子不杖不杖者不免當室則杖而免免冠之細以次成人也緦者其免也言免乃有緦服也或問曰杖者何也怪其義各異曰竹桐一也故爲父苴杖苴杖竹也爲毋削杖削杖桐也言所以杖者義一也顧所用異耳或問曰杖者以何爲也怪所爲施曰孝子喪親哭泣無數服勤三年身病體羸

以杖扶病也言得杖乃能起也數或爲時則父在不敢杖矣尊者在故也堂上不杖辟尊者之處也堂上不趨示不遽也此孝子之志也人情之實也禮義之經也非從天降也非從地出也人情而已矣父在不杖謂爲母妻也尊者在不杖尊者之處不杖有事不趨皆爲其感動使之憂戚也

服問第三十六　鄭氏注

傳曰有從輕而重公子之妻爲其皇姑皇君

（也諸侯妾子之妻爲其君姑齊衰與爲小君同舅不厭婦也）有從重而輕爲妻之父母（妻齊衰而夫從緦麻不降一等言非服差）有從無服而有服公子之妻爲公子之外兄弟（謂爲公子之外祖父母從母緦麻）有從有服而無服公子爲其妻之父母（凡公子厭於君降其私親女君之子不降也）傳曰母出則爲繼母之黨服母死則爲其母之黨服爲其母之黨服則不爲繼母之黨服（雖外親亦無二統）三年之喪既練矣有期之喪既葬矣則帶其故葛帶

經期之經服其功衰帶其故葛帶者三年既練期既葬差相似也經期之葛經三年既練首經除矣爲父既練衰七升母既葬衰八升凡齊衰既葬衰或八升或九升服其功衰服麤衰

有大功之喪亦如之大功之麻變三年之練葛期既葬之葛帶小於練之葛帶又當有經亦反服其故葛帶經期之經差之宜也此雖變麻服葛大小同耳亦服其功衰凡三年之喪既練始遭齊衰大功之喪經帶皆麻

小功無變也無所變於大功齊斬之服不用輕累重也

麻之有本者變三年之葛有本謂大功以上也小功以下澡麻斷本

既練遇麻斷本者於免經之既免去經每可以經必經既經則去之雖無變緣練無首經於有

事則免經如其倫免無不經經有不免其無事則自若練服也小功不易喪之練冠如免則經其緦小功之經因其初葛帶緦之麻不變小功之葛小功之麻不變大功之葛以有本爲稅稅亦變易也小功以下之麻雖與上葛同猶不變也此要其麻有本者乃變上耳雜記曰有三年之練冠則以大功之麻易之唯杖屨不易也殤長中變三年之葛終殤之月筭而反三年之葛是非重麻爲其無卒哭之稅下殤則否謂大功之親爲殤在緦小功者也可以變三年之葛正親親也三年之葛大功變既練齊衰變既虞卒哭凡喪卒哭

受麻以葛殤以麻終喪之月數非重之而不變爲殤殤未成人文不縟耳下殤則否言賤也男子爲大功之殤中從上服小功婦人爲之中從下服緦麻

君爲天子三年夫人如外宗之爲君也外宗君外親之婦也其夫與諸侯爲兄弟服斬妻從服期諸侯爲天子服斬夫人亦從服期喪大記曰外宗房中南面

世子不爲天子服遠嫌也不服與畿外之民同也

君所主夫人妻大子適婦言妻見大夫以下亦爲此三人爲喪主也

大夫之適子爲君夫人大子如士服大夫不世子不嫌也士爲國君斬小君期大子君服斬臣從服期

君之母非夫人則羣臣無服唯近臣及僕驂乘從服

唯君所服服也妾先君所不服也禮庶子爲後爲其母緦言唯君所服伸君也春秋之義有以小君服之者時若小君在則益不可公爲卿大夫錫衰以居出亦如之當事則弁經大夫相爲亦然爲其妻往則服之出則否弁經如爵弁而素加經也不當事則皮弁出謂以他事不至喪所凡見人無免經雖朝於君無免經唯公門有稅齊衰傳曰君子不奪人之喪亦不可奪喪也見人謂行求見人也無免經經重也稅猶免也古者說或作稅有免齊衰謂不杖齊衰也於公門有免齊衰則大功有免經也傳曰罪多而

刑五喪多而服五上附下附列也列等比也

閒傳第三十七　　鄭氏注

斬衰何以服苴苴惡貌也所以首其內而見諸外也斬衰貌若苴齊衰貌若枲大功貌若止小功緦麻容貌可也此哀之發於容體者也有大憂者面必深黑止謂不動於喜樂之事枲或爲似斬衰之哭若往而不反齊衰之哭若往而反大功之哭三曲而偯小功緦麻哀容可也此哀

之發於聲音者也（三曲一舉聲而三折也偯聲餘從容也）斬衰唯而不對齊衰對而不言大功言而不議小功緦麻議而不及樂此哀之發於言語者也（議謂陳説非時事也）斬衰三日不食齊衰二日不食大功三不食小功緦麻再不食士與斂焉則壹不食故父母之喪既殯食粥朝一溢米莫一溢米齊衰之喪疏食水飲不食菜果大功之喪不食醯醬小功緦麻不飲

醴酒此哀之發於飲食者也父母之喪既
虞卒哭疏食水飲不食菜果期而小祥食
菜果又期而大祥有醯醬中月而禫禫而
飲醴酒始飲酒者先飲醴酒始食肉者先
食乾肉先飲醴酒食乾肉者不忍發御厚味父母之喪居倚廬寢
苫枕塊不說絰帶齊衰之喪居堊室芐翦
不納大功之喪寢有席小功緦麻牀可也
此哀之發於居處者也父母之喪既虞卒

哭。柱楣翦屏芐翦不納期而小祥居堊室寢有席又期而大祥居復寢中月而禫禫而牀芐今之蒲苹也斬衰三升齊衰四升五升六升大功七升八升九升小功十升十一升十二升緦麻十五升去其半有事其縷無事其布曰緦此哀之發於衣服者也此齊衰多二等大功小功多一等服主於受是極列衣服之差也斬衰三升既虞卒哭受以成布六升冠七升爲母疏衰四升受以成布七升冠八升去麻服葛葛帶三重期而小祥練冠縓緣要絰不除男子除乎首婦人除乎帶男子何爲除乎首也婦人何爲除乎帶也男子重首婦人重帶除服者先重者易服者易輕者又期而大祥素縞麻衣中月而禫禫而纖無所不佩葛帶三重謂男子也五分去一而四糾之帶輕既變因爲飾也婦人葛絰不葛帶舊說云三糾之練而帶去一股去一股則小於小功之絰似非也易服謂爲後喪所變也婦人重帶帶在下體之上婦人重之辟男子也其爲帶猶五

分經去一耳喪服小記曰除成喪者其祭也朝服縞冠此素縞者王藻所云縞冠素紕既祥之冠麻衣十五升布深衣也謂之麻者純用布無采飾也大祥除衰杖黑經白緯曰纖舊說纖冠者采纓也無所不佩紛帨之屬如平常也纖或作綅**易服者何為易輕者也**因上說而問之**斬衰之喪既虞卒哭遭齊衰之喪輕者包重者特**說所以易輕者之義也既虞卒哭謂齊衰可易斬服之節也輕者可施於卑服齊衰之麻以包斬衰之葛謂男子帶婦人經也重者宜主於尊謂男子之經婦人之帶特其葛不變之也此言包特者明於卑可以兩施而尊者不可貳**既練遭大功之喪麻葛重**此言大功可易斬服之節也斬衰已練男子除經而帶獨存婦人除帶而經獨存謂之單單獨也遭大功之喪男子有麻

經婦人有麻帶又皆易其輕者以麻謂之重麻既虞卒哭男子帶其故葛帶經期之葛經婦人經其故葛經帶期之葛帶謂之重葛

齊衰之喪既虞卒哭遭大功之喪麻葛兼服之

此言大功可易齊衰期服之節也兼猶兩也不言包特而兩言者包特著其義兼者明有經有帶耳不言重者三年之喪既練或無經或無帶言重者以明今皆有期以下固皆有矣兩者有麻有葛耳葛者亦特其重麻者亦包其輕

斬衰之葛與齊衰之麻同齊衰之葛與大功之麻同大功之葛與小功之麻同小功之葛與緦之麻同麻同則兼服之

此竟言有上服既虞卒哭遭下服之差也唯大功有變三年既練之服小功以

下則於上皆無易焉此言大功之葛與小功之麻同小功之葛與緦之麻同主爲大功之殤長中言之**兼服之服重者則易輕者也**服重者謂特之也則者則男女與婦人也凡下服虞卒哭男子反其故葛帶婦人反其故葛絰其上服除則固自受以下服之受矣

三年問第三十八　鄭氏注

三年之喪何也曰稱情而立文因以飾羣別親疏貴賤之節而弗可損益也故曰無易之道也稱情而立文稱人之情輕重而制其禮也羣謂親之黨也無易猶不易也創鉅者其日久痛甚者其愈遲三年者稱情

而立文所以爲至痛極也斬衰苴杖居倚
廬食粥寢苫枕塊所以爲至痛飾也飾情之章
表也三年之喪二十五月而畢哀痛未盡思慕
未忘然而服以是斷之者豈不送死有已
復生有節也哉復生除喪反生者之事也凡生天地之閒
者有血氣之屬必有知有知之屬莫不知
愛其類今是大鳥獸則失喪其羣匹越月
踰時焉則必反巡過其故鄉翔回焉鳴號

焉踊躅焉踟躕焉然後乃能去之小者至於燕雀猶有啁噍之頃焉然後乃能去之故有血氣之屬者莫知於人故人於其親也至死不窮匹偶也言燕雀之恩不如大鳥獸大鳥獸不如人含血氣之類人最有知而恩深也於其五服之親念之至死無止巳將由夫患邪淫之人與則彼朝死而夕忘之然而從之則是曾鳥獸之不若也夫焉能相與羣居而不亂乎言惡人薄於恩死則忘之其相與聚處必失禮也將由夫脩飾之君子與

則三年之喪二十五月而畢若駟之過隙然而遂之則是無窮也駟之過隙喻疾也遂之謂不時除也故先王焉爲之立中制節壹使足以成文理則釋之矣立中制節謂服之年月也釋猶除也去也然則何以至期也言三年之義如此則何以有降至於期也期者謂爲人後者父在爲母也曰至親以期斷言服之正雖至親皆期而除也是何也問服斷於期之義也曰天地則已易矣四時則已變矣其在天地之中者莫不更始焉以是象之也法此變易可以期也然則

何以三年也〔言法此變易可以期何以乃三年爲〕曰加隆焉爾也焉使倍之故再期也〔言於父母加隆其恩使倍期也下焉猶然〕由九月以下何也曰焉使弗及也〔言使其恩不若父母〕故三年以爲隆緦小功以爲殺期九月以爲閒上取象於天下取法於地中取則於人人之所以羣居和壹之理盡矣〔取象於天地謂法其變易也自三年以至緦皆歲時之數也言既象天地又足以盡人聚居純厚之恩也〕故三年之喪人道之至文者也夫是之謂至隆〔言三年之

喪喪禮之最盛也是百王之所同古今之所壹也未有知其所由來者也不知其所從來喻此三年之喪前世行之久矣孔子曰子生三年然後免於父母之懷夫三年之喪天下之達喪也達謂自天子至於庶人

深衣第三十九　鄭氏注

古者深衣蓋有制度以應規矩繩權衡言聖人制事必有法度短毋見膚衣取蔽形長毋被土爲汙辱也續衽鉤邊續猶屬也衽在裳旁者也屬連之不殊裳前後也鉤讀如鳥喙必鉤之鉤鉤邊若今曲裾

訖續或爲裕要縫半下三分要中減一以益下下宜寬也要或爲優袼之高下可以運肘肘不能不出入袼衣袂當掖之縫也袂之長短反詘之及肘袂屬幅於衣詘而至肘當臂中爲節臂骨上下各尺二寸則袂肘以前尺二寸肘或爲腕帶下毋厭髀上毋厭脅當無骨者當骨緩急難爲中也制十有二幅以應十有二月裳六幅幅分之以爲上下之殺袂圜以應規謂胡下也曲袷如矩以應方袷交領也古者方領如今小兒衣領負繩及踝以應直繩謂裻與後幅相當之縫也踝跟也下齊如權衡以應平齊緝故規者行舉

手以爲容（行舉手謂揖讓）負繩抱方者以直其政方其義也故易曰坤六二之動直以方也（言深衣之直方應易之文也政或爲正）下齊如權衡者以安志而平心也（心平志安行乃正或低或仰則心有異志者與）五法已施故聖人服之（言非法不服也）故規矩取其無私繩取其直權衡取其平故先王貴之（貴此衣也）故可以爲文可以爲武可以擯相可以治軍旅完且弗費善衣之次也（完且弗費言可苦衣而易有也深衣者用十五升布鍛濯灰治純之

以采善衣朝祭之服也自士以上深衣爲之次庶人吉服深衣而已具父母大父母衣純以繢具父母衣純以青如孤子衣純以素尊者存以多飾爲孝繢畫文也三十已下無父稱孤純袂緣純邊廣各寸半純謂緣之也緣袂謂其口也緣緆也緣邊衣裳之側廣各寸半則表裏共三寸矣唯袷廣二寸

禮記卷第十八

禮記十八

禮記卷第十九

投壺第四十　　鄭氏注

投壺之禮主人奉矢司射奉中使人執壺矢所以投者也中士則鹿中也射人奉之者投壺射之類也其奉之西階上北面主人請曰某有枉矢哨壺請以樂賓賓曰子有旨酒嘉肴某既賜矣又重以樂敢辭燕飲酒既脫屨升坐主人乃請投壺也否則或射所謂燕射也枉哨不正貌爲謙辭主人曰枉矢哨壺不足辭也敢固以請賓曰某既賜矣又重以

樂敢固辭固之言如故也言如故辭者重辭也主人曰枉矢哨壺不足辭也敢固以請賓曰某固辭不得命敢不敬從不得命不以命見許賓再拜受主人般還曰辟賓再拜受拜受矢也主人既辟進授矢兩楹之間也主人阼階上拜送賓般還曰辟拜送送矢也辟亦於其階上已拜受矢進即兩楹間退反位揖賓就筵主人既拜送矢又自受矢進即兩楹間者言將有事於此也退乃揖賓即席欲與偕進明爲偶也賓席主人席皆南鄉閒相去如射物司射進度壺間以二矢半反位設中東面執八算

興度壺度其所設之處也壺去坐二矢半則堂上去賓席主人席邪行各七尺也反位西階上位也設中東面旣設中亦實八筭於中橫委其餘於中西執筭而立以請賓侯投

請賓曰順投爲入比投不釋勝飲不勝者正爵旣行請爲勝者立馬一馬從二馬三馬旣立請慶多馬請主人亦如之

請猶告也順投矢本入也比投不拾也勝飲不勝言以能養不能也正爵所以正禮之爵也或以罰或以慶馬勝筭也謂之馬者若云技藝如此任爲將師乗馬也射投壺皆所以習武因爲樂

命弦者曰請奏貍首閒若一

大師曰諾

弦鼓瑟者也貍首詩篇名也今逸射義所云詩云曾孫侯氏是也閒若一者投壺當

以爲志取節焉左右告矢具請拾投有入者則司射坐而釋一筭焉賓黨於右主黨於左拾更也告矢具請更投者司射也司射東面立釋筭則坐以南爲右北爲左也已投者退各反其位卒投司射執筭曰左右卒投請數二筭爲純一純以取一筭爲奇遂以奇筭告曰某賢於某若干純奇則曰奇鈞則曰左右鈞卒已也賓主之黨畢已投司射又請數其所釋左右筭如數射筭一純以取實於左手十純則縮而委之毎委異之有餘則横諸純下一筭爲奇奇則縮諸純下兼斂左筭實於左手一純以委十則異之其他如右獲畢則司射執奇筭以

告於賓與主人也若告云某賢於某者未乍主黨勝與賓黨勝與以勝爲賢尚技藝也鈞猶等也等則左右手各執一筭以告 命酌曰請行觴酌者曰諾 司射又請於賓與主人以行正爵酌者勝黨之弟子 當飲者皆跪奉觴曰賜灌勝者跪曰敬養 酌者亦酌奠於豐上不勝者坐取乃退而跪飲之灌猶飲也言賜灌者服而爲尊敬辭也周禮曰以灌賓客賜灌敬養各與其偶於西階上如飲射爵 正爵既行請立馬馬各直其筭一馬從二馬以慶慶禮曰三馬既備請慶多馬賓主皆曰諾 飲不勝者畢司射又請爲勝者立馬當其所釋筭之前三立馬者投壺如射亦三而止也三者一黨不必三勝其一勝者

并其馬於再勝者以慶之明一勝不得
慶也飲慶爵者偶親酌不使弟子無豐正爵既行
請徹馬投壺禮畢可以去其勝筭
也旣徹馬無筭爵乃行筭多少視其
坐筭用當視坐投壺者之衆寡爲
數也投壺者人四矢亦人四筭籌室中五扶堂
上七扶庭中九扶籌矢也鋪四指曰扶一指案
寸春秋傳曰膚寸而合投壺筭長尺二寸其節三
扶可也
者或於室或於堂或於庭其
禮衰隨晏早之宜無常處壺頸脩七寸腹脩五寸口徑二
或曰筭長尺
有握握素也
寸半容斗五升壺中實小豆焉爲其矢之
躍而出也壺去席二矢半脩長也腹容斗五
外三分益一則爲

二斗得圜囷之象積三百二十四寸也以腹脩五寸約之所得求其圜周圜周二尺七寸有奇是爲腹徑九寸有餘也實以小豆取其滑且堅

矢以柘若棘毋去其皮取其堅且重也舊說云矢大七分或言去其皮節

魯令弟子辭曰毋憮毋敖毋偝立毋踰言偝立踰言有常爵薛令弟子辭曰毋憮毋敖毋偝立毋踰言若是者浮弟子賓黨主黨年穉者也爲其立堂下相褻慢司射戒令之記魯薛者禮衰乘異不知孰是也憮敖慢也偝立不正鄉前也踰言遠談語也常爵常所以罰人之爵也浮亦謂是也晏子春秋曰酌者奉觴而進曰君令浮晏子時以罰梁丘據浮或作匏或作符踰或爲遥

鼓

○□○○□□○□○○□半○□○□

○○○□□○□○魯鼓○□○○○□

□○□○○□□○□○○□□○□□○半○

□○○○□□○薛鼓此魯薛擊鼓之節也圜者擊鼙方者擊鼓古者

舉事鼓各有節聞其節則知其事矣取半以下爲投壺禮盡用之爲射禮投壺之鼓半射節者投壺射之細也射謂燕射司射庭長及冠士立者皆屬賓黨樂人及使者童子皆屬主黨庭長司正也使者主人所使薦羞者樂人國子能爲樂者此皆與於投壺

魯鼓○□○○□□○○半○□○□

○○○○□○□○薛鼓○□○○○

○□○□○□○○○○□○○○□

○半○□○□○○○○○□○此二者記兩家之異

故兼列之

儒行第四十一　鄭氏注

魯哀公問於孔子曰夫子之服其儒服與哀公館孔子見其服與士大夫異又與庶人不同疑爲儒服而問之孔子對曰丘少

居魯衣逢掖之衣長居宋冠章甫之冠丘聞之也君子之學也博其服也鄉丘不知儒服逢猶大也大掖之衣大袂禪衣也此君子有道藝者所衣也孔子生魯長而之宋而冠焉宋其祖所出也衣少所居之服冠長所居之冠是之謂鄉言不知儒服非哀公意不在於儒乃今問其服庶人禪衣袂二尺二寸袪尺二寸哀公曰敢問儒行孔子對曰遽數之不能終其物悉數之乃留更僕未可終也遽猶卒也物猶事也留久也僕大僕也君燕朝則正位掌擯相更之者爲久將倦使之相代哀公命席爲孔子布席於堂與之坐也君適其臣升自阼階所在如主孔子侍

曰儒有席上之珍以待聘夙夜強學以待問懷忠信以待舉力行以待取其自立有如此者席猶鋪陳也鋪陳往古堯舜之善道以待見問也大問曰聘舉見舉用也取進取位也

儒有衣冠中動作慎其大讓如慢小讓如僞大則如威小則如愧其難進而易退也粥粥若無能也其容貌有如此者中中閒謂不嚴厲也如慢如僞言之不愊怛也如威如愧如有所畏

儒有居處齊難其坐起恭敬言必先信行必中正道塗不爭險易

之利冬夏不爭陰陽之和愛其死以有待也養其身以有爲也其備豫有如此者齊難齊莊可畏難也行不爭道止不選處所以遠鬬訟儒有不寶金玉而忠信以爲寶不祈土地立義以爲土地不祈多積多文以爲富難得而易祿也易祿而難畜也非時不見不亦難得乎非義不合不亦難畜乎先勞而後祿不亦易祿乎其近人有如此者祈猶求也立義以爲土地以義自居也難畜難以非義久留也勞猶

事也積或爲貨

儒有委之以貨財淹之以樂好見利不虧其義劫之以衆沮之以兵見死不更其守鷙蟲攫搏不程勇者引重鼎不程其力往者不悔來者不豫過言不再流言不極不斷其威不習其謀其特立有如此者

淹謂浸漬之劫劫脅也沮謂恐怖之也鷙蟲猛鳥猛獸也字從鳥鷙省聲也程猶量也重鼎大鼎也搏猛引重不量勇力堪之與否當之則往也雖有負者後不悔也其所未見亦不豫備平行自若也不再猶不更也不極不問所從出也不斷其威常可畏也不習其謀口及則言不豫其說而順也斷或爲繼

儒有

可親而不可劫也可近而不可迫也可殺而不可辱也其居處不淫其飲食不溽其過失可微辨而不可面數也其剛毅有如此者淫謂傾邪也恣滋味爲溽溽之言欲也儒有忠信以爲甲胄禮義以爲干櫓戴仁而行抱義而處雖有暴政不更其所其自立有如此者甲鎧胄兜鍪也干櫓小盾大盾也儒有一畝之宮環堵之室篳門圭窬蓬戶甕牖易衣而出并日而食上荅之不

敢以疑上不荅不敢以諂其仕有如此者

言貧窮屈道仕爲小官也宮謂牆垣也環堵面一堵也五版爲堵五堵爲雉篳門荆竹織門也圭窬門旁窬也穿牆爲之如圭矣并日而食二日用一日食也上荅之謂君應用其言

儒有今人與居古人與稽今世行之後世以爲楷適弗逢世上弗援下弗推讒諂之民有比黨而危之者身可危也而志不可奪也雖危起居竟信其志猶將不忘百姓之病也其憂思有如此者

稽猶合也古人與合則不合於今人也援猶引也取也推猶進也舉也危欲毀害之也起居猶舉事

動作信讀如屈伸之伸假借字也猶圖也信或爲身儒有博學而不窮篤行而不倦幽居而不淫上通而不困禮之以和爲貴忠信之美優游之法慕賢而容衆毀方而瓦合其寬裕有如此者不窮不止也幽居謂獨處時也上通謂仕道達於君也既仕則不困於道德不足也忠信之美美忠信者也優游之法法和柔者也毀方而瓦合去已之大圭角下與衆人小合也必瓦合者亦君子爲道不遠人儒有內稱不辟親外舉不辟怨程功積事推賢而進達之不望其報君得其志苟利國家不求

富貴其舉賢援能有如此者君得其志者君所欲爲賢臣成之儒有聞善以相告也見善以相示也爵位相先也患難相死也久相待也遠相致也其任舉有如此者相先猶相讓也久相待謂其友久在下位不外己則待之乃進也遠相致者謂已得明君而仕友在小國不得志則相致達也儒有澡身而浴德陳言而伏靜而正之上弗知也麤而翹之又不急爲也不臨深而爲高不加少而爲多世治不輕世亂不沮同弗與異弗

非也其特立獨行有如此者麤猶疏也微也君不知己有善言正行則觀色緣事而微翹發其意使知之又必舒而脫脫焉已爲之疾則君納之速君納之速怪妬所由生也不臨深而爲高臨衆不以己位尊自振貴也不加少而爲多謀事不以己小勝自矜大也世治不輕不以賢者並衆不自重愛也世亂不沮不以道衰廢壞己志也儒有上不臣天子下不事諸侯慎靜而寬強毅以與人博學以知服近文章砥厲廉隅雖分國如錙銖不臣不仕其規爲有如此者强毅以與人彼來辨言行而不正不苟畱以順之也博學以知服不用己之知勝於先世賢知之所言也雖分國如錙銖言君分國以祿之視之輕

如錙銖矣（八兩曰錙）儒有合志同方營道同術並立則樂相下不厭久不相見聞流言不信其行本方立義同而進不同而退其交友有如此者（同方同術等志行也聞流言不信不信其友所行如毀謗也）溫良者仁之本也敬慎者仁之地也寬裕者仁之作也孫接者仁之能也禮節者仁之貌也言談者仁之文也歌樂者仁之和也分散者仁之施也儒皆兼此而有之猶且不敢言仁

也其尊讓有如此者此兼上十五儒蓋聖人之儒行也孔子謙若斥己假仁以爲説仁聖之次也儒有不隕穫於貧賤不充詘於富貴不慁君王不累長上不閔有司故曰儒隕穫困迫失志之貌也充詘喜失節之貌慁猶辱也累猶係也閔病也言不爲天子諸侯卿大夫羣吏所困迫而違道孔子自謂也充或爲統閔或爲文今衆人之命儒也妄常以儒相詬病妄之言無也言今世名儒無有常人遭人名爲儒而以儒靳故相戲此哀公輕儒之所由也詬病猶恥辱也孔子至舍哀公館之聞此言也言加信行加義終没吾世不敢以儒

爲戲儒行之作蓋孔子自衛初反魯時也孔子歸至其舍哀公就而以禮館之問儒服而遂問儒行乃始覺焉言没世不敢以儒爲戲當時服

大學第四十二　鄭氏注

大學之道在明明德在親民在止於至善知止而后有定定而后能靜靜而后能安安而后能慮慮而后能得物有本末事有終始知所先後則近道矣明明德謂顯明其至德也止猶自處也得謂得事之宜也古之欲明明德於天下者先治其

國欲治其國者先齊其家欲齊其家者先脩其身欲脩其身者先正其心欲正其心者先誠其意欲誠其意者先致其知知謂知善惡吉凶之所終始也致知在格物格來也物猶事也其知於善深則來善物其知於惡深則來惡物言事緣人所好來也此致或爲至物格而后知至知至而后意誠意誠而后心正心正而后身脩身脩而后家齊家齊而后國治國治而后天下平自天子以至於庶人壹是皆以脩身

爲本其本亂而末治者否矣其所厚者薄而其所薄者厚未之有也此謂知本此謂知之至也壹是專行是也所謂誠其意者毋自欺也如惡惡臭如好好色此之謂自謙故君子必慎其獨也小人閒居爲不善無所不至見君子而后厭然揜其不善而著其善人之視己如見其肺肝然則何益矣此謂誠於中形於外故君子必慎其獨也謙讀爲慊慊之言厭也

言厭也厭讀爲黶黶黶閉藏貌也曾子曰十目所視十手所指其嚴乎富潤屋德潤身心廣體胖故君子必誠其意嚴乎言可畏敬也胖猶大也三者言有實於内顯見於外詩云瞻彼淇澳菉竹猗猗有斐君子如切如磋如琢如磨瑟兮僩兮赫兮喧兮有斐君子終不可諠兮如切如磋者道學也如琢如磨者自脩也瑟兮僩兮者恂慄也赫兮喧兮者威儀也有斐君子終不可諠兮者道盛

德至善民之不能忘也此心廣體胖之詩也澳隈崖也菉竹猗猗喻美盛斐有文章貌也諠忘也道猶言也恂字或作峻讀如嚴峻之峻言其容貌嚴栗也民不能忘以其意誠而德著也詩云於戲前王不忘君子賢其賢而親其親小人樂其樂而利其利此以沒世不忘也聖人既有親賢之德其政又有樂利於民君子小人各有以思之康誥曰克明德大甲曰顧諟天之明命帝典曰克明峻德皆自明也皆自明明德也克能也顧念也諟猶正也帝典堯典亦尚書篇名也峻大也諟或爲題湯之盤銘曰苟日新日日新又日

新康誥曰作新民詩曰周雖舊邦其命惟新是故君子無所不用其極盤銘刻戒於盤也極猶盡也君子曰新其德常盡心力不有餘也詩云邦畿千里維民所止詩云緡蠻黃鳥止于丘隅子曰於止知其所止可以人而不如鳥乎於止於鳥之所止也就而觀之知其所止知鳥擇岑蔚安閒而止處之耳言人亦當擇禮義樂土而自止處也論語曰里仁爲美擇不處仁焉得知詩云穆穆文王於緝熙敬止爲人君止於仁爲人臣止於敬爲人子止於孝爲人父止於

慈與國人交止於信緝熙光明也此美文王之德光明敬其所以自止處子曰聽訟吾猶人也必也使無訟乎無情者不得盡其辭大畏民志情猶實也無實者多虛誕之辭聖人之聽訟與人同耳必使民無實者不敢盡其辭大畏其心志使誠其意不敢訟此謂知本本謂誠其意也所謂脩身在正其心者身有所忿懥則不得其正有所恐懼則不得其正有所好樂則不得其正有所憂患則不得其正心不在焉視而不見聽而不聞食而不知

其味此謂脩身在正其心懥怒皃也或作懫或爲疐所謂

齊其家在脩其身者人之其所親愛而譬

焉之其所賤惡而譬焉之其所畏敬而譬

焉之其所哀矜而譬焉之其所敖惰而譬

焉故好而知其惡惡而知其美者天下鮮

矣故諺有之曰人莫知其子之惡莫知其

苗之碩此謂身不脩不可以齊其家之適也譬

猶喻也言適彼而以心度之曰吾何以親愛此人非以

其有德美與吾何以敖惰此人非以其志行薄與反以

喻己則身脩與否可自知也鮮罕也人莫知其子之惡猶愛而不察碩大也 所謂治國必先齊其家者其家不可教而能教人者無之故君子不出家而成教於國孝者所以事君也弟者所以事長也慈者所以使衆也康誥曰如保赤子心誠求之雖不中不遠矣未有學養子而后嫁者也養子者推心爲之而中於赤子之嗜欲也 一家仁一國興仁一家讓一國興讓一人貪戾一國作亂其機如此此謂一言

僨事一人定國（一家一人謂人君也戾之言利也機發動所由也僨猶覆敗也春秋傳曰登戾之又曰鄭伯之車僨於濟戾或爲吝僨或爲犇）堯舜率天下以仁而民從之桀紂率天下以暴而民從之其所令反其所好而民不從（言民化君行也君若好貨而禁民淫於財利不能止也）是故君子有諸己而后求諸人無諸己而后非諸人所藏乎身不恕而能喻諸人者未之有也故治國在齊其家（有於己謂有仁讓也無於己謂無貪戾也）詩云桃之夭夭其葉蓁蓁之子

于歸宜其家人宜其家人而后可以教國人詩云宜兄宜弟宜兄宜弟而后可以教國人詩云其儀不忒正是四國其爲父子兄弟足法而后民法之也此謂治國在齊其家夭夭蓁蓁美盛貌之子者是子也所謂平天下在治其國者上老老而民興孝上長長而民興弟上恤孤而民不倍是以君子有絜矩之道也老老長長謂尊老敬長也恤憂也民不倍不相倍弃也絜猶結也挈也矩法也君子有挈法之道謂

常執而行之動作不失之倍或作偝矩或作巨 所惡於上毋以使下所
惡於下毋以事上所惡於前毋以先後所
惡於後毋以從前所惡於右毋以交於左
所惡於左毋以交於右此之謂絜矩之道
絜矩之道善持其所有以恕於人耳治國之要盡於此 詩云樂只君子民之
父母民之所好好之民之所惡惡之此之
謂民之父母 言治民之道無他取於己而已 詩云節彼南山
維石巖巖赫赫師尹民具爾瞻有國者不

可以不慎辟則爲天下僇矣巖巖喻師尹之高嚴也師尹天子之大臣爲政者也言民皆視其所行而則之可不慎其德乎邪辟失道則有大刑詩云殷之未喪師克配上帝儀監于殷峻命不易道得衆則得國失衆則失國是故君子先慎乎德有德此有人有人此有土有土此有財有財此有用德者本也財者末也外本內末爭民施奪是故財聚則民散財散則民聚是故言悖而出者亦悖而入貨悖而

入者亦悖而出 師衆也克能也峻大也言殷王帝乙以上未失其民之時德亦有能配天者謂天享其祭祀也及紂爲惡而民怨神怒以失天下監視殷時之事天之大命持之誠不易也道猶言也用謂國用也施奪施其劫奪之情也悖猶逆也言君有逆命則民有逆辭也上貪於利則下人侵畔老子曰多藏必厚亡 康誥曰惟命不于常道善則得之不善則失之矣 于於也天命不於常言不專祐一家也 楚書曰楚國無以爲寶惟善以爲寶 楚書楚昭王時書也言以善人爲寶時謂觀射父昭奚恤也 舅犯曰亡人無以爲寶仁親以爲寶 舅犯晉文公之舅狐偃也亡人謂文公也時辟驪姬之讒亡在翟而獻公薨秦穆公使子顯弔

因勸之復國舅犯爲之對此辭也仁親猶言親愛仁道也明不因喪規利也

秦誓曰若有一介臣斷斷兮無他技其心休休焉其如有容焉人之有技若己有之人之彥聖其心好之不啻若自其口出寔能容之以能保我子孫黎民尚亦有利哉人之有技媢疾以惡之人之彥聖而違之俾不通寔不能容以不能保我子孫黎民亦曰殆哉秦誓

尚書篇名也秦穆公伐鄭爲晉所敗於殽還誓其羣臣而作此篇也斷斷誠一之貌也他技異端之技也有技

才藝之技也若已有之不啻若自其口出皆樂人有善之甚也美士爲彥黎衆也尚庶幾也媢妬也違猶戾也俾使也佛戾賢人所爲使功不通於君也殆危也彥或作盤 唯仁人放流之迸諸四夷不與同中國此謂唯仁人爲能愛人能惡人 放去惡人媢嫉之類者獨仁人能之如舜放四罪而天下咸服 見賢而不能舉舉而不能先命也見不善而不能退退而不能遠過也 命讀爲慢聲之誤也舉賢而不能使君以先已是輕慢於舉人也 好人之所惡惡人之所好是謂拂人之性菑必逮夫身 拂猶佹也逮及也 是故君子有

大道必忠信以得之驕泰以失之道行所由生財有大道生之者衆食之者寡爲之者疾用之者舒則財恒足矣是不務祿不肖而勉民以農也仁者以財發身不仁者以身發財發起也言仁人有財則務於施與以起身成其令名不仁之人有身貪於聚斂以起財務成富未有上好仁而下不好義者也未有好義其事不終者也未有府庫財非其財者也言君行仁道則其臣必義以義舉事無不成者其爲誠然如己府庫之財爲己有也孟獻子曰畜馬乘不察於雞

豚伐冰之家不畜牛羊百乘之家不畜聚斂之臣與其有聚斂之臣寧有盜臣此謂國不以利爲利以義爲利也孟獻子魯大夫仲孫蔑也畜馬乘謂以士初試爲大夫也伐冰之家卿大夫以上喪祭用冰百乘之家有采地者也雞豚牛羊民之所畜養以爲財利者也國家利義不利財盜臣損財耳聚斂之臣乃損義論語曰季氏富於周公而求也爲之聚斂非吾徒也小子鳴鼓而攻之可也長國家而務財用者必自小人矣言務聚斂爲已用者必忘義是小人所爲也彼爲善之小人之使爲國家菑害並至雖有善者亦無如

之何矣彼君也君將欲以仁義善其政而使小人治其國家之事患難猥至雖云有善不能救之以其惡之已著也此謂國不以利爲利以義爲利也

禮記卷第十九

五福五代堂古稀天子寶
八徵耄念之寶
太上皇帝之寶

禮記卷第二十

冠義第四十三　鄭氏注

凡人之所以爲人者禮義也禮義之始在於正容體齊顔色順辭令（言人爲禮以此三者爲始）容體正顔色齊辭令順而后禮義備以正君臣親父子和長幼（言三始既備乃可求以三行也）君臣正父子親長幼和而后禮義立（立猶成也）故冠而后服備服備而后容體正顔色齊辭令順（言服未備

者未可求以三始也童子之服采衣紒故曰冠者禮之始也是故古者聖王重冠古者冠禮筮日筮賓所以敬冠事敬冠事所以重禮重禮所以爲國本也國以禮爲本故冠於阼以著代也醮於客位三加彌尊加有成也阼謂主人之北也適子冠於阼若不醴則醮用酒於客位敬而成之也户西爲客位庶子冠於房户外又因醮焉不代父也冠者初加緇布冠次加皮弁次加爵弁每加益尊所以益成也已冠而字之成人之道也字所以相尊也見於母母拜之見於兄弟兄弟拜之

成人而與爲禮也玄冠玄端奠摯於君遂以摯見於鄉大夫鄉先生以成人見也鄉先生同鄉老而致仕者服玄冠玄端異於朝也成人之者將責成人禮焉也責成人禮焉者將責爲人子爲人弟爲人臣爲人少者之禮行焉將責四者之行於人其禮可不重與言責人以大禮者已接之不可以苟故孝弟忠順之行立而后可以爲人可以爲人而后可以治人也故聖王重禮故曰冠者

禮之始也嘉事之重者也是故古者重冠重冠故行之於廟行之於廟者所以尊重事尊重事而不敢擅重事不敢擅重事所以自卑而尊先祖也嘉事嘉禮也宗伯掌五禮有吉禮有凶禮有賓禮有軍禮有嘉禮而冠屬嘉禮周禮曰以昏冠之禮親成男女也

昏義第四十四　　鄭氏注

昏禮者將合二姓之好上以事宗廟而下以繼後世也故君子重之是以昏禮納采

問名納吉納徵請期皆主人筵几於廟而拜迎於門外入揖讓而升聽命於廟所以敬慎重正昏禮也聽命謂主人聽使者所傳壻家之命父親醮子而命之迎男先於女也子承命以迎主人筵几於廟而拜迎于門外壻執鴈入揖讓升堂再拜奠鴈蓋親受之於父母也降出御婦車而壻授綏御輪三周先俟于門外婦至壻揖婦以入共牢而食合巹而酳

所以合體同尊卑以親之也酌而無酬酢曰醮醮之禮如冠醮與其異者於寢耳壻御婦車輪三周御者代之壻自乘其車先道之歸也共牢而食合巹而酳成婦之義敬慎重正而后親之禮之大體而所以成男女之別而立夫婦之義也男女有別而后夫婦有義夫婦有義而后父子有親父子有親而后君臣有正故曰昏禮者禮之本也言子受氣性純則孝孝則忠也夫禮始於冠本於昏重於喪祭尊於朝聘和於射鄉此禮之大體

也（始猶根也本猶幹也鄉鄉飲酒）夙興婦沐浴以俟見質明贊見婦於舅姑婦執笲棗栗段脩以見贊醴婦婦祭脯醢祭醴成婦禮也（成其爲婦之禮也贊醴婦當作禮聲之誤也）舅姑入室婦以特豚饋明婦順也（以饋明婦順者供養之禮主於孝順）厥明舅姑共饗婦以一獻之禮奠酬舅姑先降自西階婦降自阼階以著代也（言既獻之而授之以室事也降者各還其燕寢婦見及饋饗於適寢昏禮不言厥明此言之者容大夫以上禮多或異日）成婦禮明婦順又申之以著

代所以重責婦順焉也婦順者順於舅姑和於室人而后當於夫以成絲麻布帛之事以審守委積蓋藏室人謂女妐女叔諸婦也當猶稱也後言稱夫者不順舅姑不和室人雖有善者猶不爲稱夫也是故婦順備而后內和理內和理而后家可長久也故聖王重之順備者行和當事成審也是以古者婦人先嫁三月祖廟未毀教于公宮祖廟既毀教于宗室教以婦德婦言婦容婦功教成祭之牲用魚芼

之以蘋藻所以成婦順也謂與天子諸侯同姓者也嫁女者必就尊者教成之教之者女師也祖廟女所出之祖也公君也宗室宗子之家也婦德貞順也婦言辭令也婦容婉娩也婦功絲麻也祭之祭其所出之祖也魚蘋藻皆水物陰類也魚爲俎實蘋藻爲羹菜祭無牲牢告事耳非正祭也其齊盛用黍云君使有司告之宗子之家若其祖廟已毀則爲壇而告焉古者天子后立六宮三夫人九嬪二十七世婦八十一御妻以聽天下之內治以明章婦順故天下內和而家理天子立六官三公九卿二十七大夫八十一元士以聽天下之外

治以明章天下之男教故外和而國治故曰天子聽男教后聽女順天子理陽道后治陰德天子聽外治后聽內職教順成俗外內和順國家理治此之謂盛德天子六寢而六宮在後六官在前所以承副施外內之治也三夫人以下百二十人周制也三公以下百二十人似夏時也合而言之取其相應有象天數也內治婦學之法也陰德謂主陰事陰令也是故男教不脩陽事不得適見於天日爲之食婦順不脩陰事不得適見於天月爲之食是故日

食則天子素服而脩六官之職蕩天下之陽事月食則后素服而脩六宮之職蕩天下之陰事故天子之與后猶日之與月陰之與陽相須而后成者也適之言責也食者見道有虧傷也蕩蕩滌去穢惡也天子脩男教父道也后脩女順母道也故曰天子之與后猶父之與母也故爲天王服斬衰服父之義也爲后服資衰服母之義也父母者施教令於婦子者也故其服同資當爲齊聲之誤也

鄉飲酒義第四十五　鄭氏注

鄉飲酒之義主人拜迎賓于庠門之外入三揖而后至階三讓而后升所以致尊讓也（庠鄉學也州黨曰序）盥洗揚觶所以致絜也（揚舉也今禮皆作騰）拜至拜洗拜受拜送拜既所以致敬也（拜至謂始升時拜賔至）尊讓絜敬也者君子之所以相接也君子尊讓則不爭絜敬則不慢不慢不爭則遠於鬭辨矣不鬭辨則無暴亂之

禍矣斯君子之所以免於人禍也故聖人制之以道（道謂此禮）鄉人士君子尊於房戶之閒賓主共之也尊有玄酒貴其質也（鄉人鄉大夫也士州長黨正也君子謂卿大夫也卿大夫士飲國中賢者亦用此禮也共尊者人臣卑不敢專大惠）羞出自東房主人共之也（羞燕私可以自專也）洗當東榮主人之所以自絜而以事賓也（絜猶清也）賓主象天地也介僎象陰陽也三賓象三光也讓之三也象月之三日而成魄也四面之坐

象四時也陰陽助天地養成萬物之氣也三賓象天三光者繫於天也古文禮僎皆作遵天地嚴凝之氣始於西南而盛於西北此天地之尊嚴氣也此天地之義氣也天地溫厚之氣始於東北而盛於東南此天地之盛德氣也此天地之仁氣也凝猶成也主人者尊賓故坐賓於西北而坐介於西南以輔賓賓者接人以義者也故坐於西北賓者接人以義言賓來以成主人之德主人者接人以仁以德厚

者也故坐於東南而坐僎於東北以輔主人也（以僎輔主人以其仕在官也）仁義接賓主有事俎豆有數曰聖聖立而將之以敬曰禮禮以體長幼曰德（聖通也所以通賓主之意也將猶奉也）德也者得於身也故曰古之學術道者將以得身也是故聖人務焉（術猶藝也得身者謂成己令名免於刑罰也言學術道則此說賓賢能之禮）祭薦祭酒敬禮也嚌肺嘗禮也啐酒成禮也於席末言是席之正非專為飲食也

爲行禮也此所以貴禮而賤財也卒觶致實於西階上言是席之上非專爲飲食也此先禮而後財之義也先禮而後財則民作敬讓而不爭矣非專爲飲食言主於相敬以禮也致實謂盡酒也酒爲觴實祭薦祭酒嚌肺於席中唯啐酒於席末也鄉飲酒之禮六十者坐五十者立侍以聽政役所以明尊長也六十者三豆七十者四豆八十者五豆九十者六豆所以明養老也民知尊長養老而

后乃能入孝弟民入孝弟出尊長養老而后成教成教而后國可安也君子之所謂孝者非家至而日見之也合諸鄉射教之鄉飲酒之禮而孝弟之行立矣此說鄉飲酒謂黨正國索鬼神而祭祀則以禮屬民而飲酒于序以正齒位之禮也其鄉射則州長春秋以禮會民而射于州序之禮也謂之鄉者州黨鄉之屬也或則鄉之所居州黨鄉大夫親為主人焉如今郡國下令長於鄉射飲酒從太守相臨之禮也孔子曰吾觀於鄉而知王道之易易也鄉鄉飲酒也易易謂教化之本尊賢尚齒而已主人親速賓及介

而衆賓自從之至于門外主人拜賓及介而衆賓自入貴賤之義別矣速謂即家召之別猶明也三揖至于階三讓以賓升拜至獻酬辭讓之節繁及介省矣至于衆賓升受坐祭立飲不酢而降隆殺之義辨矣繁猶盛也小減曰省辨猶別也尊者禮隆卑者禮殺尊卑別也工入升歌三終主人獻之笙入三終主人獻之間歌三終合樂三終工告樂備遂出一人揚觶乃立司正焉知其能

和樂而不流也工謂樂正也樂正既告備而降言遂出者自此至去不復升也流猶失禮也立司正以正禮則禮不失可知一人或爲二人賓酬主人主人酬介介酬衆賓少長以齒終於沃洗者焉知其能弟長而無遺矣遺猶脫也忘也降說屨升坐脩爵無數飲酒之節朝不廢朝莫不廢夕賓出主人拜送節文終遂焉知其能安燕而不亂也朝夕朝莫聽事也不廢之者既朝乃飲先夕則罷其正也終遂猶充備也貴賤明隆殺辨和樂而不流弟長而無遺安燕

而不亂此五行者足以正身安國矣彼國安而天下安故曰吾觀於鄉而知王道之易易也鄉飲酒之義立賓以象天立主以象地設介僎以象日月立三賓以象三光古之制禮也經之以天地紀之以日月參之以三光政教之本也日出於東僎所在也月生於西介所在也三光三大辰也天之政教出於大辰焉亨狗於東方祖陽氣之發於東方也祖猶法也狗所以養賓陽氣主養萬物洗之在阼其水在

洗東祖天地之左海也（海水之委也）尊有玄酒教民不忘本也（大古無酒用水而已）賓必南鄉東方者春春之為言蠢也產萬物者聖也南方者夏夏之為言假也養之長之假之仁也西方者秋秋之為言愁也愁之以時察守義者也北方者冬冬之為言中也中者藏也是以天子之立也左聖鄉仁右義偝藏也（春猶蠢也蠢動生之貌也聖之言生也假大也愁讀為揫揫斂也察猶察察嚴殺之貌也南鄉鄉仁貴長大萬物也）

（察或爲殺）介必東鄉介賓主也（獻酬之禮主人將西賓將南介覸其間也）主人必居東方東方者春春之爲言蠢也產萬物者也主人者造之產萬物者也（言禮之所共由主人出也）月者三日則成魄三月則成時是以禮有三讓建國必立三卿三賓者政教之本禮之大參也（言禮者陰也大數取法於月也）

射義第四十六　　鄭氏注

古者諸侯之射也必先行燕禮卿大夫士

之射也必先行鄉飲酒之禮故燕禮者所以明君臣之義也鄉飲酒之禮者所以明長幼之序也（言別尊卑老穉乃後射以觀德行也）故射者進退周還必中禮內志正外體直然後持弓矢審固持弓矢審固然後可以言中此可以觀德行矣（內正外直習於禮樂有德行者也正鵠之名出自此也）其節天子以騶虞為節諸侯以貍首為節卿大夫以采蘋為節士以采蘩為節騶虞者樂官

備也貍首者樂會時也采蘋者樂循法也采蘩者樂不失職也是故天子以備官爲節諸侯以時會天子爲節卿大夫以循法爲節士以不失職爲節故明乎其節之志以不失其事則功成而德行立德行立則無暴亂之禍矣功成則國安故曰射者所以觀盛德也騶虞采蘋采蘩今詩篇名貍首逸下云會孫侯氏是也樂官備者謂騶虞曰壹發五豝喻得賢者多也于嗟乎騶虞嘆仁人也樂會時者謂貍首曰小大莫處御于君所樂循法者謂采

蘋曰于以采蘋南澗之濱循澗以采蘋喻循法度以成君事也樂不失職者謂采蘩曰被之童童夙夜在公

是故古者天子以射選諸侯卿大夫士射者男子之事也因而飾之以禮樂也故事之盡禮樂而可數爲以立德行者莫若射故聖王務焉選士者先考德行乃後决之於射男子生而有射事長學禮樂以飾之

是故古者天子之制諸侯歲獻貢士於天子天子試之於射宮其容體比於禮其節比於樂而中多者得與於祭其容體不比於

禮其節不比於樂而中少者不得與於祭數與於祭而君有慶數不與於祭而君有讓數有慶而益地數有讓而削地故曰射者射爲諸侯也歲獻歲獻國事之書及計偕物也三歲而貢士舊說云大國三人次國二人小國一人是以諸侯君臣盡志於射以習禮樂夫君臣習禮樂而以流亡者未之有也流猶放也書曰流共工于幽州故詩曰曾孫侯氏四正具舉大夫君子凡以庶士小大莫處御于君所

以燕以射則燕則譽譽言君臣相與盡志於射以習禮樂則安則譽也是以天子制之而諸侯務焉此天子之所以養諸侯而兵不用諸侯自爲正之具也此曾孫之詩諸侯之射節也四正正爵四行也四行者獻賓獻公獻卿獻大夫乃後樂作而射也莫處無安居其官次者也御猶侍也以燕以射先行燕禮乃射也則燕則譽言國安則有名譽譽或爲與

孔子射於矍相之圃蓋觀者如堵牆矍相地名也樹菜蔬曰圃射至於司馬使子路執弓矢出延射曰賁軍之將亡國之

大夫與爲人後者不入其餘皆入蓋去者半入者半先行飲酒禮將射乃以司正爲司馬子路執弓矢出延射則爲司射也延進也出進觀者欲射者也賁讀爲僨僨猶覆敗也亡國亡君之國者也與猶奇也後人者一人而已旣有爲者而往奇之是貪財也子路陳此三者而觀者畏其義則或去也延或爲誓又使公罔之裘序點揚觶而語公罔之裘揚觶而語曰幼壯孝弟耆耋好禮不從流俗脩身以俟死者不在此位也蓋去者半處者半序點又揚觶而語曰好學不倦好禮不變旄期稱道

不亂者不在此位也蓋㔶有存者之發聲也射畢又使此二人舉觶者古者於旅也語語謂說義理也三十曰壯耆耋皆老也流俗失俗也處猶留也八十九十曰旄百年曰期頤稱猶言也行也者不言有此行不可以在此賓位也序點或爲徐點壯或爲將旄期或爲旄勤今禮揚皆作騰　射之爲言者繹也或曰舍也繹者各繹己之志也故心平體正持弓矢審固持弓矢審固則射中矣故曰爲人父者以爲父鵠爲人子者以爲子鵠爲人君者以爲君鵠爲人臣者以爲臣鵠故射者各

射己之鵠故天子之大射謂之射侯射侯者射爲諸侯也射中則得爲諸侯射不中則不得爲諸侯大射將祭擇士之射也以爲某鵠者將射還視侯中之時意曰此鵠乃爲某之鵠吾中之則成人不中之則不成人也得爲諸侯謂有慶也不得爲諸侯謂有讓也天子將祭必先習射於澤澤者所以擇士也已射於澤而后射於射宮射中者得與於祭不中者不得與於祭不得與於祭者有讓削以地得與於祭者有慶益以地進爵絀

地是也（澤宮名也士謂諸侯朝者諸臣及所貢士也皆先令習射於澤已乃射於射宮課中否也諸侯有慶者先進爵有讓者先削地）故男子生桑弧蓬矢六以射天地四方天地四方者男子之所有事也故必先有志於其所有事然後敢用穀也飯食之謂也（男子生則設弧於門左三日負之人爲之射乃卜食子也）射者仁之道也射求正諸己己正而後發發而不中則不怨勝己者反求諸己而已矣（諸猶於也）孔子曰君子無所爭必也射乎揖讓而升下而飲其

爭也君子必也射乎言君子至於射則有爭也下降也飲射爵者亦揖讓而升降勝者袒決遂執張弓不勝者襲說決拾卻左手右加弛弓於其上而升飲君子恥之是以射則爭中孔子曰射者何以射何以聽循聲而發發而不失正鵠者其唯賢者乎若夫不肖之人則彼將安能以中何以言其難也聲謂樂節也畫曰正棲皮曰鵠正之言正也鵠之言梏也梏直也言人正直乃能中也發或爲射詩云發彼有的以祈爾爵祈求也求中以辭爵也酒者所以養老也所以養病也求中以辭爵者辭養也發猶

射也的謂所射之識也言射的必欲中之者以求不飲女爵也辭養讓見養也爾或爲有

燕義第四十七　鄭氏注

古者周天子之官有庶子官庶子官職諸侯卿大夫士之庶子之卒掌其戒令與其教治別其等正其位職主也庶子猶諸子也周禮諸子之官司馬之屬也國有大事則卒讀皆爲倅諸子副代父者也戒令致於大子之事教治脩德學道位朝位也率國子而致於大子唯所用之若有甲兵之事則授之以車甲合其卒伍置其有司

以軍法治之司馬弗正國子諸子也軍法百人爲卒五人爲伍弗不也國子屬大子司馬雖有軍事不賦也凡國之政事國子存游卒使之脩德學道春合諸學秋合諸射以考其藝而進退之游卒未仕者也學大學也射射宫也燕禮有庶子官是以義載此以爲說諸侯燕禮之義君立阼階之東南南鄉爾卿大夫皆少進定位也君席阼階之上居主位也君獨升立席上西面特立莫敢適之義也定位者爲其始入跛踖揖而安定也設賓主飲酒之禮也

使宰夫爲獻主臣莫敢與君亢禮也不以公卿爲賓而以大夫爲賓爲疑也明嫌之義也賓入中庭君降一等而揖之禮之也設賓主者飲酒致歡也宰夫主膳食之官也天子使膳宰爲主人公孤也疑自下上至之辭也公卿尊矣復以爲賓則尊與君大相近君舉旅於賓及君所賜爵皆降再拜稽首升成拜明臣禮也君答拜之禮無不答明君上之禮也臣下竭力盡能以立功於國君必報之以爵禄故臣下皆務

竭力盡能以立功是以國安而君寧禮無不荅言上之不虛取於下也上必明正道以道民民道之而有功然後取其什一故上用足而下不匱也是以上下和親而不相怨也和寧禮之用也此君臣上下之大義也故曰燕禮者所以明君臣之義也言聖人制禮因事以託政臣再拜稽首是其竭力也君荅拜之是其報以祿惠也席小卿次上卿大夫次小卿士庶子以次就位於下獻

君君舉旅行酬而后獻卿卿舉旅行酬而后獻大夫大夫舉旅行酬而后獻士士舉旅行酬而后獻庶子俎豆牲體薦羞皆有等差所以明貴賤也牲體俎實也薦謂脯醢也羞庶羞也

聘義第四十八　鄭氏注

聘義上公七介侯伯五介子男三介所以明貴賤也此皆使卿出聘之介數也大行人職曰凡諸侯之卿其禮各下其君二等介紹而傳命君子於其所尊弗敢質敬之至也

質謂正自相當三讓而后傳命三讓而后入廟門三揖而后至階三讓而后升所以致尊讓也此揖讓主謂賓也三讓而后傳命賓至廟門主人請事時也賓見主人陳擯以大客禮當己則三讓之不得命乃傳其君之聘命也三讓而後入廟門讓主人廟受也小行人職曰凡四方之使者大客則擯小客則受其幣聽其辭君使士迎于竟大夫郊勞君親拜迎于大門之內而廟受北面拜貺拜君命之辱所以致敬也貺賜也賓致命公當楣再拜拜聘君之恩惠辱命來聘者也敬讓也者君子之所以相接也故諸侯相

接以敬讓則不相侵陵君子之相接賓讓而主人敬也卿爲上擯大夫爲承擯士爲紹擯君親禮賓賓私面私覿致饔餼還圭璋賄贈饗食燕所以明賓客君臣之義也設大禮則賓客之也或不親而使臣則爲君臣也故天子制諸侯比年小聘三年大聘相厲以禮使者聘而誤主君弗親饗食也所以愧厲之也諸侯相厲以禮則外不相侵內不相陵此天子之所以養諸侯兵不用

而諸侯自爲正之具也比年小聘所謂歲相問也三年大聘所謂殷相聘也以圭璋聘重禮也已聘而還圭璋此輕財而重禮之義也諸侯相厲以輕財重禮則民作讓矣圭瑞也尊圭璋之類也用之還之皆爲重禮禮必親之不可以己之有遥復之也財謂璧琮享幣也受之爲輕財者財可遥復重賄反幣是也主國待客出入三積餼客於舍五牢之具陳於內米三十車禾三十車芻薪倍禾皆陳於外乘禽日五雙羣介皆有餼牢壹食再饗燕與時賜

無數所以厚重禮也厚重禮厚此聘禮也古之用財者不能均如此然而用財如此其厚者言盡之於禮也盡之於禮則內君臣不相陵而外不相侵故天子制之而諸侯務焉爾不能均如此言無則從其實也言盡之於禮欲令富者不得過也聘射之禮至大禮也質明而始行事日幾中而后禮成非強有力者弗能行也故強有力者將以行禮也禮成禮畢也或曰行成酒清人渴而不敢飲也肉乾

人飢而不敢食也日莫人倦齊莊正齊而
不敢解惰以成禮節以正君臣以親父子
以和長幼此衆人之所難而君子行之故
謂之有行有行之謂有義有義之謂勇敢
故所貴於勇敢者貴其能以立義也所貴
於立義者貴其有行也所貴於有行者貴
其行禮也故所貴於勇敢者貴其敢行禮
義也故勇敢強有力者天下無事則用之

於禮義天下有事則用之於戰勝用之於
戰勝則無敵用之於禮義則順治外無敵
內順治此之謂盛德故聖王之貴勇敢強
有力如此也勇敢強有力而不用之於禮
義戰勝而用之於爭鬬則謂之亂人刑罰
行於國所誅者亂人也如此則民順治而國
安也勝克敵也或爲陳 子貢問於孔子曰敢問君子
貴玉而賤碈者何也爲玉之寡而碈之多

與碈石似玉或作玟也孔子曰非爲碈之多故賤之也

玉之寡故貴之也夫昔者君子比德於玉

焉溫潤而澤仁也色柔溫潤似仁也潤或爲濡縝密以栗

知也縝緻也栗堅皃廉而不劌義也劌傷也義者不苟傷人也垂

之如隊禮也禮尚謙卑叩之其聲清越以長其

終詘然樂也樂作則有聲止則無也越猶揚也詘絶止皃也樂記曰止如槀木瑕

不揜瑜瑜不揜瑕忠也瑕玉之病也瑜其中間美者玉之性善惡不相

揜似忠也孚尹旁達信也孚讀爲浮尹讀如竹箭之筠浮筠謂玉釆色也釆色

旁達不有隱翳似信也孚或作㛂或爲扶氣如白虹天也精神見于山川地也精神亦謂精氣也虹天氣也山川地所以通氣也圭璋特達德也特達謂以朝聘也璧琮則有幣惟有德者無所不達不有須而成也天下莫不貴者道也道者人無不由之詩云言念君子溫其如玉故君子貴之也言我也貴玉者以其似君子也

喪服四制第四十九　　鄭氏注

凡禮之大體體天地法四時則陰陽順人情故謂之禮訾之者是不知禮之所由生

也[禮之言體也故謂之禮言本有法則而生也口毀曰訾]夫禮吉凶異道不得相干取之陰陽也[吉禮凶禮異道謂衣服容貌及器物也]喪有四制變而從宜取之四時也有恩有理有節有權取之人情也恩者仁也理者義也節者禮也權者知也仁義禮知人道具矣[取之四時謂其數也取之人情謂其制也]其恩厚者其服重故爲父斬衰三年以恩制者也[服莫重斬衰也]門內之治恩揜義門外之治義斷恩資於事父以事君

而敬同貴貴尊尊義之大者也故爲君亦斬衰三年以義制者也資猶操也貴貴謂爲大夫君也尊尊謂爲天子諸侯也三日而食三月而沐期而練毀不滅性不以死傷生也喪不過三年苴衰不補墳墓不培祥之日鼓素琴告民有終也以節制者也資於事父以事母而愛同天無二日土無二王國無二君家無二尊以一治之也故父在爲母齊衰期者見無二

尊也食食粥也沐謂將虞祭時也禫培猶治也鼓素琴始存樂也三年不爲樂樂必崩杖者
何也爵也三日授子杖五日授大夫杖七
日授士杖或曰擔主或曰輔病婦人童子
不杖不能病也百官備百物具不言而事
行者扶而起言而后事行者杖而起身自
執事而后行者面垢而已禿者不髽傴者
不袒跛者不踊老病不止酒肉凡此八者
以權制者也五日七日授杖謂爲君喪也扶而起謂天子諸侯也杖而起謂大夫士也

面垢而已謂庶民也髽婦人也男子免而婦人髽髽或爲免始死三日不怠三月不解期悲哀三年憂恩之殺也聖人因殺以制節不怠哭不絕聲也不解不解衣而居不倦息也此喪之所以三年賢者不得過不肖者不得不及此喪之中庸也王者之所常行也書曰高宗諒闇三年不言善之也諒古作梁楣謂之梁闇讀如鶉鵪之鵪闇謂廬也廬有梁者所謂柱楣也王者莫不行此禮何以獨善之也曰高宗者武丁武丁者殷之賢王也繼世

即位而慈良於喪當此之時殷衰而復興禮廢而復起故善之善之故載之書中而高之故謂之高宗三年之喪君不言書云高宗諒闇三年不言此之謂也然而曰言不文者謂臣下也言不文者謂喪事辨不所當共也孝經說曰言不文者指小民也禮斬衰之喪唯而不對齊衰之喪對而不言大功之喪言而不議緦小功之喪議而不及樂此謂與賓客也唯而不對侑者爲之應耳言謂先發口也父母之喪

衰冠繩纓菅屨三日而食粥三月而沐期十三月而練冠三年而祥比終茲三節者仁者可以觀其愛焉知者可以觀其理焉强者可以觀其志焉禮以治之義以正之孝子弟弟貞婦皆可得而察焉（仁有恩者也理義也）（察猶知也）

禮記卷第二十

經凡九万八千一百七十一言

注凡一十万九千三百七十八言